인간행동과 사회환경 2판

도미향 남연희 박건실 정은미 김민정 공저

HUMAN BEHAVIOR AND
SOCIAL ENVIRONMENT

신정

머리말

사회복지학은 교육, 보건의료, 심리, 종교 등과 함께 인간이 보다 나은 수준의 삶을 영위할 수 있도록 돕는 인간봉사 전문직 중의 하나이다. 전문적 지식과 기술을 활용하여 인간이 자신이 속한 환경 속에서 욕구를 충족하고 문제를 예방 또는 해결하고 지위에 맞는 역할과 기능을 적절히 수행하면서 보다 나은 수준의 삶을 원조하는 것을 사명으로 하는 사회복지는 이론(theory)이 아니라 실천(practice)학문이라고 말할 수 있다.

이러한 실천학문을 배우기 위해서는 사회복지에서는 심리학, 행동과학, 사회학, 행정학 등 다른 전문직의 기초이론을 절충 또는 통합적으로 활용하여 사회복지전문직의 실천이론을 구축하고 이를 근거로 인간을 원조하는 실천행위를 전개해 나가야 한다. 사회복지를 전문적으로 실천하기 위해서는 무엇보다도 사람을 중심으로 하는 가족과 조직 그리고 사회와 문화 속에서 이루어지는 인간관계와 장애, 욕구, 사정, 문제점 등을 알아보아 문제의 원인을 규명하고 탐구하여 해결점을 모색하는 것이 필요하다. 왜냐하면 인간은 사회라는 커다란 환경 속에서 살아가는 유기체이므로 환경과 상호작용하면서 살아가는 인간 본연의 모습과 행동, 그리고 실천적 관계를 파악하고 사회체계 환경과 협력적 관계를 추구해야 하기 때문이다. 따라서 인간을 제대로 이해하기 위해서는 무엇보다도 인간의 본성뿐 아니라 주변 환경과의 만남으로 형성되고 유지되는 정신역동적인 면과 지각되고 학습되는 행동의 발달 및 사회복지에 영향을 미치는 사회환경 전반에 대한 시스템을 알고 이와의 관련성과 사회복지사로서의 역할을 알아보아야 한다.

사회복지실천에서 특히 인간행동은 클라이언트의 욕구나 문제를 파악할 수 있는 핵심체로서 중요한 의미를 가지며, 사회복지실천에서 '인간행동과 사회환경'은 사회복지사의 활동 현장으로서 중요한 의미를 갖는다. 그리고 사회복지실천에서 가족, 집단, 지역사회, 국가 등 사회환경은 클라이언트에의 중요한 영향체계로서 의미를 지닌다.

'인간행동과 사회환경' 교과목은 인간행동에 관한 균형 잡힌 이해를 위해 관련이론을 이해하고, 심리학의 제반이론과 사회환경을 설명하는 주요 이론과 개념, 그리고 사회환경 간 상호작용을 설명하는 이론과 관점을 익히는 데 주안점을 두고, 주요 이론과 개념을 익히는 과정에서 자신은 물론 가족을 비롯해서 자기가 소속하고 있는 체계별 사회환경과 관련하여 자기경험을 분석하고, 주변 사람들의 경험 사례나 대중매체에 소개되는 사례를 통해 '인간행동과 사회환경'에 관한 지식을 넓혀 갈 수 있어야 한다. 이처럼 인간의 심리와 행동을 이해할 수 있는 다양한 이론들이 사회복지실천의 대상이 되는 개인들의 특성과 주변을 둘러싸고 있는 여러 환경들을 이해하는 데 기본적인 도움을 주는 '인간행동과 사회환경'은 사회복지 교육과정의 필수 기초과목으로 규정되어 있으며, 사회복지사 국가고시의 기초과목으로도 지정되어 있어 사회복지학을 공부하는 사람이라면 필수적으로 배워야 하는 중요한 교과목이다.

본 교재는 개정판으로 '인간행동과 사회환경'과의 상호작용을 설명하는 데 총 3부의 내용으로 구성되어 있다. 먼저 제1부 '인간행동과 발달이론'의 기초에서는 인간행동에 대한 이해와 사회복지와의 관계에 대한 내용으로서 인간행동과 사회환경 이해의 필요성과 기본체계의 이해, 사회환경 속의 인간과 발달이론을 통해 인간행동과 사회환경의 기본적인 이론적 배경을 다루고 있다. 또한 발달이론과 인간행동을 위한 이론으로서, 인간행동에 대한 개입의 사회과학적 체계로서 정신역동이론, 심리사회발달이론, 개인심리이론, 분석심리이론, 행동주의이론, 사회학습이론, 인지발달이론, 도덕성 발달이론, 인지이론, 인본주의이론, 욕구위계이론, 생태학적 체계이론에 대해서 다루고 있다. 그리고 제2부 발달에 따른 인간행동에서는 인간의 성장과 발달을 단계적으로 다루고 각 발달 영역별로 사회복지실천과의 연관성을 다루는 내용으로 태내기, 영아기, 유아기, 아동기, 청소년기, 성년기, 중년기, 노년기의 성장과 발달론에 대해서 살펴보았다. 제3부 이상행동 및 사회체계와 인간행동에서는 이상행동과 사회복지실천, 가족, 집단, 조직, 문화와 인간행동과의 관계를 살펴보고, 전반적인 사회체계와 조직체계를 이해할 수 있는 환경적 요소들을 다루었다. 사회체계는 사회복지실천의 관점과 개입에 많은 영향을 미치는 부분으로 사회체계 내에서의 인간행동을 이해하고 파악하는 내용들을 기술하고 있다.

본 교재는 '인간행동과 사회환경'에 대한 기본적인 이론 및 자료들을 수집 · 분석하여 일부 내용을 수정하였고, 다양한 내용의 사회복지 전문서적을 많이 인용하고 그 내용을 요약하였다. 이 책을 집필하는 과정에서 여러 문제점과 개선되어야 할 내용들은 추후에도 지속적으로 수정 · 보완할 예정이다. 본 교재가 인간행동 이해와 인간행동에 영향을 미치는 여러 가지 환경적 요인과 체계에서 '인간행동과 사회환경'에서 필요한 기본적인 지식을 습득하고 이러한 내용이 사회복지현장이나 실천적 필요의 장에서 유익하게 적용되고 안내서 역할이 되기를 바란다. 이 책이 출판되기까지 도움을 주신 분들께 감사드리며, 출판을 허락해 주신 도서출판 신정의 임직원 여러분께 감사를 전한다.

2022년 3월

저자 일동

차례

Part 01 인간행동과 발달이론 / 15

chapter 01 인간발달의 기초 / 17

Chapter 02 발달이론과 인간행동 I / 35

Part 02 발달에 따른 인간의 행동 / 151

chapter 13 사회환경과 인간행동 / 405

PART 01

인간행동과 발달이론

인간을 이해하기 위한 노력은 고대 Platon과 Aristoteles의 철학적 사고에서 그 역사적 뿌리를 발견한다.
인간은 무엇인가라는 인간의 본질에 대한 철학적 고뇌가 심리학의 토대가 된다. 따라서 우리는 인갈발달이론을 이해함으로써 인간을 더 잘 이해할 수 있다. 왜냐하면 이론이라는 것은 미래에 대한 예측과 과거의 사건을 논리적으로 설명해 주는 정리된 논술이기 때문이다.
따라서 1부에서는 인간발달의 기초와 Freud의 심리성적이론, Erikson의 심리사회적이론, Jung의 개인심리이론, Pavlov의 초기행동주의이론, Bandura의 사회학습이론, Piaget의 인지발달이론, Kohlberg의 도덕성 발달이론, Ellis의 인지이론, Rogers의 인본주의이론, Maslow의 욕구위계이론, Bronfenbernner의 생태학적 체계이론까지 인간발달이론에 대해 살펴보고자 한다.

chapter 01

인간발달의 기초

Human Behavior and
Social Environment

chapter 01

인간발달의 기초

사회복지전문직은 전문적인 지식과 기술을 토대로 사회구성원이 삶에서 겪고 있는 문제를 예방 · 해결하고, 욕구를 충족시킬 수 있도록 도움으로서 정의롭고 공평한 세상으로 변화시키는 업무를 수행하게 된다. 그러므로 사회복지사는 인간행동과 인간이 속한 환경에 대한 깊은 이해를 갖고 있어야 한다.

인간발달에 대한 이해와 함께 개인을 둘러싼 가족, 집단, 조직, 지역사회, 문화, 사회환경에 대한 이해를 토대로 효과적인 사회복지실천이 이루어질 수 있기 때문에 '인간행동과 사회환경' 교과목은 사회복지학 교육에서 기초가 되는 필수과목이다. 이에 이 장에서는 인간발달에 대한 이해를 위해 인간발달의 기본 원리와 단계, 인간발달과 사회복지실천, 생애주기 관점에 대해 살펴보고, 사회환경 속에서의 인간발달에 관한 내용에 대해 개괄적으로 다루고자 한다.

1. 인간발달의 이해

1) 인간발달의 기본 원리와 단계

인간은 수정하는 순간부터 죽을 때까지 전 생애를 통하여 끊임없이 변화한다. 인간의 변화는 신체적 · 심리적 · 사회적 · 문화적 측면에서 다양하게 일어나며, 그것은 상승적 변화를 의미하기도 하고 쇠퇴적 변화를 의미하기도 한다.

인간발달(human development)은 인간이 태내에서 수정될 때부터 죽음에 이르기까지 전 생애에 걸쳐 일어나는 규칙적이고 연속적인 모든 변화를 말한다. 즉, 인간발달은 시간에 따라 개인에게 일어나는 신체구조나 사고와 행동의 변화를 말한다. 이러한 변화는 서서히 점진적으로 이루어지고 축적되며, 신체발달과 복잡한 활동수행능력 증가로 이어진다.

이러한 인간발달은 생물학적 과정에 의한 성장 및 성숙과 관련되어 있으며, 환경적 영향에 의한 학습 및 사회화와 관련되어 있다. 성장(growth)은 신체의 크기나 근육의 세기 등과 같이 신체의 양적인 변화를 의미하며, 성숙(maturation)은 운동기능과 감각기능의 세련과 같이 신체의 다양한 부분의 기능이 유능하게 변화하는 것을 말한다. 학습(learning)은 경험이나 연습을 통하여 지식, 기술, 태도, 정서, 가치, 사고방식 등이 발달할 수 있도록 개인을 변화시키는 것이다. 사회화(socialization)는 개인이 사회의 한 구성원이 되는 일반적인 과정으로서 가족을 포함한 사회구성원과의 상호작용을 통해서 개인의 태도, 신념, 관습, 가치, 역할, 문화 및 사회집단의 기대 등을 전 생애를 통하여 익혀나가는 과정이다.

그러나 성장, 성숙, 학습 및 사회화의 어느 한 개념만 가지고 인간발달이라고 할 수는 없으며, 이러한 것들과 인간발달을 동일시하거나 혼동해서는 안 된다. 인간발달은 이러한 모든 개념들을 포괄적으로 포함한 것이다. 따라서 인간발달이란 인간이 전 생애 동안 성장, 성숙, 학습 및 사회화를 통해서 신체적 · 심리적 · 사회적 · 문화적 측면에서 양적으로나 질적으로 연속적 · 상승적으로 변화하는 모든 과정을 말한다.

Newman과 Newman은 인간의 발달에 관해서 다음과 같은 기본 전제들을 제시하였다(Newman & Newman, 2006).

첫째, 인간의 성장과 발달은 삶의 모든 기간에 걸쳐 일어난다. 인간발달은 모체 내에서 수태되었을 때부터 죽을 때까지의 긴 인생 과정에서 일어나는 변화를 모두 포함한다. 각 단계에서 새로운 능력이 출현하고 새로운 역할이 수행되며 새로운 도전에 직면하고 그 결과로 자신과 사회에 대해 새로운 방향이 전개된다.

둘째, 인간의 삶이란 시간에 따라 진행되면서 지속성(continuity)과 변화(change)를 보인다. 이러한 인간발달의 이해를 위해서는 지속성과 변화에 기여하는 과정을 파악하는 것이 중요하다. 지속성은 한 단계에서 다른 단계로 이동해도 유지되는 기억, 정체성과 같은 특정의 안정성(stability)을 가리키며, 변화는 생물학적 성숙 · 교육과 같은 체계적 사회화에 의한 성장과 재구조화를 의미한다.

셋째, 인간을 전체로서 이해해야 한다. 왜냐하면 우리는 일상생활에서 인간으로서의 여러 기능이 통합된 방식으로 활동하기 때문이다. 즉, 육체적 · 인지적 · 사회적 · 정서적 능력 및 이러한 것들의 상호관계 내에서 주요한 인간발달을 연구해야 한다.

넷째, 인간의 발달과 행동은 그에 관련된 상황이나 인간관계의 맥락에서 분석되어야 한다. 왜냐하면 인간은 환경에 적응하는 고도의 능력이 있으므로 행동양식이나 그 변화는 흔히 그것이 일어난 물리적 · 사회적 상황을 반영하기 때문이다.

다섯째, 인간은 자신의 발달에 능동적으로 기여한다. 이러한 기여는 기회와 목표, 사회적 기대에 대한 수용이나 거부, 선호와 취향 등에서 개인적 선택을 통해 이루어진다. 그러나 어떤 사회는 개인의 발달을 촉진하기 위해 더 많은 기회와 선택을 부여하는 반면, 어떤 사회는 기회와 선택에서 제한되어 있어서 발달에 대한 개인의 기여에 사회적 영향이 존재한다.

이와 같이 인간의 발달과 행동은 그에 관련된 상황과 인간관계의 맥락 속에서 분석되어야 한다. 인간은 생물학적 요인과 환경적 요인의 상호작용에 의해 주도되며 특정한 상황에서 인간의 행동을 결정하는 데에도 생물학적 · 심리적 · 물리적 · 사회적 체계가 서로 유기적으로 영향을 미치고 있기 때문이다.

(1) 발달의 원리

인간발달은 체계적이고 규칙적인 변화과정으로, 전 생애에 걸친 발달은 일관성 있는 원리에 따라 진행된다. 즉, 발달은 인생의 긴 과정에서 지속적으로 일어나는 변화이며 이 변화가 계획된 순서대로 체계적으로 일어나므로 인간의 미래를 예측할 수도 있다. 발달의 원리는 다음과 같다(이영 외, 2018; 정옥분, 2018).

① 발달에는 일정한 순서가 있다.

발달은 환경과는 무관하게 보편적으로 나타나는 순서가 있으며, 아무리 훈련을 반복해도 그 단계에 필요한 능력을 갖추지 못하면 다음으로 넘어갈 수 없다. 예를 들어 모든 영유아는 머리를 가누고 난 후에 뒤집기를 하고, 기어다니고 난 후에 앉고 설 수 있으며 그 다음에 걷고 달릴 수 있다. 언어발달도 순서가 있는데 옹알이를 한 다음에 말을 할 수 있으며, 간단한 문장을 사용할 수 있게 된 다음에 복잡한 문장을 사용하게 된다. 인지발달 또한 상징적 사고가 가능한 다음에 보존개념을 획득하게 되고, 그 다음에 추상적 사고가 가능하다.

② 발달은 일정한 방향으로 진행된다.

발달은 일정한 순서에 따라, 일정한 방향의 원리에 따라 진행된다. 이는 두미(cephalocaudal) 방향의 원리, 근원(promimo-distal) 방향의 원리, 전체-세분화(mass-specific) 방향의 원리가 있다. 두미 방향의 원리는 머리 부분이 먼저 발달하고 점차 아래쪽 부분의 발달로 진행되는 것이고, 근원 방향의 원리는 몸 중심부에서 말초 쪽으로 발달이 진행되는 것이며, 전체-세분화 방향의 원리는 전체적인 운동기능에서 세분화된 기능으로 진헝되는 것이다.

③ 발달은 지속적으로 이루어지지만 발달의 속도는 일정하지 않다.

특정한 시기에 특정한 영역이 급격히 발달하기도 하고 천천히 발달하기도 하는 등 그 속도가 일정하지 않다. 신체가 급속도로 성장하는 기간이 있는가 하면 심리적 발달이 급속도로 이루어지는 기간이 있다. 예를 들어, 연령의 증가에 따른 전반적인 성장 곡선에 비해 두뇌는 영아기와 유아기에 급속히 발달하다가 그 이후 성장 속도가 둔화된다. 생식기관은 아동기에는 그 발달이 매우 느리지만, 사춘기에는 급속도로 발달한다.

④ 발달은 분화와 통합의 과정을 거친다.

신체발달은 물론 정서발달, 지각발달 그리고 인지발달 측면에서도 처음에는 비교적 분화되지 않은 상태였다가 점차 분화되고 정교화된다. 정교화되고 세분화된 능력은 다시 통합되어 상호 협응된 상태로 사용할 수 있게 발달한다.

⑤ 발달에는 개인차가 있다.

발달은 보편적인 순서에 따라 이루어지지만 개인에 따라, 성별에 따라, 환경과 유전에 따라 차이가 나타난다. 비슷한 유전적 요인을 타고난 일란성 쌍생아도 신생아기부터 개인차가 나타나며, 발달의 속도와 양상은 개인마다 각기 다르다. 모든 아동의 발달은 일정한 순서대로 이루어지지만, 발달의 속도와 양상은 아동마다 제각기 다르다. 특히 사춘기와 같은 성적 성숙의 시기에는 상당한 개인차가 있다.

⑥ 발달의 모든 영역들은 서로 상호작용한다.

신체발달과 언어발달, 인지발달, 정서발달, 사회성 발달은 서로 밀접하게 영향을 주고받으면서 진행되므로 각 영역의 발달을 분리하여 생각할 수 없다. 신체발달은 인지발달이나 도덕성 발달과 관련되고 인지발달은 사회성 발달이나 성격발달과 관련되어 있다.

(2) 발달단계

발달단계(發達段階, stages of development)란 심신의 성장과정을 어떻게 구분하느냐에 관한 것으로, 연구의 목적이나 연구자에 따라 조금 다르게 나누기도 한다. 발달상에서 어떤 과제의 성취와 특정한 측면의 발달이 강조되는 삶의 기간을 말한다. 발달단계 이론은 사람의 일생 동안의 발달단계 중 특히 아동의 발달을 각각의 단계로 나누는데, 심적 구성요인과 행동의 차이를 특징으로서 다룬다. 발달심리학자들은 발달에 있어서 개인의 차이뿐만 아니라 발달이 질서정연하게 다른 영역에서 동시에 발생한다는 입장이다.

각 발달단계는 고유한 특징이 있어서 그 이전 단계나 이후 단계와 구분된다. 또 발달은 방향성이 있으며 새로운 단계는 그 이전의 단계까지 이루어진 발달을 통합한다. 즉, 인간발달의 단계는 인간의 연속적인 변화과정에서 특정한 발달과업을 성취하기 위해 필요한 기간을 적절한 시기에 따라 몇 개의 단계로 구분한 것이다. 그러나 이것은 인간의 발달이 연속적인 과정이기 때문에 단계들 사이의 구분을 명확하게 하기가 어려우며 단계의 구분은 학자에 따라 다소의 차이가 있을 수 있다. 이러한 단계는 대개 태아기, 영아기, 유아기, 아동기, 청소년기, 성년기, 중년기, 노년기 등으로 구분할 수 있다.

태아기는 수정에서부터 출산까지의 시기로서 어머니의 자궁 내에서 신체의 조직이 구성되고 가장 신속하게 발달하는 시기이며, 한 인간이 형성되는 시기이기도 하다. 영아기는 0세부터 2세까지의 시기로서 출생과 동시에 새로운 외부의 환경에 적응해야 하며, 외부의 상황에 적절히 대처하기 위해서 호흡, 소화, 배설 및 운동의 기능을 발달시켜야 하는 시기이다. 대상영속성을 습득하여 양육자와의 애착관계를 형성하며 자율적 존재로 성장한다.

유아기는 3세부터 5세까지의 시기로서 신체적으로 독립된 개체로 활동할 수 있게 되며, 대소변 가리기 훈련, 기본적인 언어발달 · 인지발달 · 정서발달 · 사회성 발달 등이 이루어지는 시기이다. 또래와의 집단놀이를 통해 초기수준의 도덕성 발달이 이루어진다.

아동기는 6세부터 12세까지의 시기로서 적절한 성역할을 학습하고 학교생활에 적응하며, 가족과 또래집단의 영향을 받으면서 지적 · 정서적 · 사회적 발달을 도모하는 시기이다. 논리적으로 사고할 수 있는 능력이 증가하고 조작적 사고력이 생긴다.

청소년기는 13세부터 19세까지의 시기로서 2차성징과 같은 신체적 변화에 적응하며, 자아정체감, 가치관, 소속감, 이성관계 등을 형성 · 발전시켜 나가는 시기이다.

성년기는 20세부터 39세까지의 시기로서 성숙된 인간이 되는 준비기간이며, 사회적 · 경제적 독립, 직업의 선택, 결혼과 가정생활의 준비, 가치체계의 형성 등이 이루어지는 시기이다. 성인기초기는 청년기로서 결혼을 기획하고 직업에 대해 고민하고 준비하는 시기이다. 성인기후기는 결혼생활에 적응하며 직업과 자녀양육에 적응하는 시기이다.

중년기는 40세부터 64세까지의 시기로서 성숙을 완성하고 정착과 안정을 얻으며, 자녀양육, 가정의 관리, 사회적 집단의 형성, 능력과 창의성의 발휘, 직업적 성취, 갱년기의 적응 등을 행하는 시기이다.

노년기는 65세 이후부터 죽음에 이르기까지의 시기로서 은퇴와 노화에 적응해야 하며, 조부모 및 부모의식의 성숙, 고독과 배우자의 상실에의 적응, 새로운 흥미의 개발, 죽음에 대한 인식과 적응 등이 이루어지는 시기이다.

이 책에서는 기존의 분류와 더불어 최근의 경향을 고려하여 발달단계를 태내기, 영아기, 유아기, 아동기, 청소년기, 성년기, 중년기, 노년기로 구분하여 기술하였다.

(3) 발달과업

인간에게는 전 생애에 걸친 발달단계를 거쳐 가는 과정에서 각 단계별로 특별히 요구되는 중요한 과업이 존재하는데 이를 발달과업이라고 한다. 발달단계별 주요 발달과업을 정리하면 〈표 1-1〉과 같다.

표 1-1 인간발달 단계별 주요 발달과업

발달단계	발달과업
영아기	대소근육의 발달에 적응, 자율감 획득, 신뢰감 획득, 애착발달, 신체생리기능 발달에 적응, 대상영속성 획득
유아기	자아개념 획득, 자존감 획득, 언어발달, 주도감 획득, 기본생활습관 획득, 성역할 발달
아동기	학교생활에의 적응, 또래관계에의 적응, 가정 및 학교에서의 건전한 태도 형성, 성역할, 양심 도덕성 발달, 사회에 대한 태도 발달
청소년기	신체변화에 적응, 연역적 과학적 추론 등 인지발달 적응, 컴퓨터, 스마트폰 등을 긍정적으로 활용하기, 유능한 시민으로서의 기본개념 획득
성년기 (청년기)	사랑과 친밀감, 자신의 성적 취향 인식, 자아정체감 획득, 결혼 기획, 직업 기획, 정서적 독립, 경제적 독립과 독립의 필요성 인식
성인기	결혼생활에 적응, 자녀양육에 적응, 부부친밀감, 가족유대감 형성, 직업에의 적응, 배우자 가족에의 적응
중년기	갱년기 및 성적 능력 등 신체적 변화에 적응, 기억감퇴 등 인지능력 저하에 적응
노년기	신체적 건강 쇠퇴에 적응, 은퇴와 수입 감소 적응, 배우자의 사망에 대한 적응, 동년배와의 유대관계 재형성, 사회적 의무 수행, 생활에 적합한 물리적 환경의 조성

2) 인간발달과 사회복지실천

인간행동의 발달을 이해하는 것은 사회복지실천에 있어서 가장 기초적인 작업이며, '인간행동과 사회환경(Human Behavior and Social Environment)'은 인간의 성격과 행동을 연구하는 학문으로 사회복지학의 기본 과목이다. 외부의 지원이 필요한 클라이언트(client)를 효과적으로 돕기 위해서는 클라이언트의 발달과 성격, 적응 및 부적응과 그를 둘러싸고 있는 가족이나 지역사회 등 사회체계들과의 관계를 유기적으로 살펴보는 것이 필요하다.

발달이론의 기본 전제는 사회복지실천의 환경 속의 인간이라는 이중적 초점과 인간을 통합적으로 기능하는 존재로 보는 전체적 인간관과 유사하다. 그러므로 인간발달이론은 사회복지 원조 과정의 기본 토대를 제공할 뿐만 아니라 각 분야의 사회복지제도의 발달을 위한 기반을 제공해 주고 있다.

인간발달이론은 ① 전 생애에 걸친 변화와 안정에 기여하는 요인의 판별, ② 신체 · 심리 · 사회적 기능 간의 상호 관련성 설명, ③ 인간의 사회적 기능과 적응 수준의 평가, ④ 인간발달에 영향을 미치는 사회 영향력을 평가할 수 있는 잣대를 제공해 준다. 즉 사회복지실천에서는 신체 · 심리 · 사회적 발달과 관련된 이론에 근거하여 개인의 적응과 부적응을 판단하는 기준을 설정할 때가 많다(Johnson & Yanca, 2001). 그러므로 인간발달이론은 사회복지실천의 원조 과정, 특히 내담자와 내담자가 속한 환경과의 관련된 상황을 파악하는 자료수집 또는 조사단계, 내담자의 문제를 야기한 원인, 그리고 내담자가 지닌 강점 및 자원을 판별하는 사정단계와 밀접한 관련성을 지닌다(권중돈, 2014).

사회복지실천에 있어 일반적인 가치는 각 개인이 자신의 삶에 대한 결정권을 가지고 있다는 신념이다. 그 일반적인 기술은 면접을 어떻게 이끌어 나갈 것인지, 또는 사람들이 다양한 대안들을 찾고 평가하는 것을 어떻게 도울지에 관한 것들이다. 또한 사회복지사들은 사회복지실천을 위한 일반적인 지식을 갖추어야 한다. 예를 들면 클라이언트의 사례에 어떻게 효과적으로 개입할지를 계획하기 위하여 일정한 형태의 정보에 접근할 수 있어야 하며, 어떤 기술을 적용하기 전에 인간행동에 대한 기본적인 지식을 습득하여야 한다.

따라서 인간발달에 대한 지식의 축적은 사회복지실천의 과정인 초기과정, 문제와 상황에 대한 조사 및 평가, 개입에 대한 계획수립, 실제적인 개입 · 종결에 전반적으로 유용하게 활용되며, 발달단계별로 욕구 · 문제 · 부적응상태를 분석하여 사회복지실천의 토대를 제공한다.

3) 생애주기 관점

인간의 생애주기(life cycle)란 임신을 통해 태아기와 출산 과정을 거쳐 영아기, 학령전기, 아동기, 청소년기, 청년기, 출산 · 육아 · 자녀독립 등을 경험하는 중 · 장년기, 은퇴 후 노후생활을 하게 되는 노년기에 이어 죽음에 이르게 되는 인간의 전 생애에 걸친 시간적 변화 상태에 의한 생애주기(life cycle)를 말한다.

(1) 생애주기 관점의 원리

생애주기(life cycle)는 생물학적 관점, 심리학적 관점, 그리고 사회학적 관점 등으로 나누어 조망할 수 있으며, 최근에는 영성적 관점을 중요한 관점으로 추가하고 있다. 생애주기단계는 주로 생물학적인 기준에 의해 결정된다. 그리고 사회복지실천에 적용되는 생애주기단계들의 내용은 발달심리학 또는 성격심리학적 접근이 주도하는 경향이 있다.

생애과정에 대한 사회학적 관점은 사회환경이 인간발달에 주는 영향을 개념화하는 데 유용하다. 생애과정 관점 중에서도 Alder(1995)의 생애과정 관점은 사회복지를 위한 잠재적 · 설명적 틀로서 중요성이 점차 밝혀지고 있다(Stone, 2004). 그에 의하면 몇 가지 중요한 원칙들이 인간발달과정과 결과(outcomes)에 중심적 역할을 한다는 것이다.

첫째, 개인의 발달은 하나의 궤도(trajectory)로 이해될 수 있다. 즉 이전의 발달적 경험이 이후의 발달에 영향을 준다.

둘째, 발달 및 사회적 전환의 시기(timing)와 순서(sequencing)가 개인의 생활궤도에 영향을 준다.

셋째, 개인의 능력 관련 속성들, 즉 인간적 자본 특성, 의미 창조 능력, 효능감 등이 발달에 영향을 준다. 그러나 인간능력은 사회적 기회 구조의 가용성과 구조, 그리고 질 등에 의해 제약을 받는다.

넷째, 아주 가까운 관계가 인간발달이 실현될 수 있는 핵심적 맥락으로 작용한다. 근접한 관계들은 보다 큰 사회적 힘과의 관계를 중재한다.

마지막으로, 역사적 시간과 장소가 발달적 경로를 결정한다.

(2) 생애주기 관점의 중요성

생애주기 관점은 인간과 환경 간의 상호성을 설명하는 데 중요한 몇 가지 의미가 있다.

첫째, 조직의 구조나 기능에도 시간의 흐름에 따라 질적 변화가 일어나듯이 인간도 환경 속에서 시간변화에 따라 역할이나 관계가 변한다.

둘째, 인간의 변화를 질적, 양적으로 다양하게 분석하게 해준다. 인간발달이 이루어지는 전 생애에 걸쳐 세월의 변화와 시간의 변화, 인생사건이 어떻게 재창조되고 독창적으로 이루어지는지 관찰하고 분석할 수 있도록 한다.

셋째, 개인발달 수준 외에도 가족발달 측면까지 확장하여 다룰 뿐만 아니라 집단, 조직, 지역사회, 사회 등의 특이성, 역사성, 인생사건, 사회문화적 경험, 경제상황, 역사적 위치, 가치관을 총체적으로 고려하여 변화를 이해하고 접근하도록 해준다.

넷째, 사회적 · 거시적 수준, 거시사회 맥락 속에 미시집단으로서 인간을 바라보고, 한 사람의 생애는 고유한 것이며, 여러 수준의 사건과 영향 속에서 형성되며 인간발달에 관한 현상적인 해석은 가치가 있다.

2. 사회환경 속의 인간발달

사회환경이란 일반적으로 풍토 · 기후 등의 자연환경인 물리적 환경과 가정환경, 학교환경, 인간이 만든 제도 · 조직 · 계급 · 풍습 · 규범 등의 문화환경을 말하며, 이러한 환경들은 사회적 인간을 형성하는 요소가 된다. 가정환경은 가정의 재정적 상태, 의식주의 만족과 불만족, 부모 및 기타 가족과의 관계, 욕구충족 방식, 부모의 교육 정도 및 교양 수준, 가정의 분위기, 가정의 질서 및 문화 등을 포함하는데 특히 부모의 양육태도와 방법, 수유방법, 배변훈련 등은 성격 형성에 큰 영향을 미친다. 학교환경은 공식적인 학교생활뿐만 아니라 친구나 선생님과의 비공식적인 관계를 포함한다. 문화환경은 사회가 기대하는 행동양식, 사회의 가치와 규범이 이에 속하는데 이러한 환경들은 인간의 행동을 형성하는 중요한 기능을 담당한다.

인간행동은 상호작용하고 서로의 행동에 영향을 주는 사람들이나 사람들의 집단, 조직, 지역사회, 문화 등과 같은 사회환경의 관계에서 이루어진다. 그리고 체계는 개인들로부터 가족, 집단, 조직, 지역사회, 문화에 이르기까지 모든 수준에 존재한다고 본다. 인간과 인간의 행동들은 다양한 체계들과 어우러져서 상호작용하면서 발달하고, 성숙해 나간다.

개인의 욕구는 그가 살고 있는 보다 큰 사회체계로부터 분리해 생각할 수 없다. 큰 사회체계에는 가족, 소집단, 지역사회 그리고 학교, 교회, 사회기관 등 다양한 사회조직이 포함된다. 모든 인간은 상충되는 욕구를 가진 여러 개의 큰 사회체계에 속해 있다. 이러한 사회체계들은 각 개인의 환경의 일부분이다. 어떤 사회복지사들은 사회체계의 욕구를 환경적 욕구라고 부른다. 사회체계이론은 이러한 사회체계를 이해하고 이들의 욕구를 찾아내는 데 유용한

틀을 제공해 준다.

사회체계이론은 개인, 가족, 소집단, 조직, 지역사회 간의 관계와 연결을 구체화하도록 도와준다. 각기 다른 사회체계 속에서 유사점과 차이점을 발견하고, 사회복지사들이 사정된 클라이언트의 상황을 유지하고 있는 체계와 도움을 주는 체계 속에서 개인적인 어려움과 공적인 문제들을 고려하는 데 유용하게 쓰인다(Norlin et al., 1997).

한 사회체계가 유지되고 그 기능을 다하기 위해서는 각 하위체계나 개인, 개인이 모인 집단인 각 부분들이 더 큰 체계가 잘 기능하도록 역할을 하고 조정되어야 한다. 그러나 이러한 조정이 개인들의 욕구를 채우는 데에도 적절한 것이라면 문제는 발생하지 않을 것이다. 하지만 개인과 여러 체계의 욕구를 동시에 채우기는 쉽지 않은 문제여서 사회복지사는 개인적 욕구와 체계의 욕구 문제 모두에 관심을 가져야 한다. 그리고 서로 관련된 체계들과 사람들의 욕구를 찾아내고, 고려되는 상황과 관련된 각 체계들의 욕구도 분석해야 한다. 인간의 기능에 대한 사회체계 분석은 서로 복합다단하게 얽혀 있음을 인지하고 실타래를 풀듯이 그 복잡성을 고려할 수 있는 대안을 찾아야 한다.

지역사회와 개인들 간의 상호작용으로 이루어지는 사회적 과정(social process)은 중요하다. 이웃의 구조와 과정인 규범, 경쟁 그리고 사회화 등은 개인의 행동에 영향을 준다(Jenck & Mayer, 1990). 전염적이거나 집합적 사회화를 통해 부정적인 이웃 및 지역사회가 또래들 간의 행동에 영향을 미치거나 지역사회의 성인들이 아동들에 미치는 영향, 그리고 이웃 및 지역사회제도에도 영향을 미친다.

개인의 안녕에 영향을 주는 이웃의 네 가지 영향력은 다음과 같다(Samson, Morenoff & Gannon-Rowley, 2002; 김선희 외, 2012).

첫째, 사회적 자본에 관련한 '이웃유대(neighborhood ties)'이다. 이 개념은 이웃과의 상호작용과 사회적 관계의 중요성을 의미한다.

둘째, '규범과 집합적 효능감(norms & collective efficacy)'으로서, 이웃 주민들에 의해 공유되는 신뢰와 기대를 의미한다. 집합적 효능감이란 집합적 선, 사회적 통제 그리고 응집력을 위한 노력에 참여하려는 의지와 관련된다.

셋째, '공동적 자원(mutual resources)'으로서 지역사회의 욕구에 대응할 수 있는 자원의 가용성을 의미한다. 지역사회 내의 제도의 존재유무와 질 그리고 다양성은 자체의 성원들을 지원해줄 수 있는 이웃의 능력을 촉진해 준다.

넷째, '정해진 활동들(routine activities)'은 지역사회의 토지를 어떻게 사용하는가와 지역사회 시설의 위치가 어떻게 지역사회 구성원들의 일과에 영향을 주는가를 의미한다.

이상의 각 요인들은 이웃 및 지역사회가 개인행동과 지역사회 구성원의 안녕과 성과에 영향을 미치는 방법을 결정하는 데 기여한다.

요약정리

1. 인간발달(human development)은 대개 개인의 상승적 변화를 의미하며, 인간이 수정에서부터 죽음에 이르기까지 시간의 경과에 따라 발생하는 규칙적이고 연속적인 변화이다.
2. 인간에게는 전 생애에 걸친 발달단계를 거쳐 가는 과정에서 각 단계별로 특별히 요구되는 과업이 존재하는데 이를 발달과업이라고 한다.
3. 클라이언트(client)를 효과적으로 원조하기 위해서는 클라이언트 자신의 발달, 성격, 적응이나 부적응뿐만 아니라 그를 둘러싸고 있는 가족이나 지역사회 등 사회체계들과의 관계를 정확하게 분석하는 것이 필요하다.
4. 인간의 생애주기(life span)란 임신을 통해 태아기와 출산 과정을 거쳐 영아기, 학령전기, 아동기, 청소년기, 청년기, 출산 · 육아 · 자녀독립 등을 경험하는 중 · 장년기, 은퇴 후 노후생활을 하게 되는 노년기에 이어 죽음에 이르게 되는 인간의 전 생애에 걸친 시간적 변화상태에 의한 생애주기(life cycle)를 말한다.
5. 사회환경들은 인간의 행동을 형성하는 중요한 기능을 담당한다. 인간행동은 상호작용하고 서로의 행동에 영향을 주는 사람들이나 사람들의 집단, 조직, 지역사회, 문화 등과 같은 사회환경의 관계에서 이루어진다.

생각해 보기

1. 환경 속의 인간이라는 의미에 관해 생각해 봅시다.
2. 인간의 발달에 유전과 환경 중 어느 것이 더 큰 영향을 미치는지에 관해 생각해 봅시다.
3. 사회복지실천에서 인간발달과 발달의 이론에 대한 이해가 필요한 이유와 활용방안에 관해 생각해 봅시다.

chapter

02

발달이론과 인간행동 I

Human Behavior and
Social Environment

chapter 02

발달이론과 인간행동 Ⅰ

1. Freud의 정신역동이론과 인간행동

Sigmund Freud의 정신역동이론은 인간행동의 기초가 되는 성격을 이해하는 데 지대한 영향을 주었으며, 사회과학 분야뿐만 아니라 인간의 본성 및 인간 이해를 위한 기초연구에도 많은 영향을 준 이론이다. 정신역동이론을 이해하기 위해서는 정신적 결정론과 무의식에 대한 이해가 선행될 필요가 있다. 정신적 결정론이란 인간의 성격은 5세 이전에 결정된다고 보는 관점으로 인간의 환경보다는 정신 내적인 현상을 강조하는 개념이다. 또한 무의식을 강조한 이유는 인간의 마음은 의식보다는 대부분 무의식이 차지하고 있으며, 이 무의식이 사람의 마음과 행동 전반에 걸쳐서 영향을 미친다고 보기 때문이다.

정신역동이론에서는 각자 우리의 현재의 모습을 이해하기 위해서는 과거의 삶, 특히 초기 발달과정이 강력한 영향을 미친다고 보며, 이 과정을 Freud는 심리성적발달과정으로 설명하였다. 또한 모든 문제행동의 원인은 인간의 내적 영역인 마음에 있다고 보았다. 행동의 내면에는 마음이 관여하고 있기 때문에 마음이 건강하지 못하거나 성숙하지 못하면 결국 이것이 원인이 되어 이후에 문제행동을 보이게 된다는 것이다. 이런 행동의 근원지는 무의식이며, 이 무의식세계의 분석을 통해 규명하였다.

정신역동이론은 치료를 위해 꿈의 내용에 관하여 내담자에게 자유연상을 하도록 하는 방법이 대표적으로 사용되어 왔으나 정신분석이론이 점차 발전하면서 전반적인 치료과정에서는 전이 및 역전이, 저항, 해석 및 통찰, 훈습 등 여러 기법이 활용되었다. 최근의 상담분야나 임상에서의 치료기법이 통합적이고 절충식 방법을 선호하게 되면서 정신역동이론의 치료기법이 다양하게 활용되고 있다.

1) Freud의 생애

Freud(1856~1939)는 동부 유럽 체코슬로바키아의 모라비아에서 유태인 집안의 8남매 중 장남으로 태어났으며, 생의 대부분을 비엔나에서 보냈다. 그의 아버지는 권위적인 사람이었고, 어머니는 매력적이고 정이 깊었으며, 사려 깊게 보살펴주는 사람이었다. Freud는 정신분석의 아버지이자 아동정신분석의 할아버지로 불린다.

Freud는 그의 아버지에게 세 번째로 결혼한 젊은 엄마의 장남으로 태어나 그 엄마의 지극한 사랑과 기대감 속에서 성장하였으나 아버지와는 관계는 원만하지 못하였다. Freud는 서른 살이 넘어서야 아버지를 비로소 이해하게 되는데 이런 성장과정은 오이디푸스 콤플렉스(Oedipus Complex)의 기초가 되었는지 모른다.

Freud는 1873년 비엔나 의대에 들어가 신경학을 전공하였고 1881년 의학박사 학위를 취득하였다. 독일어와 프랑스 등에 능통했고, 장래의 꿈은 장군이나 관리자를 희망하였으나 유태인이라는 이유로 의학이나 법학을 할 수밖에 없었다. 졸업 후에도 승진의 기회를 얻기 힘들었으며 경제적으로 힘들어 개인병원 신경과 의사로 일하였다. 그러나 프로이트는 빈에서 신경정신과를 개업하여 50년 동안이나 한 번도 다른 곳으로 옮기지 않고 오로지 환자의 진료에 몰두하는 일로 하루하루를 보냈다. 이런 생활을 하는 동안에 다듬어지고 체계화된 이론이 정신역동이론이다.

Freud는 프랑스의 Jean Charcot와 히스테리 연구를 통해 최면술을 최초로 시도하였으며, 44세에 《꿈의 해석》을 발표하였다. 2000년은 Freud의 《꿈의 해석》이 출간된 지 100년이 된 해였다. 사실 Freud의 이 대표작은 1899년에 나왔지만, 출판 당시에 마술의 숫자인 1900을 책표지에 집어넣었기 때문에 결과적으로 1900년에 출판한 것이 되었다. Freud는 쉰 살이 넘어서야 명성을 얻었고, 일흔 살이 되어서야 당대의 가장 유명한 인물들 중 한 사람이 되었다.

Freud는 매우 창조적이고 생산적인 학자로 하루에 18시간을 연구하기도 하였다. 생애의 마지막 20년 동안에는 턱 암으로 33번의 수술을 받았으나 저술작업은 53년간이나 지속하였고, 600권 이상의 책을 저술하였다. Freud의 대표적인 저서에는 《자아와 원초아》(1923), 《환상의 미래》(1927), 《문명과 그 불만》(1930), 《신정신분석학입문》(1933), 《정신분석학 개요》(1940) 등이 있다.

2) 인간관

Freud는 인생의 초기 발달과정이 인성 형성에 가장 중요한 영향을 미친다고 보는 결정론적 인간관을 가지고 있다. 인간의 발달과정은 리비도의 초점에 따라 일정한 심리성적 발달단계를 따른다고 보았으며, 내적 충동과 긴장상태를 제거하고 쾌락을 추구하고자 하면서 의식보다는 무의식이 인간행동에 미치는 영향력을 강조하였다. 즉, 인간행동은 무의식적 동기와 생물학적인 욕구 및 충동, 그리고 생후 약 5년간의 생활경험에 의해 결정된다고 보았다.

특히 정신역동이론은 영유아기의 경험에서 욕구 충족이 부적절하게 이루어지면 무의식의 세계 속에 마음의 응어리(콤플렉스)로 축적되어 나중에 이것이 원인이 되어 문제행동으로 나타난다고 보았다. 이처럼 우리의 현재의 모습을 이해하기 위해서는 과거의 삶, 특히 초기의 발달과정이 강력한 영향을 미친다고 본다.

이런 Freud의 생물학적인 성적 본능이나 결정론적 사고, 무의식이 지배하는 행동 등의 인간관에 대해 Erikson과 Adler, Jung 등은 반기를 들었다. 이들은 인간의 행동에는 사회적 문화적 대인관계적 요인들이 더 중요한 영향을 미친다고 강조하였다. 이들은 근본적으로는 Freud의 정신역동이론의 영향을 받았으면서도 새로운 이론을 제시하였다. Erikson의 심리사회발달이론, Adler의 개인심리이론, Jung의 분석심리이론 등의 독자적인 이론을 형성하게 되었다.

3) 주요 개념

(1) 리비도

리비도(Libido)는 인간의 본능적인 성적충동(에너지)으로 성격발달의 기본이 되는 개념이다. 리비도는 생물학적인 힘이 아니라 일종의 정신적 힘으로서 태어날 때부터 갖추고 있는 본능에너지다.

(2) 지정학적 모형

지정학적 모형(자각의 수준)은 Freud가 마음의 세계를 지리적으로 설명한 데서 유래되었으며, 마음을 일종의 지도로 형상화한 것이다. 지정학적 모형은 인간의 정신세계가 의식, 전의식, 무의식의 3원 구조로 되어 있다는 이론이다.

의식(conscious)은 개인이 어느 한 순간에 의식하는 감각, 지각, 경험, 기억 등을 말하며, 우리가 어떤 일정한 시간에 인식하고 있는 정신활동의 일부이다. 그러나 프로이트는 의식되는 마음은 우리의 정신생활의 한 작은 부분에 지나지 않는다고 하였다. 전의식(preconscious)은 한 개인이 어느 한 순간에 접근할 수 있는 것들을 대표한다. 우리가 바로 이용 가능한 기억이며, 최소한의 주의 집중과 노력으로 쉽게 의식될 수 있다. 무의식(unconscious)은 인간의 욕구나 충동들이 들어있는 깊은 곳으로 접근할 수 없는 창고이다. 즉 인간정신의 가장 깊고 중요한 부분이다. 인간은 그것들이 존재한다는 것을 전혀 의식하지 못하지만, 우리의 마음을 구성하는 사고와 감정, 본능, 욕구, 동기, 갈등 등 수많은 자료들이 저장되어 있는 공간으로 우리 마음의 일부이다.

Freud는 바다에 떠 있는 빙산은 극히 일부분만 겉으로 드러나듯이, 인간의 마음도 극히 일부분만 의식으로 드러나 그것이 마치 전부인 것처럼 보일지라도 실제로는 빙산의 밑부분처럼 대부분이 수면 밑에 가라앉아 있는 것과 같다고 하였다. 즉, 사람의 마음도 어딘가에 존재하지만 겉으로는 드러나지 않기 때문에 우리가 지각하지 못하고 있는 무의식이 지배한다고 보았다.

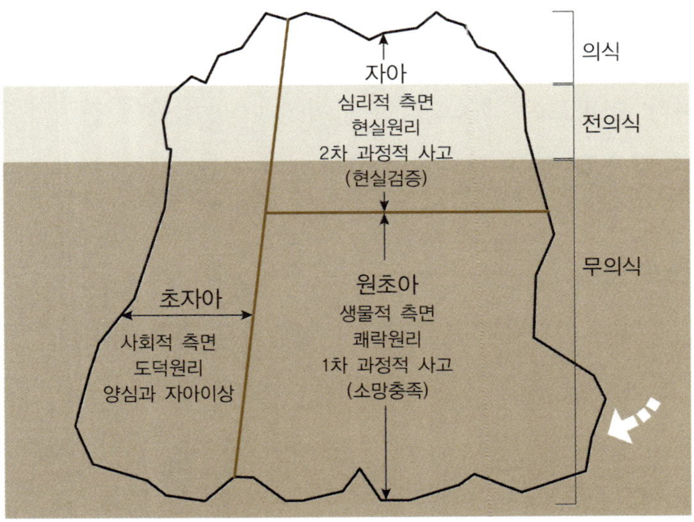

그림 2-1 프로이트의 의식수준(정신지도)

출처: 권중돈(2014). p.192.

(3) 정신적 결정론

정신적 결정론(psychic determinism)은 우리가 행하거나 생각하거나 느끼는 모든 것에는 의미와 목적이 있으며, 자연의 모든 것들은 결정되어 있다고 보는 개념이다. 즉, 사람들의 감정과 행동은 아무런 이유 없이 나타나는 것이 아니라 어떤 원인이 작용했기 때문에 나타난 결과로 본다.

4) 성격의 구조

Freud는 성격은 원초아(Id), 자아(Ego), 초자아(Superego)로 구성되어 있다고 하였다. 성격은 원초아가 강하면 충동적이며 감정적인 행동을 하는 경우가 많고, 자아가 강하면 현실적이고 합리적인 행동을 하는 경우가 대부분이며, 초자아가 강하면 도덕적이고 양심적 행동이 생성되기 쉽다. 건강한 성격은 현실적으로 자아가 강한 사람이다. 자아가 중심을 이루면서 원초아와 초자아 사이의 균형을 갖도록 하는 것이 중요하다.

(1) 원초아

원초아(Id, 본능)는 인성의 가장 큰 부분을 이루며, 인간이 선천적으로 갖고 태어나며 욕구를 즉각 충족시키려고 하는 쾌락원리를 따른다. 원초아는 인간의 배고픔이나 목마름, 성적인 욕구, 공격적인 욕구와 같은 본능적 추동들을 포함하는 일차 과정이다. 원초아의 역할은 결과에 관계없이 이러한 긴장이나 생리적 욕구 및 불쾌감을 즉각적으로 해소하려고 한다.

원초아는 성격의 기초를 이루며 정신분석이론에서 가장 중요시하는 무의식의 주요한 기제로 볼 수 있으나, 평생 그 기능과 분별력은 유아적인 수준에 머물러 있다. 만약 성인기에도 원초아가 대부분의 정신에너지에 대한 통제력을 보유하고 있다면, 이런 성인은 상대적으로 충동적이고, 야만적이며, 비합리적인 행동을 하게 된다(권중돈 · 김동배, 2005).

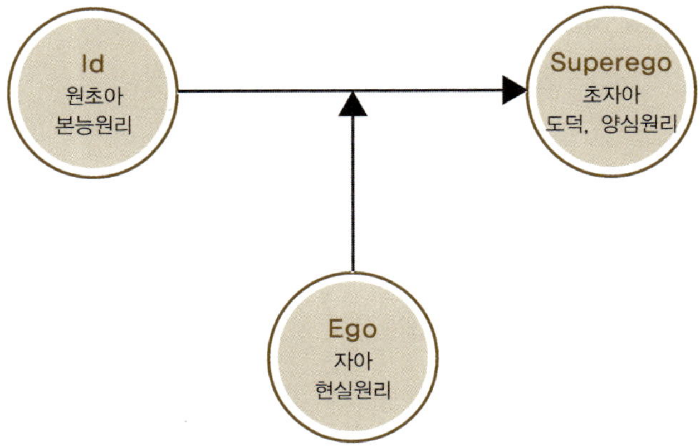

그림 2-2 프로이트의 성격구조

(2) 자아

자아(Ego)는 성격의 실행자이자 마음의 이성적인 부분이다. 자아는 원초아 및 초자아와의 외적 현실 사이를 조정하는 역할을 수행한다(Freud, 1920). 즉 성격의 중재자, 조정자 역할을 한다. 자아는 성격의 의식적이고 이성적인 부분으로 제2차 과정이라고 불리며, 합리적이고 현실원리를 따른다. 초기 영아기부터 나타나기 시작한다.

자아는 현실원칙(reality)과 이차 과정 사고(secondary process thinking)에 의해 작동된다. 현실원칙은 욕구충족을 위해 적당한 대상이나 환경적 조건이 이루어질 때까지 본능적 만족을 지연시켜 개체를 안전하게 보전하려는 것을 말한다. 자아가 현실원칙을 적용한다고 하여 쾌락원칙이 포기되는 것이 아니고 쾌락의 획득이 일단 보유되는 것이며, 결국에는 쾌락을 획득하게 된다(권중돈 외, 2005). 현실원칙을 유지하기 위해서는 이차 과정 사고를 필요로 한다. 이차 과정 사고는 현실에 적용되는 합리적 사고방식을 말한다. 즉 자아가 현실검증을 통하여 충동을 더욱 잘 지배하고 환상과 현실을 구분할 수 있는 사고능력이 작동되는 것을 말한다. 자아의 이차 과정 사고는 현실의 대상이나 상황에 대처하기 위해 전략을 세우는 것이다. 예를 들면, 배고픈 아이가 과자가 있는 상자로 간다든지, 성인의 경우에 성적 충동을 미술, 음악, 스포츠 등의 활동으로 전환시켜서 해결하려는 전략을 말한다(엄태완, 2017).

(3) 초자아

초자아(Superego)는 성격의 도덕적 또는 사법적 측면으로, 양심과 이상적 자아의 두 요소를 포함한다. 즉 성장하면서 부모의 영향을 받은 전통적인 가치관과 사회적인 규칙 그리고 도덕과 양심이 자리 잡은 곳이다. 이때 양심은 잘못된 행위에 대하여 생기는 죄의식과 관련되며, 이는 부모와의 동일시를 통해서 부모의 도덕적 규범이 내면화된 처벌적이고 비판적인 부분이다. 이상적 자아는 이상적인 열망들로 구성되며, 이상적인 열망들은 부모로부터 보상받은 경험이 그 기초가 된다. 따라서 무엇이 옳고 그른지, 어떤 일을 해야 하고 어떤 일은 하지 말아야 하는지 등을 판단하는 것은 모두 초자아의 임무이다.

일반적으로 원초아는 성격의 생리적인 요소, 자아는 심리적인 요소, 그리고 초자아는 사회적 요소이다. 이러한 세 가지 성격 요소가 자아의 통솔하에 하나의 팀으로 잘 기능할 때 건강한 성격을 유지할 수 있다(김선희 외, 2012).

5) 정신에너지와 본능

Freud는 인간의 본능은 신체적 흥분이 소망의 형태로 나타난 것으로 모든 행동은 이러한 본능에 의해 결정된다고 하였다. Freud는 인간의 본능을 삶의 본능(Eros)과 죽음의 본능(Thanatos)으로 나누었다. 모든 사람은 이 두 가지 본능을 가지고 있다고 보았다.

(1) 삶의 본능

삶의 본능을 에로스(Eros)라 하며 이것은 Libido와 밀접한 관련이 있어 개체의 정신구조에 중요한 역할을 하기 때문에 Freud는 이것이 성격발달에 가장 영향력이 큰 본능이라고 주장하고 있다(임은희, 2010). 배고픔과 목마름, 성적 충동 등은 삶의 본능이 가지고 있는 특징들이지만 인간의 정신활동과 기능에 생명력을 주는 힘이 되기도 한다.

(2) 죽음의 본능

죽음의 본능은 인간행동의 파괴적 혹은 부정적인 힘을 말한다. 즉 생물체가 무생물체로 돌아가려는 죽음의 본능을 타나토스(Thanatos)라고 한다. 인간의 공격성과 자살, 잔인성, 살인 등과 같은 것들이 대표적이다. 그러나 인간의 행동을 결정하는 데 있어 삶의 본능만큼 중요한 본능이기도 하다. 모든 유기체는 자신의 근원인 무생물 상태로 되돌아가려는 충동이 있기 때문에 죽고자 하는 무의식적 소망이 있다고 본다.

6) 심리성적이론의 발달단계

Freud의 심리성적이론의 발달단계는 구강기, 항문기, 남근기, 잠복기, 생식기로 구분한다. Freud의 성격발달은 성적인 충동이자 생의 본능적 에너지인 리비도가 향하는 방향과 관계가 있다.

(1) 구강기(oral stage: 출생~만 1세)

이 시기는 구순, 즉 입과 구강부위(혀, 입술)가 쾌락의 주된 원천이 된다. 빨고 마시고, 먹는 것뿐만 아니라 손가락이나 젖꼭지를 빨거나 입에 닿는 것은 무엇이든지 빠는 것과 같은 구강활동을 통해서 쾌락을 추구한다. 배부른 것과는 관계없이 구순활동 그 자체가 만족감을 준다. 구강기에 겪는 경험의 대부분은 언어로 표현되지 못하므로 무의식 속에 영구히 남아 있기 쉽다.

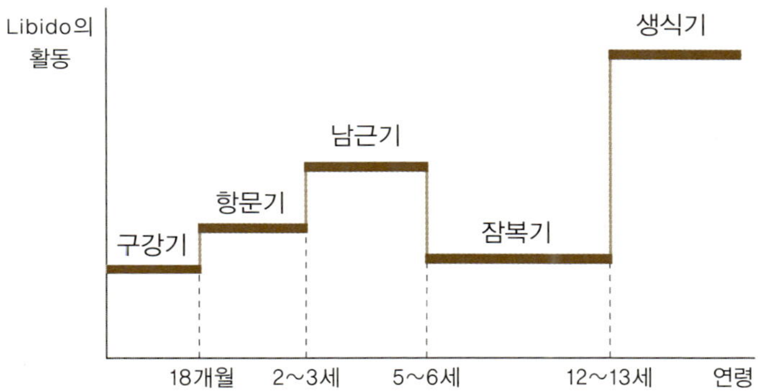

그림 2-3 프로이트의 성격발달이론

출처: 김성국(1999). p.68.

쾌락의 추구가 빈번히 좌절되면 다음 발달단계로 넘어가지 못하고 이 시기에 고착된다. 이 단계에 고착하게 되면 과식(대식가)이나 과음, 과도한 흡연, 입맞춤, 수다, 신랄한 비평, 빈정거림 등의 구강기 성격이 나타난다. 고착현상은 일반적으로 심각한 좌절로 인해 욕구불만이 생길 때, 즉 의존적이거나 수동적 성격, 손톱 물어뜯기, 지독하게 비판적인 성격 등이 원인이 되지만, 과다한 만족 또한 고착의 원인이 될 수 있다.

(2) 항문기(anal stage: 만 1세~3세)

이 시기는 배설 경험을 통해 리비도의 충족이 이루어진다. 즉, 이 시기의 쾌감은 괄약근을 조절하면서 보다 강렬한 배설을 미루는 보유, 그리고 배설과 방출을 통해 안도와 쾌감을 경험하고 만족을 얻는 것이다. 이 시기에는 배변훈련이 시작되는데 배변훈련이 지나치게 엄격하면 유아는 규칙과 규범에 지나치게 얽매이게 되고 독립성과 자율성은 크게 상처받게 된다. 이 경우 질서제일주의, 지나친 인색함, 옹고집 등 배변을 참음으로써 주변을 어지럽히지 않으려는 유아의 노력을 반영하는 성격특성을 발달시키게 된다. 일반적으로 강박적인 성격이 이와 관련된 것으로 알려져 있다. 반면, 배설 후의 근육이완이나 쾌감에 고착하게 되면 폭발적 항문기 성격으로 나타나 반항적이거나 지저분하고 낭비벽이 심한 사람이 될 수 있으며, 난폭하고 적개심과 의심이 많은 성격의 소유자가 되기도 한다.

(3) 남근기(phallic stage: 만 3세~5세)

이 시기는 리비도가 항문에서 생식기로 옮겨간다. 즉 이 시기의 아동은 자신의 성기에 관심을 갖기 시작한다. 이 시기는 이성 부모에 대한 관심이 많아지고 동성의 부모에게는 성적으로 동일시하려는 경향이 있기 때문에 남자아이는 남자다워지려고 하고, 여자아이는 여자다워지려고 노력한다.

이 시기의 남아는 그의 어머니를 사랑의 대상으로 느끼고 아버지를 경쟁자로 보면서 심리적 갈등이 발생되는데 이를 오이디푸스 콤플렉스라 한다. Freud는 성적으로 어머니를 소유하려는 욕망이 남근기의 모든 남아의 특징이라고 믿었다. 남아는 어머니를 최초의 애정의 대상으로 추구하고 아버지를 경쟁자로 인식하여 적대감을 갖게 된다. 어머니를 사이에 둔 아버지와의 미묘하고도 심각한 대결의 과정에서, 남아는 결국 그의 동기에 대한 아버지의 분노를 인식하게 되고, 자신과 아버지의 신체를 비교한 결과 열등감을 갖게 된다. 이때 자신의 근친상간적 행동 때문에 거세를 당할지도 모른다는 두려움을 갖게 되는데, 이것이 바로 거세불안(castration anxiety)이다. 남아는 거세불안을 감소하기 위해 어머니에 대한 성적 욕망을 포기하고, 아버지에게 느꼈던 적대감정을 억제한다. 그 대신 자신과 아버지를 동일시하게 된다. 즉, 아버지와 경쟁하는 대신 아버지와 같은 사람이 되려고 하며, 아버지를 통해서 어른이 된 느낌을 간접적으로 즐긴다. 이러한 동일시(identification) 과정을 통해 초자아가 형성된다.

Freud는 여아의 경우에도 아버지를 애정의 대상으로 생각하며 어머니의 존재 때문에 생기는 심리적 갈등이 생긴다고 하며 이를 엘렉트라 콤플렉스(Electra Complex)로 묘사했다. 여아는 남아들이 갖고 있는 남근이 자기에게는 없다는 것을 발견하게 되는데, 이것이 어머니 때문이라고 생각한다. 이렇게 자신을 불완전하게 만들어 세상으로 내보낸 어머니를 원망하고, 남근에 대한 부러운 감정, 즉 남근선망(penis envy)을 갖게 된다고 하였다. Freud는 오이디푸스 갈등은 해결과정을 상세히 설명하였으나 엘렉트라 갈등의 해결과정은 상세히 설명하지 못했다.

(4) 잠복기(latency stage: 만 6세~11세)

이 시기는 일반적으로 초등학교에 해당되는 시기로, 성에 대한 관심이 나지 않기 때문에 잠복기라고 한다. 이 시기에는 이전의 세 단계의 갈등해결에 투입되던 막대한 성적 에너지가 부모에 대한 애정의 발달, 교사나 친구와의 강한 사회적 유대를 확립하는 데 집중된다. 따라서 Libido의 힘은 잠복상태에 있게 되고 사회적으로 수용되는 친구와의 놀이나 게임, 학교에서의 지적활동에 에너지를 쏟게 된다.

(5) 생식기(genital stage: 청소년기~성인)

이 시기는 심리성적 발달의 마지막 단계로 2차 성징이 나타나는 청소년기에 시작된다. 생리적 변화와 함께 성적 관심과 충동이 다시 증가하면서 이성에 대한 관심과 호기심이 높아지는 시기이다. 잠복기에 확립되었던 원초아 및 자아와 초자아 간의 균형이 갈등과 혼란을 겪으면서 갑자기 균형을 잃게 된다. 자아와 초자아는 생식기 동안 중요한 시험에 직면하며, 한쪽 내지 양쪽 모두의 부적절한 발달로 인해 청소년의 자살이나 비행, 심각한 정신이상을 야기하기도 한다. 이때 자아는 한편으로는 억압과 같은 방어기제를 통해 원초아의 욕구를 부정함으로써, 다른 한편으로는 지성화, 합리화, 금욕주의, 퇴행 등의 방어기제를 통해 초자아를 진정시킴으로써 이러한 갈등에 대처한다.

발달과정을 거치면서 여아와 남아는 성별에 따라서 상이한 위기를 거치고, 이러한 위기를 해결하는 과정에서 여성으로서 또는 남성으로서 성적 정체성이 형성된다(Robbins, Chatterjee, & Canda, 2006). Freud는 이 시기에 보다 긍정적인 성격발달을 위해서는 감정적으로 고통스럽지만 부모를 떠나 독립적인 자신의 삶을 찾아야 하며 책임감과 근면을 길러야 한다고 했다(손병덕 외, 2017).

7) 방어기제

인간은 정서적으로 불안하거나 갈등에 처하게 되면, 이런 불유쾌한 불안이나 정서에서 벗어나고자 여러 가지 방법을 취하게 된다. 즉 불안하거나 심리적으로 위협을 느끼는 상황에 처하게 되면 자신을 보호하기 위해 무의식적으로 방어 전략을 사용하게 된다. 대표적인 방어기제(defence mechanism)의 종류는 다음과 같다.

(1) 부정

부정(denial)은 이별이나 질병 등 받아들이기 힘든 사실을 부정하는 것을 말한다. 즉, 고통을 주는 어떤 사실이나 경험을 있는 그대로 인정하지 않고 부정하는 것이다. 사랑하는 사람의 죽음이나 배신을 인정하려 들지 않고 사실이 아닌 것으로 여기는 것이 그 예이다.

(2) 억압

억압(repression)은 의식하기에는 너무나 충격적이고 고통스러운 경험들을 아예 무의식속으로 억누르는 것이다. 가장 직접적인 방법으로 불안을 회피하는 수단이 되는 기제로, 사람들이 가장 많이 사용하는 방어기제이다. 억압의 극단적인 예로 고통스런 경험과 관련된 특정한 시기의 기억들을 아예 마음에서 지우는 기억상실증, 건망증, 망각 등이 있다.

(3) 퇴행

퇴행(regression)은 발달 초기에 사용하는 방어기제 중 하나로, 극심한 스트레스나 좌절을 당할 때 그동안 이루었던 발달의 일부를 상실하고 안정적이었던 과거로 돌아가 어린아이처럼 행동하는 것이다. 대소변을 가리던 아이가 동생이 태어나자 어머니의 관심을 끌기 위해 다시 대소변을 가리지 못하는 행동을 하는 것이 그 예이다.

(4) 합리화

합리화(rationalization)는 용납하기 어려운 상황이나 행동에서 오는 불안함을 그럴듯하게 정당화시켜 해소하는 방식으로 신 포도의 논리라고도 한다. 사람들이 가장 빈번하게 사용하는 방어기제 중 하나이다. 실패에 대하여 그럴듯한 변명을 함으로써 긴장을 해소하려는 것이 그 예이다.

(5) 투사

투사(projection)는 자신 스스로 혹은 사회적으로 받아들여질 수 없는 자신의 충동이나 생각, 감정을 다른 사람의 탓으로 돌리고 비난하는 것을 말한다. 열등감을 가진 사람이 다른 사람의 호의적인 웃음을 비웃음이라고 간주하고 화를 내는 것, 특별한 이유 없이 엄마에게 화가 난 아이가 '엄마는 나만 보면 왜 화를 내느냐'고 하는 것 등이 그 예이다.

(6) 반동형성

반동형성(reaction formation)은 나타내기 힘든 감정이나 행동을 정반대로 표현하는 것이다. 예를 들면, 미팅에서 만난 마음에 드는 남자가 데이트를 신청해 주기를 학수고대하고 있는 여대생이 정작 그 남자가 '시간 있습니까?'라고 말하자마자 아주 강한 어조로 '시간이 없다'라고 말해버리는 경우이다.

(7) 전치

대치 혹은 치환, 전위라고도 한다. 전치(displacement)는 전혀 다른 대상에게 자신의 욕구를 발산하는 것이다. 즉, 꿩 대신 닭인 격이다. 자식이 없는 사람이 강아지를 끔찍하게 귀여워하는 것, '동대문에서 뺨 맞고 남대문에서 화풀이 하는' 것, 아버지에게서 혼이 난 아이가 마당의 개를 발로 참으로써 화를 푸는 것 등이다.

(8) 승화

승화(sublimation)는 정서적 긴장이나 충동, 감정 등을 사회적으로 인정받을 수 있는 행동방식으로 표출하는 것이다. 공격적이거나 충동적인 에너지를 사회적으로 인정받는 행동으로 표출하기 때문에 가장 건전하고 건설적인 방어기제이다. 청소년들의 성적 욕망을 스포츠나 음악활동으로 해소하는 것이 그 예이다.

8) 정신분석이론의 치료적 기법

(1) 자유연상

자유연상(free association)은 환자를 긴 의자에 누인 채 아무런 생각도 하지 않은 채 머리에 떠오르는 것을 자연스럽게 이야기하도록 함으로써 무의식 가운데 억압된 것을 의식의 수면 위로 떠올리도록 하는 것이다. 즉 내담자의 마음속에 떠오르는 감정이나 생각이 아무리 사소한 것일지라도, 비논리적인 것일지라도 수정하거나 가감 없이 무엇이든 자유롭게 말하도록 하는 방법이다.

(2) 저항

저항(registance)은 치료적 발전을 저해하고 내담자가 무의식적 욕구를 표출하는 것을 방해하는 것으로 의식적일 수도 있고 혹은 무의식적으로 나타날 수도 있는 반응이다. 예를 들면, 치료과정에서 내담자가 치료자에게 말하기를 거부하거나, 중요한 것을 공감하기 거부, 관련되지 않은 주제를 말하는 것, 약속시간에 늦게 오거나 약속을 어기는 행위, 눈을 마주치지 않는 것 등 치료자에게 협력하지 않는 태도나 자세를 말한다.

(3) 해석

해석(interpretation)은 내담자가 자기의 문제를 새로운 각도에서 이해하도록 그의 생활 경험과 행동의 의미를 설명해 주는 것이다. 정신분석에서의 해석은 내담자가 부분적으로 또는 전체적으로 의식하지 못했던 것을 지적하거나 이해시킴으로써 무의식적인 동기 등을 의식화시키는 데 치료의 의도가 있다.

(4) 전이

전이(transference)는 내담자의 과거나 현재상황이 치료자에게 반복되는 것을 말한다. 즉 내담자의 생애에서 영향력 있는 사람의 대치물, 즉 무서운 선생님이나 엄격한 부친, 사랑하는 사람 등으로 보이는 것이다. 개인적인 생활 가운데 자신의 입장에서 소중한 사람에 대한 기분을 교사나 상담자에게 느끼는 감정이다. 효과적인 치료를 위해서는 감정전이의 형성이 필요하다.

(5) 역전이

역전이(counter-transference)는 전이로 인한 문제에 치료자가 내담자에게 반응을 보이는 것이다. 즉, 치료자의 내담자에 대한 과잉애착이나 과잉관여, 내담자를 싫어하는 감정 등으로 표출하는 것이다. 역전이는 치료의 진전을 방해하므로 치료자는 항상 역전이에 유의해야 하며, 이를 의식하고 처리할 수 있는 능력을 갖는 것이 중요하다.

(6) 훈습

내담자는 치료가 진행되는 과정에서 자신의 문제나 상황에 대해 폭넓게 이해하게 된다. 즉 내부갈등 및 외부상황, 현실지각과의 관계를 올바르게 인식하고 감정으로 체험하는 통찰(insight)이 이루어지게 된다. 이때 내담자는 자신의 문제에 대한 통찰을 현실에서 실천적으로 적용하려고 노력한다. 훈습(working-through)은 내담자가 통찰을 통해 자신의 여러 가지 심리작용이나 갈등에 효과적으로 대처하고 대인관계 등에 적용해 나가는 과정을 말한다.

9) Freud 이론의 적용

Freud의 정신역동이론은 인간의 무의식을 강조하면서 무의식적인 힘에 따라 인간행동이 영향을 받고 결정되는 것으로 보았다. 특히 현재의 문제가 어린 시절의 경험 및 행동, 태도 등에 의해 영향을 받아 결정된다고 본 관점은 아동기의 초기 경험이 성격을 결정하는 데 중요한 요인이 됨을 알 수 있다. 그러므로 개별사회사업에서 아동행동의 동기를 밝히는 것이 내담자의 문제를 사정하는 데 중요한 측면이 된다. 이는 사회복지사가 내담자를 분석하고 치료할 때 그 사람의 현재상황만 보는 것이 아니라 그의 가족이나 중요한 대상과의 관계, 양육과정 등 아동기의 과거로부터 축적되어온 개인적 경험이나 역사를 인식하고 탐구하는 것이 중요하다 할 것이다.

2. Erikson의 심리사회발달이론과 인간행동

Erikson은 인간은 합리적이고 이성적이며 창조적인 존재로 간주하면서 인간의 발달은 전 생애에 걸쳐 일어난다는 것을 강조하였다. 그는 인간의 발달단계를 8단계로 제시하였다.

Erikson은 Freud의 정신역동이론을 바탕으로 인간의 성격발달을 연구하였다. 그러나 Freud가 성적 에너지와 부모와의 관계의 중요성을 강조한 데 반해 Erikson은 사회적 에너지의 중요성을 강조하면서 부모뿐만 아니라 가족이나 친구, 사회, 문화배경 등 사회문화적 환경의 영향에 초점을 두었기 때문에 Erikson의 이론은 심리사회발달(psychosocial development)이론이라고 한다. 그러므로 심리사회발달이론에서는 인간과 환경과의 상호작용이 매우 중요하며, 인간이 사회적 환경과의 상호작용 속에서 각 발달단계에 따라 이루어야 할 과업과 극복해야 할 위기를 제시하면서 이 위기를 어떻게 극복하는가에 따라 성격이 결정된다고 보았다.

1) Erikson의 생애

Erik H. Erikson(1902~1994)은 독일의 프랑크푸르트에서 출생하였다. 부모는 Erikson이 태어나기 전에 이혼하였고, Erikson이 세 살 때 유태인 의사와 재혼하였다. 부모와 외모가 전혀 달랐던 Erikson은 이방인이라는 별명으로 불렸다. Erikson은 정규학교과정으로 고등학교를 졸업하였다. 고등학교 때의 성적은 대체로 낮았으며, 학교에 잘 적응하지 못한 채 형식적으로 다녔다. 고등학교 졸업 후에 1년간은 유럽여행을 하였고, 미술공부를 하기도 하였으며 이탈리아 전국을 여행하기도 하였다. 이런 시기를 Erikson은 자신의 유예기간으로 설명하였다. Erikson의 가족배경과 청년기의 방황 경험이 그의 심리사회발달이론, 특히 자아정체감 형성과정이나 유예기간과 같은 주요 개념을 형성하는 데 큰 영향을 미쳤다고 볼 수 있다.

Erikson은 인간 삶의 생애주기에 대한 이론을 발전시킨 역사적인 인물로 미국 아동 및 소수집단에 대한 연구와 그 연구의 적용에 많은 시간을 들여 노력하였다. Erikson의 첫 번째 저서이자 대표적인 저서인 《아동기와 사회

(Childhood and Society)》(1950)는 Erikson의 나이가 거의 50세가 되어 출판되었으며, 《간디의 진리》는 퓰리처상과 철학과 종교 분야의 국가저술상을 받았다. 그는 《청년루터》, 《정신분석과 역사의 연구》(1958), 《청년: 변화와 도전》(1963), 《정체: 청년의 위기》(1968)을 출판했다. 연로한 나이에도 불구하고 《장난감과 이성》(1977), 《성인기》(1978)를 출판하는 등 생산적인 지적활동을 계속하였으며, 1994년 미국에서 사망하였다.

2) 인간관

Freud의 영향을 받은 Erikson은 개인의 성격발달은 아동 초기의 경험도 중요하지만 전 생애를 통하여 발달하며, 외적 · 내적 경험이 상호작용한다는 점을 강조하였다. 즉 개인의 성격발달은 개인에 의하여 능동적으로 추구되는 환경과의 상호작용의 결과로 보았다. Erikson은 특히 청소년이 어떻게 자아정체감을 인식하는지, 어떻게 사회화되는지에 관심이 많았다.

Erikson은 각 발달 시기마다 성숙의 힘에 의해 지배되는 일련의 발달단계가 있는데 이 단계를 이끄는 것은 사회적 요구가 있기 때문이며, 이 요구가 심리사회적 위기를 낳는다고 보았다. 이 위기는 인생주기의 여덟 단계마다 사회적 발달과정에서 다루어져야 하지만 반드시 그 단계에서 해결되어야 하는 것은 아닌 각 단계에 특유한 발달과제를 갖고 있다(노안영 · 강영신, 2003). 발달과정에서의 심리사회적 위기는 긍정적인 면과 부정적인 면의 양극성(polarity) 성격을 갖고 있다고 보았다. 이 양극성에 대해 Erikson은 긍정적인 면이나 부정적인 면의 어느 한쪽에 치우친 발달이 아닌 어느 정도의 균형 있는 발달을 강조하였다. 그러나 긍정적인 면이 부정적인 면보다 우세할 때 심리적으로 건강한 발달을 이룬다고 보았다.

3) 심리사회적이론의 발달단계

Erikson은 인간의 발달은 아동기에만 이루어지는 것이 아니라 전 생애에 걸쳐서 이루어진다고 보고 Freud가 제시한 5단계를 전 생애로 확대하여 8단계로 제시하였다. Erikson은 각 발달단계마다 이룩해야 할 발달과업이 있으며, 그 발달과업은 곧 위기가 될 수 있으나 위기에서 야기되는 스트레스와 갈등에 적응하려고 노력하는 과정을 통해 개인의 성격이 발달한다고 보았다.

(1) 기본적 신뢰감 대 불신감(basic trust vs mistrust: 만 0세~만 1세)

영아는 자신의 모든 것을 타인에게 의존하게 된다. 이때 신뢰감이나 불신감을 경험하게 된다. 부모를 비롯한 중요한 타인에게 지속적인 사랑과 관심을 받는 영아들은 신뢰감이 발달되고, 지속적이고 일관된 보살핌을 받지 못한 영아들은 보통 타인과 주변 세계에 대해 불신감이나 의심 등을 갖게 된다. 신뢰감은 심리적으로 건강한 사람을 만들고 다른 사람과의 유대감 및 애착형성에 필수적이다. 하지만 Erikson은 건전한 성격발달이 신뢰와 불신의 적절한 비율로부터 온다고 보았다.

(2) 자율성 대 수치와 의심(autonomy vs shame and doubt: 만 1세~3세)

이 시기의 아동은 배변훈련 및 스스로 입고 먹기, 자기 스스로 일을 수행해야 하는 도전에 직면하게 된다. 아동은 목표지향적인 행동을 하게 되며, 언어로 의사소통을 하기 시작한다. 따라서 더 이상 타인에게 의존하지 않고 스스로의 힘으로 무엇인가를 해보려는 시도를 하게 되므로 부모는 아동의 자발적인 행동에 칭찬을 하거나 신뢰를 표현하여 용기를 줄 필요가 있다. 지나치게 엄격한 배변훈련이나 사소한 실수에 대한 벌 등은 아동으로 하여금 수치심을 느끼게 하거나 자신의 능력에 대해 회의감을 갖게 할 수도 있다.

(3) 주도성 대 죄의식(initiative vs guilt: 만 3세~6세)

이 시기의 아동은 자율성이 증가하며 왕성한 지적 호기심을 보인다. 아동의 인지가 급격하게 발달되기 때문에 모든 부분에서 도전적인 충동을 보이는 시기이다. 이때는 자신이 주도적으로 일을 하여 인정받고 싶어 하기 때문에 부모가 이러한 아동의 주도성을 비난하거나 질책하면 아이들은 위축되고 자기 주도적인 활동에 대해 죄책감을 느끼게 된다.

이 단계에서 중요한 점은 부모가 어떻게 아이의 새로운 주도적인 활동과 환상에 반응할 것인가이다. 부모가 아이를 처벌하거나 주도성을 금기시하고 새롭게 주도하는 것들에 대해 부정적으로 느끼게 하면 아이는 죄의식을 느끼게 되고, 이후에 아이가 할 수 있는 주도적 활동에 부정적인 영향을 미치게 된다. 부모는 아이의 실패에 대해 이해심과 사랑으로 지도해 주어야 한다.

(4) 근면성 대 열등감(industry vs inferiority: 만 6세~11세)

이 시기의 아동은 대부분의 시간을 학교에서 보내게 되며, 학교에서의 성공과 성취가 아동의 근면성을 발달시키게 된다. 따라서 교사와 또래 친구의 영향력이 매우 중요하다. 만약 이 단계에서의 도전이 너무 어려워 실패로 끝나는 경험이 많아지면 아동은 열등감에 빠지게 된다. 아동은 학습자로서의 학습 상황에서 높은 성취와 성공을 할 수 있다면 매우 긍정적인 자아개념을 발달시킬 수 있다. 이러한 근면성은 이후 생애에서의 적응과 성공 그리고 인간관계를 결정하는 데 매우 중요한 요인이 될 수 있다.

(5) 자아정체감 대 정체감 혼란(ego identity vs identity confusion: 청소년기)

이 시기의 청소년은 중요한 신체적, 지적, 감성적 변화를 경험하게 된다. 육체적으로는 급격한 성장을 하게 되지만 그들의 정신적인 조절능력은 육체적 발달에 미치지 못한다. 또한 청소년들은 새로운 성적인 느낌과 호기심을 경험하게 됨으로써, 종종 혼란에 빠지기도 한다. 이 시기에는 다른 사람이 자기를 어떻게 생각하는지에 대해 관심이 많기 때문에 외모 가꾸기에도 관심을 갖는다. 또한 독립을 주장하기도 하지만 안정과 보살핌을 원하기도 한다.

이 시기는 청소년기의 가장 근본적이고도 어려운 문제인 자신에 대해 고민을 많이 하는 시기이다. 나는 누구인가, 나는 무엇을 할 것인가, 미래의 나의 모습은 어떻게 될 것인가 등에 대한 스스로의 물음은 자아정체감을 형성하기 위한 과정이며, 이 자아정체감은 일생을 통해 이룩해야 할 중요한 과업으로 보았다. Erikson은 청소년기에 정체감의 위기를 경험하게 된다고 주장하면서도 청소년기가 정체감 형성의 결정적인 시기라고 하였다.

(6) 친밀감 대 고립감(intimacy vs isolation: 청년기)

이 시기는 성인초기에 해당된다. Erikson이 말한 친밀감은 성적인 것 이상을 의미하며, 사회적 친밀감을 포함한 개념이다. 이 시기는 사회에 참여하면서 자유와 책임을 가지고 스스로의 삶을 영위하기 시작하는 시기이다. 자기 자신의 문제에만 몰두하는 것에서 벗어나 직업 및 배우자 선택, 친구 선택 등 다양한 문제들을 경험하고 준비하는 시기이다. 조건 없이 다른 사람에게 무언가를 해 줄 수 있는 마음이 이 단계에서의 위기를 긍정적으로 해결하는 기초가 되지만, 반대로 위기 해결에 실패하는 사람은 정서적으로 고립되고 자유롭게 사랑을 나누지 못한다. 타인과 친밀한 관계를 유지한다는 것은 타인을 이해하고 또 자기 자신도 이해될 때 가능한 것이다. 그러나 인간은 자아정체감이나 타인의 정체감을 발견할 수 없을 때 고립되고 방황하게 된다.

(7) 생산성 대 침체성(generativity vs stagnation: 성인기)

이 시기는 상당기간 성인기에 해당되며, 가정과 사회에 대한 책임감이 강한 시기로 창조성, 생산성, 다음 세대를 교육하고 지도하는 것에 대한 관심과 헌신 등이 중요한 특성이 된다. 이 시기는 자신의 세대뿐만 아니라 부모와 후손을 양육하고 배려하는 것이 가장 중요한 과업이 되면서 다른 사람에게 필요한 사람이 되고 싶은 소망을 가지는 시기인데 이것을 생산성이라 한다. Erikson (1982)에 따르면, 생산성(generativity)이란 "다음 세대에 보탬이 되고자 후진을 양성하고 인도하고자 하는 인간의 성향"이라고 하였다. 이 세상에 흔적을 남기고자 하는 욕구와 일맥상통한다. 이런 성향은 자녀를 출산하여 양육하거나 후진 양성, 새로운 것의 창조, 보다 나은 세상을 만들기 위한 성취들을 통하여 표출된다. 반면 침체란 다음 세대에 기여할 만한 방법 모색에 실패한 것을 말한다. 이 단계에서 적절한 균형을 이룬 사람들은 '돌봄(care)'이란 덕목을 획득하지만 실패한 사람들은 세상에 무관심해진다(손병덕 외, 2017).

(8) 자아통합 대 절망(integrity vs despair: 노년기)

노년기는 신체적, 사회적, 심리적으로 상실에 직면하는 시기이다. 체력이 저하되고 퇴직 후의 적응 및 배우자나 친구의 죽음, 사회에서의 역할상실 등의 위기에 대처해야 하는 시기이다. 노년기의 자아통합은 삶에서 터득된 지혜와 자기수용, 자신의 삶을 후회 없이 열심히 살아왔다고 가치 있게 생각하는 사람이 지닌 특성을 말한다. 그러므로 어떤 사람은 자신이 살아온 인생에 대해 책임감이 있으며 죽음 또한 겸허하게 받아들인다. 이에 비해 자신이 살아온 삶이 후회스럽고 무가치하며 새로운 인생을 시작하기에는 너무 늦었다고 생각하는 사람은 절망감에 빠지게 된다.

4) 주요 개념

(1) 자아와 자아정체감

Freud의 자아(ego)는 원초아와 초자아의 세력 중간에 있다고 보았으나 Erikson은 자아가 자율적인 기능을 하는 것으로 간주하였다. 이러한 자아는 성격이 어떻게 기능하는지에 대한 Erikson의 관점을 암시하고 있다. 즉 인간의 성격은 본능이나 부모의 영향보다는 부모, 형제, 다른 사람들을 포함한 사회의 모든 구성원에 의해 영향을 받는다고 보았다.

자아정체감(ego identity) 발달은 평생에 걸쳐 일어나는 과정이나 Erikson은 특히 청소년기의 자아정체감을 강조하면서 자신이 누구인지, 자신의 길은 어디로 가야하는지, 이 사회 속에서 나의 위치는 어디에 있는지 등을 알아가는 과정이라고 하였다. 이런 자신에 대한 다양한 이미지에 획득한 주관이나 신념, 가치관 등을 통합시키면서 자신에 대한 확신을 형성하게 되는 시기이다. 그러므로 Erikson의 자아정체감은 사회화 집단과 그 영향 속에서 뿌리를 내리고 환경의 도전을 극복하는 데서 오는 자신감 등이 복합된 다차원적 개념이며 성격의 핵심이 된다고 볼 수 있다.

(2) 점성의 원칙

Erikson은 개인의 성장을 위해 사회환경이 적절한 시기에 인간발달에 필요한 자원을 제공하는데 이러한 일련의 발달단계는 점성의 원칙(epigenetic principle)고 하였다. 점성원칙이란 유기체가 고유한 이정표에 따라 발달해 가는데, 먼저 발달된 부분을 바탕으로 그 다음 발달이 이루어진다는 것을 의미한다. 점성이란 용어는 epi(의존)와 genetic(유전)을 합성한 말로 발달이 유전에 의존한다는 뜻이다. 점성의 원리는 인간발달이 유전적 요인에 의존한 일련의 단계에 의해 지배된다고 보는 개념이다.

5) Erikson 이론의 적용

심리사회발달이론은 인간의 발달은 개인이 일생을 통해 갖는 수많은 관계들이라는 사회적 맥락 속에서 일어난다는 사실을 제기하면서 광범위한 생태학적 접근에 대한 사회복지적 관심을 예견할 수 있도록 공헌하였다. 사회복지사는 내담자의 발달단계에 맞춘 성격적 특성을 탐색해야 한다. 이는 각 발달단계에 따른 과업의 성공 여부를 탐색함으로써 구체적인 사정이나 평가가 가능하고 개입 여부를 모색하는 데 도움이 되기 때문이다.

Erikson의 심리사회발달이론은 사회복지분야뿐만 아니라 심리적, 교육적, 사회적 측면에 지대한 영향을 주었다. 다시 말해 성격발달의 본능적인 측면뿐만 아니라 심리사회적인 측면을 강조하였으며, 성격발달이 인생 초반기에 결정된다는 결정론적 구조에 대해서도 전 생애발달을 제시하면서, 성격은 평생에 걸쳐 발달한다고 보았기 때문이다. 또한 개인의 자아는 부모와 사회적 환경의 영향을 받아서 평생에 걸쳐서 성장하고 발달한다고 보았다. 그러므로 인간의 발달시기에 대한 특성을 인지하고 내담자와 환경과의 상호성을 바탕으로 한 내담자의 입장에서 개입하는 자세가 필요하다.

3. Adler의 개인심리이론과 인간행동

Adler는 인간을 전체적인 입장에서 보아야 한다는 in-divide라는 어원을 가진 individual, 즉 나눌 수 없는 전인이라는 의미를 지닌 라틴어의 individum을 선택하여 자신의 이론을 개인심리학(Individual Psychology)이라고 명명하였다(김춘경 외, 2011). Adler는 심리성적 발달을 강조한 Freud의 영향을 받았으나 정신역동이론과의 차별화를 위해 개인심리이론을 고수하였다.

Adler는 인간의 문제는 인생 초기에 형성된 생활양식에 의해 큰 영향을 받기도 하지만 자신이 가진 긍정적 자질을 개발하고 뚜렷한 목적의식과 노력을 통해 새로운 방향으로 자신을 변화시킴으로써 해결될 수 있다고 하였다. 그러므로 인간은 창조적 자아를 가진 사회적인 존재이자 목적론적 존재이며, 우월성을 추구하고자 하는 데 관심이 있다고 보았다. Adler는 우월성의 추구는 열등감에서 온다고 하였으나 이 열등감은 자기완성을 위한 필수요인이기 때문에 긍정적인 요소로 보았다.

1) Adler의 생애

Adler(1870~1937)는 비엔나의 교외 지역인 펜찌히에서 6남매 중 차남으로 태어났다. 그는 곡물상인 아버지 밑에서 경제적으로는 다소 풍족하게 자랐으나, 어렸을 때부터 만성질환에 시달렸고 신체적으로 나약한 아동으로 성장하였다. 형제관계는 적대적이었고, 학교 공부는 보통 수준의 아이였다. 이런 Adler의 성장배경은 이후의 이론적 견해를 받아들이는 데 도움이 되었으며, Freud와의 갈등에서도 큰 역할을 하는 계기로 작용되었다.

Adler는 1895년 박사학위를 받고 안과 의사로 일하다가 곧 그는 정신과 의사로 변경하였다. 1902년경에 Freud의 학회에 참여하면서 Freud와 관계를 이

어갔으나 1911년 결별하였다. 1911년 비엔나정신분석학회를 떠나 자유정신분석학회를 창설해 1912년 학회 명칭을 개인심리학회로 변경했다. Adler는 1926년부터 미국을 정기적으로 방문하여 다양한 청중을 대상으로 강연했고, 1932년 뉴욕의 롱아일랜드 의과대학의 교수로 임명되었다. Adler는 점점 전문가로서의 지위가 높아지면서 후에 아동지도운동의 지도자가 되었으며, 최초의 지역사회 정신과 의사 중 한 사람으로 간주되기도 하였다.

Adler의 이론은 그의 가족 경험이 영향을 미친 것은 분명하다. 더불어 Adler 자신이 성장과정에서 직접 경험한 열등감과 보상 추구, 출생순위, 사회적 관심 등의 개념은 오늘날까지도 적용될 수 있는 훌륭한 이론을 만들어냈다는 평가를 받고 있다.

Adler는 1920년대부터 유럽을 비롯하여 미국에서 많은 강연을 하였으며, 많은 후학들에게 영향력 있는 존재가 되었다. 그는 300여 권의 책과 논문을 발표하는 왕성한 활동을 하였으나, 1937년 강연 여행 중 스코틀랜드의 에버딘에서 심장마비로 사망하였다.

2) 인간관

개인심리이론에서 무엇보다 중요한 것은 인간을 바라보는 관점을 이해하는 것이다. Adler는 인간은 사회적 맥락 속에서 끊임없이 변화하고 발전해가는 존재로 보았다. 특히 열등감은 타인과의 비교를 통해 보다 나은 자기완성을 추구하게 하는 의지를 낳는 긍정적인 동기부여 역할을 한다고 보았다. Adler는 인간의 우연성이나 결정론은 있을 수 없다고 하면서 각 개인의 성격은 거의 대부분이 자신의 주관적 선택에 의해 창조된다고 보았다. 즉 인간의 유전적, 환경적인 요인 및 경험 등에 대하여 자신의 관점으로 해석하며, 자신의 생활양식을 만들어 가지만 각 개인이 지닌 창조적 힘이 인간의 본성을 결정하는 데 더 중요하다는 것이다.

개인심리이론에서는 개인을 자아일치적인 통합적인 실체로 보았다. 또한 발달은 무의식에 의해서 결정되는 것이 아니라 개인의 성장을 향한 지속적인 노력과정이 중요한 영향을 미치는 것으로 보았다. 그러므로 자아는 창조적 힘이 있고, 열등감에 대한 보상을 추구하며, 미완성을 극복하고 완성을 향해 나아가는 성향이 있다고 본다.

3) 주요 개념

(1) 열등감과 보상

Adler는 "인간이 된다는 것은 자신이 열등하다는 것을 인식하는 것이다"라고 할 정도로 열등감을 중요시하며 긍정적으로 강조한다. 인간은 누구나 어떤 측면에서 열등감을 느끼고 있다. 왜냐하면 인간은 현재보다 나은 상태인 완전성을 실현하기 위해 노력하는 존재이기 때문이다. 그리고 사회적 존재로서 다른 사람들과 비교하여 자신을 평가하기 때문이다(노안영 외, 2003). Adler가 제시한 열등감은 인간의 약점이나 비정상적인 것을 말하는 것이 아니라 모든 사람에게 공통적으로 존재하는 개념이자 동기유발의 근거가 되는 개념으로 본다.

Adler는 심한 신체적 약점이나 결함이 있는 사람이 연습이나 훈련을 통해 이를 보상하려는 노력을 하며, 이들 중 일부는 결국 그 약점을 보상하는 것에 주목하였다(Adler, 1931). 보상은 잠재력을 발휘하도록 인간을 자극하는 건전한 반응이다. 이와 관련해 Adler는 인간은 항상 좀 더 나아지고 싶어 하기 때문에 본질적으로 열등감이 발달하게 되어 있다고 주장한다(Adler, 1956). 즉 강한 열등감은 열등상황을 극복하여 우월의 상황으로 밀고 나아가게 함으로써 인간이 지닌 잠재능력을 발달시키는 자극제 또는 촉진제의 역할을 한다는 것이다(김춘경, 2006).

(2) 우월성의 추구

인간은 누구나 우월성을 추구(striving for superiority) 하려는 동기가 있다. 이는 한 개인이 완성을 향해 노력하는 것과 동시에 사회의 문화를 완성하기 위해 노력하는 과정으로 볼 수 있기 때문에 자기완성 혹은 자아실현이라는 맥락에서 이해할 수 있다. 근본적으로 우월성 추구는 열등감을 보상하려는 욕구에서 나온다. Adler가 말하는 우월이라는 것은 사회적으로 탁월한 것, 지도성 또는 사회에서의 높은 지위를 뜻하는 것이 아니라 '마이너스 상황에서 플러스 상황으로의 욕구'(Adler, 1964), '위대한 향상의 욕구'(Hall & Lindzey, 1975)를 의미한다.

우월성의 추구는 삶의 기초적인 사실로 모든 인간이 문제에 직면했을 때 부족한 것은 보충하며, 낮은 것은 높이고, 미완성의 것은 완성하며, 무능한 것은 유능한 것으로 만드는 경향성이다. 즉 우월성의 추구는 모든 사람의 선천적 경향성으로 일생을 통해 환경을 적절히 통제하며, 동기의 지침이 되어 심리적인 활동은 물론 행동을 안내한다(노안영 외, 2003).

(3) 사회적 관심

사회적 관심(social interest)은 사회에 대한 관심, 협동심, 동료의식, 연대의식을 말한다. 선천적인 능력에 해당되지만 개발되지 않으면 발휘되지 않는다. 사회적 관심을 개발을 위해서는 가족관계나 아동기의 경험이 중요하다. 따라서 선천적인 면도 있으나 의식적으로 개발하는 것도 중요하므로 적절한 지도와 관심을 통해 사회적 관심에 영향을 미칠 수 있다는 것을 인식해야 한다. Adler

는 '사회적 관심은 다른 사람의 눈으로 보고, 다른 사람의 귀로 듣고, 다른 사람의 마음으로 느끼는 것을 의미한다'라고 하였다(Ansbacher & Ansbacher, 1964).

(4) 가상적 목표

Adler는 우월성 추구는 개인들이 각자 주관적으로 생각하는 궁극적 목적을 추구하면서 구체적으로 표출된다고 보았다. 개인들이 추구하는 궁극적 목적은 현실에서는 검증되지 않은 가상의 목적이다(Carver & Scheier, 2000). 즉 가상적 목적론은 미래에 실재하는 어떤 것을 의미하는 것이 아니라 현재의 행동에 영향을 미치는 일종의 미래에 대한 기대인 가상의 이상을 말한다(이인정 외, 2001).

(5) 창조적 자아

창조적 자아(creative self)란 목표를 직시하고 결정하고 선택하는 과정을 통해 개인의 목표와 가치관에 부합하는 모든 종류의 배려를 나타내는 능력이다. 그 기저에는 인간은 스스로 자신의 삶을 만들어가며, 자신에게 적합한 환경을 창조하는 존재라는 인식이 내재되어 있다.

(6) 생활양식

생활양식(life style)은 삶을 살아가는 근거가 되는 기본적 전제와 가정을 말한다. Adler 이론에서의 생활양식은 성격구조라고 할 수 있으며, 자아개념 및 타인과 세상에 대한 태도를 포함하는 개인의 독특한 특징들을 포함한다.

4) Adler 이론의 적용

Adler의 개인심리이론은 인간을 사회적 맥락 속에서 끊임없이 변화하고 발전해가는 존재로 보았다는 점에서 사회복지실천 분야에서의 적용점이 높다. 오늘날 사회의 급격한 진보와 변화 속에서 내담자의 욕구 또한 다양해지고 있기 때문에 개인의 사회적 요인의 중요성과 행동의 목적성을 강조한 개인심리학의 접근은 유용하다 할 것이다. 특히 인간은 각자 개인의 사회적 위치에 따른 사회적 측면과 성격의 발달은 열등감으로 연결되며, 이 열등감은 타인과의 비교를 통해 보다 나은 자기완성을 추구하게 하는 의지로 작용하는 긍정적인 동기부여 역할을 한다고 보았다. 이는 사회복지에서 강조하는 인간관, 즉 인간은 자신의 삶을 스스로 창조해 갈 수 있는 능동적이고 적극적인 존재로 바라보는 입장과 동일한 맥락을 구성한다.

또한 Adler가 제시한 사회적 관심은 사회에 대한 관심이나 협동심, 동료의식, 연대의식 등을 포함한 능력으로 선천적인 면도 있지만, 개발이 필요하다는 점에서 아동기 때의 적절한 지도와 교육으로 사회적 관심에 영향을 줄 수 있다는 점 역시 사회복지의 기본가치와 동일하다. 이것은 넓은 의미로 사회복지에서 추구하는 연대성, 공익성으로 연결되는 개념이다. 더불어 출생순위에 따른 성격형성의 특성이나 차이를 고려해야 함을 강조한 점도 사회복지사에게 내담자 개인 및 가족, 집단의 사회적 기능을 원조하는 데 유용한 이해를 제공해 준다.

4. Jung의 분석심리이론과 인간행동

스위스의 정신분석자인 Carl Jung의 분석심리이론은 정신분열증 연구에 대해 정신역동이론을 최초로 적용한 학자이자 무의식을 강조하였다는 점에서 Freud 정신역동이론의 지대한 영향을 받은 학자이다. 그러나 Freud의 유아성욕론과 본능적 충동의 강조, 그리고 정신내용을 개인적 경험에만 한정시킨 것 등에 대해 반대하고 Freud와 결별하였다. Jung은 인간의 개인적 경험뿐만 아니라 종족적인 경험, 즉 집단무의식도 성격형성에 영향을 미치며, 성적 욕구보다는 도덕적이며 정신적인 가치관에 의해서 인간행동이 결정된다는 생각 등을 기초로 분석심리이론을 체계화시켰다. Jung은 인간의 마음은 개인의 경험을 모두 합한 것 이상으로 생각하였으며, 개인의 경험은 집단무의식 안에 융합되고 이것이 모든 인간의 일부분이 된다고 하면서 인간의 정신에너지의 흐름과 방향을 체계적으로 정립하는 데 노력하였다.

Jung의 분석심리이론이 인간의 정신연구에 크게 기여한 점은 바로 모든 인간의 영혼에 집단무의식이 존재한다는 가설을 제시한 점이다. 개인적 경험을 뛰어 넘은 조상 또는 종족 전체의 경험이나 생각과 관계가 있는 원시적인 감정이나 성향, 공포, 사고 등을 포함하는 집단무의식의 등장은 이전까지 주목받지 못했던 신화나 전설, 꿈, 환상 등에 관심을 돌리는 계기를 마련하였고, 심리학뿐만 아니라 예술과 과학에까지 지대한 영향을 미쳤다고 볼 수 있다.

1) Jung의 생애

Jung(1885~1961)은 스위스의 캐스빌 태생으로 아버지는 목사였으며 연금술,

점성술, 고고학, 동서철학 및 천문학, 종교(도교), 철학 등에 해박한 지식을 가진 학자였다. 중년기 연구의 대표적인 학자로 인간 정신의 이해에 지대한 공헌을 한 창조적 사상가이다.

그는 Freud의 《꿈의 해석》을 읽은 후 정신역동이론에 관심을 가졌으며, 1906년부터 두 사람은 정기적으로 서신을 교환하기 시작하였다. 이듬해 Jung이 Freud를 방문하였다. 두 사람은 서로를 존중하며 1909년에는 미국으로 강연을 같이 가기도 하였다. 사실상 Freud는 Jung을 후계자로 지명하고 국제정신분석학회의 회원들에게 Jung을 초대 회장으로 뽑아주도록 설득하기도 하였다. 그러나 1912년부터 그들의 우정에 금이 가기 시작하였고, 1914년 Jung은 학회를 탈퇴하고 그들은 다시 만나지 않았다. 그 이유는 이론적인 차이도 있었으나 리비도와 성욕의 본질에 대한 서로 다른 견해가 크게 작용하였다. Freud와의 결별은 Jung에게 큰 상심이 되었을 뿐만 아니라, 친나치적 성향을 지닌 인사로 누명을 쓰기도 하면서 정치적으로 순진하다는 평을 듣기도 하였다. Jung은 1961년 스위스의 퀴스나하트에서 사망하였다.

2) 인간관

Jung 이론은 무의식을 강조한다는 점에서 Freud의 정신역동이론의 영향을 받았지만 인간에 대한 관점은 현저한 차이를 보인다. Freud는 인간을 무의식적 동기에 의해 지배를 받는 수동적인 존재로 보았으나 Jung은 인간을 생물학적, 심리적, 사회문화적 존재로 보고 있으며, 의식과 무의식 간의 본질적인 대립양상을 극복하고 이를 하나로 통일해 나가는 전체적 존재로 보았다. Jung은 또한 무의식을 개인무의식과 집단무의식으로 구분하였다는 점에서 Freud 이론과 차이가 있으며, 집단무의식을 강조하였다. 리비도에 대한 관점 역시 Freud는 성적인 추동에 초점을 맞춘 반면, Jung은 리비도를 모든 형태의 생명력으로 간주하였다.

Jung은 1900년 Freud의 《꿈의 해석》을 읽은 후에 1906년에 Freud와 서신교류를 시작하였고, 1907년에 Freud와 빈에서 만나 6년간 학문적 교류를 하였으며, 1910년에는 국제 정신분석협회가 창립되었을 때 초대회장으로 취임하기도 하였다. 그러나 1913년부터 Jung은 성욕의 결정론을 부인함으로써 Freud와 관계가 냉각되기 시작하여 결별하게 된다. Freud와 결별 후 Jung은 혼란과 내적 불안정으로 정신병적 수준에까지 이르게 되었으나 무의식에 자신을 맡기기로 결심하고 그에게 일어나고 있는 일들을 이해하려고 노력하였다. 그 결과로 그는 태고의 상징과 심상들을 보게 되는데, 이것들이 Jung의 무의식과 그 상징에 대한 이론적 토대가 되었다(최옥채 외, 2011).

3) 주요 개념

(1) 자아

자아(ego)는 지각, 사고, 감정 및 기억과 관련된 정신의 일부분인 의식적인 마음이다. 이것은 우리가 의식하는 감정, 생각, 기억, 자각 등으로 구성되어 있다. 자아는 내 마음속에 있는 나로서 "나"의 감정을 대표하여 현실생활을 선택하는 집행자이다(최순남, 2002).

(2) 원형

원형(archetype)은 표상 불가능한 무의식적이고 선험적인 이미지를 의미하며

(Jung, 1961), 인간이면 누구나의 정신에 존재하는 인간정신의 보편적이고 근원적인 핵이다. 원형은 집단무의식을 구성하며, 우리의 집단무의식 속에 깊숙하게 묻혀 있는 심상, 즉 조상 대대로 물려받은 무의식적 열망이나 심상, 이미지 등을 포함한다. 원형이란 이렇듯 보편적, 집단적, 선험적인 심상들이며 대표적인 원형으로는 페르소나, 아니마와 아니무스, 그림자, 자기가 있다. 원형은 시간이나 공간, 문화 및 인종에 관계없이 보편적으로 존재하는 인류의 가장 원초적인 행동 유형으로 볼 수 있다.

(3) 페르소나

페르소나(persona)는 '가면(mask)'을 뜻하는 희랍어에서 유래하였다. 마치 가면처럼 인간 내면의 본질적인 면이 아닌 다른 사람에게 보여주기 위한 또 다른 우리 자신이다. 즉 개인이 외부에 표출하는 이미지 혹은 가면이다. 페르소나는 개인이 사회적 요구들에 대한 반응으로 내놓는 공적 얼굴(남들에게 좋은 인상을 주거나 우리 자신을 은폐시키려는 것)이기 때문에 우리의 진정한 자기와 분리된 것이다.

(4) 음영

음영(shadow)은 자기나 자아상과 반대되는 개념으로 인간 성격의 어둡거나 사악한 동물적인 면, 즉 공격성과 잔인성, 부도덕함 등을 나타낸다. 즉 인간에게 있는 어둡고 사악한 동물적인 측면으로 Freud의 이드와 유사한 개념이다. 그림자는 별개로 존재하는 것이 아니라 인간의 긍정적인 측면의 반대 측면으로 마치 그림자처럼 존재한다.

(5) 아니마와 아니무스

남자의 여성적인 면은 '아니마(anima)', 여자의 남성적인 면은 '아니무스(animus)'이다. 여성적 원리인 아니마는 양육과 감정, 예술 및 자연과의 합일 등에 대한 역량을 강조하고, 남성적 원리인 아니무스는 영웅적인 주장이나 자연의 정복, 사고 등의 역량을 강조한다.

(6) 개인무의식

Jung은 인간의 무의식은 개인무의식(personal unconsciousness)과 집단무의식으로 구성되어 있다고 하였다. 개인무의식은 자아와 인접된 영역이지만 Freud의 전의식과 유사한 개념이다. 개인무의식의 대표적인 하위체계는 콤플렉스(complex)와 그림자가 있다. 콤플렉스는 의식의 통제를 벗어나 격리되어 마음의 어두운 심층에 자리 잡고 있는 심리적 실체이며, 개인적 무의식속에 존재하는 감정, 사고, 지각, 기억이 강하게 조직된 덩어리다. 그러나 콤플렉스는 의식의 영역을 종종 침입하기도 하기 때문에 의식의 표면에서 발견되기도 한다(오창순 외, 2015). 그림자는 자아의 이면에 자신이 의식하지 못하는 자아의 분신으로 개인의 의식적 자아와 상충하는 무의식적 측면을 말한다.

(7) 집단무의식

집단무의식(collective unconsciousness)은 Jung이 제시한 성격개념 중 가장 독창적인 특징을 보여주는 개념이다. 집단무의식은 우리 조상의 과거에서 나온 기억흔적들로 구성되어 있다. 집단무의식은 '유사 이전 수백만 년의 조상 대대로의 경험의 침전물', 우리 모두의 조상들의 공통경험에서 발생하는 것이므로 그 내용은 우리 모두에게 기본적으로 비슷하다. 그러므로 집단무의식은 인류 역사를 통해 조상으로부터 물려받은 개인의 지각, 정서, 행동에 영향을 주는 정신적 요소로 볼 수 있다. 개인이 직접적으로 한 번도 의식하지 못한 정신세계인 신화, 민속, 예술 등을 통해서 관찰이 가능하다. 집단무의식은 원형, 아니마와 아니무스, 자기 등의 하부요소로 구성되어 있다.

(8) 자기

자기(self)는 집단무의식 내에 존재하는 중심성, 전체성, 의미를 무의식적으로 추구하는 핵심적 원형으로서, 성격을 조화시키고 통일시키며 안정성을 유지시키는 역할을 한다. 의식의 중심인 자아는 의식의 영역만 볼 수 있지만 자기는 모든 것을 볼 수 있고 통합시킬 수 있으며, 성격의 주인으로서 의식과 무의식 사이의 균형을 유지시킨다. 그러나 Jung은 자기의 원형은 중년이 될 때까지 거의 드러나지 않는다고 보았다. 이는 개성화가 충분히 발달되어야 자기가 드러나기 때문이다. 그러므로 완전한 자기 인식이나 자기실현은 어렵더라도 상향 목표를 향해 동기를 유발시키는 힘으로 작용할 수 있는 중년기는 인간의 성장단계에서 심리적 건강을 성취하기 위한 결정적인 시기로 볼 수 있다(표갑수 외, 2016).

(9) 외향성과 내향성

외향성(extroversion)은 외부세계에 관심을 갖는 태도로 표현되며, 외향적인 사람은 친절하고 자신 밖의 일들에 관심을 쏟는 등 보다 사교적인 특성을 갖고 있다. 반면 내향성(introversion)은 주관적인 지향성으로 대표되며, 수줍음이 많고 수동적이며, 사회적 관계보다는 머릿속의 생각들에 관심이 많다. 그러나 사람들은 서로 상당히 다른 성격적 특성을 갖고 있으므로 단순히 내향성-외향성으로만 기술할 수 없다.

4) 성격발달단계

Jung은 인간의 성격발달을 아동기, 청년기 및 성인초기, 중년기, 노년기의 네 단계로 제시하였다. 유아기에는 본능에 의해 지배되며 자아가 형성되지 않으므로 이 시기의 성격 형성에 대해서는 상세히 설명하지 않았다.

(1) 아동기

아동기는 출생부터 사춘기 전까지 해당된다. 이 시기는 주로 본능에 지배되고 부모에게 의존하기 때문에 구체적인 심리적 문제는 사실상 없는 것으로 보았고, 의식의 연속성이나 자아정체감의 감각도 없는 시기로 보았다. 그러나 아동기 후반부터 기억이 지속되면서 자아정체감의 감각과 관련된 지각이 축적되면서 점차 자아가 형성되어 간다고 본다.

(2) 청년 및 성인초기

이 시기는 사춘기부터 약 40세 전후에 해당된다. Jung은 이 시기를 생의 전반기로 보았다. 외적으로 신체적으로 팽창하고 점차 성숙해짐에 따라 자아가 발달하고 외부세계에 대처하는 능력이 발달하는 시기이다. 젊은이들은 다른 사람과의 교제를 통해 가능한 한 사회의 보상을 얻으려고 노력하고, 가정을 이루고 경력을 쌓으며 사회적 성공을 위해 노력한다. 남자는 남성적 측면을, 여자는 여성적 측면을 발달시킨다. 이 시기의 과업은 외부환경의 요구에 확고하고 완고하게 대처하는 것이므로 내향적인 사람보다는 외향적인 사람이 더 순조로운 시기를 보낸다.

(3) 중년기

중년기는 40세를 전후하여 정신적 변화가 오는 시기이다. 그러므로 외향적 목표와 야망은 중년이 되면 그 의미를 잃기 쉽다. Jung은 그러한 변화가 일어나는 것은 사회적으로 보상받은 성취가 성격의 어떤 측면을 희생시킨 대가로 얻어진 것으로 보았기 때문이다. 그러나 중년의 위기에서 정신은 인간으로 하여금 내면으로 시선을 돌려 생의 의미를 음미하도록 촉구하여 위기에서 벗어날 출구를 제시하는데, 무의식이 정신의 균형과 조화를 위해 억압된 측면을 인식할 것을 요구한다. 즉 중년기에는 외부세계를 정복하는 데 쏟았던 에너지를 자신의 내부에 초점을 맞추도록 자극을 받으며 자신의 잠재력에 깊은 관심을 갖게 된다. 이에 따라 남자는 여성적 측면을, 여자는 남성적 측면을 표현하게 된다. 이는 성격의 태도 면에서 내향적이 되면서 의식에만 집중하던 경향이 무의식의 세계를 깨달음으로써 바뀌기 때문이다(이인정 외, 2001). Jung은 중년기의 개성화 과정을 통해 무의식을 의식화하고 통합해가는 것으로 보았으며, 인간이 진정한 자기실현을 한다고 보았다.

(4) 노년기

노년기에 접어들수록 명상과 회고가 많아지는데 자신에 대해 진지한 관심과 고민을 가지는 시기이다. 그러므로 노년기에는 내면적 이미지가 큰 비중을 차지하게 되고 죽음을 생각하며 죽음 앞에서 생의 본질을 이해하려 한다.

Jung은 '사람이 나이가 들어 명상과 회고를 많이 하면 자연적으로 내적 이미지가 이전과 달리 큰 비중을 차지하게 된다'고 보았다. '노인은 죽음 앞에서 생의 본질을 이해하려고 애쓴다'고 말하였다(Jung, 1961). Jung의 관점에서 죽은 사람의 영혼은 새로 죽은 사람에게서 생의 의미에 대한 진리를 깨닫기 위해 넋을 잃고 귀 기울이는 청중과 같다. Jung의 관점에서 보면 사후의 삶도 인생의 연속인 것이다. 따라서 노인처럼 죽은 사람도 존재의 의문에 대해 계속 씨름하고 있다고 가정된다(Crain, 1985).

5) Jung 이론의 적용

Jung의 분석심리이론은 사회복지의 실천적인 관점에서 유용한 치료기법으로 활용될 수 있으며, 인간행동과 발달을 이해하고 넓히는 데 도움을 주는 이론이다. 먼저 내담자의 무의식에 대한 세부적인 접근을 통해 내담자의 성격을 파악하고 전체적인 기능을 향상시킬 수 있다는 점에서 유용하다. Jung은 인간의 정신병리에 대해서도 인간행동의 문제를 병리적 관점이 아닌 사회적응의 문제나 약한 자아의 문제로 인식할 수 있도록 이론적 잣대를 제시하였다. 이는 인간의 강점을 파악하여 접근하려 한 점, 내담자의 권위강화 혹은 역량강화에 초점을 둔 사회복지실천과 일치된다.

특히 Jung의 중년기의 성격발달 특성과 개성화에 대한 개념은 중년기의 내담자를 이해하는 데 유용한 지침을 제공해 준다. 중년기는 인생의 반을 살아오면서 자기의 가치나 행동을 재검토하는 시기로써 자신의 무의식에 직면하고 무의식적 힘을 자연스럽게 발현시켜 의식적 생활에 통합하는 작업을 한다. 인생의 전반기는 외부세계와의 적응을 통해 자아를 강화하는 것에 목적을 두었다면, 후반기는 내면세계에 초점을 두고 무의식을 의식화하면서 자기를 강화시키는 것이 목적이 되기 때문이다. 그러므로 자기실현은 결국 자신의 개성을 찾는 개성화과정을 의미한다고 볼 수 있기 때문에 사회복지사는 내담자의 자기실현을 지원하는 것에 개입목표를 두어야 한다. 또한 사회복지사는 내담자의 무의식적 측면과 의식적인 측면을 조화롭게 통합할 수 있도록 도와주어야 한다.

5. Pavlov의 초기행동주의이론과 인간행동

행동주의는 구체적으로 관찰할 수 있는 인간의 행동에 초점을 두는 이론이다. 초기행동주의는 Watson의 연구에서 시작되어 Thorndike, Pavlov, Skinner로 이어지면서 행동주의 학습이론을 체계적으로 발전시키게 되었다. 행동주의 이론은 인간의 행동을 자극과 반응의 결합관계로 설명하며, 인간의 발달단계를 제시하지 않았다. 행동주의는 인간의 행동이 학습되거나 학습에 의해 수정될 수 있다고 보기 때문에 학습이론이라고도 하며, 학습은 경험에 의해 이루어지는 비교적 영속적인 행동상의 변화로 정의된다.

행동주의이론은 Pavlov의 고전적 조건화, 유기체의 능동적 행동과 강화물을 강조한 Skinner의 조작적 조건화, 관찰과 모방에서의 인지의 중요성을 강조한 Bandura의 사회학습이론으로 분류된다.

1) Pavlov의 생애

Ivan Petrovich Pavlov(1849~1936)는 1849년 러시아의 리야잔(Ryazan)에서 태어났다. 가난한 시골 목사의 아들로 태어났으며 아버지를 따라 목사가 되고자 하였다. 그의 초등학교 성적은 좋지 않았다. 아무도 그가 노벨상을 받으리라고는 생각하지 않았다. 중등교육 이후 초기에는 Ryazan Ecclesiastic Seminary를 다녔다. 그러나 젊은 Pavlov는 서구 과학 저작물의 러시아 번역서들, 특히 Darwin의 영향을 받아 즉시 종교적 훈련을 포기하였다. 그 대신에 University of St. Petersburg에 가서 동물생리학과 의학을 전공하였다.

그는 자극과 반응 간의 관계를 최초로 연구하였으며, 1904년 소화(digestion)

에 관한 연구로 노벨상을 수상하였다. Pavlov는 일관되게 자기는 심리학자가 아니라 생리학자였다고 주장하였다. Pavlov는 실험실 조교들 중 누구든 생리학 용어 대신에 심리학 용어를 사용하면 벌금을 매기는 태도로 심리학을 떳떳치 않게 여기기도 하였다. 그러나 그는 최면술과 편집병 같은 심리학 주제에 대한 논문을 썼으며 이는 초기 학습이론의 발달에 매우 귀중한 기여를 하였다.

Pavlov가 개의 소화기능에 관심을 갖고 소화액 분비에 관한 실험을 시작한 것은 개에게 음식을 주는 시간을 알리기 위하여 종을 친 것에서 시작되었다. 그러나 개가 종소리만 듣고도 침을 흘리는 현상을 발견하게 되고, 연구의 방향을 바꾸어 이에 관한 체계적으로 연구를 하게 되면서 행동주의 이론의 기틀인 고전적 조건형성이론을 형성하게 되었다. Pavlov는 1936년 87세로 생을 마감하였다.

2) 인간관

행동주의는 관찰 가능한 인간의 외현적인 행동에 초점을 맞춘다. 즉 인간에게 환경을 조성하고 적절한 강화를 제공하면 어떠한 행동도 학습시킬 수 있다고 보는 이론이다. 즉 행동주의의 기본 전제는 인간행동은 대부분 학습되거나 학습에 의해서 수정되는 것으로 본다(Rutherford, 2009).

행동주의 이론에 내재되어 있는 근본적인 원리는 자극과 반응 간의 연합이다. 자극(stimulus)이란 환경으로부터 인간에게 제시되는 모든 것을 의미한다(예: 눈에 보이는 사물, 귀로 들리는 소리, 피부로 느끼는 감촉 등). 반응(response)은 자극으로 인한 행동을 의미(예: 뜨거운 물이 손에 닿았을 때 급히 손을 떼는 행동이나 역겨운 냄새를 맡았을 때 순간적으로 숨을 멈추는 행동 등)하며, 자극-반응이론(S-R이론), 연합이론이라고도 불린다.

표 2-1 행동주의 이론의 유형

고전적 학습이론	조작적 학습이론
• 자극 → 반응(S → R) • 인간의 행동이 수동적 • 행동이 반사적으로 일어남 • 학습행동=유도된 행동 • 인간의 행동 중 일부분만 설명 가능	• 반응 → 자극(R → S) • 인간이 행동의 주체자 • 행동이 강화를 통해 보상받게 되면 자발적으로 일어남: 어떤 행동이 야기하는 결과에 의해 통제됨 • 긍정적 강화요인, 부정적 강화요인 • 일차적 강화요인, 이차적 강화요인 • 내재적 강화요인, 외재적 강화요인 • 학습행동=스스로 일으킨 행동 • 인간의 행동을 상당부분 설명함
Pavlov	**Skinner**
• 개 실험	• 쥐 실험, 고양이 실험, 비둘기 실험 • 효과, 강화, 소거, 피드백의 법칙

3) 고전적 조건형성

고전적 조건형성(classical conditioning) 연구는 의사 겸 생리학자였던 Pavlov에 의해 체계적으로 이루어졌다. 그의 고전적 조건형성이론은 개의 소화과정을 연구하던 중 단순히 음식을 보거나 냄새만 맡아도 개가 타액을 분비한다는 사실에 주목하고, 이를 분석하여 발전시킨 이론이다.

Pavlov는 반사에는 무조건반사(unconditioned reflex)와 조건반사(conditioned reflex) 두 종류가 있다고 하였다. 무조건반사는 학습을 요하지 않는 선천적이고 영구적인 반사로 개인차이가 없는 반사이며, 무조건자극(UnConditioned Stimulus: UCS)과 무조건반응(UnConditioned Response: UCR)으로 구성된다. 조건반사는 경험을 통해 후천적으로 습득되는 반사로 조건자극(Conditioned Stimulus: CS)과 조건반응(Conditioned Response: CR)으로 구성된다.

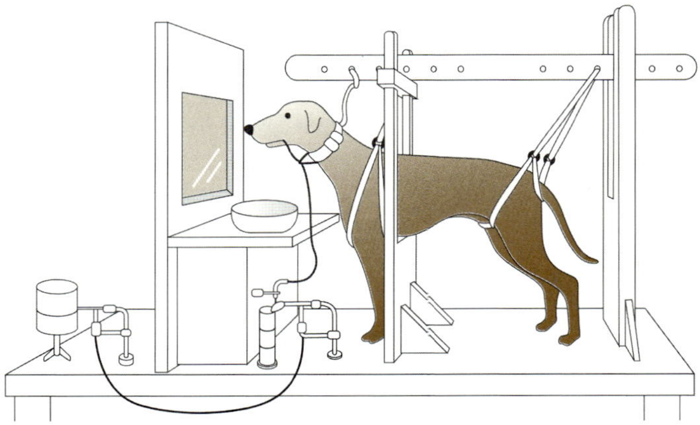

그림 2-4 Pavlov가 개의 침 분비 조건형성 연구에 사용한 실험장치

출처: 조홍식 외(2010). p.100.

Pavlov가 고안한 실험상황에 개가 익숙해졌을 때부터 본격적인 실험이 시작되었다. 먼저 종소리를 울리고 몇 초 뒤에 소량의 고기를 개가 먹도록 주었다. 즉 공복의 개에게 하루 5~10회씩 계속하여 3~30초씩 종소리를 들려주면서 이와 짝지어 고기를 주었더니, 나중에는 종소리만 듣고도 고기를 주었을 때와 똑같은 타액을 분비하는 반응을 유발하였다. 즉 원래는 고기에 대해서만 침을 흘리던 개가, 이 실험이 반복되면서 종소리만 듣고도 침을 흘리게 되었다.

Pavlov는 이 실험에서 침을 흘리게 하는 고기를 무조건자극(UnConditioned Stimulus: UCS), 개가 고기를 보고 침을 흘리는 행동을 무조건반응(UnConditioned Response: UCR)이라고 하였다. 무조건반응이란 무조건자극 때문에 유발된 반응을 말한다. 그리고 개에게 음식을 줄 때마다 종을 울리면 일정기간이 지난 후 개는 종소리만 듣고도 침을 흘리게 되는데, 이런 현상을 조건화(Conditioning)라 하고 종소리만 듣고도 침을 흘리는 행동을 조건반응(Conditioned Response: CR)이라고 한다. 이와 같은 일련의 조건형성과정을 고전적 조건형성이라고 한다(전남련 외, 2012).

고전적 조건형성은 일정한 자극에 의해서 선천적으로 유발되는 반응을 그것과 아무런 관계가 없는 중성자극과 연합시킴으로써 그 중성자극(종소리)이 조건자극으로 변화되어 조건반응을 일으키는 것을 말한다.

그림 2-5 고전적 학습이론의 과정

출처: 임은희(2010). p.95. 수정 보완함

4) 고전적 조건형성의 적용

고전적 조건형성을 통한 학습에는 몇 가지 원리가 있다(Lavond & Steinmetz, 2003; 강상경, 2014). 첫째, 시간의 원리이다. 시간의 원리란 조건자극은 무조건

자극보다 늦게 제공되면 조건형성이 성립되지 않는다는 것이다. Pavlov의 실험에서 종소리가 음식보다 늦게 제공된다면 타액 분비는 종소리에 의해 조건이 형성되어 나타나는 현상이 아니라 먹이라는 무조건자극에 대한 무조건반응이다. 이러한 경우에는 조건형성이 일어나지 않으므로 조건자극은 무조건자극보다 늦게 제공되어서는 안 된다.

둘째, 강도의 원리이다. 강도의 원리란 무조건자극에 대한 반응이 조건자극에 대한 반응보다 강하거나 완전해야 한다는 것이다. Pavlov의 실험에서 타액분비라는 반응을 일으키는 주원인은 먹이이고, 종소리는 원래는 타액 반응이 나오지 않는 자극이다. 즉 타액 분비라는 반응에 있어서 먹이가 종소리보다 강하고 완전한 자극이다.

셋째, 조건형성의 과정과 관련된 일관성의 원리이다. 조건형성의 과정에서 조건자극과 무조건자극의 제시는 조건형성이 될 때까지 일관성 있게 지속적으로 제공되어야 한다. Pavlov의 실험에서 조건자극인 종소리와 무조건자극인 먹이를 반복적으로 제공해서 조건형성을 하였다. 이러한 조건형성과정에서 만약 조건자극인 종소리와 무조건자극인 먹이를 반복적으로 제공하지 않고 조건자극인 종소리를 들려주지 않는다거나, 무조건자극인 먹이를 제공하지 않는다거나 하게 되면 성공적 조건형성은 기대하기 어렵다.

넷째, 계속성의 원리이다. 계속성의 원리란 조건자극, 무조건자극 및 이에 대한 반응을 나타내는 과정의 시행횟수가 반복될수록 조건형성이 잘 이루어진다는 것이다. 예를 들어 종소리, 먹이 및 타액분비의 조건형성과정을 10회 시행했을 경우와 이 과정을 100회 반복했을 경우 100회 반복한 경우가 조건형성이 더 효과적으로 나타난다.

6. Skinner의 조작적 조건형성

Pavlov의 고전적 조건형성은 행동을 유발하기 위해 자극에 관심을 두는 반면, 조작적 조건화에서는 자극보다는 유발된 행동의 결과에 초점을 둔다. 즉, Skinner의 조작적 조건형성은 유기체가 원하는 결과를 얻기 위하여 실행하는 자발적이며 능동적인 반응에 초점을 둔 이론이다. 조작적이라는 의미는 유기체가 원하는 결과를 얻기 위해 선택적으로 환경에 작용하는 것을 의미한다.

1) Skinner의 생애

Burrhus Frederic Skinner(1904~1990)는 20세기 심리학의 거장 중 한 사람이다. 그는 펜실베니아주 서스퀘해나에서 태어나, 독학으로 성공한 변호사 아버지 슬하의 화목하고 안정된 가정환경에서 성장하였다. Skinner의 어머니는 매력적인 여성으로서 항상 품위를 유지하기 위해 매 식사 후 20분 동안 그대로 있었다고 Skinner는 말하였다. Skinner는 어려서 책을 많이 읽었는데, 그 이유는 소설가가 되려던 그의 소망 때문이었다고 한다.

Skinner는 성장하는 동안 롤러스케이트, 스쿠터, 마차, 연, 모형비행기, 새총, 그네 등과 같은 움직이는 기계를 디자인하거나 악기를 만들어보는 데 관심을 갖고 열중하였다. 이런 성장과정은 후에 그가 실험에 사용한 장치를 고안하고 제작하는 데 기반이 되었으며, 관찰행동을 변형시키는 데 대한 관심으로 이어지는 계기가 되었다.

Skinner가 가장 중요하게 생각한 것은 행동을 이해하는 데 있어 경험적인 접근방법이었다. 학습분야에서의 실험적 공헌 외에도 행동주의 원칙을 강조한 《자유와 존엄을 넘어서(Beyond Freedom and Dignity)》(1971)를 저술하였고, 이상향 소설인 《월든 투(Waldon Two)》(1948)에서는 인간행동의 과학적 원리에 기반을 두고 혐오적인 것보다 긍정적인 통제기법이 지배하는 방식으로 계획되는 이상사회에 대한 자신의 생각을 대중화시키는 데 중점을 두었다.

Skinner는 처음 출판한 《유기체의 행동(The Behavior of Organism)》(1938)이라는 책에서 조작적 조건형성의 원리의 토대를 쌓았으며, 그 외에도 《과학과 인간의 행동(Science and Human Behavior)》(1953), 《강화의 조건부(Contingencies of Reinforcement)》(1969), 《행동주의에 관하여(About Behaviorism)》(1974), 《행동주의와 사회에 대한 고찰(Reflections on Behaviorism and Society)》(1978) 등의 저서를 출판하였다.

2) 인간관

Skinner는 인간의 행동을 이해하는 과정에서 개인이 어찌할 수 없는 생물학적 요인이 어느 정도 작용한다는 점을 인정하였다. 그러나 인간의 행동 대부분은 외부환경의 자극에 의해 동기화된다고 주장하면서 생물학적 결정론을 지지하지 않았다. Skinner는 인간을 일종의 기계와 같은 존재로 보았기 때문에 인간의 자율성을 부정하였으며, 자기결정권 및 자유의 가능성을 완전히 배제하였다. 즉 인간의 본성은 환경적 요인에 의해 결정된다는 기계론적 환경결정론의 입장을 취하였다.

Skinner는 인간의 행동을 불러일으키는 요인은 환경적 자극이기 때문에 인간의 행동은 객관적인 자극-반응의 관계에서만 설명할 수 있다고 주장하였다.

그러므로 인간의 행동을 이해하기 위해서는 심리내적인 동기나 감정, 욕구를 파악하기보다는 개인을 둘러싸고 있는 환경을 우선적으로 이해해야 한다는 입장을 갖고 있다. 그러나 인간에게 영향을 미치는 외부환경은 사람마다 다르기 때문에 개개인의 독특함에 대해서는 인정하였다. 이는 유전적 배경과 독특한 환경적 조건이 개인 특유의 행동유형을 형성하므로 모든 사람들의 행동발달 유형은 모두 다르다고 보았기 때문이다. 이처럼 Skinner는 인간의 행동에 영향을 미치는 환경적 자극을 강조하였고, 강화속성을 바꿈으로써 인간의 행동은 얼마든지 변화가능하다고 보기 때문에 인간의 본성이 가변적 속성을 지니고 있다는 점을 인정하였다. 따라서 인간의 행동은 그 사람의 환경에서 부과되는 힘의 결과로 보았으며, 사회문제와 인간문제를 해결하기 위해서는 이 환경의 힘을 적절히 조작해야 한다고 믿었다.

Skinner는 인간의 성격발달에 대해 성격발달의 단계를 고려하지 않았으며, 초기아동기 경험의 중요성도 강조하지 않았다. 성격이란 일종의 조건형성과정을 통해 획득되는 것으로 보았으며, 반응경향성은 새로운 경험에 따라 증가하거나 감소한다고 보았기 때문이다. Skinner는 반응경향성이 학습을 통해 습득되는 과정을 규명함으로써 성격발달을 설명하였고, 개인의 특징적인 반응경향성을 강화물과 그 외의 결과에 의해 형성된다고 주장하였다.

3) Skinner 상자 실험

Skinner 상자에는 지렛대와 먹이접시 그리고 빨간불과 녹색불이 있고 바닥에는 전기배선망(자극통제를 통한 변별학습 훈련과 벌의 효과에 대해서 알아보기 위한 장치)이 설치된다.

Skinner는 이 상자에 굶주린 흰쥐를 넣어 두었다. 쥐가 지렛대를 누르면 먹이접시에 먹이가 떨어지도록 고안되어 있다. 상자 속에서 처음에는 쥐가 이리저리 돌아다니기 시작한다. 왼쪽으로 돌기도 하고 오른쪽으로 돌기도 한다. 벽에 부딪히기도 하는 쥐의 행동은 조작적 행동들, 즉 쥐 스스로 선택한 행동을 보여준다. 그러다 쥐는 우연히 지렛대를 누르게 되고 먹이가 접시 위에 떨어지는 것을 보게 된다. 쥐는 지렛대를 누르는 것과 먹이가 떨어지는 것 사이의 연관성을 학습하게 되고, 점차로 지렛대를 누르는 속도가 빨라지고, 반복적으로 지렛대를 누르게 된다는 현상, 즉 조작적 조건화가 형성된다는 것이다. 쥐가 지렛대를 누르는 행동과 이러한 행동의 빈도를 증가시키도록 고안된 먹이(보상)와의 관계를 Skinner는 강화라는 용어로 설명하였다.

그림 2-6 Skinner 상자 실험

출처: 조홍식 외(2010). p.102.

4) 주요 개념

(1) 강화와 벌

조작적 조건형성의 핵심원리는 강화(reinforcement: 보상)이다. 강화는 어떤 행동이 발생할 수 있는 확률을 증가시키는 모든 자극을 말한다. 즉 어떤 행동의 강도와 발생빈도를 증가시키는 것을 의미한다. 예를 들면, 흰쥐에게 주는 먹이, 학생에게 하는 칭찬이나 상장 등이다. 이처럼 강화로 인해 어떤 행동은 다시 일어날 가능성이 있지만 어떤 경우에는 행동이 재현될 가능성을 감소시키기도 하는데, 벌(punishment)은 어떤 행동이 일어날 가능성, 즉 반응확률을 감소시키는 작용을 한다.

벌은 혐오적인 자극을 제시하거나 유쾌한 자극을 철회하는 것을 의미한다. 벌은 공격적 행동을 하게 하거나 나쁜 감정을 갖게도 하며 회피행동을 하게 할 수도 있다. 그러므로 벌은 벌을 가하는 사람에게 공격적 행동을 하게 만들거나 나쁜 감정을 갖게 할 수 있으며, 회피행동을 자극할 수 있다. 그리고 벌은 그 효과를 유지하기 위해서 계속적인 감독을 해야 하며, 새로운 행동에 대한 학습에는 부적절하다. 따라서 벌보다는 행동의 빈도를 줄이는 또 다른 방법인 소거를 사용하는 것이 더욱 바람직할 것이다. 소거(extintion)는 어떤 자극이 있은 후에도 특정행동이 일어나지 않는 것을 말한다. 소거의 예로는 학급에서 바보처럼 행동하는 아동의 경우를 들 수 있다. 교사와 다른 학생은 그 아이의 우스꽝스러운 행동에 관심을 기울이지 않고, 웃지도 않기로 약속한다. 이러한 조건에서 처음에는 아동의 우스꽝스러운 행동의 빈도가 증가하지만 결국 그런 행동을 중단하게 된다(권중돈, 2014).

(2) 정적강화와 부적강화

정적강화(positive reinforcement)는 가치 있는 어떠한 것을 제공함으로써 바람직한 행동의 빈도와 강도를 증가시키는 것을 의미한다. 예를 들면, 노트정리를 잘하는 학생을 칭찬해줌으로써 더욱 노트정리를 잘 하도록 유도하는 것이다. 정적강화는 다시 사회적 강화와 물질적 강화로 나눌 수 있다. 사회적인 강화물에는 칭찬, 미소, 안아주기, 머리 쓰다듬어 주기 등의 물질적인 강화와 반대되는 강화물이다. 물질적 강화에는 장난감이나 돈, 선물이나 토큰, 음식, 간식 등 물질적인 것을 주는 것이다.

부적강화(negative reinforcement)는 바라지 않는 어떠한 것을 제거하여 바람직한 행동의 강도와 빈도를 증가시키는 것을 의미한다. 예를 들면, 수업시간에 집중을 잘하고 좋은 질문을 하는 학생들에게는 청소당번을 면제해 주는 것과 같은 행위를 말한다. 여기서 '부적'이란 단어는 바람직한 행동을 증가시키기 위해 학생이 싫어하는 어떠한 것을 제거한다는 의미이다.

(3) 일차적 강화물, 이차적 강화물

일차적 강화물(primary reinforcer)은 생리적 동기와 밀접하게 관련되어 있으며, 유기체의 필요를 충족시키는 것으로 물이나 음식물, 갈증, 산소, 온도 등이 해당된다. 이차적 강화물(secondary reinforcer)은 학습된 강화물이라고도 하며 금전이나 인정받는 것, 칭찬, 미소, 점수 등이 해당된다.

(4) 변별

조건화가 진행되는 과정에서는 조건자극과 유사한 모든 자극에 대하여 반응을 보이지만, 점차 분별력이 생기면서 자극을 변별(discrimination)하여 반응하게 된다. 즉 조건화가 완전하게 이루어지면 최초부터 주어졌던 조건자극에 대하여서만 조건반응이 나타나고, 유사한 자극에는 조건반응이 일어나지 않는 것을 말한다. 예를 들면, 미영이의 경우 수학시험의 실패가 물리과목에는 영향을 미치지만, 영어나 음악 등의 과목에는 별로 영향을 주지 않는 경우이다.

(5) 일반화

일반화(generalization)는 조건자극으로부터 발생하는 조건반응이 그와 유사한 자극에 의해서도 발생하는 것을 의미한다. 예를 들면, 미영이는 수학에서 자신감을 잃었지만 곧 수학과목과 유사한 물리과목까지 자신감을 잃고 불안과 초조를 느끼게 되는 현상을 말한다.

(6) 강화스케줄

강화스케줄(reinforcement schedule: 강화계획)은 행동의 반응 가능성을 증가시키고 유지시키기 위한 계획적인 방법을 말한다. 즉, 바람직한 행동을 보였을 때 주어지는 강화물의 적절한 시기와 방법에 대한 일종의 원칙이다. 강화계획은 크게 지속적(계속적) 강화계획과 간헐적 강화계획으로 구분된다. 지속적 강화계획은 학생이 손을 들 때마다 그 학생을 지명하는 식으로 모든 반응에 강화를 주는 방법이다. 간헐적 강화계획은 학생이 손을 들 때 가끔씩 그 학생을 지명하는 식으로 특별한 반응에만 강화를 주는 방법이다.

강화스케줄은 4가지가 있다. 첫째, 고정간격계획은 정해진 시간 간격이 지난 후에 강화를 주는 것이다. 예를 들면, 월급, 주급, 교사가 학생의 출석번호를 사용하여 모든 학생들을 지명하는 경우, 매우 정기적으로 시행되는 중간고사, 기말고사 등의 시험이 해당된다. 둘째, 변동간격계획은 5분 안에 아무 때나 한 번의 강화를 준다. 예를 들면, 삯일, 낚시 등이 해당된다. 셋째, 고정비율계획은 학생이 10문제를 풀 때마다 한 번의 강화를 준다. 보너스의 경우가 해당된다. 또한 성과급 방식의 작업으로 인형을 100개를 만들 때마다 1,000원의 강화물, 즉 보너스나 성과급을 받는 경우이다. 넷째, 변동비율계획은 평균적으로 정해진 어떤 수의 반응이 일어난 후에 강화를 주는 것이다. 학생이 2문제를 풀면 한 번, 3문제를 풀면 또 한 번의 이런 식으로 강화를 주는 방법으로, 게임이나 도박 등이 해당된다.

강화스케줄 가운데 변동비율 스케줄이 가장 높은 행동반응을 지속시킨다. 그 다음은 고정비율 강화스케줄, 변동간격 강화스케줄, 그리고 고정간격스케줄 순으로 행동반응을 지속시킨다(최순남, 2002).

(7) 행동조성

행동조성(shaping, 조형)은 복잡한 행동이나 기술을 학습시키는 과정을 말한다. 즉 목표행동에 접근하기 위하여 쉬운 행동부터 시작하여 점점 단계적으로 복잡하고 정교한 기술을 학습시키는 절차를 말한다. 행동조성은 원하는 행동에 접근할 때마다 강화가 주어지기 때문에 점진적 접근이라고도 하며, 여기서 조성이란 유사한 반응에 대해 연속적으로 차별적 강화를 하는 과정을 의미한다.

조작적 조건형성 과정에서 원하는 행동이 일어났을 때 강화를 제공함으로써 학습이 이루어지지만, 학습시키기를 원하는 행동이 자발적으로 일어날 가능성이 적은 경우가 많다. 이러한 문제를 해결하기 위해서는 조건형성하고자 하는 행동에 가장 가까운 행동부터 점진적으로 접근하여 강화하는 방법인 행동조성이 필요하다(장수한 외, 2017).

5) 고전적 조건형성과 조작적 조건형성의 차이

Pavlov의 고전적 조건화와 Skinner의 조작적 조건화의 가장 큰 차이점은 고전적 조건화가 행동을 유발시키기 위해 자극에 관심을 두는 반면, 조작적 조건화에서는 자극보다는 유발될 행동의 결과에 관심을 둔다는 데 있다.

예를 들면, Pavlov의 실험에서 고기와 함께 종소리를 들려주는 이유는 개에게 종소리만으로 타액을 분비하도록 하기 위한 것이며, 이는 행동을 유발하기 위하여 자극을 조절하는 것이다. 그러나 조작적 조건화에서는 행동으로 인한 결과, 즉 어떤 행동이 보여진 이후에 나타나는 보상에 관심을 둔다는 점에서 차이가 있다.

6) 조작적 조건형성의 적용

행동주의는 인간의 학습에 환경적 요인의 중요성을 강조하는 이론으로, 교육현장에서 가장 많이 적용되었던 이론이며, 오늘날에도 그 적용가치가 높은 이론이다. Skinner는 조작적 조건화이론에서 학습자가 학교에서 획득해야 할 행동은 조작적으로 유형화될 수 있다고 주장하였다. 학습자가 과제를 수행하고 시를 암송하고, 자습을 하는 등의 모든 행동은 교사가 점진적으로 강화를 계획하고 재조정해 줄 때 바르게 형성될 수 있다고 본다. Skinner는 인간의 행동이 어느 정도는 고전적 조건화에 의해 설명될 수 있다는 점에 동의하면서도 언어, 쓰기, 자전거 타기, 친구 사귀기 등과 같은 복잡한 행동이나 습관 등은 조작적 조건화에 의해 학습된다고 주장하였다.

또한 조작적 학습이론 원칙의 증거-기반(evidence-based)의 개입 적용 범위는 많은 문헌에서 광범위하다는 사실이 밝혀졌다. 대표적인 예로 첫째, 부모와 직원을 대상으로 클라이언트 환경의 여러 국면을 통제하는 훈련, 둘째, 클라이언트의 관계능력을 기르는 사회기술훈련, 셋째, 신체적 · 정서적 사고를 예방하는 안전 및 예방 활동, 넷째, 공포증, 강박증, 정신분열장애, 공격적 행동 등 임상적 장애(clinical disorder)에 개입하는 활동 등이다(Wong, 2008).

행동주의이론은 인간의 발달을 연속적이고 누적적이며, 새롭고 복잡한 행동 등을 점진적으로 획득해 가는 과정으로 보았다는 점에서 현장에서 적용점이 높지만, 인간의 학습과 발달에 드러나지 않은 감정이나 인지과정의 중요성을 간과했다는 점에서 다른 이론과 차이가 있다. 인간행동의 결정과정은 정신적인 과정이 중요하게 작용된다는 측면에서 볼 때, 강화나 보상과 관련하여 인간의 행동을 이해하였다는 점과 인간의 행동은 조작을 통하여 변화시킬 수 있다는 주장은 전적으로 인간을 이해하기에는 제한점을 갖고 있다. 뿐만 아니라 주로 동물실험을 통한 행동변화를 인간의 실제상황에서 일반화시키고자 한 점이나 처벌문제와 같은 개념은 사회복지의 인간서비스 측면에서 볼 때 다소 비인간적인 면을 정당화시킬 수 있다는 문제점을 안고 있다.

7. Bandura의 사회학습이론과 인간행동

인간의 모든 활동은 일정한 사회적 환경 속에서 전개되고 타인의 행동을 보고 관찰함으로써 학습하게 된다. 이런 관심은 Bandura에 의해 사회학습이론(Social Learning Theory)으로 체계화되었다. 사회학습이론의 뿌리는 행동주의이론에 영향을 받았으나 행동주의이론에 비해 학습자의 내부에서 일어나는 인지적인 경향성을 강조하는 이론으로, 외적 강화 없이 다른 사람의 행동을 관찰하는 것만으로도 학습이 일어날 수 있다고 본다.

1) Bandura의 생애

Albert Bandura(1925~2021)는 캐나다의 앨버타주에서 작은 시골에서 태어났으나 뒷날 British Columbia의 남부 해안 지역으로 이사하였다. 그의 어린 시절은 밀농장에서 외롭고 열악한 환경 속에서 성장하였다. 어려운 여건으로 인

해 그는 친구들과 함께 스터디그룹을 만들어 스스로 공부하는 습관을 가지게 되었다.

그의 초기연구는 임상심리학에 관심을 갖고 심리치료 과정, 가족패턴이 아동들의 공격성 산출에서 하는 역할 등을 연구하였으며, 그 후 교육심리학자로 유명한 Spence의 영향을 받아 행동수정, 모델링, 관찰학습, 자기조정과정 및 자기효능 등에 관심을 갖고 꾸준히 연구를 지속하였다. 이후 Bandura는 스탠포드 대학의 교수로 성격심리학 분야에 대한 강의와 연구를 하였다.

"무엇이 당신이 심리학자가 되는 데 영향을 미쳤는가?"란 물음에 Bandura는 "생애와 인생행로의 가장 중요한 결정자는 환경의 가장 사소한 것을 통해 일어난다는 견해를 갖게 되었다"고 답하였다. 그는 대학에 아침 일찍 통학해야 했기 때문에 단지 남는 시간을 메우기 위해 심리학 과목을 수강하게 되었다고 하였다. 그러나 심리학 과목은 그를 매혹시켰다. 그후 Bandura는 캐나다 브리티시 콜롬비아 대학에서 심리학을 전공하게 되었으며, 1952년 아이오와 대학에서 박사학위를 받았다. 그곳에서 Spence의 영향을 받아 지도상담소에서 임상인턴을 마친 후, 스탠포드 대학의 심리학과 교수가 되었다. Bandura는 현재에도 많은 영향을 미치고 있는 학자이다.

Bandura의 초기의 저서와 이론은 당시의 지배적인 이론이었던 Skinner와 Hull의 행동주의의 영향을 받았으나, 그의 접근방법은 점차 인지적인 부분을 강조하면서 행동의 결과를 예상하는 인간의 역할과 능력에 점차 인지의 중요성을 부여하였다. 마침내, 이것은 《Social Foundation of Thought and Action: A Social Cognitive Theory》(1986), 《인간행동에 대한 사회인지이론》이라는 제목의 저서로 탄생되었다.

Bandura는 1972년에 미국심리학회로부터 우수과학자상을 받기도 하였으며, 그 뒤 미국심리학회 회장을 역임하였다. Bandura의 《청년기의 공격》(1959), 《사회학 습과 성격발달》(1963)은 Richard Walters와 공저로 저술하였다. 그는 《사회학습이론》(1977)에서는 사회학습 분야에서의 이론적 및 실험적 연구를 통합하려 하기도 하였다.

2) 인간관

Bandura는 평생 갖게 되는 습관의 대부분이 다른 사람을 관찰하고 모방함으로서 배우는 것이라고 생각하고, 사회학습의 경험이 성격을 형성한다고 하였다(Bandura, 1977). 관찰학습은 직접적인 강화가 주어지지 않은 상태에서 다른 사람을 관찰함으로써 행동에 대한 학습이 이루어진다. 특히 아동발달은 아동과 환경간의 계속적 상호작용에 의해 이루어지며 서로 영향을 미친다고 보았다. 사회학습이론은 대리학습, 관찰학습, 논뜨기학습, 모방학습, 간접학습, 모델링이라고도 한다.

Bandura에 의하면 행동은 외적 자극 사건, 외적 강화, 그리고 인지적 매개과정으로 분리되어 상호작용하는 조절체계에 기초하고 있다는 이론에 의존한다(Bandura, 1977). Bandura의 〈TV폭력과 아동의 행동과의 관계〉 연구에서 공격적인 모델을 보여준 아동들은 각각의 상황에서 보다 공격적으로 행동하였으며, 비저항적인 모델을 보여준 아동들은 아무런 모델도 보여주지 않은 통제집단에 비해 보다 비저항적인 행동을 한다는 것이 밝혀졌다. 아동의 모방행동은 자기의 관심과 가치에 부합되는 행동을 볼 때 더욱 잘 모방하게 되며, 모델이 매력 있고 힘이 있을 때, 관찰자와의 유사성이 높을수록 행동을 더 잘 모방하는 것으로 나타났다. Bandura에 따르면, 아동이 점차 선택적으로 모방을 하게 되며 다른 사람들이 자신의 행동기준에 의해서 자신의 행동을 통제하는 것을 관찰함으로써 아동은 행동에 대한 자신의 기준을 형성하게 되고, 자신의 능력과 특성에 대한 신념인 자기효능감을 발달시키게 된다고 하였다.

3) 주요 개념

(1) 상호결정론

초기 행동주의자들이 주장한 인간의 행동의 원동력이 환경이라는 가정에서 벗어나 사회학습이론에서는 인간의 발달과정을 개인과 환경 간의 상호성으로 보았다. Bandura는 이러한 견해를 상호결정성이라 하였다. 즉 환경이 아동의 성격과 행동을 조성한다는 견해와는 달리 Bandura는 개인, 행동, 환경 간의 관계를 양방향성으로 보았다.

Bandura는 환경적 사건들이 행동에 미치는 영향은 주로 인지적 과정에 의하여 결정되며, 이 인지적 과정은 개인이 어떤 환경적 사건에 주목할 것인지 그리고 어떻게 그 사건들을 지각하고 해석할지를 결정한다고 본다. 사회학습이론은 인간행동에 있어서 인지적 과정에 대한 상호결정주의(reciprocal determinism) 모형에 근거를 두고 있다. 이 견해에 따르면 심리적 기능은 서로 맞물려 있는 세 가지 영향, 즉 행동, 인지적 과정, 환경적 요인 간의 상호작용을 포함한다. 이는 인간의 성격이 개인적 · 행동적 · 환경적 요소 간의 지속적인 상호작용에 의하여 발달한다는 것을 말한다.

(2) 자기조절

자기조절(self regulation)은 세 가지 요소, 즉 수행과정, 판단과정, 자기반응과정으로 이루어진다(Bandura, 1977). 수행된 행동은 여러 보조적 과정들을 포함하는 판단과정을 통해 자기반응을 낳는다. 자기조절은 성과를 평가하는 개인적 기준에 따라 좌우되며, 자기평가적 반응과 관계된다. 어떤 행동이 보상을 받을지 처벌을 받을지는 개인적 기준에 의해 평가된다. 적절성에 대한 절대적 기준이 있을 수 없는 활동은 다른 사람들의 활동과 비교해 상대적으로 평가된다. 자기조절의 판단요소 중 하나는 활동의 가치인데, 사람들은 높은 가치를 두지 않는 활동에 대해서는 어떻게 하든지 큰 관심은 없다. 내적 표준은 자기 행동에 대해 중요한 타인들이 부과한 보상 및 처벌을 통해 학습되고 타인들로부터 습득된 이 표준이 토대가 된다(이인정 외, 2001).

(3) 자기효능감

자기효능감(self efficacy)은 자신이 어떤 일을 잘 해낼 수 있다는 개인적 신념이다. 즉 개인이 주어진 상황에서 자신이 얼마나 유능한가에 대한 자신의 생각 내지 신념으로 정의할 수 있다. 자기효능감은 개인의 실제적 능력과는 차이가 있을 수 있으며, 개인의 성취, 노력, 과제 선택 및 지속성과 관계가 있는 것으로 알려져 있다. 일반적으로 자기효능감이 높은 개인일수록 성취도가 높고, 노력을 많이 하며, 중간 정도의 난이도를 가진 과제를 선택하고, 어려움이 있어도 과제를 지속적으로 해결하려는 경향이 있다. 자기효능감이 높은 개인은 도전적이고 구체적인 목표를 선택하는 반면, 자기효능감이 낮은 개인은 자신의 능력을 넘어서는 과제를 피하고 자신이 잘 할 수 있는 과제만을 선호한다. 즉 자기효능감이 높은 사람은 도전적인 과제를 선택하고 장애가 있더라도 그 과제를 끝까지 수행하려고 노력하는 반면, 자기효능감이 낮은 사람은 자신의 능력에 비해 너무 쉽거나 너무 어려운 과제를 선택하고 장애가 생기면 쉽게 포기하는 경향을 보인다.

자아효능감은 개인의 사고와 정서에도 영향을 미친다. 자아효능감이 낮은 사람은 자주 자신의 결함을 깊이 생각하고 당면 과제에는 충분히 주의를 기울이지 못함으로써 실패할 가능성이 높아진다(Bandura, 1982).

(4) 자기강화

자기강화(self reinforcement)란 자신의 행동을 모니터링하는 과정으로 자신이 통제할 수 있는 보상을 자기 스스로에게 주어서 자신의 행동을 유지하거나 변화시키는 과정을 말한다. 자기강화의 방법으로는 스스로를 평가함으로써 자기 보상과 자기 처벌을 하는 방법이 있다. 행동의 변화에 있어서 자기강화의 실천은 지속적으로 사용될 수 있는 자제기술을 발달시킬 수 있는 장점이 있어 외적 강화에 의해 이루어진 행동보다 더 효과적으로 지속되는 경향이 있다 (Bandura, 1977).

4) 사회학습이론의 과정

Bandura는 관찰된 행동과 그 행동을 학습하는 과정은 주의집중, 파지(기억) 과정, 운동재생과정, 동기화 과정으로 구성된다고 하였다. 개인이 다른 사람의 행동을 성공적으로 모델링할 수 있으려면 이 네 가지 과정이 필수적으로 수반되어야 한다. 이 과정은 서로 영향을 주면서 복합적으로 일어난다.

(1) 주의집중

어떤 것을 학습하기 전에 주의를 기울일 모델이 있어야 한다. 즉 모델의 행동을 관찰하지 않으면 모방행동은 일어날 수 없다. 관찰자는 모델의 두드러진 특징에 주목하고 인지하고 변별하여야 하다. 모델에 의한 주의집중(attention)은 모델의 특징이나 관찰자의 감각능력과 같은 여러 가지 요인에 의존한다.

모델이 존경받을수록, 지위가 높을수록, 유능하고 매력적일수록, 관찰자와 유사성이 있을수록 주의를 기울인다.

(2) 보존

보존(retention)과정은 파지 그리고 기억과정이라고도 한다. 파지는 모델로부터 본받을 내용을 장기간 기억하는 것을 뜻한다. 관찰자는 관찰내용을 조직하고 파지하며, 경험을 시연한다. 상상과 언어를 통해서 학습자는 관찰내용의 표상, 즉 인지도를 구성한다. 관찰로부터 얻은 정보를 미래에 사용하기 위해서는 그것이 저장(기억)되어야 한다.

(3) 운동재생

운동재생(production)과정은 모델의 행동에 대해 학습된 것이 어느 정도 수행되느냐를 결정한다. 개인이 인지적으로는 많은 것을 학습할 수 있지만 학습된 정보가 반드시 행동으로 나타나는 것은 아니다. 운동재생과정은 연습하는 과정에서 자신의 행동을 자신이 관찰하고 모델이 보여주었던 것과 비교한다. 신체능력에 따라 관찰자는 인지적 표상을 행동으로 변화시킨다. 관찰자가 모델의 행동을 학습하기 위해서는 획득한 기억들을 자기의 행동과 비교해 보는 연습과정, 자기수정적 조정과정 등 인지적 연습이 필요하다(최순남, 2002).

(4) 동기화과정

모델을 관찰하여 학습된 행동은 동기가 유발될 때까지 저장된 채로 남아 있다. 관찰을 통해서 학습된 행동은 그 행동이 강화를 받을 때 동기가 더욱 지속적으로 일어나나, 만약 그 행동이 벌을 받게 된다면 그 행동은 더 이상 일어나지 않을 것이다.

모범행동의 실제적, 상상적 보상이 그 행동의 발현가능성을 결정한다. Bandura는 아무리 사람이 모델행동에 주의를 기울이고 그것을 기억한다고 할지라도, 또 아무리 행동을 수행할 수 있는 능력을 갖고 있다고 하더라도 충분한 자극이나 동기가 없이는 행동을 수행하지 않는다고 보았다. 모델이나 관찰학습은 긍정적 자극이 주어질 때 빠르게 동기화(motivation)되고 행동으로 전환될 수 있다(Bandura, 1977; 최순남, 2002)는 것이다.

5) Bandura 이론의 적용

관찰학습은 때로는 관찰대상이 인식하지 못하는 사이에 일어날 수도 있다는 사실을 기억할 필요가 있다. 내담자의 문제를 해결하는 데에 인내력 있는 태도를 보여준 치료자의 경우 내담자 또한 끈기 있게 노력하는 모습을 보여줄 수 있다. 치료자는 내담자가 모델링을 통하여 학습한다는 사실을 항상 기억하고 있어야 하며, 모델링을 통한 치료결과에 대한 신중한 주의를 기울여야 한다.

Bandura의 상호결정론 개념 또한 중요한 사회복지실천의 토대가 된다. 인간의 행동과 환경, 그리고 사람이 상호작용하는 이런 삼원적 상호작용을 이해할 때 내담자의 심리적 기능과 행동을 이해할 수 있기 때문이다. 이 세 가지 요소 중 어느 것도 다른 것들과 독립적으로 인간행동을 결정할 요인으로 작용될 수 없다. 한 개인이 어떤 방식으로 행동하는가는 환경에 영향을 미칠 수 있으며, 변화된 환경은 뒤따르는 행동에 다시 영향을 미치기 때문이다. 따라서 Bandura의 상호결정론은 경우에 따라서는 물질적 지원, 혹은 정신적 지원, 사회적 지원이 내담자에 따라 다른 결과를 산출하기 때문에 사회복지실천 시 신중하게 실천될 수 있음을 인식시켜 주는 이론이다. 동시에 내담자 중심, 내담자 결정권의 중요성을 인식시켜 주는 이론이기도 하다.

요약정리

1. 인간의 모든 행동은 무의식으로 존재하는 억압된 사건이나 경험이 행동으로 드러나며, 성격형성에 영향을 준다.
2. Id(본능, 원초아)는 무의식 안에 감추어진 일차적인 정신의 힘으로서 즉각적이고 본능적인 욕구를 추구하고, Ego(자아)는 원초아의 욕구를 현실적인 방법으로 충족시키기 위해 기능한다. 성격의 조정자, 집행자 역할을 하며, Superego(초자아)는 정신구조의 최고 단계로서 흔히 양심이라고 말하는 인간의 도덕수준과 관계가 있다.
3. Erikson은 인간발달의 사회적 맥락을 강조함으로써 Freud의 심리성적발달이론의 5단계를 전 생애발달로 확장하여 8단계의 발달단계를 제시하였다. 심리사회발달이론 8단계의 1단계는 기본적 신뢰 대 불신, 2단계는 자율성 대 수치와 의심, 3단계는 주도성 대 죄책감, 4단계는 근면성 대 열등감, 5단계는 자아정체감 대 정체혼란, 6단계는 친밀감 대 고립감, 7단계는 생산성 대 침체성, 8단계는 자아통합감 대 절망감으로 구분한다.
4. 개인심리이론은 인간을 사회적이며 창조지향적인 목적론적 존재로 보며, 인간은 성적 만족보다는 우월감을 추구하는 존재이기 때문에 많은 사람들이 우월감에 관심을 두고 있으며, 이 우월감 추구는 타인에 대한 열등감에서 기인한다고 보았다.
5. Jung은 Freud의 무의식을 발전시켜 개인무의식과 집단무의식이라는 개념을 부각시켰으며, 인간을 생물학적 · 심리적 · 사회문화적 존재로 간주하였다.
6. 행동주의(Behaviorism)는 관찰가능한 인간의 외현적인 행동에 초점을 맞춘 이론이다. 즉 인간에게 환경을 조성하고 적절한 강화를 제공하면, 어떠한 행동도 학습시킬 수 있다고 본다.
7. 고전적 조건화가 행동을 유발시키기 위해 자극에 관심을 두는 반면, 조작적 조건화에서는 자극보다는 유발될 행동의 결과에 관심을 둔다.
8. 사회학습이론은 대부분의 학습은 다른 사람의 행동을 관찰하고 모방한 결과로 보았다는 점에서 인지적 능력을 중시하였다.
9. 모델링(modeling), 즉 관찰학습(observational learning)은 다른 사람의 행동을 관찰한 후 그 행동을 학습하여 따라하는 것을 의미한다. 모델링은 관찰자와 모델이 유사하거나 지위나 신분이 높을 때, 매력이 있을 때 더 모방하는 경향이 있다.

생각해 보기

1. Freud의 성격발달이론의 단계별 주요 특징과 성격의 구조에 관해 생각해 봅시다.
2. Erikson이 제시한 점성의 원칙은 자신의 이전 발달과 현재의 발달과의 연관성과 어느 정도인지 생각해 봅시다.
3. 개인심리이론의 인간관과 열등감을 극복하기 위한 우월성 추구의 역동성과의 관련성을 제시하고, 앞으로 어떻게 자신의 삶에 적용할 것인지를 생각해 봅시다.
4. 개인무의식과 집단무의식에 대해 생각해 봅시다.
5. 일상생활에서 고전적 조건형성, 조작적 조건형성의 예를 생각해 봅시다.
6. 모델의 중요성과 모델이 아동에게 미칠 수 있는 영향에 대해 생각해 봅시다.

chapter

03

발달이론과 인간행동 II

chapter 03

발달이론과 인간행동 II

1. Piaget의 인지발달이론과 인간행동

Piaget는 아동은 호기심이 강하며 환경에 대한 탐색자로서 능동적 존재이며, 감각에 주어진 정보를 수동적으로 복사하기보다는 자신의 지식을 구성함에 있어서 이 정보를 능동적으로 선택하고 해석한다고 보았다(한국인간발달학회, 1996). 그의 이론에서는 출생부터 청소년기에 이르기까지의 인지발달단계를 제시하고 있으며, 각각의 발달단계에서는 새로운 기능과 능력이 성숙해짐에 따라 심리적인 재구조화가 이루어진다고 제시하였다. 즉, 인지발달, 정서발달 그리고 사회적 발달은 분리될 수 없고 병행하여 발달하며, 각 단계에서의 인지적 발달은 개인 내적 사고뿐만 아니라 대인관계에도 영향을 미친다(Piaget & Inhelder, 1969)는 것이다.

1) Piaget의 생애와 인간관

(1) Piaget의 생애

Piaget는 1896년 스위스의 작은 마을 뇌사텔(Neuchatel)에서 태어났다. 아버지는 주의 깊고 논리적인 사고를 하는 중세 역사학자였고, 어머니는 감정적이며 정서적으로 불안정한 여성이었다. 그는 아버지의 학구적인 면을 좋아하여 연구에 몰두함으로써 어머니가 야기하는 가족 간의 갈등과 긴장감을 해소하였다.

Piaget는 어려서부터 과학에 관심을 가져 10세 때 첫 번째 논문을 발표하였으며, 고등학교 재학 중 연체동물에 관한 연구를 했는데, 이 연구로 외국 학자들의 초청을 받기도 했다. 1981년 21세에 스위스 뇌샤텔 대학에서 연체동물에 관한 논문으로 동물학 박사학위를 취득한 후 자신의 관심 분야를 동물과 인간의 신체구조에서 정신구조로 옮기게 되었다.

Piaget는 인간발달은 인간의 능동적 성숙 요인과 함께 물리적 · 사회적 환경과의 계속적 상호작용을 통해서 이루어진다고 보았으며, 인간의 성장에 따른 정신구조의 변화 과정을 이해하는 것이 곧 인간발달과정을 이해하는 것이라고 하였다. Piaget는 인지란 기억하고 생각하고 이해하는 정신적 활동으로, 유전과 환경의 끊임없는 상호작용으로 여러 단계를 거치는 가운데 구성되는 것이라고 주장하였다. 그는 평생 지능발달에 대한 일반적 이론뿐만 아니라 도덕적 발달, 사회적 발달, 그리고 정서적 발달에 관한 이론을 발전시켜 나갔다(Cowan, 1978). 그는 아동의 반응, 특히 질문에 대해 틀린 대답을 하는 데에 관심을 갖고, 그들의 오류가 일관성이 있는 유형을 따르고 있음을 발견하였다. 이러한 유형들은 Piaget로 하여금 아동들의 사고가 독특한 특성을 가지고 있을 것이라고 생각하게 했다. Piaget는 아동들은 어른에 비해 단순히 더 '우둔한' 것이 아니고 그들과 전혀 다른 방식으로 사고한다고 생각했다. 1925년에 첫 딸인 Jacqueline이 태어나자 이를 계기로 아동의 인지적 행동에 관한 연구들을 시작했다. 그의 부인 Valentine이 둘째, 셋째 아이를 출산한 후 아이들의 행동을 세심하게 관찰하게 된 계기가 Piaget 인지발달이론의 초석이 되었다.

Piaget는 아동심리학 분야에서 40권 이상의 저서와 100편 이상의 논문을 발표하였으며, 제네바 대학과 소르본 대학의 심리학과 교수, 과학교육연구소 소장, 국제교육연구소 국장을 역임하고, 철학자와 심리학자를 중심으로 발생학적 인식학 센터인 연구소를 설립하여 일생을 이곳에서 연구에 몰두하였다. 1960년에 Piaget의 연구들은 심리학자들의 폭발적인 관심을 받았으나, 연구방법상의 결함으로 인해 일부 미국학자들의 비판의 대상이 되었다. 하지만 발달심리학 연구의 기초를 제공한 그의 학문적 기여는 재평가가 되고 있다(정옥분, 2007).

(2) 인간관

Piaget의 인지발달이론에서는 인간을 매우 주관적인 존재로 규정하고 있는데, 이 세상에는 객관적 현실이란 존재하지 않으며, 각 개인이 나름대로 의미를 부여한 주관적 현실만이 존재한다고 보았다. 각 개인의 정서, 행동, 사고는 개인이 현실을 창조해 내는 방식, 즉 현실세계를 구성하는 방식에 따라 달라진다고 본다(Beck, 1976; Kelly, 1955). 그의 이론은 인간 본성에 대해 비결정론적 시각을 지니고 있으며, 변화와 성장가능성을 인정하고 있다. 즉, 인지이론에서는 인간이 유전적 요인에 의해 결정되는 존재가 아니며, 환경적 영향을 받기는 하지만 이러한 환경적 자극을 능동적으로 중재하고 재구성할 수 있는 능력이 있으며, 지속적으로 성장 · 발달할 수 있는 잠재력을 지니고 있다고 보았다(권중돈 · 김동배, 2007). Piaget는 인간의 인지는 환경과의 상호작용을 통하여 변화하고 발달한다고 보고 있으며, 이러한 상호작용에서 인간의 능동적 역할을 중요시하고 있다(전윤식, 1995).

2) 이론의 특성

(1) 주요 개념

Piaget의 주요 개념은 도식, 동화, 조절, 평형이다. 아동의 인지발달은 적응능력의 발달과정이며, 적응은 '동화(assimilation)'와 '조절(accommodation)'이라는 두 가지 작용에 의해 '평형(equilibrium)'을 이룬다. 여기서 동화는 이미 아동이 갖고 있는 자신의 이해의 틀(인지도식)에 의해 새로운 대상이나 사건을 해석하고 이해하는 것이며, 조절은 기존의 인지구조로 새로운 대상을 받아들일 수 없는 경우에 기존의 구조를 변경시키는 과정을 의미한다. 또한 평형은 새로운 상황에서 일관성과 안전성을 이루려는 시도를 말한다. 이러한 평형의 주요한 이유는 동화만 계속 일어날 경우 아동은 다른 도식 간의 차이를 알지 못하게 되며, 조절만 일어날 경우 구체적 도식은 많이 갖게 되지만 도식을 분류하거나 통합하기는 어렵기 때문이다. 인지과정에서 이와 같은 불균형을 초래하지 않기 위한 대응이 바로 평형이다(서봉연 외, 1988). 이 이론에서는 모든 지식을 동화와 조절이라는 상호보완적이고 동시적인 정신과정의 산물로 보았고, 동화는 환경으로부터 정보를 수집하여 자신이 기존에 가지고 있던 사고방식에 통합하는 것으로 보았다. 이에 비해 조절은 외적 사건과 대상의 실질적 속성을 고려하고 그 속성에 맞게 자신을 조성해 나가는 것이다. 이 두 가지 정신적 과정은 인지적 성장에서 매우 중요하다. 성장은 지속적으로 환경을 마음에 동화시키고, 마음을 환경에 적응시킴으로써 인지체계 내에서 평생 일어나는 점진적인 변화를 의미한다(Flavell, 1985).

(2) 발달단계

Piaget는 개인의 인지발달은 유기체와 환경과의 상호작용으로 이루어지는 적응과정이라고 했다. 이 과정은 4단계, 즉 감각운동기, 전조작기, 구체적 조작기, 형식적 조작기로 구분된다고 하였으며, 각 발달단계는 질적으로 다르며 발달은 내적 성숙이나 외적 교육에 의해 좌우되는 것이 아니라 아동의 능동적 행동을 통하여 보다 분화되고 포괄적 인지구조를 세워 나간다고 하였다.

① 감각운동단계

출생부터 약 2세까지를 감각운동기(sensorimotor stage)라고 한다. 이 단계에서 인지활동은 반사적이고 급격히 발달하는 감각 및 운동능력의 결과이다. 단순한 반사기능이 점차로 복잡화하여 협응된 감각동작적 행동으로 발달한다. 유아는 물리적 세계의 속성에 대한 기초적인 이해를 얻게 되어 대상이 보이지 않을 때라도 대상이 계속해서 존재한다는 사실을 인식하는 대상영속성(object permanence)의 개념이 획득된다.

② 전조작단계

전조작단계(pre-orperational stage)는 2세에서부터 7세까지를 말하는데, 2세가 지나면서 아동은 감각동작적 행동에만 의존하던 것을 차츰 새로이 습득한 언어와 대치하게 되고, 언어 이외의 다양한 상징놀이를 통하여 사회, 신체 및 내적 세계를 실험하고 이해하며, 언어적 제한성을 보충하는 능력이 발달하게 된다. 또한 자기가 경험하는 사상과 사물을 대상으로 그 변화에 대한 유추와 판단이 가능해진다. 조작(operation)이란 정보의 전환을 이해하는 정신능력, 즉 처음으로 되돌아갈 수 있는 능력을 의미한다. 이 시기에 아동들은 반으로 나뉜 동그라미가 다시 하나의 동그라미가 될 수 있다는 사실을 깨닫지 못한다. 이와 같이 정신적 표상에 의한 사고는 가능하나 아직 개념적 조작능력은 발달하지 않는 상태라 할 수 있다(김동배 · 권중돈, 2006).

하지만 이 단계에는 연역적 · 귀납적 추리는 못하고 비약적 추리를 한다. 이 단계의 사고의 특징은 아동은 자신의 관점에서 사물이나 사태를 파악하고 있는 자아중심성(egocentrism), 모든 사물에 생명이 있다는 물활론(animism), 규칙을 절대적으로 생각하고 규칙이 상호 계약에 근거함을 모르는 도덕적 타율성(heteronomy), 그리고 유목화(classification) 개념의 부족, 보존(conservation) 개념의 부족 등의 특징이 있다. 물활론적 · 자기중심적 사고를 하며, 논리적, 추상적으로 사고하기가 어려운 시기이다.

조작(operation)이란 정보의 전환을 이해하는 정신능력, 즉 처음으로 되돌아갈 수 있는 능력을 의미한다. 이 시기에 아동들은 반으로 나뉜 동그라미가 다시 하나의 동그라미가 될 수 있다는 사실을 깨닫지 못한다. 이와 같이 정신적 표상에 의한 사고는 가능하나 아직 개념적 조작능력은 발달하지 않는 상태라 할 수 있다(김동배 · 권중돈, 2006).

③ 구체적 조작단계

구체적 조작단계(concrete operational stage)는 7세에서 11세까지 지속되며, 비논리적 사고에서 논리적 사고로 전환된다. 아동은 보존, 가역성, 연속성, 분류와 같은 기본적인 논리체계가 획득된다. 보존(conservation)은 형태와 위치가 변화하더라도 물질의 양은 동일하게 유지된다는 개념이다. 가역성(reversibility)은 시작한 곳까지 합리적으로 거슬러 올라갈 수 있는 능력을 말한다. 연속성(seriation)은 크기가 증가하고 감소함에 따라 요소들을 정신적으로 배역할 수 있는 능력이다. 분류(classification)는 대상을 구분하고 동시에 두 개 이상의 계층을 고려할 수 있는 능력이다(Wadsworth, 1971). 아동의 사고가 급격한 진전을 보이는 시기로 구체적 조작이 가능하다. 아동은 이 시기에 논리적 사고능력이 발달하고, 가역적 사고가 가능하며 보존 개념이 형성된다. 또한 전조작기에는 지각적으로 두드러진 대상에게만 자기의 관점을 한정시키는 데 비해, 구체적 조작기에는 일반적인 대상으로 관점이 확대되고 탈중심화 능력이 획득된다. 이는 전조작기의 자아중심성과는 상반되는 개념으로 한 상황에 대해 여러 면을 동시에 고려할 수 있는 것을 말한다. 그러나 이러한 능력은 구체적 세계에만 한정될 뿐 추상적으로 사고하지는 못한다.

④ 형식적 조작단계

형식적 조작단계(formal operational stage)는 12세부터 15세까지이며, 아동은 자신의 지각이나 경험보다는 논리적 원리의 지배를 받는다. 추상적 사고가 가능하기 때문에 문제를 해결하는 데 가설을 사용하며 성인과 같은 형태로 사고할 수 있다. 따라서 형식적 조작기의 아동은 문제가 제기되었을 때 가장 타당한 해결방안을 찾기 위해 먼저 그 문제를 해결할 수 있는 모든 가능한 방법들을 생각해서 그것을 차례로 검토해 본 다음 결론을 내리는 사고를 하게 된다(성영혜 외, 2001). 이러한 형식적 사고는 이질적 성원으로 구성된 동년배 집단에 참여할 경우 더욱 촉진되는 것으로 나타났으며, 교과과정을 통한 학습이 형식적 사고의 발달을 촉진시키는 것으로 나타났다(Looft, 1971). 이 단계에서 아동은 다양한 경험을 통해 자아중심성이 감소하며, 학교나 단체생활을 통하여 타인을 배려할 수 있는 사회적 인지가 발달함에 따라 자기성찰이나 자기개선을 할 수 있게 된다(김동배 · 권중돈, 2006).

3) Piaget 이론의 평가와 적용

Piaget의 발달이론은 주로 '평균적(average)' 아동에 대해 언급하고 있으며, 교육과 문화가 수행(performance)에 미치는 영향에 대해서 언급하지 않고 있다는 점, 인지성장과 관련된 것 외에 정서나 인지발달에 대해 거의 논의하지 않았다는 점, 표준화된 실험과정에서 결과를 얻은 것이 아니라는 점 등 몇 가지 점에서 비판을 받고 있다. 그러나 Piaget의 인지발달이론은 몇 가지 제한점이 있음에도 불구하고 아동의 사고과정의 독자적 요소를 지적하였고, 아동의 정신은 성인과 다르다는 점을 인식시킴으로써 아동의 인지발달을 지도하는 데 강력한 이론적 배경을 제공해 주고 있다.

2. Kohlberg의 도덕성 발달이론과 인간행동

Kohlberg는 Piaget의 도덕성 발달이론을 보다 세분화하고 체계적으로 발전시켜 자신의 독자적인 이론을 구축하였다. 그는 아동의 도덕 판단이 일정한 단계를 거치면서 발달한다는 Piaget의 주장에 동의하면서 각 단계를 세분화하여 자신의 이론을 주장하였다. 그는 '하인즈 이야기'와 같은 가상적인 도덕적 딜레마 상황을 제시하고 연령별로 개인이 그러한 상황에 처했을 때 어떻게 행동할 것인가, 왜 그러한 판단을 내리게 되었는가를 묻는 방법으로 연구하였다. Kohlberg는 문화나 사회마다 도덕적 신념이나 가치의 내용이 다양하기 때문에 도덕성의 내용보다는 도덕적 사고구조에 중점을 두었다. 그는 도덕적 딜레마를 해결함에 있어서 옳고 그른 내용보다는 도덕적 판단을 내리게 된 사고의 틀이나 그 추리 양상에 따라 도덕성 발달 단계가 결정될 수 있다고 보았다. 그의 이론의 가장 큰 특징은 도덕성 발달은 인지발달 수준에 따라 그 단계가 결정된다는 것이다. 도덕성 발달도 인지발달처럼 낮은 수준의 발달이 이루어져야 순차적으로 다음 단계의 발달로 이어질 수 있다는 것이다(허혜경 · 김혜수,

2002). 또한 도덕성 발달에는 성별로 차이가 존재하며, 남성이 여성에 비하여 높은 수준의 도덕성 발달단계에 이른다고 주장하였다.

1) Kohlberg의 생애와 인간관

(1) Kohlberg의 생애

Lawrence Kohlberg는 1927년 10월 25일 뉴욕 브롱스 빌의 부유한 가정에서 태어났다. 고등학교를 졸업하자마자 선원이 되고자 하는 자신의 꿈을 좇아 17세의 어린 나이에 상선회사 선원으로 취직하여 20세가 될 때까지 세계를 여행하였다. 그는 오래된 화물선의 선원으로 일하면서 영국 군함의 봉쇄선을 뚫고, 유럽의 유태인들을 이스라엘로 피난시키는 위험한 밀수작전에도 참여하였다. 아마도 그는 이러한 모험과 시련을 통해 인간이 법과 합법적인 권위에 저항하거나 도전해야만 하는 상황이 있을 수도 있다는 점을 깨달았을지 모른다.

Kohlberg는 1949년 시카고 대학을 졸업한 후 박사과정에 포함되는 임상심리학과 아동발달 문제에 관심을 가지게 되었다. 그는 운 좋게도 Morris로부터 철학을, Bettelheim과 Rogers로부터 임상심리학을, 그리고 Neugarten과 Havighurst로부터 발달심리학을 교육받았다. 그러다가 보스턴 근교의 아동병원에서 실습을 하면서 정신분석학적 관점에 회의를 품게 되었고, 이론적 갈등과 방황 끝에 Piaget의 이론을 접하고 그것에 심취하게 되었다. 그는 이때부터 아동의 도덕적 추론이 어떻게 전개되고 발달하는지에 대해 새로운 생각을 하게 되고, 이를 토대로 1958년에 도덕성 발달에 관한 논문으로 박사학위를 받게 된다. 그 당시에는 정신분석학적 관점에 따라 초자아와 도덕적 행동 간의 관계를 규명하는 것이 당연시되었지만, Kohlberg는 자신의 도덕성 발달에 관한 새로운 이론을 제시하였다.

Kohlberg는 박사학위를 받은 후 잠시 예일 대학의 조교수로 부임했다가, 1962년에 모교인 시카고 대학의 조교수로 부임하면서 아동심리훈련 프로그램을 만들어 박사학위논문에서 제시한 여러 주제들을 정리하였다. 특히, 박사학위논문을 끝낸 후에는 그 피험자들이 중년이 될 때까지 그들에 대한 도덕성 발달에 관한 종단연구를 계속하였다. 1968년에는 하버드 대학의 교수로 부임하면서 하버드 대학에 도덕 교육센터를 설립하였다. 이 센터는 Kohlberg의 사망으로 문을 닫을 때까지 세계적인 명성을 떨친 교육중재활동과 그에 관한 연구의 온상이 되었다.

1970년대 후반부터 Kohlberg의 이론은 상당한 인기를 누린 동시에 그에 못지않은 비판도 받게 된다. 이러한 비판을 수용하여 그는 10여 년에 걸쳐 자신의 이론을 정교화하는 작업을 계속해 나갔다. 1973년 이후 Kohlberg는 이전에는 중앙아메리카를 여행하던 중에 감염된 병으로 인한 고통으로 심한 우울증에 빠지게 된다. 그는 1987년 1월 17일 실종된 것으로 공식발표된 후, 그해 5월 초순에 보스턴 교외의 늪에서 사체로 발견되었다. 정확한 사인은 밝혀지지 않았지만 자살로 추측된다.

도덕성 발달이론(moral development theory)은 Kohlberg가 Piaget의 이론을 보다 세분화하고 체계적으로 발전시킨 이론이다. Kohlberg는 도덕적 딜레마 상황을 제시하고 연령별로 개인이 그러한 상황에 처했을 때 어떻게 행동할 것인가 그리고 왜 그러한 판단을 내리게 되었는가를 묻는 방법으로 연구하였다. 또한 그는 도덕성 발달이 인지발달 수준에 따라 그 단계가 결정된다고 보았다. Kohlberg는 도덕성 발달이론에서 개인의 도덕적 판단능력에 따라 도덕성 발달을 3수준 6단계로 구분하였다(이근홍, 2006).

그의 저서로는 《도덕적 사고와 도덕적 행동의 발달단계》, 《도덕성 발달의 철학》, 《도덕성 발달의 심리학》 등이 있다.

(2) 인간관

Kohlberg는 도덕성 발달단계를 1단계에서 6단계까지 순차적으로 진행한다고 주장했다. 그러나 모든 사람들이 최고의 도덕수준까지 도달하는 것은 아니며, 소수의 사람만이 6단계에 도달할 수 있다고 했다. 청년 후기와 성년기에는 도덕적 판단수준이 안정되는 경향이 있는데, 대부분의 성인들이 도달하는 도덕적 판단의 수준은 여성의 경우는 대개 3단계이고, 남성의 경우는 그보다 한 단계 높은 4단계라고 주장했다. 그리고 그는 발달단계 한 단계에서 다음 단계로 진행하는 데에 상당한 시간이 필요하다고 주장했다.

2) 이론의 특성

도덕성 발달이론(moral development theory)은 Kohlberg가 Piaget의 이론을 보다 세분화하고 체계적으로 발전시킨 이론이다. Kohlberg는 도덕성 발달은 인지구조와 환경 간의 상호작용 결과이며, 도덕적 판단에는 위계적 단계가 있음을 주장하였다. Kohlberg는 도덕적 딜레마 상황을 제시하고 연령별로 개인이 그러한 상황에 처했을 때 어떻게 행동할 것인가, 그리고 왜 그러한 판단을 내리게 되었는가를 묻는 방법으로 연구하였다. 또한 그는 도덕성 발달이 인지발달 수준에 따라 단계가 결정된다고 보았다. Kohlberg는 도덕성 발달이론에서 개인의 도덕적 판단능력에 따라 도덕성 발달을 3수준 6단계로 구분하였다(이근홍, 2006). 전인습적 수준(4~10세), 인습적 수준(10~13세), 후인습적 수준(13세 이상)으로 나누고 각 수준마다 두 개의 단계를 설정하여 총 6단계를 거치면서 발달한다고 제시하였다.

(1) 전인습적 수준

전인습적 수준(pre-conventional level)에서는 규칙이 개인에게 내재화되어 있는 것이라기보다는 외부의 영향으로 이루어지는 것으로 본다. 이 시기의 아동은 행동의 결과가 가져다주는 보상이나 처벌에 의해 옳고 그름을 판단하거나, 규칙을 정하는 사람들의 물리적 권위에 따라 도덕성을 고려하여 판단한다.

① 처벌과 복종 지향

도덕성 발달의 1단계로 아동은 처벌을 피하기 위해 규칙과 권위에 복종하며, 선과 악을 판단할 때 어떤 행동의 내용보다는 결과에 의한 판단을 한다. 그들의 도덕관념은 극히 비합리적이며, 무조건적으로 외부의 권위에 순응하려고 한다. 그들은 규칙을 어긴 행위의 본질이 나쁘다기보다는 그러한 행동은 벌을 받기 때문에 나쁜 것으로 판단한다. 즉, 그들은 처벌을 피할 수 있거나 힘이 있는 사람에게 무조건 복종하는 것을 도덕적으로 가장 가치 있는 것으로 인식한다.

② 상대적 쾌락주의

도덕성 발달의 2단계로 아동은 보상을 얻기 위해서 또는 개인적 목적을 위해서 규칙에 동조하며, 자신과 타인을 만족시키려는 도구로서 도덕적 행동을 정의한다. 즉, 그들은 규칙을 고정적이거나 절대적으로 생각하지 않으며, 어떤 문제이든 한 가지 이상의 측면이 있음을 알게 된다. 모든 것이 자기가 어떻게 보느냐에 따라 상대적으로 달라질 수 있다고 보며, 자신의 욕구와 쾌락에 따라 도덕적 가치를 판단한다.

(2) 인습적 수준

인습적 수준(conventional level)에서는 자신이 속한 가족, 사회, 국가의 기대에 맞는 행동을 하고자 노력한다. 이 수준에서는 힘이 있거나 권위적인 타인의 칭찬을 획득하고 사회질서를 유지하기 위하서 사회적 규칙이나 기준에 따른다. 또한 타인의 관점을 인식하면서 이를 고려할 수 있으며, 집단이나 집단성원에 대해 동일시한다.

① 착한 소년소녀지향

도덕성 발달의 3단계로 도덕이란 타인과 좋은 관계를 유지하는 것이라고 생각하며, 타인으로부터 칭찬을 받고 타인을 기쁘게 해주거나 타인에게 도움이 되는 행동을 도덕적이라고 여긴다. 이와 같이 타인의 반응이 도덕성 판단의 기준이 되지만, 물리적 힘보다는 심리적인 인정 여부에 관심이 있으며, 착하게 됨으로써 타인의 인정을 받게 된다. 이때부터 사회적 규제를 수용하며, 의도에 의해 행위의 옳고 그름을 판단한다.

② 법과 사회질서

도덕성 발달의 4단계로 사회질서에 대해 보다 광범위하게 사고하게 되며, 법과 사회질서를 준수하고 자신의 의무를 다하는 것을 옳은 행동으로 생각한다. 즉, 규칙은 사회적 질서 내에 고정된 것이며, 선한 행동이란 사회가 정한 규칙이나 역할을 그대로 따르는 것으로 본다. 이것은 도덕적 판단의 근거가 타인 중심에서 벗어나 사회규범으로 전환되고 있다는 것이며, 사회의 안전을 위한 법의 기능을 전체로서 개념화하고 있다는 것을 의미한다.

(3) 후인습적 수준

후인습적 수준(post-conventional level)에서는 집단의 권위나 권리를 행사하는 사람들과는 무관하게 도덕적 가치와 원리를 규정하려는 노력을 보인다. 즉, 보편적으로 타당한 원리로서의 정의에 의해 옳고 그름을 판단하며, 도덕적으로 옳은 것과 적법한 것이 항상 일치하거나 같은 것이 아님을 깨닫게 된다.

① 민주적 법률

도덕성 발달의 5단계로 사회의 계약이나 개인의 권리 및 민주적인 방식으로 수용된 법률에 따라 행동하는 것을 도덕적인 것으로 본다. 즉, 법이란 사람들이 화목하게 살아가기 위해 공동체가 동의한 장치라고 생각한다. 이러한 목적을 위해 만들어진 법이 잘 지켜져야 하는 사회적 계약이지만, 개인의 권리나 존엄성을 위협한다면 불공정한 것으로 간주되고 도전을 받아야 한다고 생각한다. 즉, 법은 사람들이 필요로 하는 바를 충족시키지 못하게 되면 상호 동의와 민주적인 절차를 통해서 언제든지 변경시킬 수 있는 유동적인 것이라고 본다.

② 보편적 원리

도덕성 발달의 6단계로 최고의 선은 자신이 선택한 보편적인 윤리적 원리를 따르는 것이라고 생각한다. 즉, 이 단계에서는 개인의 양심이나 자신이 선택한 윤리적 원칙에 따라 옳고 그름을 정의한다. 이러한 원칙들은 법, 사회적 가치 또는 사회적 계약을 초월하여 인간의 존엄성, 포괄성, 보편성, 공정성 등을 지니고 있다. 이 단계에서 도덕성 발달이 최고 수준에 이르게 되며, 보통 사람들이 도달하기 어려운 단계로서 각 개인이 지향해야 할 하나의 목표단계라 할 수 있다.

3) Kohlberg 이론의 평가와 적용

Kohlberg의 이론을 바탕으로 구성된 도덕교육 프로그램은 학교현장에서 널리 행해졌다. 이 이론은 도덕적 사고에 대해 세분화된 단계를 제시했다는 점에서 그의 이론은 세계 여러 나라의 도덕 교육의 방향과 내용을 설정하는 이론적 근거가 될 정도로 도덕발달 분야에서 절대적인 영향을 미쳤다. 하지만 Kohlbegr의 이론은 다음과 같은 측면에서 비판을 받고 있다(이근홍, 2006).

첫째, 도덕성 발달단계가 불변적인 순서로 전개된다고 했으나, 어느 한 단계를 거치지 않거나 단계가 생략될 수 없는가와 관련된 문제가 제기되고 있다. 또한 그는 단계의 순서에서 퇴행이란 있을 수 없다고 했으나, 일시적으로 퇴행을 보일 수 있다는 문제가 제기되고 있다(Crain, 1993).

둘째, 한 단계에서 다음 단계로 이행되는 것이 자발적 행동의 결과라고 했으나, 도덕적 태도는 사회화의 산물이며 문화적 교육의 결과일 수 있다. 즉, 교육과 사회화를 무시하고 있다는 문제가 제기되고 있다.

셋째, 서로 다른 다양한 문화권에서 성장한 사람을 대상으로 연구하였기 때문에 그는 그의 이론이 모든 문화에 보편적으로 적용된다고 하였다. 그러나 이 이론이 모든 문화권에 보편적으로 적용될 수 있는가에 대한 의문이 제기된다.

넷째, 마지막 6단계는 이론적 개념에 불과하며, 실제로는 거의 존재할 수 없는 개념이라는 것이다. 또한 그의 이론은 남성만을 대상으로 한 연구에서 도출했기 때문에 여성의 특성을 고려하지 못했으며, 남성이 여성보다 높은 수준의 도덕성 발달을 보인다는 것에 대해 비판을 받고 있다.

3. Ellis의 인지이론과 인간행동

인지이론에서 인간은 매우 주관적인 존재로 규정하고 있다. 이 이론에서는 이 세상에서는 객관적 현실이란 존재하지 않으며, 각 개인이 나름대로 의미를 부여한 주관적 현실만이 존재한다고 본다. 객관적인 외적 현실은 개인의 독특한 방식에 따라 구성되기 때문에 모든 사람에게 획일적이고 표준화된 영향을 미치지는 못한다. 예를 들어 어떤 사람에게는 아름답게 보이는 장미가 다른 사람에게는 위험한 꽃으로 인지될 수도 있다. 이와 같이 인지이론에서는 각 개인의 정서, 행동, 사고는 개인이 현실을 창조해 내는 방식, 즉 현실세계를 구성하는 방식에 따라 달라진다고 본다(Beck, 1976; Kelly, 1955).

인지이론은 인간 본성에 대해 비결정론적 시각을 지니고 있으며, 변화와 성장가능성을 인정하고 있다. 즉, 인지이론에서는 인간이 유전적 요인에 의해 결정되는 존재가 아니며, 환경적 영향을 받기는 하지만 이러한 환경적 자극을 능동적으로 중재하고 재구성할 수 있는 능력이 있으며, 지속적으로 성장 · 발달할 수 있는 잠재력을 가진 존재로 본다.

1) Ellis의 생애와 인간관

(1) Ellis의 생애

피츠버그에서 태어난 Ellis는 4살 때 뉴욕으로 온 후 줄곧 뉴욕에서 살았다. 어렸을 때 몸이 허약하여 자주 병원에 입원했었고, 19세에 신장당뇨, 40세에는 당뇨병에 걸렸다. 하지만 그는 건강에 비해 활기차게 살았으며, 어렸을 때부터 운동을 좋아했다. 그의 부모는 좋은 사람들이었지만 자녀에 대해 무관심했기에 그는 여러 면에서 혼자 성장했다고 볼 수 있다. 그는 12살 때 작가가 되기로 결심하였으며, 사업을 통해 돈을 벌려고 상업고등학교에 들어갔고, 경영관리 전공으로 뉴욕 시립대학에 들어갔다. 그는 1930년 미국의 대공황으로 사업가가 되려는 희망을 포기하고 28살 때까지 20편의 소설, 시 등을 창작했으나 책으로 출판되지는 못했다. Ellis는 성, 사랑, 결혼에 관한 연구와 글쓰기를 계속했는데 그의 친구와 친척들은 개인적 문제에 관해 그에게 조언을 요청할 만큼 인정을 받았다. Ellis는 자신이 상담에 재능이 있다는 것을 깨닫고 심리학자가 되기로 결심했다.

대학을 졸업한 지 8년 후 그는 컬럼비아에 있는 사범대학 임상심리학 프로그램에 등록했다. 그는 정신분석이 심리치료의 가장 심오한 형태라고 믿었고, 카렌 호나이(Karen Horney) 학교의 훈련 분석가로부터 정신분석을 받고, 지도도 받았다.

1947년에서 1953년까지는 그는 고전적 분석과 분석지향적 심리치료를 실행했다. 하지만 그는 정신분석적 치료가 피상적이고 비과학적인 치료형태라고 생각하고 몇 가지 다른 체계들을 임상에서 실험하기 시작했다. 1955년에 인본주의적, 철학적, 행동적 치료를 결합하여 합리적·정서적 행동치료(rational emotive behavior therap: REBT)를 만들었다.

Ellis는 REBT의 아버지, 인지행동치료의 할아버지로 알려져 있다. Ellis는 자신의 유년기 동안의 문제를 치료하기 위한 기법으로 자신의 접근을 개발했다. Ellis는 한때 군중 앞에 서는 것에 대해 심한 공포를 느꼈다. 사춘기에는 여성들에 대해 극도로 수줍어했으나 19살 때에는 1달 동안 100명의 소녀들에게 말을 걸었다. Ellis는 이 짧은 만남들이 데이트로 연결되지는 않았지만 여성에 대한 공포에서 벗어나게 되었다고 보고했다. 인지행동적 기법을 적용하여 자신의 장애를 극복하게 되었다는 것이다.

Ellis는 불안해했던 군중 앞의 연설도 즐기게 되었고, 자신의 일을 즐기고 자신의 일에 매우 열중하였다(Ellis, 1962). 바쁜 교수생활 중에서도 1주일에 80명의 내담자를 만나고, 5개의 집단치료를 하고, 매년 200개의 강연과 워크숍을 하였다. Ellis는 REBT 적용과 관련된 50편 이상의 저서와 600여 편의 논문을 발표하는 등 REBT 분야에서 최고라 할 수 있는 업적을 남겼다.

(2) 인간관

Ellis(1979)는 인간은 합리적이고 올바른 생각과 비합리적이고 잘못된 생각을 할 수 있는 가능성을 동시에 가지고 있는 존재라고 보고 있다. 즉, 인간은 합리적인 자기와의 대화, 자기평가를 통하여 자신을 유지할 수 있는 존재로서 성장가능성을 지니고 있지만 동시에 잘못된 사고나 학습으로 인하여 형성된 자기패배적 사고 때문에 성장을 스스로 방해할 수 있는 존재라고 보았다(김동배 · 권중돈, 2006). 사람들은 자기보존, 행복, 사고, 언어, 사랑, 다른 사람들과의 대화, 성장과 자기실현 등의 경향을 가지고 있으며, 자기파괴, 나태, 실수의 끝없는 반복, 미신, 인내심 없음, 완벽주의와 자기비난, 그리고 성장잠재력의 실현회피 등의 경향도 가지고 있다고 보았다. Ellis는 사람은 자기대화, 자기평가, 자기유지적이라고 결론지었다. 단순한 선호(사랑, 인정, 성공에 대한 욕망)들을 없어서는 안 될 필수불가결한 요구로 잘못 생각할 때 정서적, 행동적 장애를 겪게 된다고 보았다. 인간은 성장이나 자기실현의 경향을 가지고 태어났으나, 올바르지 못한 사고와 학습한 자기패배적 양식 때문에 성장지향성이 방해받는다고 주장했다(Ellis & Dryden, 1987).

2) 이론의 특성

(1) 인지의 개념과 인지의 기본 단위

인지이론에서는 인간의 기능, 성장 그리고 변화 잠재력에 대해 낙관적이고 비결정론적 관점을 취하고 있다. 개인의 신체적 성숙과 합리적 조건과 기회를 제공해 주는 환경과의 상호작용의 결과로서 나타나는 인지적 성장과 변화는 일생에 걸쳐 일어날 수 있다고 보았다.

인지의 개념을 살펴보면, 인지(cognition)란 일정한 자극을 조직하여 지식을 얻는 심리적 과정(이정균, 1981)이다. Werner(1982)는 생각에 따라 행동은 달라질 수 있다고 하여, 인지를 사고라는 좁은 의미로 사용하였다. 하지만 이러한 인지의 개념은 지나치게 협의로 정의된 것으르 최근에는 거의 받아들여지지 않고 있다. 최근에는 인지를 지식, 의식, 지능, 사고, 상상, 계획과 전략의 개발, 합리화, 추론, 문제해결, 개념화, 분류 및 유목화, 상징, 환상 그리고 꿈과 같은 소위 높은 수준의 정신적 과정을 모두 포함하는 개념으로 받아들이고 있다. 여기에 더하여 지각, 기억, 주의집중, 그리고 학습 등이 포함되기 때문에 인지에 속하지 않는 심리적 과정은 없다고 할 수 있다(Flavell, 1985).

인지의 기본 단위로는 도식(shema), 개념(concept), 명제(proposition)가 있다(Kagan, 1984). 도식은 사건이나 자극의 특징에 대한 추상적 표상이다. 즉, 사건이나 자극을 인식하고 그것에 대응하는 데 사용되는 기본적인 이해의 틀이다. 개념은 다양한 경험에서 나온 정보들이 공유하고 있는 특성을 통합하여 계층 또는 범주로 조직한 것이다. 즉, 개념은 어떤 현상이나 사상의 의미를 머릿속에 그려보는 관념적 구성물이다. 따라서 개념은 현상 자체가 아니라 순전히 지적인 또는 상징적인 뜻의 집합체이다(김경동 · 이은죽, 1995). 명제는 두 가지 이상의 개념들 사이의 관련성을 토대로 하여 규칙, 신념, 그리고 가설을 설정한 것이다.

(2) 심리적 건강에 대한 관점

Ellis(1962)의 합리적 · 정서적 행동치료(rational emotive behavior therapy: REBT)는 자기패배적 행동과 정서적 고통을 야기하는 비합리적 사고와 신념에 초점을 두고 있다. 즉, Ellis는 정서장애는 비합리적 사고의 산물이라고 보고했다. 즉, 정서장애는 개인이 독단적이고 무력하게 믿고 있는 비논리적이며 타당성이 없는 사고에 그 원인이 있으며, 자기패배적 감정에 휩싸여 이를 행동화한 결과라고 보고 있다(박경애, 1997).

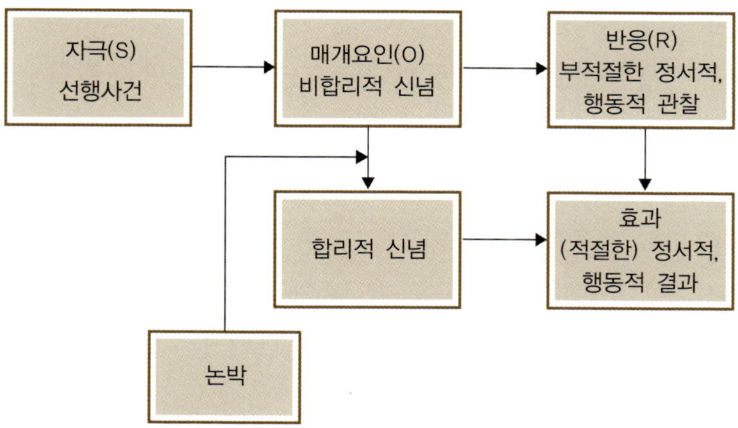

그림 3-1 Ellis의 ABCDE 성격모델

〈그림 3-1〉에서 선행사건(activating event)은 개인에게 정서적 혼란을 야기하는 사건을 의미하며, 신념체계(belief system)는 어떤 사건이나 행위 등과 같은 환경적 자극에 대해 개인이 지니고 있는 태도나 사고방식을 의미한다. 그리고 결과(consequence)는 선행사건에 직면했을 때 비합리적 태도나 사고방식을 가

지고 그 사건을 해석함으로써 느끼게 되는 불안, 원망, 비판, 죄의식 등과 같은 정서적 결과를 의미한다. 논박(dispute)은 개인이 가지고 있는 비합리적 사고나 신념에 대해서 도전해 보고 과연 그 사상이 합리적인지를 다시 한 번 검토해 보도록 치료자가 촉구하는 과정이다. 효과(effect)는 내담자가 가진 비합리적 신념을 철저하게 논박함으로써 합리적 신념으로 대치한 이후에 느끼게 되는 자기수용적인 태도와 긍정적인 감정의 결과를 의미한다.

이러한 Ellis의 성격모델에 근거하여 볼 때 정서장애는 바로 잘못된 신념체계에 의해 야기됨을 알 수 있다. Ellis가 제시한 대표적인 비합리적 신념체계는 다음과 같다.

① 더 나쁜 결과를 가져올지라도 이제까지의 생각이나 행동을 쉽게 바꾸지 못하는 경향
② 분명히 바람직하지 못한 목표인데도 이에 대한 욕망을 버리지 못하거나, 극단적으로 집착하고 자신에게 확산시키는 경향
③ 어렸을 때부터 가지고 있는 편견이나 신념에 집착하는 경향
④ 분명히 비효과적인 습관인데도 그것을 포기하지 못하는 경향
⑤ 주의집중만 하여도 되는 일에 지나치게 경계하고 조심하는 경향
⑥ 자신이 다른 사람보다 우월하고 어떤 측면에서는 완벽하다는 것을 입증해 보이려는 욕구에서 벗어나지 못하는 경향
⑦ 자신의 생각이 그릇된 근거에 토대를 두고 있음이 입증되었을지라도 사고의 검토과정 없이 그와 반대되는 견해로 쉽게 넘어가는 경향
⑧ 심사숙고하면 더 좋은 방법이 있는데도 아무 생각 없이 상투적인 습관대로 행하려는 경향
⑨ 이롭지 못하다는 증거가 분명히 있는데도 불구하고 그러한 사실을 자주 잊어버리는 경향

⑩ 지나치게 낙관적인 경향

⑪ 바람직한 일을 위하여 열심히 노력하거나 자기를 훈련하기보다는 구실을 대며 게으름을 피우고 일을 연기하려는 경향

⑫ 다른 사람이 자신을 정당하게 대우해 주었으면 좋겠다는 정도를 넘어 당연히 정당하게 대해 주어야 하는 것처럼 다른 사람에게 요구하고 그렇게 대우해 주지 않을 경우 그 사실을 집요하게 생각하는 경향

⑬ 자신의 어리석은 행동을 가지고 자기 자신을 비난하려는 경향

⑭ 과거에 일어났거나 미래에 일어날지도 모르는 일에 대하여 지나치게 일반화하려는 경향

⑮ 정신적으로 당황하게 되었을 때 신체적으로 쉽게 영향을 받는 경향

이러한 비합리적이고 자기패배적인 경향의 특징은 모든 것이 자기 뜻대로 이루어지기를 바라고, 그렇게 되어야 한다고 믿고 있으며, 그것이 즉시 이루어지지 못했을 때는 자기 자신과 타인 및 세상을 비난하는 경향이 나타난다는 점이다.

3) Ellis 이론의 평가와 적용

Ellis의 인지치료는 크게 인지적 기법과 정서적 기법, 행동적 기법으로 구분할 수 있다. 인지적 기법은 내담자의 비합리적 신념체계를 합리적 사고방식으로 변화되도록 원조하는 기법이다. 정서적 기법은 내담자가 자신을 정직하게 표현하도록 하게 하는 방법이다. 그리고 행동적 기법은 내담자에게 어떤 행동을 하게 하여 그의 합리적 신념체계를 변화시키고, 이 변화된 신념체계를 통해 정서적 장애에서 벗어나게 하는 기법이다. 치료자들이 구체적으로 수행해

야 할 기능과 역할은 내담자에게 치료방법을 설명하여 치료과정으로 끌어들이고, 내담자의 문제점에 대한 진단과 평가를 통해 비합리적 신념체계의 구체적 내용을 밝혀내며, 내담자가 지적 통찰과 정서적 통찰을 얻을 수 있도록 논박하는 것이다.

그의 이론은 인지적 오류로 인해 부정적 사고를 가지는 심리적 병리를 해결할 수 있다는 인간 본성의 성장가능성을 인정하였다는 점에서 의의가 있다. 하지만 그의 이론은 다음과 같은 제한점을 가진다.

첫째, 인지이론에서 인간은 유전적 요인에 의해 결정되는 존재가 아니며, 환경적 영향을 받기는 하지만 이러한 환경적 자극을 능동적으로 중재하고 재구성할 수 있다고 보았다. 하지만 인간의 인지적 측면에서 유전적 요인을 결코 간과할 수 없다는 점에서 한계가 있다.

둘째, 인지 재구성을 통한 합리적 인지변화는 인지수준에 문제가 없는 대상자에게만 적용할 수 있다는 점에서 한계가 있다.

4. Rogers의 인본주의이론과 인간행동

Rogers(1959)의 인간의 본성에 대한 사상은 정서적으로 장애를 가진 사람들을 치료한 경험을 바탕으로 한다. 그는 인간 본성의 가장 깊숙한 핵심은 근본적으로 합목적이며, 건설적이며, 아주 신뢰할 만한 것으로 보았다. 그는 인간이 자유롭게 자신의 내적 본성을 경험하고 만족하게 되면, 인간은 그들 자신과 다른 사람들과 조화를 이루어 살아갈 수 있는 긍정적이고 합리적인 피조물이 된다는 것이다. Rogers는 인간의 본성을 존중하는 심오한 사상을 가졌으며,

인간이 분화, 자기책임감, 협동과 성숙의 방향으로 나아가려는 선천적인 경향을 가지고 있다고 주장했다(Hjelle & Ziegler, 1994).

1) Rogers의 생애와 인간관

(1) Rogers의 생애

Carl Rogers는 1902년 1월 8일에 미국 일리노이주 시카고의 단란한 기독교 가정에서 태어났다. 그의 부모들은 기독교 신앙과 근면성을 중시하는 사람들이었다. 그가 12세 되던 해에 그의 가족은 시카고의 서부에는 있는 큰 농장으로 이사를 하였다. 이때 Rogers는 과학적 농작법에 관심을 가졌었다. 이로 말미암아 과학과 실험에 대한 관심을 발전시키게 된다.

Rorers는 위스콘신 대학에서 중세 역사를 전공하였으며 종교활동에도 깊이 관여하였다. 그는 대학시절에 목사가 되기로 결심했는데, 당시 중국의 베이징에서 개최되었던 국제 기독학생연합회에 미국 대표 중 한 사람으로 참석하였다. 베이징에서의 6개월은 그의 인생을 크게 바꾸어놓는 계기가 되었다. 다양한 종교와 문화적 특성을 지닌 외국인들을 만나면서 그의 사상과 종교관이 보다 자유롭게 바뀌는 경험을 했던 것이다.

1924년에 위스콘신 대학을 졸업한 Rogers는 유니온 신학교에서 2년간 수학하였다. 그 후 컬럼비아 대학에서 임상 및 교육심리학 박사과정을 마쳤다. Rogers는 컬럼비아 대학에서 John Dewey의 철학의 영향을 많이 받았다. 1931년에 컬럼비아 대학에서 심리학으로 박사학위를 취득한 후에 로체스터에 있는 Guidance Center의 연구원으로 일하다가 나중에는 그 연구소의 소장이 되었다. Rogers는 이 연구소에서 12년간 재직했는데, 이 기간에 임상경험에 기초한 그의 이론이 형성되기 시작하였다.

1940년부터 1945년까지 Roger는 오하이오 주립대학의 심리학과 교수로 재직했는데, 이와 같이 임상적 환경에서 학구적 환경으로의 전환은 그에게 있어서 커다란 변화였다. 그는 1945년에 시카고 대학으로 옮겨 심리학과 교수와 카운슬링 센터의 책임자가 되었고, 그 시기에 심리치료법을 개발했으며, 성격이론을 공식화하고 심리치료에 관한 연구를 지도하였다. 1957년 모교인 위스콘신 대학의 심리학과와 정신의학과 교수로 초빙되어 갔으며, 그곳에서 1963년까지 재직하였다. 이후 그는 대학교수를 그만두고 서부행동과학연구소(Western Behavioral Science Institute)의 연구원으로 일하였다. 그 후 1968년 인간연구센터(The Center for The Studies of the Person)를 창설하였다. 이 기간에 그는 참만남집단(Encounter Group)과 대인관계 등에 초점을 두고 활동하였으며, 그의 '내담자 중심'의 원리를 과학철학, 교육, 소외문제에까지 확대하여 적용했다. 1974년 그와 그의 동료들은 '내담자 중심'을 '인간 중심'으로 바꾸고 그의 상담이론을 상담장면뿐만 아니라 생활지도, 교육, 사회사업, 종교, 산업경영, 조직개발, 심지어 국제관계에까지 적용하려는 시도를 하였다(정옥분, 2007).

(2) 인간관

인본주의적 인간관은 기존의 정신분석학적 인간관과 행동주의적 인간관에서 볼 수 있었던 부정적이고 비관적이며, 기계론적 관점과는 확연한 차이가 있다. 따라서 인본주의이론은 인간 본성에 대해 보다 낙관적인 태도를 보였다는 점에서 희망적인 이론이라 할 수 있다. Rogers는 인간을 이해하는 데 있어서 문제의 역사보다 '지금 여기에서'를 강조하였다. 특히 Rogers의 이론은 '자기(self)'를 중요시하여 자기이론(self theory)라고도 불린다. 인본주의이론의 대표적인 두 학자는 Maslow와 Rogers이다. Rogers는 인간마다 현실을 달리 지각하며 주관적인 경험이 행동을 지배한다고 주장한 현상학이론(phenomenological theory)을 제시했다. 현상학이론이란 개인의 주관적 경험, 감정 및 세계와 자기 자신에 대한 개인적인 견해 및 사적 개념을 연구하는 인본주의 성격이론이다(이근홍, 2006). Rogers는 인간행동은 개인이 세계를 지각하고 해석한 직접적인 사건의 결과로 생긴다고 보았다. 그는 인간은 기본적으로 자유로우며, 자신의 행동에 대해 책임을 지고, 자발적이며 합리적이고 건설적인 방향으로 나가는 미래지향적 존재라고 주장했다.

2) 이론의 특성

(1) 주요 개념

① 현상학적 장

현상학적 장이란 경험적 세계(experiential world) 또는 주관적 경험으로 불리는 개념으로 특정 순간에 개인이 지각하고 경험하는 모든 것을 의미한다. Rogers는 동일한 현상이라도 개인에 따라 다르게 지각하고 경험하기 때문에 이 세상에는 개인적 현실(individual reality), 즉 현상학적 장만이 존재한다고 주장했다. 특히, Freud가 과거의 경험이 인간의 행동을 결정하는 요인이라고 주장한 것에 반대하여, Rogers는 현재 행동을 결정하는 것은 과거 그 자체가 아니라 과거에 대한 각 개인의 현재의 해석이라며, 현재의 현상학적 장을 중요하게 보았다.

② 자아

자아는 Rogers의 인본주의이론의 가장 중요한 구성개념이다. Rogers 자아 또는 자아개념(self-conception)은 개인의 현상학적 장이 분화된 부분이며, 'I'나

'me'에 대한 의식적 자각과 가치를 포함하는 것으로 보았다. 자아개념은 현재 자신이 어떤 존재인가에 대한 개인의 개념으로 자기 자신에 대한 자아상(self-concept)이다.

Rogers는 이러한 자아개념은 현재 자신의 모습에 대한 인식, 즉 현실적 자아(real self)와 앞으로 자신이 어떠한 존재가 되어야 하며, 어떤 존재가 되기를 원하고 있는지에 대한 인식, 즉 이상적 자아(ideal self)로 구성되어 있다고 본다. Rogers는 현재 경험이 이러한 자아구조와 불일치할 때 개인은 불안을 경험한다고 보았다. Rogers는 자아가 사용하는 기본적 방어기제로 지각의 왜곡(distortion)과 부정(denial)을 제시하고 있다. 지각의 왜곡은 받아들이기 어려운 경험을 자신의 현재 자아상과 일치하는 형태르 변형하여 받아들이는 것을 말한다. 예를 들면 자신의 잘못으로 인해 발생된 결과를 타인의 탓으로 돌리는 왜곡을 통해서 현재의 자아상을 유지하는 경우를 들 수 있다. 그리고 부정은 위험한 경험이 의식화되는 것을 회피함으로써 자아구조를 유지하는 것을 말한다(김동배 · 권중돈, 2006).

③ 자아실현의 경향

Rogers는 자아실현의 경향을 유일하고도 기븐적인 인간의 동기라고 하였다. 그는 인간 유기체가 자신을 유지하고 향상시키려는 선천적인 경향을 가지고 있다고 보았다. 그러므로 인간의 삶에 있어서 최우선의 동기는 그 자신을 실현하고 보존하거나 개발하기 위한 것이며, 그것은 그들의 유전적인 특질이 허용하는 한도 내에서 최선의 자기가 되는 것이다. 즉, 인간은 출생 이후부터 자아실현을 향해 생산적으로 성장하도록 되어 있으며, 가능한 한 자신의 잠재력을 최대한 발휘하려 한다(Nye, 1991).

Rogers는 유기체적 평가과정(organismic valuating process)을 통해 인간이 자

아실현의 경향에 얼마나 공헌했느냐에 따라 모든 생활의 경험들이 평가된다고 보고 있다. 자아실현의 경향에 이바지하는 경험들은 바람직한 것으로 평가되고 긍정적인 가치가 부여되는 반면에, 자아실현을 방해하는 경험들은 바람직하지 못한 것으로 평가되고 부정적인 가치가 부여된다. 이러한 인식이 바람직한 경험을 반복적으로 추구하게 되는 원동력이 된다(Schultz & Schultz, 1994). 인간은 자아실현의 경향을 통해 더욱 자기 충족적이 되고, 창조적이며 자율적으로 기능할 수 있게 되며, 자신이 좀 더 능력 있는 사람이 되도록 노력한다는 것이다.

④ 완전히 기능하는 사람

완전히 기능하는 사람(the fully functioning person)은 심리적 발달과 사회적 진화의 바람직한 결과이다(Schultz & Schultz, 1994). Rogers는 훌륭한 삶이란 인간이 어떤 방향으로 움직이는 과정이라고 하였다. 이러한 선택된 방향이 갖는 일반적인 자질은 그것이 일정한 보편성을 갖는 것으로, 심리적으로 보다 자유로운 사람은 보다 완전히 기능하는 방향으로 움직인다는 것이다. 완전히 기능한다는 것은 자신의 본성에 대해 인식하고 능력과 자질을 발휘하여 자신에 대한 완벽한 이해를 한다는 것이다(Hjelle & Ziegler, 1994). 완전히 기능하는 사람은 경험에 대한 개방성과 실존적인 삶, 자신의 유기체에 대한 신뢰, 선택과 행동에 대한 자유의식, 창조성을 가지고 있는 사람이다(이근홍, 2006).

가. 경험에 대한 개방성

완전히 기능하는 사람은 자신의 본성에 대해 알고 있으며, 성격의 어떤 면도 차단하지 않는다. 그들은 긍정적 · 부정적 정서들을 더욱 폭넓게 받아들이며, 생활이 주는 경험을 잘 받아들일 뿐만 아니라 지각과 표현의 새로운 길을 열기 위해 그 경험들을 활용하는 데에도 융통성이 있다(Schultz & Schultz, 1994).

나. 실존적인 삶

완전히 기능하는 사람은 존재하는 어느 순간에서나 완전하게 충분한 삶을 영위하며, 모든 경험을 이전에는 결코 비슷한 방법으로 존재하지 않았던 것처럼 새롭고 신선하게 느낀다. 완전히 기능하는 사람은 고정된 자아를 갖지 않으며, 경험을 다스리거나 조정할 필요도 없기 때문에 경험에 자유롭게 참여할 수 있다(Schultz, 1990).

다. 자신의 유기체에 대한 신뢰

완전히 기능하는 사람은 자신을 신뢰하기 때문에 자신이 옳다고 느끼는 대로 행동하며, 그것이 이성적이거나 지적인 요소들보다 더 믿을 만하다고 생각한다. 그들은 결정에 도달하는 데 사용된 자료가 왜곡되지 않고 정확하므로 그들 스스로를 신뢰하듯 그들의 결정도 신뢰한다. 완전히 기능하는 사람은 경험을 가장 중요한 정보의 출처로 간주한다(Hjelle & Ziegler, 1994).

라. 선택과 행동에 대한 자유의식

완전히 기능하는 사람은 선택과 행동에 대한 자유의식을 가지고 있다. 즉, 그들은 사고와 행동의 대안들 중에서 금지나 제약이 없이 자유롭게 선택할 수 있다. 그들은 삶에 대한 개인적인 지배감을 즐기며, 미래는 일시적인 생각이나 환경 또는 과거의 사건들에 의해 결정되는 것이 아니라 자기 자신에게 달려 있다고 믿는다. 완전히 기능하는 사람은 자기 자신이나 타인에 의해서 단지 한 방향으로 행동하도록 강요당하지 않으며, 자유롭고 다양하게 행동한다(Schultz & Schultz, 1994).

(2) 성격발달에 관한 관점

Rogers는 주로 개인의 현상학적 자아에 초점을 두고 인간성격발달을 논하였다. 그는 유아기나 아동기 초기에 타인이 한 개인을 평가하는 방법이 자아개념의 긍정적 또는 부정적 발달을 촉진시킨다는 점을 강조하였다. 신생아는 신체적 감각 또는 외적 자극에 대한 모든 경험을 하나로 지각한다. 그리고 영아는 자신을 타인과 분리된 존재인 'I'로서의 자신을 지각하지 못하며, 'me'와 'not me'를 구분하지 못한다. 이와 같이 인생의 초기에는 자아는 존재하지 않고 단지 포괄적이고 분화되지 않은 현상학적인 장만이 존재한다. 그러나 자아실현과정의 일부분인 분화를 지향하려는 경향으로 인해 아동은 점차 자신과 외부세계를 구분하기 시작한다. 즉, 어떤 것은 자신의 것으로 인식되고 어떤 것은 자신이 아닌 것으로 인식하는 과정에서 자아가 발달된다고 보았다.

이처럼 아동의 자아발달은 환경과의 상호작용을 통해 형성되며, 점차 분화되고 복잡해진다. 이러한 자아개념의 발달에 결정적인 역할을 하는 것이 바로 긍정적 관심에 대한 욕구이다. 자아에 대한 인식이 생기면 모든 사람은 타인으로부터 온화함, 존경, 숭배, 수용 그리고 사랑을 받고 싶어하는 기본적 욕구가 생기는데, 특히 어머니로부터 사랑받고 보호받고 싶어하는 욕구가 강하다. 이와 같이 긍정적 관심을 받고자 하는 욕구의 충족은 타인에 의해서 가능해지기 때문에 아동은 성장하면서 점점 더 다른 사람으로부터 긍정적 관심을 받으려 하며, 자신의 유기체적 평가과정을 희생해서라도 이러한 관심을 받으려고 한다(Rogers, 1959). Rogers는 아동은 무조건적 긍정적 관심을 받을 때 건강한 자아구조가 발달되며, 이는 개인으로 하여금 완전히 기능하는 사람으로 진보하게 되는 요인이라고 보았다. 이러한 무조건적인 긍정적인 관심의 표현은 훈육의 결여, 사회적 제약의 철회, 기타 행동에 대한 통제와 결여를 의미하는 것은 아니다. 그것은 한 개인을 있는 그대로 수용하고 존중하는 것을 의미한다

(김동배 · 권중돈, 2006).

3) Rogers 이론의 평가와 적용

Rogers는 상담자와 클라이언트가 맺는 관계가 개입기법보다 중요하다고 보았다. 즉, 상담자의 감정이입, 무조건적 긍정적 관심, 일치성이 상담을 위한 필요충분조건이라고 주장하였다. 그리고 이러한 조건들이 상담현장에서 조성될 경우 내담자의 자연적 성장이 이루어질 것이라고 하였다. 감정이입은 상담자가 내담자와 같이 느끼고, 이러한 감정을 의사소통할 수 있는 능력을 말한다. 즉, 상담자가 내담자의 세계로 들어가는 것을 말하는데, 이때 상담자는 객관적 관점을 유지해야 한다. 탐색과 감정표현을 촉진시키는 감정이입은 내담자가 의식적으로 경험하고 표현하고 싶어 하는 것을 정확하게 이해하고, '예, 바로 그거예요'라는 반응을 불러일으킨다(Raskin, 1985). 일치성은 상담자가 진실하다는 의미로 상담기간 동안에 상담자는 거짓된 태도를 보여서는 안 되며, 자신의 내적 경험과 외적 표현이 일치해야 하며, 내담자와의 관계에서 일어나는 감정을 솔직하게 표현해야 한다. 그리고 상담자는 내담자를 수용함에 있어서 특별한 규정을 하지 않고 무조건적으로 존중하고 내담자의 있는 그대로의 모습을 따뜻하게 수용하여야 한다. 즉, 상담자의 비소유적 온화함(nonpossessive warmth)과 칭찬, 지지는 상담의 성공가능성을 높여준다고 보았다.

Rogers의 이론은 인간 본성의 긍정적인 측면과 자기개념의 중요성을 강조한다는 점에서 많은 공감을 받고 있다. 하지만 그의 이론은 다음과 같은 점에서 한계점이 있다.

첫째, 그의 이론에서 인간은 자발적이며 합리적이고 건설적인 방향으로 나아가는 존재라는 점에서 인간 본성에 대한 선한 측면을 강조하고 있다. 즉, 낙관적인 측면을 강조하는 바람에 나머지 인간의 부정적인 측면을 고려하지 않는다.

둘째, 그의 이론은 학습을 통한 인간행동의 발달을 무시하고 있다는 점이다. 특히 그의 이론의 개념들 중에서 유기체적 경험, 자기개념, 완전한 기능 등은 개념이 모호하고 너무 포괄적이다(Nye, 1991).

5. Maslow의 욕구위계이론과 인간행동

Maslow와 Rogers 같은 인본주의 심리학자들은 정신분석이나 행동주의이론이 인간의 행동을 잘 설명하지 못한다고 주장하였다.

인본주의란 선하며 존경받을 만하고, 그들이 만약 조건만 적당하면 잠재능력을 실현할 수 있다고 주장하는 Rogers나 Maslow를 중심으로 일어난 새로운 운동으로 사랑, 선택, 창조성, 의미, 가치, 자아실현과 같은 인간의 자아실현 경향과 긍정적 측면에 초점을 둔다.

특히, Maslow는 개인의 욕구 및 동기에 관심을 가졌는데 인간은 개인의 잠재력을 실현하기 위해 지속적으로 스스로를 동기화한다고 보았다. 인간의 동기에는 낮은 수준의 욕구에서부터 높은 수준에 이르는 욕구의 위계(hierarchy of needs)가 있다고 보고 욕구위계이론을 주장했다.

1) Maslow의 생애와 인간관

(1) Maslow의 생애

Abraham Maslow는 1908년 4월 1일에 뉴욕시의 브루클린에서 태어났다. 그의 부모는 러시아에서 이민 온 교육을 받지 못한 유태인으로, 자신들보다는 자녀의 행복한 삶을 꿈꾸는 사람들이었다. 그의 부모는 7남매 중 장남인 그에게 많은 격려와 지원을 해주었지만, 유태인이라고는 아무도 살지 않는 곳에서 Maslow는 아주 고독한 아동기와 청소년기를 보냈다.

사람들이 보다 풍요로운 삶을 살도록 도와주고자 하는 그의 바람은 아마도 그 자신의 갈망에서부터 시작되었을지도 모른다. Maslow의 부모는 그가 법학을 전공하기를 원했으나, 그는 뉴욕시립대학에 입학한 지 겨우 2주 만에 법학 공부를 포기하고 코넬 대학으로 옮겼다. 나중에 다시 위스콘신 대학으로 전학하여 1930년에 심리학으로 학사학위를, 1931년에 석사학위, 그리고 1934년에 박사학위를 취득하였다. 그는 대학 재학 중이던 20세에 고등학교 동창인 Bertha Goodman과 결혼하였다. Maslow가 "결혼을 하고 위스콘신에 가서야 비로소 나의 인생이 시작되었다."라고 회고할 정도로 결혼은 그의 인생에서 중요한 전환기가 되었다.

Maslow는 Thorndike와 Harlow 밑에서 엄격한 실험훈련을 받았으며, 그가 심리학을 공부하기로 결심한 데에는 Watson의 행동주의가 큰 영향을 미쳤다. 그는 한때 행동주의가 인간의 모든 수수께끼를 풀어줄 것이라고 믿었지만, 자신의 첫딸이 태어난 이후에는 행동주의로 인간을 이해하는 데는 한계가 있음을 깨달았다. 인간은 성장과 창의성, 자유선택에 대한 잠재력을 가지고 있기 때문에, 행동주의로는 인간을 이해하는 것이 역부족이라고 인식했던 것이다.

Maslow는 1937년부터 1951년까지 브루클린 대학에서 교수직을 수행했는데, 이 시기에 뉴욕에는 히틀러를 피해 모여든 유럽 지성계의 중심인물들이 많이 있었다. 그 중에서 Erich From, Alfred Adler, Karen Horney, Ruth Benedict 같은 유명한 학자들과 교류하면서 그는 인본주의이론의 지적 근간을 마련하게 되었다. 1951년부터 1969년까지는 브랜티스 대학의 교수로 재직했는데, 이 기간 중에 Maslow는 미국 심리학계의 인본주의 운동의 가장 유명한 인물이 되었다. 인본주의 심리학은 미국 심리학의 제3세력으로 불리는데, 미국 심리학의 다른 두 주류는 행동주의와 정신분석학이다. 제2차 세계대전을 통해서 경험한 인간의 잔인성 때문에 심리학에 대한 그의 태도는 근본적으로 바뀌게 되었고, 이때부터 동양철학을 비롯한 새로운 지적 흐름을 추구하기 시작하였다. Maslow의 인본주의 심리학은 행동주의의 기계적인 인간관과 정신분석이론의 비관적인 인간관을 극복함과 동시에 인간에 대한 관점을 바꾸어 놓았다.

(2) 인간관

Maslow는 다른 인본주의자들과 같이 인간을 자아실현을 위하여 노력하는 존재라고 규정하면서, 태어날 때부터 생존적 경향(survival tendency)과 실현적 경향(actualizing tendency)의 두 가지 경향성을 갖고 있다고 보았다. 생존적 경향은 기본적 욕구 혹은 박탈동기(deprivation motivation)라고도 하며, 인간의 생존을 단순히 생리적 차원에서 유지시키려는 경향이다. 한 개인이 이러한 욕구를 충족시키지 못하게 되면 신경증이 유발된다고 보았다. Maslow는 인간행동을 이해하기 위해서는 심리적으로 건강한 사람을 대상으로 강점, 장점, 잠재능력 등과 같이 긍정적이고 건설적인 측면을 연구해야 한다고 보았다. 그는 심리적 건강함이 어디에서 오는지를 이해하고자 자기실현의 욕구를 충족했다고 여겨지는 사람들을 대상으로 그 특성을 연구하였다. 연구를 통해 인간은 자아실현의 욕구를 가지고 있다고 보았고, 자아실현을 성취한 사람이라 할지라도 나름의 약점을 가지고 있기 때문에 인간은 결코 완벽한 존재가 될 수 없다고 주장했다.

2) 이론의 특성

(1) 주요 개념

Maslow(1954)는 인간의 욕구를 결핍욕구(deficiency needs)와 성장욕구(growth needs)[1]로 구분하고, 아주 잘 적응된 인간을 관찰하여 이론적 체계를 구성하였다. 즉, 잘 적응된 아동은 무의식적 욕구에 따라 행동하고 성장·발달하는 것이 아니라, 그들 스스로 성장을 즐기고 새로운 것을 학습하고 능력을 키워 나가며 발전한다고 보았다. 따라서 인본주의이론에서의 적응적 행동이란 자신이 당면한 현실적 문제를 방어하기보다는 실제 경험을 인지하고 현실 그대로의 자기를 지각하고 필요한 경쟁에서 이겨내는 것을 말한다(이현수, 1995). 또한 인간은 수동적 존재가 아니라 스스로 자기의 행동을 선택하고, 스스로를 형성할 수 있는 능동적이며 창의적인 존재라고 보았다. Maslow 이론에 인본주의(humanism)라는 이름이 붙은 이유도 이와 같이 인간의 자율적이고 자발적인 의지를 강조한 데 있다.

Maslow는 인간은 개인적 발달을 위한 굉장한 잠재력을 지니고 있으며, 기본적으로 선하고 자아실현(self-actualization)을 위해 노력하는 존재라고 믿었다. 그는 사람들이 동기화되는 요인과 개인을 완전하게 기능하는 삶으로 이끌어가는 동기에 관심을 가지고, 완전하게 기능하는 사람만이 완전하게 자아를 실현하는 것으로 보았다. 자아실현 동기가 그 사람의 삶을 지배하기까지는 몇

---

1) 결핍욕구(deficiency needs)는 인간의 체내에 어떤 결핍으로 인하여 생기는 욕구이다. 예를 들어 사람이 얼마 동안 음식을 먹지 못했다면 사람의 체내에는 어떤 결핍이 생기게 된다. 성장욕구(growth needs)는 자신의 잠재력을 실현하려는 선천적 충동과 연관된 욕구이다. 즉, 경험을 넓힘으로써 삶을 풍요롭게 하고 삶의 기쁨을 증대시키고 싶은 것이다. 따라서 성장욕구는 결핍욕구가 어느 정도 만족된 후에 작용한다. Maslow는 결핍욕구와 마찬가지로 성장욕구도 본능적으로 타고 난 욕구라고 보았으므로 인간이 심리적으로 건강하고 완전한 성장에 이르려면 성장욕구 또한 충족되어야 한다. 그렇지 못할 때 인간은 심리적으로 병들게 된다.

개의 욕구단계를 거친다고 가정하였으며 각 단계의 욕구에 의해 인간이 동기화되는 것으로 보았다.

(2) 욕구위계

Maslow는 인간의 욕구를 생리적, 안전, 소속감 및 사랑의 욕구와 자기존중, 인지적, 심미적, 자아실현의 욕구로 분류하고 이들 욕구의 계층성을 제기하면서 하위 욕구의 최소한의 충족 없이는 상위 욕구는 작동되지 않는 것으로 보았다. 즉, 기본적인 생리적 욕구로부터 점차 복잡한 욕구로의 욕구 계층이 있으며 각 계층에서 최소한의 충족이 있어야 다음의 욕구단계로 옮겨간다고 하였다. 이것은 생리, 안전, 그리고 사랑의 욕구를 충족시킨 아동은 자존의 욕구를 충족시키기가 수월하다는 것이다. 그러나 3개의 낮은 단계를 충족시키지 못한 아동은 4번째 단계를 채우는 데 어려움을 겪는다는 것이다. 이러한 단계는 욕구위계설(hierachy of need)로 알려져 있으며 〈그림 3-2〉와 같이 피라미드 형태로 제시하여 설명하였다.

그림 3-2 Maslow의 욕구위계

① 생리적 욕구

생리적 욕구(physiological needs)는 인간의 생명 유지에 대한 기본적 욕구로서 가장 중요한 위치를 차지한다. 이것은 신체 내 균형을 획득하기 위한 공기, 음식, 음료 등의 섭취에 대한 식욕, 갈증, 성욕, 휴식 등의 욕구로, 이것이 충족되지 않을 때 인간의 정상적 행동은 균형을 잃는다. Maslow는 이 단계에서의 욕구가 한 번 만족되면 그 욕구는 소멸하고 다시 다음 단계의 욕구가 일어난다고 하였다.

② 보호와 안전욕구

안전욕구(safety needs)는 인간의 기본적인 신체적 · 정신적 위험에 대한 공포나 기본적 생존욕구의 위협에서 벗어나려는 욕구이다. 이 욕구는 편안하고 안전하며, 질서 있고, 위험이 없는 자기 보존에 대한 욕구, 불안, 무질서로부터의 자유 추구의 욕구라 할 수 있다. 이 같은 안전을 바라는 욕구는 어느 누구에게나 존재한다.

③ 소속과 애정욕구

생리적 욕구와 안전의 욕구가 어느 정도 충족되면 제3단계인 사회적 욕구가 일어난다. 인간은 사회적 존재로서 소속과 애정의 욕구(belongingingness and love needs)를 가진다. 소속의 욕구는 다른 사람과 친하고, 사랑하고 소속되기를 바라는 것을 의미한다. 그리고 인간은 누구나 사랑하고 사랑받고 싶은 욕망이 있어서 서로 애정이나 호의를 나누며 살고 싶어 한다. 이러한 욕구가 충족되느냐 그렇지 못하느냐 하는 것은 그 개인의 사회적 성원으로서의 충실성의 좌우를 가늠하는 것이 된다. 결혼을 해서 가정을 이루는 것뿐만 아니라, 직장생활, 정당활동, 동창회활동, 취미활동 등 여러 가지 모임에 참여하는 것은 바로 이러한 욕구 때문이다.

④ 존중욕구

존중욕구(esteem needs)는 한 개인이 소속에 대한 욕구가 만족되면, 소속한 집단의 구성원으로 만족하지 않고 자기의 행위나 인격을 타인으로부터 승인, 칭찬, 존경받고 싶어 하는 욕구이다. 이러한 욕구가 만족되면 자신은 자신감, 명성, 힘이 있으며, 주위에 영향력을 갖고 있다고 느끼게 된다. 이러한 욕구가 만족되기 시작하면 인간욕구의 최고 단계인 자아실현의 욕구가 생기게 된다.

⑤ 지적 욕구

지적 욕구(intellectual needs)는 정보와 학문에 접근하고 일하는 방법을 알며 사상이나 상징의 의미를 알고자 하는 욕구, 광범위한 이론 속에 표현된 관계, 체계, 과정 등에 관한 지식을 통합하고자 하는 욕구이다.

⑥ 심미적 욕구

심미적 욕구(aesthetic needs)란 인생의 질서와 균형, 미적 감각, 모든 것에 대한 사랑을 평가하고자 하는 욕구이다.

⑦ 자아실현욕구

자아실현욕구(self-actualization needs)는 그 개인의 전체적 · 인격적 욕구로서 인간 최상의 욕구이다. 이 욕구는 자기만족과 자신의 잠재력을 실현하는 것이다. 즉, 인간은 자신의 가능성, 잠재력을 최대한으로 실현함으로써 인생의 최대의 가치와 목적을 이루려는 것을 말한다. 자아실현을 한 사람들은 창의적 활동, 대인관계, 자연 및 예술 감상, 부모의 역할을 수행할 때 절정 경험에 도달한다. 또 자신을 알리려고 노력하며, 안정보다는 과감히 용기를 갖고 정상에 올라가려고 노력한다.

인본주의이론에서는 인간을 근본적으로 합리적이며 사회적이고 발전적이며 현실적 존재로 파악한다. 특히 인간은 자기실현을 추구하는 강한 동기와 욕구를 가지고 있으며, 바로 자신의 자유의지에 의해 자신의 삶을 통제할 수 있는 성장가능성을 지닌 존재라고 보는 것이다.

3) Maslow 이론의 평가와 적용

인본주의적 접근방법에서는 기법의 사용을 최대한 억제하며, 상담자의 인간성, 신념, 태도 그리고 상담적 관계가 상담의 성패를 좌우하는 것으로 보고 있다. 상담기법은 수용, 존경, 이해를 표현하고 전달하는 것이며, 내담자의 주관적 의미체계와 내담자가 추구하는 변화의 속성을 이해하는 데 강조점을 둔다.

Maslow는 그의 이론에서 인간 본성에 대해서 낙관적인 태도를 보였으며, 인간은 스스로 자신의 행동을 통제할 수 있는 존재로 인정했다는 점에서 인본주의이론의 기틀을 마련한 연구자이다. 정신분석학적 인간관과 행동주의적 인간관과는 달리 인간의 전인성과 잠재적 창조성을 강조하였다. 하지만 Maslow의 인본주의 이론은 다음과 같은 한계가 있다.

첫째, 그의 이론에서 소개하는 욕구는 관찰하거나 검증될 수 없는 부분이 많기에 과학적 방법론이 취약하다.

둘째, 그의 이론에서 인간은 태어날 때부터 두 가지 경향성, 즉 생존적 경향과 실현적 경향을 갖고 있다고 보았다. 하지만 자아실현 등과 같은 개념들은 명료성이 부족하고 모호한 점이 많다. 자아실현의 욕구를 학습된 것이 아닌 선천적인 것으로 보기에는 어려움이 있다(Schultz & Schultz, 1994).

셋째, 인간행동을 결정하는 요인으로 환경에 대한 영향을 고려하지 않고 있다는 점이다.

6. Bronfenbrenner의 생태학적 체계이론과 인간행동

생태학이론은 발달을 항상 변화하고 있는 사람과 항상 변화하고 있는 환경 간에 이루어지는 상호작용의 산물로 본다. 생태학적 이론에서는 유기체를 환경과 분리할 수 없으며 상호작용하는 체계라고 보기 때문에 개인과 환경을 이분화하는 것을 방지할 수 있으며, 양자 간 상호작용에 초점을 둘 수 있게 해준다(Germain, 1973). 생태학이론의 선구자인 Bronfenbrenner(1979)는 인간을 둘러싸고 있는 환경을 미시체계, 중간체계, 거시체계로 구분하고 이 각각의 체계는 서로 다른 체계와 상호작용하고, 인간과 상호작용하여 발달에 중요한 영향을 준다고 생각했다. 또한 Bronfenbrenner는 인간의 행동은 그 자신이 속한 환경 속에서만 설명이 가능한 것이며, 이러한 환경의 경험은 아동의 성격발달에 영향을 미친다고 하였다.

1) Bronfenbrenner의 생애와 인간관

(1) Bronfenbrenner의 생애

Bronfenbrenner는 1917년에 러시아의 모스크바에서 출생했으나, 6세 때에 미국으로 이주하였다. 그는 1938년 음악과 심리학을 복수 전공하여 코넬 대학에서 학사학위를 받았으나, 하버드 대학에서는 심리학 전공으로 석사학위를 취득하였고, 1942년 미시간 대학에서 박사학위를 취득한 후 1948년 코넬 대학의 교수가 되었다. 그는 헤드스타트 프로그램의 창시자 중 한 사람으로 미국과 여러 나라에서 발달 프로그램을 설계하는 데 실제적 역할을 담당하기도 했다. 그는 아동발달에 있어서 가정의 중요성, 특히 부모역할의 중요성을 강조하였다. 그의 이러한 생각은 발달 프로그램의 성공에 크게 기여하였다. 그는 예술이나 문학 등 여러 분야에서 대학원생들과 공동연구나 출판물을 통해 다학문 간 교류를 이루고자 노력하였다. 그의 저서 《인간발달생태학》(1979)은 세계적으로 알려졌으며, 이후 15권의 저서와 300여 편의 논문을 발표하였다. 1985년에는 미국심리학회에서 수여하는 G. Stanley Hall 메달을 수상했으며, 1993년에는 심리학과 생태학에서 괄목할 만한 공헌을 한 러시아 교육학의 외국 석학으로 선정되기도 했다. 그는 유럽의 6개 대학에서 명예학위를 받는 등 국내외적으로 널리 알려진 세계적 석학으로 평가되고 있다.

(2) 인간관

Bronfenbrenner는 환경은 인간의 발달에 영향을 주거나 인간발달에 의해 영향을 받는다고 생각되는 유기체 외부의 사건이나 조건을 의미한다고 보았다. 각각의 환경체계는 발달하는 개인과 상호작용하며 동시에 각 체계들끼리 서로 상호작용함으로써 개인의 발달에 영향을 준다고 주장했다. 신생아는 단지 자신의 최인접환경인 미시체계만을 인식하고 있으나 청년들에게는 외체계와 거시체계가 점점 더 중요한 의미를 가지게 된다고 제시하였다. 즉, 그는 인간은 자신을 둘러싼 생태계의 발달과 함께 전인으로 성장, 발달할 수 있다고 보았다.

2) 이론의 특성

생태학이론에서 환경은 체계나 조직들의 시간적 · 공간적 속성으로 구성된 것으로 사회적 환경과 물리적 환경으로 나누어볼 수 있다. 이 두 환경은 서로 영향을 주고받는 통합적 체계로서 문화적 신념, 가치, 규범 등과 지속적으로 상호작용한다. 이러한 환경은 생활의 변천을 촉진하거나 방해할 수 있다(이근홍, 2006).

(1) 생태학이론의 환경

① 사회적 환경

사회적 환경에서 인간에게 많은 영향을 미치는 것은 관료조직과 사회적 관계망이다. 관료조직(bureaucratic organization)은 공식적인 조직으로서 사회적, 경제적, 정치적, 교육적, 문화적 서비스를 제공하는 조직이다. 이것은 적절한 노동문화, 정책과 절차, 권위와 의사결정 과정 등을 통하여 인간의 욕구를 효과적으로 충족시키기 위한 목적으로 설립된 것이다(김동배 · 권중돈, 1998).

사회적 관계망(social networks)은 비공식적인 조직으로서 공유하는 사회적 지위, 유사하거나 공유하는 기능, 지리적인 또는 문화적인 관련성 등과 같은 어떤 공통적인 유대에 의해서 연결된 개인이나 집단을 말한다. 사회적 관계망의 유형으로는 가족, 친척, 친구, 이웃, 직장동료, 종교단체, 자조집단 등이 있다(Moxley, 1989).

② 물리적 환경

물리적 환경은 자연적 환경과 인위적 환경으로 구성되어 있다. 자연적 환경에는 기후, 지리적 조건 등이 있으며, 인위적 환경에는 건물, 교통시설, 통신시설, 대중매체 등이 있다. 자연적 환경에서 온도, 습도, 바람, 기압, 강수량, 계절적 변화 등은 인간의 감정과 행동에 영향을 미치게 되며, 인위적 환경은 인간의 사회적 상호작용, 생활양식, 문화수준 등에 영향을 미친다(이근홍, 2006).

③ 시간과 공간

환경의 조직은 시간과 공간에 의해 구성된다. 환경에서 시간이란 상호작용의 지속기간, 주기성 및 속도에 대한 것이며, 이것들은 인간의 적응과 밀접한 관련성을 지니고 있다. 공간은 개인의 사회적 상호작용의 양과 거리를 의미한다. 인간은 누구나 다른 사람이 침범할 수 없는 공간적인 영역을 유지하고 있으며, 그 경계는 가시적이고 때로는 그 존재가 인식되지 못한다. 또한 인간은 생활의 편안함을 위해 상대방의 사생활을 침범하지 않고, 서로 개입하지 않으며, 바람직한 거리를 유지하기 위해서는 상호이해와 합의가 필요하다(장인협, 1989).

(2) 생태학이론의 체계

Bronfenbrenner는 인간이 속한 환경생태계를 미시체계, 중간체계, 외부체계, 거시체계, 시간체계로 나누었는데, 미시체계는 인간에게 가장 인접되어 있는 체계로 성장하는 개인이 경험하는 활동양식, 역할 그리고 인간관계 및 특별한 물리적 환경으로 가정, 학교, 또래집단처럼 아동발달에 직접적으로 영향을 미치는 환경을 말하며, 아동이 성장함에 따라 변화한다고 하였다. 중간체계는 아동이 활동적으로 참여하는 미시체계 상호 간의 관계로 집, 학교, 이웃, 아동보호기관과 같은 미시체계 사이의 관계를 말한다. 외부체계는 아동발달에 영향을 주지만 아동에게 직접적 역할을 제공하지 않는 장면으로 사회 · 경제적 변인과 같은 요인이 아동의 행동에 어떠한 영향을 미치는지를 파악하는 것이다. 거시체계는 중간체계와 외부체계를 포괄하는 체계로서 각 문화권 특유의 가치, 태도, 신념, 이데올로기 등이 이에 속한다. 마지막으로 시간체계는 전 생애에 걸쳐 일어나는 모든 변화와 사회문화적 환경을 포함한다.

Bronfenbrenner는 이와 같이 개인의 성장과 발달을 촉진하는 것은 내적 힘에 의한 충동도 아니고, 환경에 의해 자동적으로 통제되는 것이 아니며, 자신을 둘러싼 생태계의 발달과 함께 전인으로 성장, 발달할 수 있다고 하였다. 생태학적 관점은 인간의 발달을 능동적으로 발달하고 있는 유기체 개인과 확장된 개념의 환경체계가 상호작용한 결과로 본다. 따라서 인간은 자신을 둘러싼 생태계, 즉 미시체계, 중간체계, 외부체계, 거시체계의 발달과 함께 전인으로 성장, 발달할 수 있음을 의미한다. 결과적으로 생태학이론에서 발달은 내적인 힘에 의한 충동도 아니며, 환경에 의해 자동적으로 통제되는 것도 아니다. 대신 개인은 환경의 생산자인 동시에 산물이며, 이는 발달에 관한 개인과 환경 간의 상호의존적 영향을 나타내는 것이다. 그러므로 생태학이론은 '환경 속의 인간(person in environment)'이라는 사회복지실천의적 주요 기초 관점을 제공한다.

3) Bronfenbrenner 이론의 평가와 적용

생태학이론에서는 환경과 상호작용하는 개인을 개입의 기본 단위로 보고 있지만, 개인뿐만 아니라 가족, 지역사회 또는 전체 사회에 개입할 필요성이 있다는 것을 인정하고 있다(Meyer, 1976; Schwartz & Schwartz, 1964). 생태학이론에서는 내담자의 대처능력을 강화하고 환경을 개선하는 데 목적을 두며, 이를 통하여 내담자와 환경 사이에 보다 높은 수준의 적합성이 이루어질 수 있도록 원조하고자 한다. 생태학이론에서는 내담자의 문제해결능력 및 대처기술을 증진시키기 위해 개인과 그 개인이 속한 환경 개입에 초점을 두고 있다. 이를 위해 원조자는 다양한 기술과 기법을 필요로 한다. 즉, 자존감과 문제해결 및 대처능력을 고양시킬 수 있는 기술, 1차 집단의 기능을 증진시킬 수 있는 기술, 조직이나 사회적 관계망과 물리적 환경을 개선할 수 있는 기술 등 매우 다양한 기술을 필요로 한다(권중돈 · 김동배, 2007).

생태학이론은 인간발달에 영향을 미치는 환경을 체계적으로 구조화한 창의적인 이론이다. 그의 이론에서 환경은 행동주의 학습이론에서 제공하는 인위적인 조작을 통한 환경적 영향이 아닌 자연적인 환경의 영향을 포함한 포괄적인 환경을 다루고 있다. 이러한 학문적인 공헌에도 불구하고 Bronfenbrenner의 이론은 다음과 같은 비판을 받고 있다.

첫째, 그의 이론은 인간행동의 발달에 대한 인간의 내적 요소에 관해서 거의 논의하지 않는다. 그러나 인간행동의 발달은 환경에 크게 영향을 받기도 하지만, 인간의 내적인 요소인 무의식, 사고 등에 의해서 많은 영향을 받기도 한다.

둘째, 그의 이론은 인간과 관련된 복잡한 환경체계를 체계적으로 분석하였으나, 환경이 인간에게 어떤 영향을 주고 또한 어떻게 영향을 받는가에 관한 구체적이고 세부적인 방법에 관한 언급이 부족하다. 즉, 인간이 환경과의 상호작용에서 관찰이나 조건자극을 통해 행동을 학습하는가, 또는 경험을 통해 학습하는가에 관한 보다 세부적인 방법론에 관한 논의가 부족하다(이근홍, 2006).

요약정리

1. Piaget는 인지발달은 출생부터 청소년기에 이르기까지 이루어진다고 제시하였다. 인지발달, 정서발달, 사회적 발달은 분리될 수 없으며 각 단계에서의 인지적 발달은 개인 내적 사고뿐만 아니라 대인관계에도 영향을 미친다.
2. Kohlberg는 도덕적 딜레마 상황을 제시하고 개인이 그러한 상황에서 어떻게 행동할 것인지, 왜 그러한 판단을 내리게 되었는지를 질문하는 방법으로 연구하였다. 그는 도덕성 발달(moral development)이 인지발달 수준에 따라 그 단계가 결정된다고 보았다.
3. Ellis는 인간은 합리적이고 올바른 생각과 비합리적이고 잘못된 생각을 할 수 있는 가능성을 동시에 가지고 있는 존재라고 보았다.
4. Rogers는 인간행동은 개인이 세계를 지각하고 해석한 직접적인 사건의 결과로 생긴다고 보 았으며, 인간은 기본적으로 자유로우며, 자신의 행동에 대해 책임을 지고, 자발적이며 합리적 이고 건설적인 방향으로 나가는 미래지향적 존재라고 주장했다.
5. Maslow는 인간은 개인적 발달을 위한 굉장한 잠재력을 지니고 있으며, 기본적으로 선하고 자아실현(self-actualization)을 위해 노력하는 존재라고 보았다.
6. 생태학이론은 발달을 항상 변화하고 있는 사람과 항상 변화하고 있는 환경 간에 이루어지는 상호작용의 산물로 본다. 생태학이론에서는 유기체를 환경과 분리할 수 없으며 상호작용하는 체계라고 본다.

생각해 보기

1. Piaget 인지이론의 단계별 주요 특징에 따른 사회복지사의 역할에 대해 생각해 봅시다.
2. Ellis가 제시한 비합리적 신념체계와 인간의 행동에 미치는 영향에 대해 생각해 봅시다.
3. Rogers의 완전히 기능하는 사람의 특성에 맞는 사람이 되기 위해서 어떤 환경을 제공해 주는 것이 좋은지 생각해 봅시다.
4. Maslow의 욕구위계 단계에 따른 인간행동과 사회복지실천에 대해 생각해 봅시다.

PART 02

발달에 따른 인간의 행동

무엇이 우리를 어린 시절의 모습과 지금의 모습으로 만들었을까? 많은 경험들 중 어떤 것이 자신의 인생에 가장 큰 영향을 주었으며 우리의 인생을 변화시켰을까? 우리들의 특징 중 어떤 것이 부모와 조부모, 그리고 가족의 계보로부터 유전을 통해 우리에게 전해졌을까?

인간을 올바르게 이해하려면 먼저 전반적인 인간발달의 원리를 알아야 한다. 인간은 몇 가지 원리를 바탕으로 발달하게 되기 때문이다. 첫째, 발달에는 일정한 순서가 있다. 발달은 머리를 들고 앉고 서고 걷게 되는 것이다. 둘째, 발달은 일정한 방향으로 진행된다. 즉, 발달은 머리 부분에서 발 부분으로의 방향으로 발달하는 두미발달(cephalocaudal), 중심에서 말초신경으로 발달이 진행되는 근원발달(proximodistal), 일반적인 것에서부터 특수하고 정밀한 행동으로 분화되어가는 세분화(general to specific) 등의 일정한 방향으로 진행된다. 셋째, 발달은 계속적인 과정이지만 발달의 속도는 일정하지 않다. 넷째, 발달에는 개인차가 있다. 다섯째, 발달의 영역은 서로 밀접히 관련되어 영향을 미치며 발달한다.

2부에서는 태내기, 영아기, 유아기, 아동기, 청소년기, 청년기, 성인기, 중년기, 노년기로 나누어 출생에서 죽음에 이르기까지 각 시기별 주요 발달과 그에 따른 인간의 행동과 사회복지실천과의 연관성을 생각해 보도록 한다.

chapter 04

태내기 발달과 인간행동

Human Behavior and
Social Environment

chapter **04**

태내기 발달과 인간행동

1. 태내기의 주요 발달과 인간행동의 이해

인간의 정자와 난자가 결합한 순간부터 세상에 태어날 때까지의 시기를 통틀어 태내기라고 한다. 이 기간 동안 하나의 단일세포에서 완전한 인간으로 성장하는 놀라운 변화가 이루어진다.

새로운 생명의 시작은 수정으로부터 시작되는데, 정자와 난자가 만나는 것을 수정(fertilization)이라 하고, 이때 새로 생긴 단일세포를 수정란(fertilized ovum)이라고 한다. 수정란은 착상 후 외배엽, 중배엽, 내배엽으로 나누어진다.

난자에 있는 23쌍의 염색체는 모두 X염색체로 구성되어 있고, 정자의 23쌍의 염색체 반은 X, 반은 Y염색체로 구성되어 있다. 난자와 정자가 만나 새로운 23쌍의 염색체배합이 일어나는데, 이때 23쌍 중 22쌍은 상염색체이고 마지막 1쌍은 성염색체로, 이 성염색체에 의해 태아의 성별이 결정된다.

1) 태내기의 발달단계

태내기는 수정의 순간에서부터 출산에 이르기까지의 기간을 말하며 배종기, 배아기, 태아기로 나누어 진행된다(Papalia, Olds, & Feldman, 2011).

(1) 배종기

수정란이 자궁벽에 착상하는 2주까지의 기간을 배종기(germinal period)라고 한다. 이 시기는 세포분열이 빠르게 진행되며 세포의 숫자와 더불어 세포가 급격히 분화되는 시기이다. 이 기간 동안 세포 주변에 보호막이 형성되고, 태반이나 탯줄이 만들어진다.

(2) 배아기

수정란이 착상한 후부터 8주까지의 기간을 배아기(embryonic period)라고 한다. 짧은 기간이지만 신체 각 부분의 약 95%가 형성되는 이 시기는 수정란의 약 2배 정도로 커진다. 외배엽, 내배엽, 중배엽이 각각의 기관으로 발달하게 되는데, 외배엽은 피부, 머리카락, 치아, 감각기관, 뇌, 척추 등으로, 내배엽은 소화기관, 간, 췌장, 호흡계통으로, 중배엽은 근육, 골격, 혈액, 순환계 등으로 발전한다. 선천적 기형이 이 시기에 일어나므로 산모의 특별한 주의가 필요한 시기이다.

(3) 태아기

수정된 지 8주 이후 출생까지를 태아기(fetal period)라고 한다. 이 시기 동안 태아는 빠른 성장을 이루고 신체비율도 급격히 변화한다. 임신 3개월경에 성별 구별이 가능하고, 이가 날 자리가 잡힌다. 피부가 투명해지고 광선이 비치면 손으로 가릴 수 있다. 임신 5개월경에는 전신에 솜털이 나기 시작하고 손톱, 발톱, 머리털이 생긴다. 임신 6개월경에 눈이 완성되고, 혀에 맛봉우리(미뢰)가 생긴다. 손가락을 빨거나 딸꾹질, 혹은 소변 방출이 가능하다. 모체의 심장소리를 들을 수 있는 시기이다. 임신 7개월경에는 근육신경이나 순환계 조직이 완성되고 쓴맛, 단맛, 짠맛, 신맛을 구별한다. 큰 소리에 반응을 보이기도 한다. 임신 8개월째는 발달상 변화가 없이 성숙이 이루어지고 임신 9개월경에는 쥐기반사행동을 보인다.

2) 태내기의 주요 발달

(1) 뇌발달

임신 10주 이후 대뇌피질의 뇌세포가 하루 약 2억 개가 만들어지며, 임신 20주에는 신경세포(neuron)의 개수가 약 150억 개, 20주에서 30주까지는 신경세포 사이의 연락망을 만들어 주는 신경섬유가 만들어진다.

(2) 감각기관과 운동의 발달

태아의 감각기관의 발달에 대한 연구가 많이 이루어지고 있다. 신생아가 울 때 어머니의 심장박동 소리를 녹음하여 들려주면 울음을 그치는 것을 보게 되는데 이는 태내에서 소리에 청각적으로 반응했었음을 알 수 있다. 출생 직후 신생아에게 어머니의 모유를 묻힌 헝겊과 식초를 묻힌 헝겊을 얼굴에 가져다 대면 모유를 묻힌 헝겊 쪽으로 고개를 돌리는데, 이는 출생 직후의 신생아도 이미 후각기능이 상당히 발달되어 있음을 말해 주는 현상이다. 같은 방식으로 모유와 식초를 먹일 경우 모유가 들어 있는 젖꼭지 쪽으로 고개를 돌려 빠는 모습을 보인다. 이를 통해 미각 역시 출생 직후에 이미 발달되어 있는 것으로 보인다.

태아의 운동발달에 대한 연구도 최근 초음파 영상을 통해 활발히 이루어지고 있는데, 임신 10주에 이미 몸의 방향이나 위치, 자세 등을 동시에 변화시키는 연합운동이 나타나고 상체의 섬세한 움직임이나 손가락의 움직임도 관찰된다. 12주가 되면 원시적 보행과 같은 골반운동이 발견된다.

3) 태내기 발달에 영향을 미치는 유전적 요인

우리는 인간이 부모로부터 물려받은 유전정보가 다음 세대에 어떻게 전달되는가에 대한 의문을 갖는다. 또한 최근에 와서 유전자이상과 유전상담이 크게 주목을 받고 있다. 따라서 태내발달에 있어 영향을 미치는 요인 중 하나인 유전에 대한 부분을 살펴본다.

(1) 유전의 기제

인간의 발달을 이해하기 위해 유전의 기제에 대한 기본적인 이해가 필요하다. 인간의 생식세포를 배우체(gametes)라 하는데 여성의 배우체를 난자라고 하고 남성의 배우체를 정자라고 한다. 인간의 발달은 난자와 정자가 만나 수정이 이루어지면서 시작된다. 수정을 통해 형성된 단세포를 접합체(zygote)라 한다. 정자와 난자가 수정되는 순간 정자로부터 23개의 염색체와 난자로부터 23개의 염색체가 방출되어 새로운 46개의 염색체가 배합된다. 염색체는 22쌍의 상염색체(autosome)와 23번째의 한 쌍의 성염색체(sex chronosome)로 이루어진다. 유전의 기본 단위인 유전인자(gene)는 염색체(chromosome) 속에 들어 있다.

22쌍의 상염색체는 특별한 질병[2]과 연관이 있다. 즉, 1번 염색체에는 RH혈액형을 결정하는 유전인자와 암 유전인자가 존재하고, 2번 염색체는 체질성

2) 6번 염색체는 소아당뇨병, 7번 염색체는 청색을 보는 유전인자가 있어서 결손 시 청색을 볼 수 없다. 8번 염색체는 갑자기 늙는 조로증인 베르너증후군, 9번 염색체는 혈액형을 결정하는 유전인자, 10번 염색체는 갑상선과 눈 망막의 위축, 11번 염색체는 당뇨병을 일으키는 인슐린을 만드는 유전인자가 있다. 12번 염색체는 지능발달을 지연시키고, 13번 염색체는 안면기형과 사지기형, 14번 염색체는 빨리 노화시키는 조로 유전인자, 15번 염색체는 마르판증후군과 연관이 있고, 16번 염색체는 콩팥, 17번 염색체는 발육이 정지되는 밀러-디커증후군, 18번 염색체는 신체 내부 및 외부의 기형을 유발하는 에드워드증후군, 19번 염색체는 알츠하이머, 20번 염색체는 부갑상선질환과 관련이 있다.

황달과 관련된 유전인자와 암 유전인자, 3번 염색체는 시각세포 유전인자와 폐암 유전인자, 4번 염색체는 콩팥에 물집이 생기는 유전인자, 5번 염색체는 묘성증후군과 관련이 있으며, 21번 염색체는 다운증후군, 22번 염색체는 백혈병과 관련이 있다.

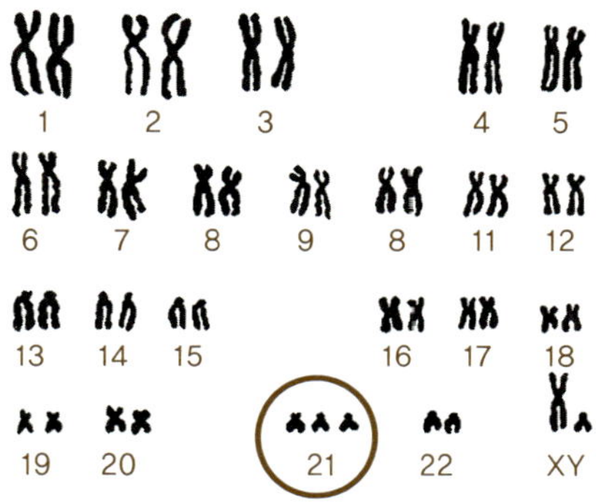

그림 4-1 다운증후군 염색체 유형

수정 후 인간의 발달은 세포분열에 의해 진행되는데, 신체세포(body cell)는 유사분열(mitosis)로, 생식세포(germ cell)는 감수분열(meiosis)로 재생산된다.

(2) 유전의 법칙과 염색체이상

유전의 법칙은 Mendel(1823)의 완두콩 실험에 의해 처음 소개되었다. 인간 특성이 유전되는 방법은 우성유전, 공우성유전, 반성유전, 다원유전 등이 있다.

① 우성유전

우성유전(dominant inheritance)은 우수하다는 의미가 아니라 대립유전자가 다를 경우 강한 쪽 형질이 나타나는 것을 의미한다. 인간은 염색체를 통해 자손에게 유전정보를 전달하는데 염색체에 서로 다른 유전인자가 위치한다. 이를 대립유전자라고 부르고 대립유전자에 열성과 우성이 존재한다. 예를 들어 사람의 머리카락은 검은색이 우성이고 갈색이 열성인데 검은색과 갈색은 대립유전자이다. 우성유전자는 대문자로, 열성유전자는 소문자로 표기한다.

② 공우성유전

공우성유전(codominance inheritance)은 두 유전인자 간에 우열이 없이 어떤 혼합형태로 나타나는데, 예를 들면, 혈액형 A형과 B형의 대립유전자는 우열이 없다.

③ 반성유전

반성유전(sex-linked inheritance)은 인간의 어떤 특성이 성염색체에 있는 유전자에 의해 일어나는 유전현상으로 문제가 되는 형질이 성과 관련되어 나타나게 된다. 보통 X염색체에 있는 유전자에 의한 유전을 반성유전이라 한다. 예를 들어, 적색과 녹색을 구별 못하는 색맹과 혈액이 응고되지 않는 혈우병, 근육이 위축되는 근위축증, 망막의 능력이 감퇴되어 밤에는 물건을 식별하지 못하는 증상인 야맹증 등이 있다.

④ 다원유전

다원유전(polygenic inheritance)은 인간의 특성은 여러 쌍의 대립유전자에 의해 영향을 받게 되는데 이를 다원유전이라 한다. 즉, 하나의 유전자가 결정하지 않고 염색체의 다양한 배열에 따르는 여러 유전자의 위치나 다양한 크기에 의해 영향을 받는다는 것을 의미한다. 예를 들어, 신장, 체중, 지능, 피부색, 성격 등이다.

(3) 유전인자와 염색체의 이상

① 유전인자의 이상

유전인자의 이상으로 인한 유전병에는 우성인자의 결함과 열성인자의 결함이 있다. 우성인자에 의한 유전병으로는 헌팅턴병(Huntington's chorea)이 있다. 무도병으로 불리는 헌팅턴병은 성격장애를 포함한 정신장애와 운동기능장애가 나타난다. 정상 유전인자는 비정상 유전인자에 비해 우성이며 대부분의 유전병은 열성인자에 의한 것이다. 우성인자에 의한 유전병은 보균이 가능하지 않고 반드시 발병하게 되어 있으므로 발병하면 자녀를 낳을 때까지 오래 살지 못하므로 유전형질 자체가 영원히 사라지게 되어 결과적으로 우성인자에 의한 유전병은 매우 드물다.

열성인자에 의한 유전병은 페닐케토뉴리아(phenylketonuria: PKU), 적혈구성 빈혈(sickle cell anemia), 테이색스(tay sacks)병, 낭포성 섬유증(cystic fibrosis) 등이 있다. 건강해 보이는 사람도 열성인자 보유자일 수 있다. 열성인자에 의한 결함은 양쪽 부모로부터 같은 열성인자를 물려받은 경우 나타난다. 한쪽 부모만 결함이 있는 경우 자녀에게 그 결함이 나타나지 않는다. 오늘날 근친혼을 지양하고 있는데 그 이유는 같은 조상으로부터 물려받았을지 모르는 열성인자로 인한 유전병을 줄이기 위한 것으로 전통사회에서 행해졌던 동성동본 금혼, 월삼성(越三姓) 등이 있다.

② 염색체이상

염색체이상으로 인한 결함은 성염색체이상으로 인한 결함과 상염색체이상으로 인한 결함이 있다.

첫째, 성염색체이상으로 인한 결함은 클라인펠터증후군(Klinefelter's syndrome), 초웅증후군(supermale syndrome), 초자증후군(superfemale syndrome), X염색체결함증후군, 터너증후군(Turner's syndrome)이 있다. 클라인펠터증후군은 여분의 X염색체를 갖게 되어 XXY로 표현되며, 남성적 특성이 약하고 가슴과 엉덩이가 커지는 여성적 2차 성징이 나타난다. 고환이 미성숙하여 정자를 생산하지 못하고 지능이 낮고 여분의 X염색체가 많을수록 이러한 증상이 심하다. 초웅증후군은 정상 남자보다 키가 훨씬 크고 치아가 크고 정신분열증의 발병률이 높다.

둘째, 상염색체이상으로 인한 결함은 성염색체를 제외한 22쌍의 염색체이상으로 인한 결함이다. 상염색체 결함에서 오는 대표적 장애는 다운증후군(down syndrome)이다. 다운증후군은 23쌍의 염색체 중 21번에 문제가 생긴 것으로, 한 쌍이 아니라 세 개가 나타나는 삼체형(trisomy) 혹은 드물게 21번과 22번이 바뀐 전위형(translocation)일 경우 발생한다.

(4) 유전상담

유전상담(genetic counseling)은 의사와 아이를 가지려는 부부, 유전병 환자나 유전병의 우려가 있는 사람들 사이의 유전병 발생 및 예방에 관해 의견을 교환하는 것으로 유전병이 있는 가족력이 있거나 부모의 연령이 많은 경우 혹은 습관성 유산 경험이 있는 경우 유전상담이 필요하다.

① 양수검사

양수검사(amniocentesis)는 35세가 넘으면 염색체이상이 급격히 증가하므로 35세 이상의 임부는 양수검사를 받는 것이 좋다. 양수검사는 주사기를 이용해 태아를 보호하는 양막의 아랫부분에서 소량의 양수를 채취하는 방법이다. 양수는 태아의 세포를 포함하고 있으므로 세포의 염색체를 분석하여 다운증후군(down-syndrome), 테이색스병(Tay-Sachs disease), 적혈구성 빈혈(hemolytic anemia), 낭포성 섬유증(cystic fibrosis), 혈우병(hemophilia), 성염색체이상(chromosome aberration) 등 200여 종의 유전적 결함을 판별할 수 있다. 충분한 양의 양수를 얻을 때까지 기다려야 하므로, 최소한 임신 14~16주 이전에는 양수검사를 할 수 없다.

② 융모검사

융모검사(chorionic villus sampling: CVS)는 양수검사만큼 정확하지는 않지만 임신 8~10주 전에 양수검사의 대안으로 실시하는 융모검사를 통해서도 유전적 결함에 대한 정보를 얻을 수 있다.

③ 초음파검사

초음파검사(ultrasound)는 가장 보편적으로 사용되는 초음파검사는 임신 14주 후에 할 수 있으며, 임부의 복부에 초음파를 통하게 함으로써 자궁 내부의 사진을 찍어 태아의 영상을 볼 수 있게 해준다. 초음파는 신체기관에 따라 흡수나 방향의 정도가 다르기 때문에 이를 통해 태아에 관한 많은 자료를 제공받게 된다. 정확한 임신기간, 쌍생아 출산의 가능성, 탯줄이나 태반의 위치, 자궁 내 이상이나 태아의 사망 여부를 알 수 있다.

(5) 유전과 환경의 영향을 받는 특성

유전적 요인과 환경적 요인이 태내발달에 어떤 영향을 미치는지에 대한 연구는 오랫동안 행동유전학의 주요 주제가 되어 왔다. 최근 행동유전학자들은 환경에 유전인자가 영향을 받는다고 한다. 즉, 유전적으로 유사한 사람들은 환경을 선택할 때 서로 유사한 환경을 선택한다는 것이다. 행동유전학은 혈족연구, 쌍생아연구, 입양아연구를 통해 행동이 유전과 환경의 상호작용에 의해 결정된다고 가정한다. 이들 연구를 통해 신체적 특성에 유전의 영향이 크게 미치는 것으로 밝혀졌다. 신체적 특징인 머리카락 색깔, 눈동자 색깔, 얼굴 생김새, 피부색, 골격구조 등은 유전에 의해 결정된다. 그러나 환경도 중요하다. 개인의 신장의 최대치는 유전적으로 결정되지만 영양과 건강이 뒷받침되어야 한다. 지적 능력 역시 어느 정도 유전적 영향을 받는 것으로 보인다. 그러나 지능 역시 환경도 중요한 영향요인이 된다. 기질과 성격특성도 유전의 영향을 받는다. 영유아의 성격적 특성은 기질(temperament)이라 한다. 기질 역시 유전의 영향을 받지만 환경적 요인도 어느 정도 영향을 미친다. 유전의 영향을 가장 많이 받는 정신장애는 정신분열증이다. 정신분열증은 사고가 논리적이지 못하고 환각이나 환청, 인간관계의 단절을 보인다. 우울증, 알코올중독, 유아기 자폐증도 유전의 영향을 받는다.

4) 태내기 발달에 영향을 미치는 환경적 요인

태내기 발달에 영향을 미치는 다양한 환경적인 요인을 살펴보면 다음과 같다(Papalia, Olds, & Feldman, 2011).

(1) 영양

불충분한 영양은 미숙아 출생의 원인이 된다. 태내 환경 중 모체의 영양상태는 태아발달에 영향을 미치는 가장 결정적 요인이 된다. 영양실조 어머니에게서 태어난 아동은 심각한 중추신경계 장애를 보이거나 신체적 기형이 나타날 가능성이 높다(Santrock, 2004). 저소득계층의 산모와 더불어 10대의 어린 미혼모들은 태아를 위하여 자신의 건강과 영양상태를 돌볼 경제적 · 심리적 여건이 미흡하고 이로 인한 조산아 · 미숙아 출산이 우려되는 상황이다.

(2) 약물 복용

임신 초기는 기형아의 발생률이 매우 높다. 그러나 많은 산모들이 임신을 자각하지 못한 상태에서 감기 증상과 유사한 임신 초기 증상으로 인해 감기약 혹은 몸살약을 복용하기도 한다. 마약이나 환각제는 발달장애나 태아사망률을 크게 증가시키지만 임신 초기에는 감기약도 태아에게 치명적 영향을 미칠 수 있다. 카페인 역시 다량섭취 시 저체중아 출산율을 높인다. 따라서 예비모는 임신가능성을 항상 열어두고 주의를 기울일 필요가 있다.

(3) 산모의 질병

산모의 질병은 유산, 신체기형, 정신지체, 저체중아 출산과 조산위험 등 태내기의 치명적 결함을 유발하는 요인이다. 특히, 임신 3개월 이전에 모체가 풍진에 감염된 경우 시각장애나 청각장애 및 정신지체 등을 일으키는 확률이 높다. 매독이나 임질, AIDS 등의 성병도 심각한 영향을 미친다. B형 간염이나 심장질환, 당뇨병도 태아에게 영향을 미친다. 따라서 결혼 전 건강검진과 치료를 통해 건강한 임신과 출산을 준비해야 한다.

(4) 산모의 연령

태아의 정상적 발달을 위해서는 적정연령에 임신을 하는 것이 좋다. 산모의 연령은 태아발달에 영향을 미치는 것으로 알려져 있다. 만 18세 이하 혹은 만 35세 이상은 기형아 출산이 위험이 크게 증가하는 것으로 보고되고 있으며, 특히 다운증후군의 발병률은 어머니의 연령 증가에 따라 급격히 증가하며 다운증후군 자녀 출산 경험이 있는 경우 발생률이 더욱 높아진다.

(5) 음주

어머니의 음주는 태아의 발달에 큰 영향을 미쳐 태아알코올증후군(fetal alcohol syndrome)을 초래하여 태아의 심장, 순환기, 사지, 두부, 안면기형을 일으킬 수 있다. 이들은 출생 후 발달지체를 보인다.

(6) 흡연

어머니의 흡연은 저체중아를 출산하게 하며 출산 시 사망률도 증가시킨다. 직접 흡연뿐 아니라 간접흡연도 태아의 발달에 영향을 미치며 흡연을 하는 어머니의 심리상태도 태아에게 영향을 미치는 요인이 된다. 어머니가 음주와 흡연을 모두 할 경우 태아의 발달지체는 4배로 증가한다.

(7) 정서상태

모든 임산부는 불안을 느끼지만 초반과 후반기에 불안이 더 높아지는 것을 경험하게 되며 계획적인 임신이 아닐 때 더욱 심하다. 미국의 경우 전체 임신의 절반 정도가 의도되지 않은 임신으로 보고되었는데(Urdang, 2008), 이때 산모가 스트레스를 심하게 받을 수 있으며, 특히 산모가 어린 경우는 더욱 그러하다. 그런데 어머니가 경험하는 부정적 정서는 아드레날린 분비를 촉진시켜 혈액을 통해 태반으로 들어가게 되어 태아에게 영향을 주게 되며 불안이 심할 경우 유산이나 조산, 저체중을 초래할 수 있다. 따라서 결혼 전부터 결혼과 부모가 될 것에 대한 심리적 준비가 필요하며 임산부의 가족들도 임산부가 신체적인 적응뿐 아니라 심리적으로 잘 적응할 수 있도록 배려할 필요가 있다.

(8) 태내환경과 아버지의 영향

최근 태내발달에 영향을 줄 수 있는 아버지의 영향요인에 대한 관심이 증가하고 있다. 임신기간 중 아버지의 흡연은 태아에게 해로운 영향을 미칠 수 있다. 이기헌(2012)과 김계형(2013)은 간접흡연이 골다공증과 관련이 있음을 발표했다.

2. 태내기의 발달과 사회복지실천

1) 저출산 사회환경과 사회복지실천

(1) 우리나라의 저출산과 사회복지실천

우리나라는 2013년에 전면 무상보육을 시작하였다. 이는 최근 우리나라의 저출산 · 인구의 고령화, 가족 해체의 진행, 여성경제활동 참가율 증가 등 외형적 변수로 인해 복지환경이 급격히 변하고 있으며, 특히 합계출산율이 1983년 인구대치수준(2.1명)으로 떨어진 이래 계속 낮아져 2000년대에 세계 최저수준으로 급감하여 부모의 양육부담을 덜기 위한 정책이라 할 수 있다. 그러나 정부의 영유아에 대한 무상보육과 누리과정 등을 통한 공보육과 유아교육 등이 크게 실효성을 거두지 못한 채 출산율은 계속 낮아지고 있다. 합계출산율이 2018년 0.98명에서 2020년에는 0.84명으로 계속 하락하고 있으며 정부는 당면한 사회문제를 해결하기 위하여 2020년 하반기에 제4차 저출산 · 고령사회 기본계획을 발표하였으며 2021년부터 5년간 시행된다.

이에 따르면, 향후 5년간 시행할 제4차 저출산대책은 0~1세 영아 수당신설, 영아기 집중 투자, 3+3 육아휴직제 도입, 아빠 육아휴직 문화정책, 다자녀 지원기준을 2자녀로 단계적 확대, 가족지원 투자 지속확대 및 저출산고령사회 투자예산 재구조화 등을 제시하였다(대한민국정부, 2021).

이러한 추이를 볼 때 오늘날의 보육서비스는 더 이상 취업모나 저소득층 가정의 욕구를 충족시키기 위한 것만이 아닌 보편적인 복지서비스로 인식되고 있으며, 도구적인 측면보다는 아동의 기본적인 권리 보장이라는 아동복지의 측면에서 인식되고 있음을 알 수 있다. 이와 같은 아동권리는 가정이나 부모만의 힘으로는 보장될 수 없기 때문에 국가나 사회가 이를 책임져야 한다.

여성들이 가정과 일을 병행할 수 있도록 출산율 제고방안의 하나로 보육정책의 강화는 무엇보다 중요하다. 저출산의 요인은 매우 다양하지만 무엇보다도 여성의 일 · 가정 양립 수단으로 가장 우선적으로 보육정책을 고려해야 한다는 것이다.

우리나라에서의 일과 가정의 양립정책으로 다양한 종류(모성보호 육아지원, 출산육아기 고용안정 지원, 대체인력 채용지원 서비스, 고용보험 미적용자 출산급여 지원, 직장 어린이집 지원, 거점형 공공직장어린이집 설치 사업)의 정책을 실시하고 있으나(고용노동부, 2021). 법정 보장 휴가기간의 길이, 급여의 관대성, 이용률 등에 있어 선진국에 크게 못 미치고 있다.

물론 우리나라도 북유럽국가들처럼 남성들의 육아 참여도가 조금씩 높아져서 2021년 남성 육아휴직자 수는 2만 7423명으로 2019년 2만 2297명에 비해 23.0% 늘어난 것으로 나타났다. 또한 전체 육아휴직자 중 남성 육아휴직자의 비율도 2017년 13.4%에서 2018년 17.8%로, 2019년에는 21.2% 등으로 지속적으로 높아져 2020년에는 24.5%로 나타났다. 육아휴직자 4명 중 1명은 남성인 셈이다. 하지만 여전히 사회의 시선과 경제적 부담으로 육아휴직을 고민 중인 경우가 많다. 2019년 기준으로 8살 이하 자녀를 둔 상용직 부모의 8.4%가 육아휴직을 사용한 가운데, 아버지의 육아휴직률은 2.2%에 불과한 것으로 나타났다. '중소기업'에 근무하는 아버지의 육아휴직률은 1.1%로 더 낮았고, '공무원 등 비영리기업'에서 일하는 어머니의 육아휴직률은 24.8%로 22.5배나 높았다(고용노동부, 2021).

이는 여전히 우리나라는 일과 가정의 양립을 지원하는 제도와 기업문화를 포함한 사회문화적 여건이 매우 미흡함을 알 수 있다.

(2) 외국의 저출산과 사회복지실천

대표적인 복지국가로서 유럽 국가들이 있다. 그리고 유럽사회에서도 여성의 경제활동 참여 증가, 고령화에 따른 인구의 위기, 여성의 자주권 및 양성평등에 대한 요구로 탈가족화현상이 이루어져 국가, 시장, 시민사회에 보육에 대한 책임을 공유하고 있기에 이들의 정책을 살펴보는 것은 우리나라 보육 및 육아지원정책의 방향성을 정립하는 데 시사점이 있을 것이다.

유럽 국가 가운데 북유럽 국가는 사회민주주의체제에서 보편주의 원칙과 사회권의 탈상품화가 신중산층에게까지 확대되어 있으며, 국가가 복지의 중심 역할을 담당한다. 국가와 시장 혹은 노동자계층과 중산층이라는 이중성을 허용하지 않고, 최소한의 욕구의 평등성보다는 최고 수준의 평등성을 추구한다. 각종 육아 관련 복지서비스는 신중산층의 욕구를 충족시킬 수 있는 수준까지 높이고 있다. 이는 국가가 가족의 기능을 보완하기 위한 정책을 펼치는 것이 아니라 가족의 역할을 보다 적극적으로 공유하고 가족기능을 사회화하기 위한 정책을 펴는 것으로, 이러한 형태는 스웨덴, 노르웨이, 덴마크 등의 북부 유럽에서 볼 수 있다.

한편, 북유럽 복지정책의 근간 아래 핀란드는 최소한의 생계보장 · 아동과 모성보호 · 건강보호 · 무상교육 등 아동복지가 잘 완비되어 있다. 산전산후휴가 · 육아휴직 · 병가와 연가 등은 물론 18세 이하 아동의 무상 외래진료 · 의료비 상한제 등은 모든 국민들을 질병과 사고 및 재해로부터 보호해 준다. 특히 복지국가인 핀란드는 직종에 따른 임금격차가 크지 않고, 누진세제로 소득격차가 완화되며, 아동수당 · 주택수당 등 각종 수당을 통해 소득을 보전해 주고 있어 우리나라처럼 입시나 학력 경쟁이 그다지 치열하지 않다.

위와 같은 모든 국민을 위한 보편적 복지에 필요한 예산은 정부와 지방자치단체가 거두는 세금으로 충당된다. 2019년 조세부담률(국민부담률)을 보면 한국 20.0(27.3), 미국 18.4(24.5), 스웨덴 33.7(42.9), 프랑스 30.5(45.4), 독일 24.1(38.8), 이탈리아 29.2(42.4), 영국 26.6(33.0)로 나타났으며 OECD 평균 24.9(33.8)로 한국은 OCED 평균과 타 선진국보다 조세부담률이 낮음을 알 수 있다(e-나라지표, 2019). 그에 비해 스웨덴과 프랑스 등은 상대적으로 부담률이 높게 나타났지만 대부분의 국민들은 완전무상교육 등 최고수준의 복지혜택을 누린다는 데 대해 자부심을 가지고 있을 것이다. 다음에서는 핀란드와 프랑스의 출산 및 육아지원을 위한 사회복지실천에 대해 살펴보고자 한다.

① 핀란드

핀란드는 휴가기간에 받는 급여와는 별도로 출산 전에 일정시간을 쉴 수 있도록 출산 전에 모자건강을 위해 제공되는 급여인 모성수당을 받는다. 임신 154일 이상부터 핀란드에 거주하는 모든 임산부는 모성수당(maternity grant)의 자격을 가지며, 단 산전검사를 받아야 수당을 받을 수 있다. 한편 임산부는 모성수당과 모성패키지 두 가지 중 한 가지를 선택할 수 있는데 모성패키지(maternity package)란 육아용품, 의류, 신생아용품 등을 지급하는 것이다(도미향, 2013).

또한, 출산을 전후로 하여 모성휴가, 부성휴가, 부모휴가를 사용할 수 있으며, 이 기간 동안 급여가 제공된다. 핀란드의 부모휴가는 총 263일(working days)로 제공되는데, 이 기간은 모성휴가 105일과 부모휴가 158일로 구성된다. 휴가의 자격요건은 거주권에 기반하며, 부모휴가기간 중 부성휴가를 2주 이상 사용하면 추가로 유급 부성휴가를 제공한다. 부모휴가는 158일이지만, 쌍둥이 경우에는 아동당 60일씩 추가된다. 부모는 각각 최소 12일 이상, 두 번까지 번갈아가면서 사용이 가능하다. 휴가기간 급여는 사회보험기관(Social Insurance Institution of Finland: KELA)에서 제공된다. 모성 및 부모휴가기간 동안의 급여액은 월급의 60% 수준이며 약 269EUR이다. 남성의 양육 참여를 위하여 별도의 부성휴가(paternity leave)를 제공하는데, 핀란드에서는 모성 및 부모휴가기간 중 6~8일을 부성휴가로 사용할 수 있다. 또한 모성 및 부모휴가기간 중에 부성휴가를 2주간 사용하면, 추가로 12일의 부성휴가를 사용할 수 있고 이 기간 중에는 부성수당을 지급받는다. 부성수당 역시 소득비례로 지급된다. 이밖에 3세 이하의 자녀를 돌보기 위해서 주당 30시간 이하로 일을 할 경우 유연돌봄수당(Flexible care allowance)이 지급되며 지급액은 근로시간과 연계된다.

핀란드는 또한 임산부와 신생아의 안전과 예방을 위한 산전관리클리닉(prenatal clinics) 및 모자건강클리닉(maternal clinics)을 통하여 국가의 책임하에 이들에 대한 의료지원서비스를 제공하고 있다. 이들 의료서비스는 특히 수당제공제도와 연계시켜 모자보건 및 신생아관리를 철저히 하고 있다. 예를 들면 산전 후 의료진단을 모성수당과 연계시키고, 부모수당을 신생아검사와 연계시키는 것 등이다(http://virtual.finland.fi, 2011).

기타 수당으로는 주거수당, 생계유지수당 등의 기타 수당도 주어지고 있다. 주거수당은 저소득층의 주거비용경감을 위해 제공된다. 한편 생계유지수당(maintenance allowance)은 이혼한 부모 밑에서 자라는 아이들이 있는 경우, 담당부서 수당을 선지급하고 양육비 부담 책임이 있는 부모 측에서부터 미불수당을 후징수한다. 이 수당은 혼외출생 아동, 한부모가 입양한 아동에게도 지급

가능하다.

② 프랑스

성공적인 가족친화정책으로 유명한 프랑스, 스웨덴 등은 일과 가정의 양립이 가능한 복지제도의 확충이 출산율 제고에 효과적임을 잘 보여주는 국가이다. 프랑스의 출산전후휴직제도는 사회보험의 원칙에 따라 의무가입의 방식으로 운용되며, 건강보험에서 재정을 마련한다. 모든 노동참여 인구를 대상으로 하며 출산휴가는 출산을 직접 하는 여성의 모성휴가와 파트너에게 부여되는 부성휴가, 입양부모에게 부여되는 입양휴가로 구분된다. 부성휴가의 경우 배우자, 파트너, 동거인에게 부여되며 휴가의 자격은 임신을 한 날부터 주어진다.

한편, 휴가기간을 보면 모성휴가의 경우 자녀의 수에 따라 휴가기간이 다소 상이한데, 첫 두 자녀의 출산 시 출산 전후로 총 16주가 부여된다. 세 번째 이상의 자녀인 경우 출산 전후 총 26주가 부여된다(김미곤 외, 2019). 출산 시 병리적 문제가 있을 경우와 다둥이 출산의 경우 그 기간은 더 늘어난다. 또한 조산 혹은 태아의 입원이 필요한 경우에도 법적 기간 이상으로 휴가기간을 연장할 수 있으며, 입양을 한 경우에도 휴가를 사용할 수 있도록 다양한 제도를 운영하고 있다.

그리고 출산휴가를 사용하는 동안의 급여는 건강보험의 재정에서 지급되며 출산휴가의 일부로 제공되는 의료서비스는 Common Universal Health Protection를 근거로 하며, 사회보장기여금을 통해 재정을 마련한다. 의료서비스는 임신 6개월부터 출산 후 12개월까지 제공되며, 모든 필수검사비, 입원비, 진료비, 수술비 등이 무료로 제공된다.

이상에서 볼 때 우리나라의 경우 프랑스에 비해 친가족정책에 대한 투자가 높지 않아 일과 가정이 양립할 수 있는 제도를 구축하기가 쉽지 않다. 가족도 국가나 사회의 제도적 범위 안에서 생활하는 한 체계이므로 부모가 가정생활과 자녀에게 더 많은 에너지와 시간을 함께할 수 있도록 지원하기 위해서는 이와 적합한 제도와 정책을 마련하고 지속적으로 시행해야 할 것이다. 또한 최근 앞으로 유럽 국가들이 어떠한 방식으로 가족정책과 보육체제를 바꾸어 나갈 것인가를 예측하는 데 도움이 되는 자료인 일 · 가사 양립(워라밸)지침[3] 이 유럽연합에서 통과되었다. 이를 바탕으로 유럽연합의 상황을 보면 급여수준이나 아버지의 개별권리로서 주는 육아휴직제도 등이 미흡한 상태이다. 따라서 이 지침은 이전 유럽연합의 지침들보다 상당히 높은 수준의 제도로서 향후 유럽국가들의 가족 정책을 더욱 더 확충하는 데 기여할 것으로 보인다. 우리나라도 이에 발맞추어 일 · 가사 양립(워라밸)지침을 좀 더 꼼꼼히 수립할 필요가 있다.

2) 태내기 발달을 위한 사회복지실천

인간발달에 있어 태내기 발달만큼 극적인 변화의 시기도 없다. 태아기는 수정에서부터 출산까지의 시기로서 어머니의 자궁 내에서 신체의 조직이 구성되고 가장 신속하게 발달하는 시기이며, 한 인간이 형성되는 시기이기도 하다. 중세기까지 인간 생명의 기원에 대한 보편적 견해는 단지 크기만 작을 뿐 완전한 형태의 인간이 정자 내에 있어 태내기는 양적으로만 성장한다고 생각했다. 그러다가 18세기 말 스위스의 동물학자인 Wolf가 인간의 생명은 미리 형성되어 있는 것이 아니라 남성의 정자와 여성의 난자가 수정하여 만들어진다

3) 이 지침은 2019년 6월 13일에 공식적으로 통과된 지침으로(Council directive 2017/085(COD)) 이전에 존재한 모성휴가지침(Directive on Maternity Leave Council Directive 2010/18/EU)을 대체하는 지침이다.

는 것을 발견하였고, 이를 통해 수정과 태내발달에 대한 새로운 인식이 가능하게 되었다. 최근 초음파 단층촬영장치 등의 기기 발달에 의해 태아를 관찰할 수 있게 되면서 태내발달에 대한 보다 다양한 지식을 얻을 수 있게 되었다.

한편, 태내 환경은 태아에게 절대적인 영향을 미친다. 유전적 결함, 감염, 환경오염 등에 대한 사전지식이 필요할 뿐 아니라 산모의 연령이나 충분한 영양섭취와 더불어 산모의 정서적 안정 등 태내발달에 영향을 미치는 요인들에 대한 지식이 필요하다. 좀 더 폭넓게 보면 불임문제, 임산부의 건강, 선천성 장애 예방문제, 금연과 금주에 대한 심각성, 심리적 측면에서의 문제와 산후우울증 등에 대한 사회적 관심과 접근이 필요하다. 또한, 이 시기의 초보 아버지들의 심리적 적응문제와 더불어 임신한 아내를 둔 남성의 입덧증상과 같은 신체적 현상에 대한 문제, 남편으로서의 역할에 대한 교육도 적극적으로 이루어 져야 한다. 태내기의 문제에 따른 사회복지실천 개입의 내용을 구체적으로 살펴보면 다음과 같다.

첫째, 임신상태를 잘 유지하기 위한 지원 서비스이다. 임신상태를 잘 유지하기 위해서는 태아에게 부정적인 영향을 미칠 수 있는 임산부의 상태를 점검하고 이에 대해 전문적인 개입이 필요하다. 임산부의 불안이 심하거나, 초고령산모, 약물 복용이나 원치 않은 임신, 만성적 혹은 유전적 질병이 있는 경우에는 의료적인 조치와 함께 심리적 · 정서적 지원을 통해 부정적인 영향을 최소화하는 노력이 필요하다.

둘째, 난임 및 불임부부에 대한 지원서비스이다. 난임부부의 경우 정부에서 출산정책의 일환으로 난임진단 부부에게 체외수정 및 인공수정 시술비의 일부를 소득에 따라 지원하고 있는데, 좀 더 적극적인 지원이 필요하다. 그리고 불임부부에 대해서는 불임에 관해 상담하고 치료할 수 있는 기관을 안내하는 것만이 아니라 불임으로 인한 심리적 · 정서적 문제를 다루어줄 수 있다. 또한 불임의 현실적인 대안으로서 입양이나 결연관계에 대한 정보를 제공하고, 필요시 전문기관에 의뢰할 수 있다.

셋째, 낙태의 문제를 들 수 있다. 임산부가 원치 않는 임신이거나, 태아와 산모의 상태가 매우 위험하여 낙태가 불가피한 경우에는 가능한 한 조기에 시행하도록 적절한 도움을 주어야 한다. 낙태를 원하는 여성과 상담할 때, 사회복지사는 다양한 정보와 대안, 그리고 가능한 서비스를 제시하여 클라이언트로 하여금 스스로 결정할 수 있도록 도와야 한다.

넷째, 출산을 장려하기 위한 일과 가정의 양립이 가능한 복지실천으로 가족친화제도를 강화하는 것이 필요하다. 주 양육자의 근로시간이 길어질수록 아동발달의 여러 측면에 미치는 영향이 크기 때문에 일과 가정의 양립을 가능하게 하는 탄력근무제도, 부모휴가제도, 육아휴직제도 등을 통해 워라밸이 이루어지도록 친가족정책을 보다 적극적이고 전면적으로 추진하는 것이 필요하다.

요약정리

1. 태내기란 난자와 정자가 결합하여 하나의 수정란이 되는 시기부터 출산까지의 기간을 말한다.
2. 태내기는 수정의 순간에서부터 출산에 이르기까지의 기간을 말하며 배종기, 배아기, 태아기로 나누어 진행된다.
3. 신생아의 대부분은 건강한 상태로 태어나지만 그 중에는 선천성 결함을 갖고 태어나는 아기들도 있다.
4. 우성인자에 인한 결함은 매우 드물게 나타나지만 무도병으로 일컬어지는 헌팅턴병이 있다. 열성인자에 의한 결함으로는 페닐케토뉴리아, 적혈구성 빈혈, 테이색스병 등이 있다.
5. 성염색체이상으로 인한 결함으로 남성의 경우 여분의 X염색체를 갖게 되어 나타나는 클라인펠터증후군과 여분의 Y를 갖게 되어 나타나는 초웅증후군이 있다.
6. 성염색체이상으로 인한 결함으로 여성의 경우 X염색체가 없는 터너증후군과 여분의 X염색체를 갖는 초자증후군이 있다.
7. 태내발달에 영향을 미치는 산모의 요인으로는 영양, 약물복용, 질병, 연령, 음주, 흡연, 정서상태 등이 있고 아버지의 흡연으로 인한 간접흡연도 태내발달에 영향을 미친다.
8. 정부에서는 출산율을 제고하기 위해 저출산고령사회 기본계획을 발표하였고, 매 5년간 시행되며, 이는 출산과 양육에 유리한 환경조성을 통하여 부모의 양육부담을 덜기 위한 정책이다.

생각해 보기

1. 태내기 환경에서 출생 후 아동발달에 미치는 영향에 관해 생각해 봅시다.
2. 태내기 환경에 나쁜 영향을 미치는 요인은 어떤 것이 있는지 생각해 봅시다.
3. 저출산시대에 출산 장려를 위한 사회복지실천 방안에 관해 생각해 봅시다.

chapter 05

영아기 발달과 인간행동

Human Behavior and
Social Environment

chapter 05

영아기 발달과 인간행동

1. 영아기의 주요 발달과 인간행동의 이해

영아기는 출생 후 24개월까지를 말하며, 이 중에서도 생후 1개월까지를 신생아기라고 한다. 신생아기는 짧은 시간이지만 새로운 환경에 적응해야 한다는 점에서 중요한 의미를 가지며, 이 시기는 성인의 도움 없이는 생존할 수 없는 절대 의존적 시기이다. 영아기는 신생아기를 지나 2세까지를 말하는데, 이 시기는 발달 속도가 왕성한 때이며, 특히 신체적 성장이 빠르게 진행되는 시기이므로 제1 성장 급등기라고 부른다.

1) 신생아기의 발달

(1) 신체 및 생리적 특징

신생아의 신체적 특징으로는 머리둘레가 가슴둘레보다 크며, 피부는 붉은색을 띠며 끈적끈적한 태지로 덮여 있으나 몇 주가 지나면 없어진다. 생후 3~4일경 나타나는 신생아 황달도 1주일경에는 사라지게 된다. 우리나라 신생아의 평균 신장은 남아 50.1cm, 여아 49.4cm, 체중은 남아 3.4kg, 여아 3.3kg으로, 생후 3~4일 동안 몸 표면에서 수분이 빠지고 대소변이 배출되는 과정에서 체중의 5~10%가 감소한다. 출생 후 3~4일이 지나면 신생아의 피부와 안구가 노랗게 되는 신생아 황달을 겪는데, 이는 간이 미성숙했기 때문에 생기는 현상으로 대개는 1주일이 지나면 원활하게 회복된다. 두개골은 봉합이 이루어지지 않아 머리에는 6개의 숫구멍이 남아 있는데, 정수리 한복판의 대천문은 생후 18개월 무렵에, 소천문은 생후 1년 이내에 닫힌다.

신생아의 호흡은 1분당 35~45회로 어른의 두 배가 되며, 불규칙적이면서 빠르게 복식호흡을 많이 한다. 맥박은 1분에 140회 정도로 어른보다 빨리 뛴다. 체온은 성인보다 약간 높은 평균 37~37.5℃로, 스스로 체온 조절을 못하기 때문에 실내온도를 자주 점검하고 신생아의 상태를 잘 살펴보는 것이 필요하다. 신생아의 수면시간은 하루에 18시간 정도를 차지하며, 3~4시간을 자고 나서 조금 깨어 있다가 다시 자는 것의 반복이다. 수면에는 눈동자가 움직이느냐 움직이지 않느냐에 따라 REM(Rapid Eye Movement) 수면과 NREM(Non Rapid Eye Movement) 수면이 있다. REM 수면은 빠른 눈동자의 움직임과 동시에 몸을 움직이며, 빠르고 불규칙한 호흡 및 맥박이 나타난다. 반면, NREM 수면은 몸을 움직이지 않고 심장박동이나 호흡이 느리고 규칙적이다. 신생아기 동안에는 REM 수면이 전체 수면 양의 50%를 차지하는데, REM 수면의 자극이 신경계의 성장에 중요한 역할을 한다고 보고 있다. 특히, 신생아기는 깨어 있는 상태가 짧아서 주변 환경으로부터 정보를 얻을 수 있는 시간이 부족하여 REM 수면을 통해 보상한다.

(2) 반사운동

신생아는 어떤 자극이 외부로부터 가해졌을 때, 이에 반응하는 반사행동을 하게 된다. 반사운동은 대부분 말초적인 자극에 따라 반응하는 부분적 운동으로, 대뇌의 발달에 따라 점점 사라져 1년 정도가 되면 대부분 사라지게 된다.

신생아기에 나타나는 대표적인 반사운동으로는 아래와 같다.

① 찾기 반사(rooting reflex): 근원 반사 또는 젖 찾기 반사라고도 하며, 신생아의 입 주위에 자극을 주면 그 자극을 향하여 고개를 돌리고 입을 벌리는 반사로, 배가 고플수록, 입에 가까운 부분을 자극할수록 더 민감하게 반응한다.

② 빨기 반사(sucking reflex): 입 주위에 손가락을 대거나 자극을 주면 빨려고 하는 반응으로, 입가에 자극이 전달되면 그것이 무엇인지에 대한 분별없이 무조건 빠는 본능적인 행동을 한다.

③ 잡기 반사(grasping reflex): 파악 반사라고도 하며, 신생아의 손바닥에 어떤 물건을 쥐어주면 그것을 빼내기 힘들 정도로 꼭 쥐는 행동을 보이는 반사로, 신생아의 양손으로 잡게 하면 자신의 체중까지도 지탱할 수 있다.

④ 걷기 반사(stepping reflex): 신생아의 겨드랑이를 잡고 살짝 들어 올려 바닥에 발을 닿게 하면 걸어가듯이 무릎을 구부려 발을 번갈아 땅에 내려놓는 모습을 보인다.

⑤ 모로 반사(moro reflex): 갑작스레 큰 소리가 나면 신생아는 양팔과 다리를 활 모양으로 벌리고 쭉 펼치면서 무엇인가를 잡으려는 행동을 한다.

⑥ 바빈스키 반사(babinski reflex): 신생아의 발바닥을 발꿈치에서 발가락 쪽으로 간질이면 발가락을 쫙 펴는 반응을 보인다.

⑦ 수영 반사(swimming reflex): 물속에 신생아를 담그면 수영 동작으로 손을 휘젓고, 다리를 버둥거리는 반응을 보인다.

(3) 감각발달

인간의 감각체계는 환경에서 정보를 받아들이는 기본수단으로, 정상 신생아는 모든 감각체계를 가지고 세상에 태어난다. 그러나 출생 시 인간의 감각기능은 미성숙한 상태이며, 출생 이후 주위 환경으로부터의 적절한 자극이 감각 기능의 발달에 필수적이다. 지각은 감각정보에 대한 해석으로, 감각이 자극에 대한 감각기관의 반응이라면, 지각은 그 자극에 대한 해석으로 볼 수 있다. 신생아기의 지각발달은 다른 사람들과 상호작용을 하며, 이후 신체, 인지 및 정서 · 사회성 발달의 근간이 된다.

① 시각

시각은 감각 중에서 비교적 덜 발달된 상태에서 태어난다. 신생아의 눈은 크기가 작고 망막 구조가 불완전하며 시신경도 덜 발달되어 있다. 출생 직후 영아는 물체에 초점을 고정시키지 못하고 가시거리도 극히 제한되어 있으나, 1개월경에는 사물에 대해 초점을 맞추고 응시하는 것이 가능하다. 신생아는 사물을 잘 볼 수는 없지만, 눈동자의 움직임은 흥미로운 것을 목격하면 자세히 쳐다보고 움직이는 물체를 추적하려고 한다. 신생아는 회색과 같은 무채색보다는 색채가 있는 것을 선호하지만, 색의 변별은 잘하지 못한다.

② 청각

신생아는 출생 후 몇 시간 이내에 소리에 대해 민감한 반응을 보일 정도로, 청각적 정확도는 시각보다 더 좋다. 신생아는 소리의 크기나 음조를 구별할 수 있으며, 출생 후 몇 시간 이내에 소리의 어떤 측면에 대해서는 민감하게 반응하며, 단순히 소리의 크기나 음조뿐만 아니라 말소리도 구분할 수 있다. 생후 2주경에는 사람의 목소리와 다른 소리를 구분할 수 있으며, 3주경에는 낯선 사람의 목소리와 엄마의 목소리를 구별할 수 있다. 소리에 대한 반응은 신생아가 주변 환경을 탐색하도록 돕는데, 생후 3일만 되어도 소리가 나는 방향으로 머리나 눈을 돌릴 수 있다.

③ 후각

후각은 출생 초기부터 상당히 발달되어 있는데, 생후 며칠 이내에 독특한 냄새들 간의 차이를 구분하는 것이 가능하며, 어머니와 다른 여성의 젖 냄새를 구분할 수 있고, 암모니아와 같은 독한 냄새에는 고개를 돌리는 반응을 보인다.

④ 촉각

촉각은 출생 이전부터 상당히 발달되어 있는데, 신생아는 주로 촉각에 의존하여 주변 환경을 인지한다. 안아주고 얼러주는 등의 피부 접촉은 신체적 성장을 촉진하고, 정서발달에도 중요한 영향을 미친다. 신생아를 안아주거나 마사지를 해주면 부모-자녀 간의 정서적 교류뿐만 아니라 면역체계도 도움이 된다.

⑤ 미각

미각은 맹물과 단맛이 나는 것을 구별할 수 있으며, 시거나 짜거나 아무 맛이 없는 액체보다는 단 액체를 선호한다. 단맛에는 미소를 짓고 반응하는 반면, 신맛에는 코를 찡그리고 입술을 내밀며 쓴맛에는 혀를 밀어내는 반응을 보인다. 생후 2~3개월에는 특정한 맛에 대한 기호가 생길 정도로 미각이 발달한다.

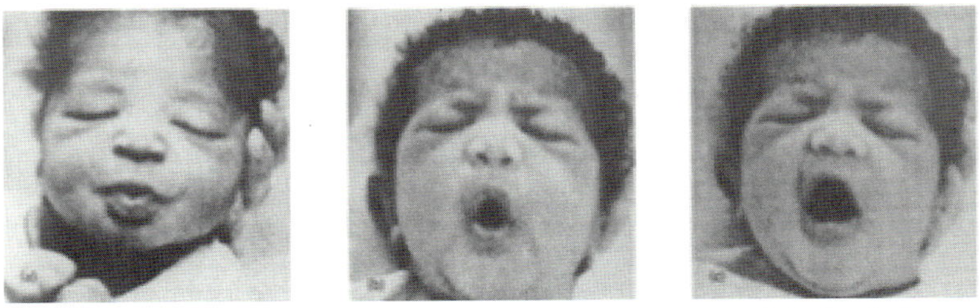

(a) 달콤한 액체 (b) 신 액체 (c) 쓴 액체

그림 5-1 신생아의 미각실험

(4) 수유

신생아는 일반적으로 2~3시간 간격으로 하루에 7~8회 젖을 먹으며, 출생 시에 소화효소를 분비하고 있어서 음식물을 소화할 수 있는 능력이 있다. 신생아는 소화를 위한 충분한 효소를 만들어 내지만, 포화지방은 잘 흡수할 수가 없어서 지방이 많은 조제분유보다는 모유가 신생아에게 더 적합하다. 특히 첫 1~2일에 산모에게서 나오는 황갈색의 초유는 신생아의 태변을 촉진할 뿐만 아니라, 면역체를 함유하고 있어서 첫 6개월 정도는 모유수유를 권장하고 있다.

모유의 장점에도 산모의 건강상태나 아기의 상태에 따라 조제분유를 먹어야 하는 경우가 있다. 조제분유를 먹이더라도 모유를 먹일 때처럼 편안한 자세로 아기를 안고 접촉하는 것이 중요하다. 젖을 먹은 후에는 5~10분 정도 아기를 세워서 트림이 나오게 해야 한다.

(5) 학습능력

신생아는 출생 후 며칠 내 엄마의 목소리와 낯선 사람의 목소리를 구별할 수 있고, 엄마의 냄새를 구별할 수 있는 학습능력을 보인다. 신생아의 학습능력과 관련한 다양한 연구에서 신생아는 달콤한 액체를 제공했을 때는 머리를 돌리는 횟수가 증가하였다. 모방능력과 관련해서도 태어난 지 12~24일된 신생아가 성인의 표정-입술을 앞으로 내밀거나 입을 벌리거나 혀를 내미는 등의 행동-을 흉내 내었다. 다른 실험에서도 생후 2일에서 몇 주된 신생아도 성인의 다양한 얼굴표정을 모방하였다.

2) 영아기의 신체적 발달

(1) 신체발달

영아기 동안의 신체적 성장발달은 그 어느 때보다 급속하게 발달하는데, 신장과 체중, 근육, 골격, 뇌, 신경계 등의 신체적 성장이 빠르게 일어난다. 신장은 출생 시 약 51cm에서 생후 1년이 되면 출생 시의 1.5배인 76cm가 되고, 체중은 3.0~3.5kg 정도에서 생후 1년이 되면 3배인 약 9~10kg 정도가 된다. 특히 영아기 근육과 골격은 활동량이 증가하면서 증가하게 된다. 두뇌발달은 생후 어느 시기보다 급격하게 이루어지는데, 출생 시 뇌의 무게는 350g이지만 1세경에는 800g이 된다. 성인의 뇌 무게가 1,350g인 사실에 비추어 본다면, 다른 신체기관에 비해 두뇌발달은 출생 초기가 결정적 시기임을 알 수 있다. 치아는 6~7개월경 아래 앞니부터 유치가 나기 시작하여 1년이 되면 6~8개의 유치가 나오고, 24~30개월경에는 20개의 유치가 도두 난다.

인간의 두뇌는 태내에서부터 신체의 다른 부분보다 성장이 빨라 임신 5~7개월이면 개인이 평생 사용할 뇌세포가 거의 만들어진다. 신경계는 뉴런(neuron)이라는 구조적 기본단위와 시냅스(synapse)라는 기능적 단위로 구성되어 있다. 출생 시 타고난 1,000억 개의 뉴런 중 대부분은 서로 연결되지 않은 상태로, 후천적 경험과 환경적 자극을 통한 시냅스 발달이 이루어질 때 뉴런 간의 상호연결이 된다. 시냅스는 신호전달과 기억정보 저장의 역할을 담당하며, 기억이 활성화되기 위해서는 뉴런들 간의 시냅스가 연결되어야 한다. 생후 3년 동안 영아의 시냅스는 성인의 2배에 달하는 수준으로 증가한다. 시냅스의 연결을 통해서 모든 학습이 이루어지기에, 시냅스와 뉴런의 역동적인 연결이 될 수 있도록 영아기의 긍정적인 환경자극은 무엇보다 중요할 수 있다.

출생 후에도 두뇌발달은 급격히 이루어진다. 출생 시 머리 크기는 성인의

2/3 정도이며, 뇌의 무게는 300~400g으로 어른의 25% 정도이다. 생후 6개월이 되면 거의 30%, 20개월이 되면 75%가 된다. 두뇌세포의 증가는 태내에서와 생후 2년간 가장 급격히 이루어지는데 이 기간을 두뇌발달의 급증기라고 한다. 영아기의 두뇌발달은 영양, 경험 등의 외부 환경과 타고난 생리신경계의 발달이 서로 상호작용하며 발달한다.

(2) 운동발달

운동능력은 근육의 발달과 중추신경계의 성숙 및 골격구조가 충분히 강해져야 한다. 영아의 대근육 운동능력은 정해진 순서대로 발달하며, 발달 속도는 개별적으로 다르게 나타난다. 일반적으로 운동기능의 발달은 위에서 아래로의 두미방향의 특성을 가지며, 중심에서 시작하여 바깥쪽으로, 대근육에서 시작하여 좀 더 미세한 소근육으로 진행된다.

대근육 운동과 관련하여 영아 대부분은 평균 2개월이 되면 머리와 가슴을 들 수 있고, 3개월이 되면 가슴을 올리고 균형을 잡기 위해 팔을 사용할 수 있다. 4개월 전후에는 몸을 뒤집을 수 있으며, 6~7개월에는 혼자 제법 잘 앉아 있을 수 있고, 9개월경에는 양손을 자유롭게 쓰면서 도움 없이 앉아 있을 수 있다. 7개월경 기기 시작하여 8~10개월에는 의자나 선반 등의 가구를 잡고 일어나 서기 시작하고, 12개월 전후로 첫 걸음을 걷기 시작한다. 달리는 행동은 18개월경부터 나타나며, 2세경에는 보폭도 크고 비교적 균형 잡힌 모습으로 달릴 수 있다. 2세경에는 다양한 대근육 운동능력을 발달시키며 잘 뛸 수 있고, 한 손으로 계단을 잡고 양발로 서서 한 발 올리는 방식으로 계단을 오를 수 있다. 이 시기의 영아는 대부분 높은 곳을 기어오르고 공을 차는 능력이 발달한다(김민정 외, 2020).

소근육 운동은 영아가 2개월이 되면 자기 손을 발견하고 손을 가지고 놀기 시작하며, 3개월이 되면 눈의 시력을 이용하여 손을 사용하기 시작한다. 이를 눈과 손의 협응능력이라고 하는데, 영아는 끊임없이 물체를 보고 잡으면서 시행착오를 겪게 되고 이를 통해 손의 사용이 자연스럽고 정확해진다. 4~5개월이 되면 대부분 영아는 시야에 손이 닿는 곳에 있는 물체를 잡을 수 있게 되고, 7~9개월에는 손뼉을 치거나 엄지와 검지를 이용하여 과자조각을 집어들 수 있다. 12~15개월에 나타나는 가장 중요한 소근육 운동의 성취 중 하나는 엄지와 집게손가락 사이에 물체를 잡는 능력이 발달하고, 18개월 이후에는 손가락을 사용하여 줄을 당기거나 손잡이 잡아당기기, 책장 넘기기, 크레용으로 난화를 그릴 수 있는 능력 등이 발달한다.

3) 영아기의 인지발달

(1) 인지발달

인지는 감각(sensation)과 지각(perception)에 기초하여 발달한다. 영아기의 인지발달은 감각기관을 통한 지각적 경험과 대상영속성 개념 획득 그리고 언어적 상호작용이 중요한 역할을 한다. 환경을 탐색하는 데 중요한 지각능력인 영아의 시각은 눈과 두뇌의 급속한 성숙에 따라 7~8개월 동안 상당한 변화를 보인다. 생후 1~2개월에 눈, 코, 입을 구별하고 6개월경에는 낯익은 얼굴과 아닌 얼굴을 구별할 수 있다. 영아는 전체보다는 부분을, 정지된 것보다는 움직이는 물체를, 흑백보다는 색깔을, 직선보다는 곡선을 선호한다. 깊이와 거리에 대한 지각은 6개월경에 발달하는데, Gibson과 Walk(1960)가 고안한 시각절벽(visual cliff) 실험에서 6개월 된 영아는 낭떠러지처럼 보이는 곳은 가기를 주저하는 것으로 관찰되었다.

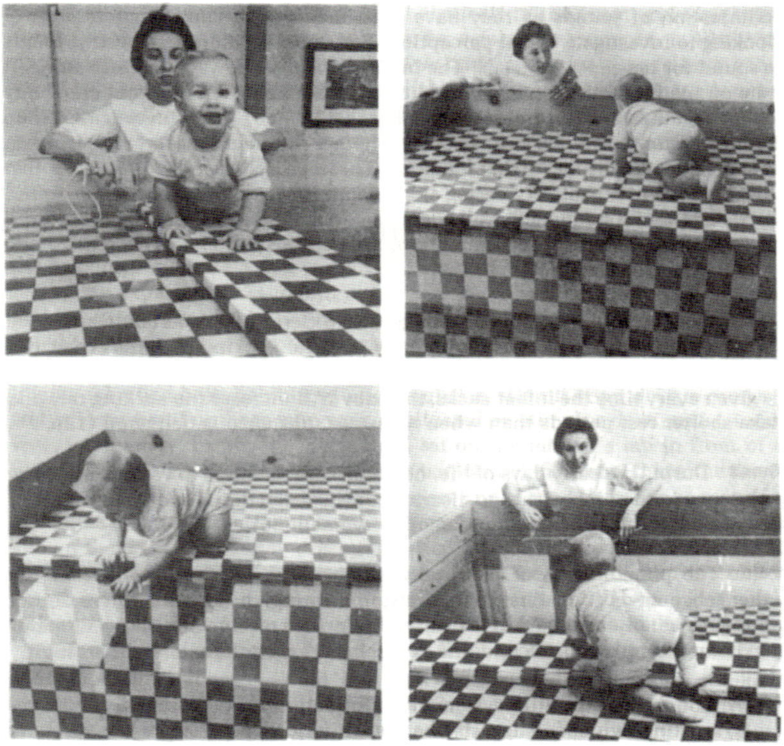

그림 5-2 시각절벽실험

청각은 생후 1개월에 어머니의 목소리를 더 좋아하고, '마', '파' 소리를 구별할 만큼 사람의 말소리에 타고난 민감성을 보인다. 6개월이 되면 목소리와 얼굴을 짝지을 수 있으며, 8개월경에는 말소리의 뜻을 알아듣고 행동할 수 있다. 감각을 통해 얻은 정보를 통합하여 영아는 세상을 탐색하고 학습한다. 출생 직후에 미분화되어 있는 감각지각은 다양한 감각자극을 경험하면서 더욱 통합된 지각으로 발달하게 된다.

영아는 생후 2년까지 신체적인 활동과 감각을 통해서 정보를 조직함으로써 환경을 이해한다. Piaget는 인지발달단계에서 영아기를 감각운동기(sensory motor stage)라고 하였다. 이 시기에는 감각을 통해 획득한 정보를 조직하는 도식들과 환경자극에 대해 반응하는 도식들을 형성하여 끊임없이 주위 환경에 반응하며 도식을 수정해 나간다. 감각운동기 동안 부모는 아기의 관심과 호기심을 충족시켜 줄 수 있어야 하며, 영아가 나타내는 흥미를 몸짓이나 언어로 격려함으로써 즐거움을 얻도록 해야 한다.

감각운동기의 기본적인 인지능력으로 영아는 점차적으로 자신이 자기 주변 세상의 사물이나 다른 사람과 분리된 존재임을 알게 되고, 이에 따라 점차 자기의 신체 이외의 것으로 자신의 활동이나 인식을 확장해 나간다. 또한, 자신의 행동을 계획하고 조정하는 의도적인 행동을 할 수 있으며, 대상영속성이 발달한다. 대상영속성(object permanence)은 물체가 눈앞에서 사라진다고 해도 어디엔가 존재하리라는 사고에 대한 확신을 의미한다. 이는 발달단계와 병행하여 발달하는 것으로 대상영속성의 개념을 획득하기 위해서는 두 가지 논리적 사고를 할 수 있어야 한다. 자신이 주변 세계와 분리된 독립된 존재이며, 또한 주변의 물체가 눈앞에 보이지 않아도 계속해서 존재한다는 개념이다.

Piaget는 감각운동기의 여섯 단계로 대상영속성 개념의 발달을 설명한다.

1단계는 대상영속성의 개념이 전혀 없다. 2단계는 어렴풋이 개념이 형성되기 시작하는 단계로 대상이 사라지면 기다린다. 3단계는 대상이 어딘가 존재한다는 사실을 어렴풋이 이해한다. 4단계는 시야에서 사라진 사물을 적극적으로 찾으려 하는 단계이다. 5단계는 영아가 보는 앞에서 빠르게 장난감을 이리저리 숨겨도 찾을 수 있는 단계이다. 6단계는 대상영속성의 개념이 발달하는 시기이다. 즉, 이때의 영아는 보이는 곳의 이동뿐만 아니라 보이지 않는 곳의 이동도 모두 이해한다. 숨겨지는 것을 목격하지 않은 대상물도 찾을 수 있다.

① 8개월 이전

가지고 놀던 장난감을 영아가 보는 앞에서 상자 안에 넣으면, 영아는 장난감이 더 이상 존재하지 않는다고 생각하여 찾으려는 시도를 하지 않는다.

그림 5-3 8개월 이전의 영아 행동

② 8~12개월

가지고 놀던 장난감을 영아가 보는 앞에서 상자 안에 넣으면, 상자를 들춰 장난감을 찾으려 한다. 실험자가 상자 안에 장난감을 숨기는 행동을 반복한 후, 영아가 보는 앞에서 마지막에는 상자가 아닌 주머니에 장난감을 숨기면 영아는 상자에서 장난감을 찾으려고 한다.

그림 5-4 8~12개월의 영아 행동

③ 12~18개월

장난감을 상자에 숨기는 행동을 반복했다가 마지막에 영아가 보는 앞에서 주머니에 숨기면, 영아는 자신이 마지막으로 본 행동에 근거하여 주머니에서 장난감을 찾는다.

그림 5-5 12~18개월의 영아 행동

④ 18~24개월

정신적 결합기로, 영아가 보지 않는 상황에서 장난감을 숨겨도 영아는 예전에 숨겼던 장소와 그렇지 않은 장소를 모두 포함하여 다양한 곳에서 찾으려 시도한다.

그림 5-6 18~24개월의 영아 행동

영아의 기억능력과 관련하여 Rovee-Collier(1997)는 2~3개월 된 영아의 발에 리본을 묶어 모빌에 연결시키면 영아가 자신의 발길질이 모빌을 움직이게 한다는 것을 알게 되고, 이를 반복하는 것을 확인하였다. 그리고 며칠, 몇 주 후에도 영아가 모빌을 움직이게 하는 방법을 기억하는가를 통해서 영아의 기억을 측정하였는데, 2개월 된 영아는 3일 동안 기억하였고, 3개월 된 영아는 일주일 이상 기억하는 것으로 나타났다. 그러나 2~3개월 된 영아도 시간이 지나면 더 이상 기억하지 못하였다. 이처럼 영아의 초기 기억력은 매우 낮지만, 12개월이 지나면서 영아의 기억능력은 매우 빠르게 발달한다. 보통 출생에서 2세까지의 기억능력은 뇌의 성숙과 관련이 있으며, 연령이 증가하면서 뇌의 성숙과 함께 기억능력도 더욱 발달한다.

(2) 언어발달

영아가 주위의 다양한 소리를 구별하고 말소리를 산출하기 위해서는 소리를 들을 수 있는 청지각능력이 발달해야 한다. 보통 영아가 알아들을 수 있는 단어를 사용하기 시작하는 것은 12개월경이다. 영아는 첫 단어를 발화하기 이전에 이미 많은 언어를 이해할 수 있다. 영아는 단어 자체가 아니라 말의 리듬, 고저, 강세에 따라 반응하며, 이를 통해 상대방의 말에서 감정적인 단서를 알아차리게 된다. 울음은 영아가 자신의 욕구를 표현할 수 있는 유일한 의사소통 수단이다. 울음의 패턴이나 고저, 강도에 비추어 아기가 배고픈지, 졸린지, 화가 났는지 혹은 고통스러운지를 알 수 있게 되면서, 울음은 보다 정확한 의사전달의 수단으로 사용된다.

영아는 생애 첫 1년 동안 모국어에서 사용되는 모든 소리를 구분할 수 있게 된다. 6개월 이전의 영아들은 아직 말을 할 수 없지만, 소리, 행동, 눈의 응시와 표정 등의 방식으로 의사소통을 하고, 이러한 과정은 이후 언어발달과정을 돕는다. 보통 2개월 정도가 되면 목을 울려 낮게 내는 쿠잉(cooing)을 하고, 4~5개월경이 되면 옹알이(babbling)를 시작한다. 옹알이는 언어와 유사한 최초의 소리로, 주변 인물로부터의 강화를 통해 모국어를 습득하는 중요한 기제로 작용한다. 또한 그들이 내는 소리가 이후에 언어로 발달하든 아니든, 생후 1년 동안 영아가 내는 옹알이 소리가 전 세계적으로 동일하다는 사실은 인간의 아이는 어떠한 언어라도 습득할 수 있는 잠재력을 가지고 있음을 말해준다.

옹알이와 같은 중얼거림에서 첫 단어를 발화하고 한 단어를 구사하는 단계로 넘어간다. 이후 곧 두 단어를 병합하기 시작하고 결국 다중 단어 단계로 넘어가게 된다. 생후 1년경에 영아는 분명하게 이해할 수 있는 단어를 사용할 수 있으며, 그 단어가 자신의 생각을 표현하는 수단이 된다. 24개월경 영아는 문장을 만들기 위해 두 개 이상의 단어를 연결시킬 수 있는데, 이를 이어문이라고 한다. 두 단어 문장은 한 단어 문장에 비해 보다 정교하고 명료하며, 두 단어 가운데 강세의 위치가 어디에 있는가에 따라 자신이 원하는 바를 강조하게 된다. 두 단어를 결합시키는 것은 보편적으로 50개 정도의 단어를 말할 수 있을 때 가능하다.

영아는 성장함에 따라 자신의 생각과 감정을 언어로 표현하게 되며, 이러한 과정에서 성별, 아동의 지능, 정서적 지지, 부모의 양육태도 등 여러 환경요인이 언어발달에 영향을 미치게 된다. 특히 언어발달에서는 양육자와의 언어적 상호작용의 양이나 형태가 큰 영향을 미친다. 양육자와의 언어적 상호작용의 양이 많을수록 언어발달은 촉진되는 반면, 언어발달의 결정적 시기에 언어적 상호작용이 없는 경우 언어학습에서 결손을 보이게 된다. 영아는 어머니가 말을 해줄 때 말을 더 많이 하는 경향을 보이며, 영아의 언어 표현에 대한 어머니의 반응은 언어능력을 발달시킬 수 있는 중요한 요인이 된다.

(3) 영아기의 사회 · 정서발달

영아기는 신체적인 발달이 두드러지게 나타나 상대적으로 관찰이 쉽지만, 정서와 사회성의 발달 여부를 관찰하는 것은 매우 어렵다. 그럼에도 사회성과 정서발달은 인간발달에 있어서 중요한 이정표이다. 자신의 감정을 표현하며 다른 사람과의 관계를 맺어 나가는 것은 성격형성에 중요한 역할을 한다. 특히, 영아의 사회 · 정서발달에 있어 다루어야 할 중요한 내용인 기질과 애착을 포함하여 살펴보고자 한다.

① 사회성 발달

가. 자아발달

영아는 양육자와의 상호작용이나 인지적인 발달과 더불어 점차 자신을 다른 것으로부터 분리된 개체로 인식하기 시작하면서 자아인식(self awareness)이 발달한다. 말러(Mahler)는 생후 4~5까지 영아와 엄마가 분리되지 않은 채 공생관계에 있다가 생후 4~5개월부터 30~36개월까지 자신과 엄마가 서로 분리되어 있는 존재라는 것을 인식하는 분리개별화(separation individuation) 과정을 거친다고 보았다. 이때 양육자와의 상호작용은 영아가 자신의 존재를 환경과 분리된 존재로 인식하는 데 중요한 역할을 한다. 예를 들면, 영아가 가지고 놀던 장난감을 떨어뜨렸을 때 양육자가 이를 주워주는 과정을 통해 영아는 자신과는 분리된 다른 존재에 대해 인식하게 된다.

인지발달과 더불어 생후 2년이 가까워오면서 자신의 모습을 상(image)으로 정확하게 인식하는 능력인 자아인식(self recognition)이 나타난다. 영아가 말을 하기 시작하면 자아인식에서 자아정의(self definition)로 보다 진보된 개념을 갖게 되어 자신에 대해 말로 표현함으로써 보다 분명하고 정교한 자아개념을 갖게 된다. 이러한 자아를 언어적 자아(verbal self)라고 하는데, 20~22개월경에는 '내가', '내 것' 등의 자기와 관련된 대명사를 사용하고, 24개월경에는 '나는 크다', '내가 할 수 있어' 등과 같은 자신의 모습이나 행동 및 능력을 묘사하는 말들을 사용할 수 있다. 이러한 지식을 기초로 영아의 자아개념은 발달하기 시작하며, 동시에 자아존중감(self-esteem)도 발달한다. 자기 자신에 대한 사랑, 수용, 가치감이라고 할 수 있는 자아존중감은 자아개념에 기초를 둔 자신에 대한 가치평가로, 긍정적인 자아개념을 가지면 높은 자아존중감을 갖고, 부정적인 자아개념을 가지면 낮은 자아존중감을 갖게 된다.

생후 1년이 되지 않은 영아는 아직 자신의 충동을 억누르지 못하기 때문에 해도 되는 행동과 해서는 안 되는 행동을 구분하지 못한다. 즉 사회적으로 받아들여지지 않는 행동을 하려는 충동을 억제하는 능력인 자아통제(self control)는 도덕적인 행동을 하기 위한 필요적인 요소이다. 12~18개월경에는 양육자가 제시하는 행동의 기준을 받아들이고 양육자의 바람과 기대에 부응하여 지시와 요구를 따르는 순응행동(compliance)으로 자아통제의 모습이 나타난다. 그러나 24~36개월 정도가 되면 점차 외적 통제의 경험을 내면화하여 내적 통제가 가능해지면서 스스로 자아통제를 할 수 있다. 만 2세 전후의 영아는 운동능력이 발달하면서 주변 환경을 자유롭게 탐색하며 호기심을 충족시키기 위해 "내가", "싫어" 등의 말을 하면서 자율성을 강하게 표현한다. 따라서 이 시기에는 양육자에게 순응하기보다 불순응행동을 보이기도 한다.

나. 양육자 및 또래와의 상호작용

영아기 동안 양육자와 애착관계를 형성하는 주된 사회적 관계 외에도 또래와의 관계도 있다. 영아는 언어능력이 극히 제한되어 있기 때문에 미소나 웃음, 울음 등으로 양육자의 행동을 이끌어내게 된다. 또한 어머니의 표정이나 말소리를 통해 나타내는 정서는 영아의 반응을 이끌어 내고, 어머니의 정서표현에 담겨 있는 정보는 영아가 세상을 이해하는 데 영향을 미치게 된다. 예를 들어, 영아에게 미소를 보이던 어머니가 굳은 얼굴 표정을 보이면 영아는 어머니에 대한 상호작용을 멈추게 된다. 또한 어머니가 지나치게 자극을 주면 아기는 쳐다보던 시선을 돌려버린다. 이처럼 영아와 부모 간의 조화로운 상호작용은 영아가 형성해 갈 이후의 사회적 관계의 원형이 된다. 양육자와의 놀이는 사회화에서 중요한 과정으로, 영아는 놀이를 통해 사람들과의 상호작용 기술을 연습하게 된다. 함께 쳐다보며 하는 상호작용 놀이나 "까꿍" 놀이 등은 영아에게 즐거움을 줄 뿐 아니라 의사소통의 방법을 연습하는 기회가 된다.

또래와의 관계는 유아기 사회적 관계의 핵심적인 요소로, 영아기의 또래관계를 통한 사회화 과정은 별로 알려진 바가 없다. 그러나 영아도 생후 2개월경에는 다른 아기들을 쳐다보기 시작하며, 3~4개월에는 다른 아기에게 손을 내밀거나 만지려고 한다. 특히 아기들 간의 사회적인 미소나 발성은 옹알이를 하는 6개월경에 나타나며, 다른 아기의 눈이나 입, 귀를 만지는 등의 신체적인 접촉을 꾀하려고 한다. 생후 1년경에는 초보적이기는 하지만 쳐다보고, 미소짓고, 소리를 내면서 서로 반응을 주고받는 행동을 한다. 14~18개월에는 나란히 앉아 노는 단순한 병행놀이를 시작하고, 18개월이 지나면서 서로의 행동을 모방하거나 쫓아다니는 등의 관계적인 행동을 보이게 된다.

② 정서발달

영아기에 발달하는 중요한 정서 내용은 기본적인 정서의 출현, 다른 사람의 정서에 대한 이해, 자의식적인 정서의 출현 및 정서조절능력이다. 초기 영아 정서는 쾌와 불쾌의 정서로 분화되고, 쾌와 불쾌의 정서가 각각 행복, 기쁨, 만족 등의 긍정적 정서와 분노, 슬픔, 공포와 같은 부정적 정서로 분화된다. 정서가 분화되는 과정은 생애 초기에 일차 정서(primary emotions)가 먼저 분화되고, 이후 인지가 발달하면서 이차 정서(secondary emotions)가 분화된다.

가. 일차 정서

일차 정서는 기본적 정서라고 하며, 기쁨, 흥미와 같은 긍정적 정서와 슬픔, 분노, 고통, 공포와 같은 부정적 정서를 포함한다. 생후 2~3개월 정도가 되면 양육자의 얼굴을 보고 반응하는 사회적 미소(social smile)가 나타난다. 4~6개월경에는 분노의 정서가 시작하여 만 2세 정도가 되면 최고조에 이른다. 분노를 강렬하게 드러내는 것을 분노발작(temper tantrums)이라고 하는데, 바닥에 누워서 소리를 지르고 주변 사람을 때리거나 발로 차는 등의 행동을 한다. 이후 이러한 분노의 감정은 감추거나 통제하고, 육체적 공격보다는 말로 표현하도록 가르침을 받으며, 사회적으로 수용되는 방식으로 분노를 표현하게 된다. 공포는 신체적 · 심리적 위험에 대한 반응으로 분노와 비슷한 시기에 나타나는데, 다양한 경험과 학습을 통해서 공포의 정서를 느낀다. 출생 초기에는 대부분 부모로부터 보호를 받고 있으므로 공포의 감정을 유발하는 자극물은 주변에 거의 없지만 큰 소리, 새로운 사람과 장소, 높은 곳, 어둠 등은 공포의 요인이 된다. 6개월경에 영아는 인지발달로 인해 새로운 공포감이 생기기 시작하며 친숙하지 않은 대상에 대해 경계심을 갖게 된다. 낯선 사람에 대한 두려움이나 낯가림은 생후 12개월경에 가장 심하게 나타난다. 또한, 어머니와 분리되는데 대한 두려움인 분리불안은 생후 8~9개월경 나타나기 시작하여, 대체로 15개월에 절정을 이르며 생후 2년이 가까워오면서 점차 사라진다.

나. 이차 정서

영아의 인지능력이 발달하면서 18~24개월 무렵이 되면 일차 정서는 이차 정서로 더욱 분화된다. 이차 정서는 자의식적 정서(self-conscious emotions)로, 당황함(부끄러움), 질투(부러움)와 같은 자의식적인 정서는 자기가 주변의 대상들과 분리된 존재라는 자아인식이 이루어지는 15~24개월 사이에 나타난다. 한편 30개월경에는 자아인식과 더불어 사회적인 행동기준이나 규칙, 목표에 대해 알게 됨에 따라서 자부심, 수치심(부끄러움), 죄책감 등 자아평가적인 정서가 나타난다. 이차적 정서의 발달은 자신의 정서와 다른 사람의 정서를 이해해야만 가능하며, 사회적으로 가치 있는 행동이나 목표를 추구하는 데 도움이 된다.

영아가 자신의 정서를 표현하는 것만큼 다른 사람의 정서표현을 정확하게 이해하는 것도 중요하다. 보통 생후 2~3개월 정도가 되면 행복, 슬픔, 분노, 공포, 놀람 등의 얼굴 표정을 구별할 수 있지만, 이 시기에는 서로 다른 정서의 얼굴 표정이 다르다는 것만 인식할 수 있고 정서의 의미를 파악하는 것은 4~8개월 정도가 되어야 한다. 다른 사람의 정서를 이해하는 능력은 8~10개월경이 되어야 하는데, 영아는 낯설고 불안한 상황에서 자신을 신뢰하는 사람에게서 정서적 단서를 구하게 되는데, 이를 사회적 참조(social reference)라고 한다. 즉, 낯선 사람에게 어떤 반응을 해야 하는지에 대해 양육자의 행동을 참조하여 파악하게 되는데, 낯선 사람이 집에 방문했을 때 불안한 느낌이 들 수 있지만 양육자가 그 사람과 친근하게 상호작용하는 것을 보고 안심하게 된다.

정서조절능력은 자신의 감정을 정확히 인식하고 다른 사람이나 사회가 기대하는 정서로 조절하는 능력을 의미한다. 생애 초기의 정서는 조절되지 않은 채 표현되기 때문에 격렬하고 강렬한 방식으로 표현된다. 그러나 시간이 가면서 사회에 적응하기 위한 방식으로 조절하는 능력을 배우게 된다. 보통 2세 전후가 되면 양육자에 의한 정서조절 경험을 바탕으로 영아는 스스로 정서를 조절할 수 있게 된다.

③ 기질

개인의 행동을 특징짓는 기본양식을 기질이라고 하는데, 기질은 전 생애에 걸쳐 안정적인 경향이 있다. Thomas와 Chess(1980)는 9개의 기질을 구성하는 차원을 발견하였는데, 이를 바탕으로 영아의 기질을 순한 기질, 까다로운 기질, 느린 기질로 구분하였다(이숙 외, 2019).

- 순한(easy) 기질의 아동은 연구 대상의 40%를 차지하며, 행복하게 잠을 깨고 장난감을 가지고 혼자 잘 놀며, 쉽게 당황하지 않는다. 규칙적으로 수유나 수면이 이루어지며, 낯선 사람에게도 미소를 보이며 이들로부터 음식도 잘 받아먹는다. 새로운 생활습관에 쉽게 적응하며 좌절을 잘 받아들인다.
- 까다로운(difficult) 기질의 아동은 연구대상의 10%를 차지하며, 눈을 뜨기 전부터 울고, 생물학적인 기능이 불규칙적이다. 이들은 불행해 보이고 적대적이며 조금만 좌절해도 강한 반응을 보이며, 새로운 사람이나 상황에 적응하는 데 많은 시간이 필요하다.
- 느린(slow to warm up) 기질의 아동은 연구대상의 15%를 차지하며 수동적이고, 새로운 상황에 대해 움츠러드는 경향을 보인다. 이들은 새로운 상황을 좋아하지 않지만, 다시 경험하도록 기회가 주어지면 흥미를 가지고 이에 참여한다.
- 복합적인 특성의 아동은 나머지 35%의 어느 집단에도 속하지 않는 아동을 나타낸다.

표 5-1 기질의 차원과 내용

기질의 차원	내용
활동수준	일상생활에서의 신체활동의 양
접근/회피	새로운 자극에 대한 반응
적응성	일과의 변화에 대한 반응
기분	행복하고, 불행하고, 적대적인 행동의 빈도
주의지속성	활동이 지속되는 시간 및 방해를 받았을 때 활동을 계속하는 정도
주의산만성	외부의 자극에 의해, 하고 있던 활동이 방해받는 정도
규칙성	수면, 수유, 배변 등 생리적 기능의 예측가능성
반응강도	자극에 대한 긍정적 또는 부정적 반응의 강렬한 정도
반응역치	영아의 반응을 일으키는 데 필요한 자극의 양

출처: Tomas & Chess(1980); 이숙 외(2019).

기질의 지속성과 관련한 종단연구결과, 초기의 기질은 이후에도 지속되는 것으로 나타났다. 영아기에 까다로운 기질을 보였던 아동은 이후의 학교생활이나 또래와의 관계, 주의집중 등에 문제를 보이며, 반응이 느린 아동은 새로운 환경에 빨리 적응하는 데 어려움을 보였다. 기질의 지속성 여부는 부모의 양육행동이나 환경적 변화에 의해 영향을 받는다. 예를 들어, 18개월에 두려워하고 행동억제를 나타내던 영아가 부모가 이러한 행동을 수용하고 과보호하게 되면 3세경에도 두려워하고 행동억제를 보인다. 그러나 부모가 새로운 환경을 탐색할 수 있도록 격려하게 되면 행동억제 문제를 덜 나타낸다.

영아의 기질과 부모의 양육행동 간의 조화 또는 부조화가 기질 발달에 많은 영향을 미친다. 이를 조화 적합성(goodness of fit)이라고 하는데, 영아의 기질에 적합한 양육으로 영아의 적응을 돕는 것이 중요하다는 것이다. 즉, 아동의 발달은 자신이 타고난 기질과 그를 사회화시키는 사람의 기질 간의 상호작용의 산물이다. 부모-자녀 간의 상호작용을 통해 부모는 자녀가 타고난 유전적 요인에 변화를 주는 역할을 한다. 느린 기질을 가진 아동은 활발한 기질을 가진 아동만큼 부모가 요구하는 진도에 맞춰 나가지 못한다. 이에 실망하여 부모가 관심을 갖지 않는다면 아동은 더욱 위축될 것이다. 아동으로 하여금 많은 것을 경험하도록 배려함으로써 그들이 무엇을 좋아하며 어떤 것에 능숙한지를 판단하고, 이를 최대한 키워줄 수 있어야 한다.

④ 애착발달

애착은 아기와 양육자 간의 친밀하고 강한 정서적인 유대(emotion bond)관계로, 아동은 자신의 양육자와 애착을 형성한다. 애착의 질은 정서조절능력은 물론 앞으로의 사회적 관계 및 행동과도 밀접한 관련을 갖게 된다. Bowlby는 영아의 발달단계와 관련하여 애착의 발달단계를 전 애착단계(preattachment phase, 출생에서 6주), 애착 형성단계(beginning of attachment, 6주에서 6~8개월), 애착단계(clear-cut attachment, 6~8개월부터 18개월), 상호관계의 형성(formation of reciprocal relationship, 18개월 이후)의 네 단계로 구분하고 있다. 영아는 위의 4단계를 거치는 동안 양육자와의 경험을 통해 부모-자녀관계의 내적인 표상을 형성하며, 이러한 내적표상은 전 생애에 걸친 상호작용에 영향을 줌으로써 인성의 핵심적인 요소가 된다. 내적표상은 내적작업모형(internal working model)에 의해 만들어지는데, 힘들 때 자기를 지지해줄 것이라는 애착대상의 유용성에 대한 기대와 신념으로서 앞으로의 인간관계에 중요한 지침이 된다.

Ainsworth(1983)는 낯선 상황 실험(stranger situation experiment)을 통해 영아의 양육자 간의 애착이 안정적으로 형성되었는지를 알아보았다. 낯선 상황 실험은 만 1~2세의 영아와 양육자를 대상으로 일련의 분리 또는 재결합 상황으로 구성된 8개의 에피소드를 통해 애착의 안정성을 측정하는 방법이다. 각 에피소드에서의 나타나는 영아의 행동을 관찰하여 안정애착, 회피애착, 저항애착의 세 가지 유형으로 구분하였다. 이후 세 가지 유형에 속하지 않는 또 다른 애착 유형을 혼란애착으로 분류하였다(Main & Solomon, 1990).

- 안정애착(secure attachment)을 보이는 영아는 전체 영아의 60~65%인데, 어머니를 안전기지로 삼아 주위를 자유롭게 탐색하며, 부모와 분리될 때 괴로워하며 우는 영아도 있고 그렇지 않은 영아도 있지만 부모가 돌아오면 반갑게 다가가 신체적인 접속을 하고 쉽게 안정이 된다.
- 불안정-회피애착(avoidance attachment)을 보이는 영아는 전체의 20% 정도로, 어머니에게 반응을 별로 보이지 않고 어머니가 방을 나가도 울지 않고 어머니가 돌아와도 무시하거나 회피한다. 어머니와의 관계에서 친밀감을 추구하지 않으며, 낯선 사람과 어머니를 대하는 것에 차이를 보이지 않고 비슷한 반응을 보인다.
- 불안정-저항애착(resistant attachment)을 보이는 영아는 전체의 10~15%로, 어머니가 방을 나가기 전부터 불안해하고 어머니 옆에 붙어서 탐색을 별로 하지 않는다. 어머니가 방을 나가면 심한 분리불안을 보인다. 어머니가 돌아오면 접촉하려는 시도는 하지만 안아주어도 안정을 얻지 못하고 분노하는 양면성을 보인다.
- 불안정-혼란애착(disorganized attachment)을 보이는 영아는 전체의 5~10%로, 불안정애착의 가장 심한 형태로 회피애착과 저항애착이 결합된 것이다. 어머니와 재결합했을 때, 얼어붙은 표정으로 어머니에게 접근하거나 어머니가 안아줘도 먼 곳을 쳐다본다.

애착의 질은 양육자의 행동에 의해 많은 영향을 받는다. 안정애착을 보이는 영아의 어머니는 아동이 보내는 정서적 상태의 신호에 민감하고, 아동의 요구에 반응적이다. 반면, 저항애착 유형을 가진 영아의 어머니들은 아기의 요구나 신호에 일관되지 않은 행동을 보이며, 영아가 울어도 방치하고 가끔씩만 반응하는 경향이 있다. 회피애착 유형을 보인 영아의 어머니는 영아를 무시하고 아기의 반응이나 괴로움이 둔감하다. 혼란애착 유형을 가진 영아의 어머니들은 상실이나 심리적 외상 경험을 가진 경우나 학대의 대물림이 반복되는 경우가 있다. 즉, 안정된 애착을 형성한 영아의 부모는 아기의 신호에 빨리 반응하고, 적절한 도움을 주는 등 민감한 상호작용을 한다. 반대로 불안정애착 영아의 부모는 화를 잘 내고 아기와의 밀접한 신체접촉을 회피하며 자신의 감정을 표현하는 데 어려움이 있는 것으로 나타났다.

부모의 연령이 어리거나 사회경제적 지위가 낮은 경우, 직장이나 경제적 사건에서 오는 스트레스로 인해 불안정 유형이나 회피 유형이 많은 것으로 나타났다. 애착 유형의 비율은 각 문화의 양육 특성에 따라 차이가 날 수 있는데, 어머니와 영아의 친밀도가 높고 공동체 의식이 강한 나라일수록 영아를 독립적으로 양육하기보다 영아와 가까이 있으려 하기에 불안정-저항애착이 나타나기 쉽다. 반면, 개별성을 존중하는 나라들의 경우는 어머니가 영아의 독립성을 격려하고 분리가 어렵지 않아서, 불안정-회피의 유형이 더 많이 나타날 수 있다(Jin, Jacobvitz, Hazenm & Jung, 2012).

영아가 특정 대상과 애착을 형성하는 과정에서 낯가림과 분리불안을 나타낼 수 있는데, 이러한 행동은 영아가 애착을 잘 형성하고 있다는 증거이기도 한다. 낯가림(stranger anxiety)은 낯선 사람에 대한 불안으로 6개월경 시작하여 12개월에 절정에 이르다가 만 2세까지 지속된다. 낯가림은 친숙한 사람과 친숙하지 않는 사람을 구분할 수 있음을 의미하기에, 애착형성을 위한 일반적인 발달과정으로 간주되기도 하지만 그 정도가 지나치거나 강렬하게 되면 영아의 사회정서발달을 저해할 수 있다. 분리불안(separation anxiety)은 친숙한 사람과 헤어지는 것에 대한 불안으로, 8개월 무렵에 시작되어 10~18개월에 절정에

달했다가 만 2세경이 되면 심한 불안 행동은 어느 정도 감소한다. 낯가림과 마찬가지로 분리불안도 발달과정에 나타날 수 있는 행동이지만, 그 정도가 심할 경우에 분리불안장애로 진단될 수도 있다.

2. 영아기 발달과 사회복지실천

영아기는 인간의 전 생애 발달 가운데 가장 중요하고 변화가능성이 큰 시기이다. 영아를 둘러싸고 있는 사회환경은 다양하며, 부모, 가족을 포함한 사회, 문화적 요소 등이 영아의 행동에 영향을 많은 영향을 미친다. 특히, 영아기는 가정환경의 영향을 많이 받는 시기로, 영아의 신체, 인지 및 사회 · 정서 발달을 촉진하기 위한 양육자 역할 및 사회적 지원 등에 대해 살펴보고자 한다.

1) 신생아기 발달을 위한 사회복지실천

신생아기의 환경 중 가족과 부모는 아기가 성장 · 발달하는 데 필수 요소이며, 최초로 접하는 사회적 관계이자 함께 많은 시간을 보내고, 외부의 위험으로부터 보호하고 격려하면서 한 인격체로 성장시켜 나가는 가장 근본적인 체계이다. 따라서 신생아기에 양육자는 아기가 태내 환경과 상이한 외부 환경에 잘 적응할 수 있도록 세심한 주의를 기울일 필요가 있다. 첫 아기의 출산은 두 사람의 결혼생활에 큰 영향을 초래하며, 이로 인해 많은 스트레스를 경험하기도 한다. 이들은 부모로서, 배우자로서, 가사노동자로서의 과중한 역할 부담이나 가족구성원과의 상호작용 등 여러 요인으로 인해 스트레스를 경험하기도 한다. 이처럼 자녀의 탄생은 행복감과 함께 결혼생활의 많은 측면에 변화를 초래한다. 따라서 부부 상호간의 재적응과 태어난 아기에 대한 부모로서의 역할에 대한 적응이 매우 중요하다. 특히, 부모역할을 원만하게 수행하기 위해서는 배우자의 도움이 절대적으로 필요하다.

2) 영아기 발달을 위한 사회복지실천

영아기는 발달의 여러 영역에서 급속한 성장이 이루어지는 시기이다. 뛰어다닐 수 있을 만큼 빠른 속도로 신체발달이 이루어지고, 이에 따른 충분한 영양공급이 필수적이다. 이 과정에서 여러 발달심리학자들은 수유와 인간발달과의 관련성을 언급하였는데, Freud는 태어나서 약 1세까지의 구강기에는 입을 통한 만족을 충족시켜야만 욕구불안이 생기지 않는다고 보았다. Erikson은 인간발달 8단계 중 영아기는 배가 고플 때 욕구를 충족시켜 주는 어머니를 신뢰하게 되어 기본적 신뢰감이 발달시킬 수 있는데, 수유를 통한 신체적 욕구를 충족시키지 못하면 불신감을 경험할 수 있다고 보았다. 생후 5~6개월이 되면 어머니의 젖은 아기의 발달에 충분할 정도의 영양을 지니지 못하게 되기 때문에 이유를 시작해야 한다. 이유는 서두르지 말고 조금씩 늘려가면서 반유동식에서부터 시작하여 점차 이유식의 양을 늘려가면서 젖의 빈도를 줄여나가는 것이 필요하다.

또한 영아와 양육자 간에 기본적 신뢰감 형성을 위해 어머니가 영아의 여러가지 욕구에 대해 민감하게 반응하고 이를 충족시켜 주게 되면 영아는 주변세계와 인간관계에 대한 신뢰감을 형성하게 된다. 영아는 세상이 안전하고 살아갈 만하다는 믿음을 갖게 되며, 이러한 감정은 사회성 발달에 필수적이다. 이와 반대로 양육자가 영아의 욕구에 민감하게 반응하지 못하고 일관성 없는 태도로 대하면 영아는 세상에 대해 두려움과 불신감을 갖게 된다. 그러므로 부모는 영아의 욕구에 민감하게 반응해 주고 일관성 있게 사랑, 관심, 놀이, 접촉, 자극 등을 통해 욕구를 충족시켜 줌으로써 신뢰감을 형성할 수 있도록 해야 한다. 즉, 영아가 자신의 행동을 예측하고 목적을 달성시킬 수 있도록 환경을 조성해 주어야 한다. 또한, 18개월 이후에 해당하는 걸음마기 아동은 자율성 발달을 확립하고 자기 주장적인 독립성을 통해 자신의 충동을 억제하고 조절할 수 있는 능력을 획득해야 하는데, 이를 위해 부모는 허용되는 것과 허용되지 않는 것을 일관성 있게 알려주는 것도 필요하다.

영아기는 다른 사람과 의사소통이 가능할 만큼 언어능력도 확대된다. 이후의 사회성 발달을 위해 부모와 애착을 형성하는 것이 필요하며 인지발달을 위해 여러 감각 자극들이 필요하다. 이와 동시에 어머니와 분리된 하나의 개체임을 깨닫고, 자신의 개인적 능력을 과시하고자 끊임없이 노력하는 시기이다. 따라서 풍부하고 다양한 감각적 자극을 제공해 주는 것이 필요하다. 따라서 사회복지사들은 영아기의 자녀를 둔 부모나 양육자를 지원하기 위한 적절한 지식을 가지고 이들을 상담하고 필요한 자원을 연결할 수 있는 등의 도움을 제공해야 한다.

영아의 성격, 지능, 사회성 등의 대부분은 가정, 특히 부모로부터 영향을 받는다. 가정에서 부모, 형제와의 관계를 통해서 자신의 욕구를 표현하고 충족하며, 적응하는 방법을 배우게 된다. 이런 가족 간의 관계를 통해 사회성을 발달시키며 성격의 형성과 가치관을 배워나간다. 또한, 가정의 사회 · 경제적 수준, 부모의 교육수준, 직업, 가족구조, 형제자매의 수와 터울, 부모의 양육행동 등과 같은 가정환경은 영아의 발달에 중요한 영향을 미치고 있다. 이와 더불어, 여성의 사회적 참여 증가와 한부모가정, 조손가정, 다문화가정, 재혼가정 등 다양한 가족의 유형이 증가하고 있다. 따라서 가족의 기능과 잠재력을 잘 발휘할 수 있도록 다양한 가족 형태에 따라 가족 고유의 요구가 가족복지서비스에 잘 반영될 필요가 있다.

정서와 사회성 습득은 자기인식 발달이 수반되는 것이기 때문에 영아기에는 발달 여부를 식별하기가 어렵거나 불가능할 수 있다. 하지만 아주 어린 시기부터 정서와 사회성의 기초능력이 형성되고, 이러한 능력은 이후 학교에 입학하는 시기에 매우 중요한 역할을 하기 때문에 지속적인 관찰이 필요하다. 또 발달상 지연이 있다면 조기 개입하여 중재할 필요가 있다. 기관에 맡겨진 영아가 주변 또래나 교사에게 보이는 반응이나 정서 상태를 관찰하고, 또래에게 보이는 관심 정도, 원하는 바를 표현하는 방식, 부정적 정서를 어떻게 진정시키는지 관찰하고, 잘못된 행동을 할 때는 올바른 행동을 배울 수 있도록 적극적인 지도를 할 필요가 있다.

영아의 건강한 성장을 위해서는 가정에서의 역할도 중요하지만, 영아의 발달을 지원하는 보육서비스 또한 양적 · 질적으로 성장할 필요가 있다. 영아의 안전과 건강을 보장하는 보육과 교육이 되기 위해서는 수요자의 다양한 요구를 수용한 어린이집의 확보가 필요하고, 특수보육을 하는 시설에 대한 특수보육의 특성을 반영한 지원이 필요할 수 있다. 특히 영아를 전담하는 어린이집 보육교직원의 전문성 강화와 적절한 배치 및 이들의 정서적 소진을 감소시키기 위한 다양한 프로그램이 마련될 필요가 있다. 더불어, 영유아보육복지에 대한 국민의 인식 개선이 필요한데, 영유아 보육은 이제 가정의 책임으로만 전담시키기보다는 사회가 함께 영아의 성장과 발달을 지원하도록 보육복지의 개선과 강화를 위해 참여해야 할 것이다.

요약정리

1. 출생 후 만 2세까지를 영아기라고 한다. 그 중 출생 후 1개월까지는 신생아기라고 한다.
2. 신생아기에는 다양한 반사운동이 나타나고, 1년 정도가 되면 대부분 사라진다.
3. 신생아의 시각은 비교적 발달하지 않은 상태이고, 1개월 이후 초점을 맞추는 것이 가능하다.
4. 청각은 어느 정도 발달되어 있고 후각은 출생 초기부터 상당히 발달되어 있다.
5. 촉각은 출생 이전부터 상당히 발달되어 있고, 생후 2~3개월에는 특정한 맛에 대한 기호가 생길 정도로 미각이 발달한다.
6. 영아기는 신체성장의 제1급등기로서, 태내기와 더불어 두뇌발달의 결정적 시기이다.
7. 감각운동기에 획득되는 중요한 능력은 대상영속성이다. 대상영속성이란 사물이나 사람이 눈앞에서 사라진다 해도 어디엔가 존재하리라는 것에 대한 개념이다.
8. 영아기의 언어발달은 울음에서, 옹알이, 한 단어 단계, 두 단어 단계로 발전한다.
9. 분리개별화 과정은 영아가 자신과 엄마가 서로 분리되어 있는 존재임을 인식하는 것이다.
10. 정서분화 과정은 일차 정서가 먼저 분화된 후 인지가 발달하면서 이차 정서가 분화된다.
11. Thomas와 Chess는 영아의 기질을 순한 기질, 까다로운 기질, 느린 기질로 구분하였다.
12. 아동의 기질은 부모의 양육태도에 영향을 미치고, 부모의 양육태도 역시 아동의 기질에 영향을 미친다.
13. 조화 적합성은 부모가 영아의 기질에 적합한 양육을 할 수 있도록 돕는 것이다.
14. 애착은 주 양육자와 강한 정서적 유대를 형성하는 것을 의미한다. Ainsworth는 애착의 유형을 안정애착, 불안정-회피애착, 불안정-저항애착, 불안정-혼란애착으로 구분하였다.

생각해 보기

1. 애착 형성에 영향을 미치는 요인들에 대해 생각해 봅시다.
2. 영아기에 관심을 가져야 할 사회복지적인 문제점은 무엇인지 생각해 봅시다.
3. 영아기의 언어발달에 영향을 미치는 주요 원인이 무엇이며, 언어발달 촉진을 위한 부모의 역할에 대해 생각해 봅시다.

chapter 06

유아기 발달과 인간행동

Human Behavior and Social Environment

chapter **06**

유아기 발달과 인간행동

유아기는 신체발달에 있어서 운동기술능력과 대 · 소근육의 발달이 꾸준히 이루어지고, 인지적 · 정서적 측면에서 언어발달과 자아개념이 발달하게 된다. 사회적 발달에 있어서도 가족 외에도 친구나 다른 사람과의 소통을 통해 다양한 관계를 경험하게 된다. 이 장에서는 유아기인 만 3세부터 6세까지의 신체적 · 심리적 · 사회적 발달을 알아보고, 유아기 발달과 사회복지실천에 대해 살펴보고자 한다.

1. 유아기의 주요 발달과 인간행동의 이해

1) 유아기의 신체발달

(1) 신장과 체중

유아기에는 영아기처럼 신체성장의 속도가 눈에 띌 정도로 급격하게 이루어지지는 않지만 계속해서 성장을 한다. 유아기의 신체발달은 어느 정도 예측 가능한 속도로 발달하지만 유아마다 개인차가 있기 때문에 발육의 정도가 조금씩 다르다. 이와 관련된 요인으로는 유전, 전반적인 건강상태와 과거의 병력, 정서적 안정, 신체운동의 기회 등 환경적인 요인을 들 수 있다(김미영, 2013). 영아기 말 85cm 정도이던 신장은 그 후 매년 7cm 정도씩 증가하여 5세 유아의 경우에는 출생 시의 두 배(약 110cm), 유아기 말인 6세경에는 성인의 65% 정도(약 117cm)가 된다. 또한 영아기 말에는 12kg 정도이던 체중이 매년 2kg씩 증가하여 5세경에는 출생 시의 다섯 배(약 18.5kg) 정도가 되며, 6세에는 성인의 30% 정도(약 21.1kg)가 된다. 일반적으로 남아가 여아보다 신장이 더 크고 체중도 더 나간다.

(2) 뇌의 발달

뇌의 발달도 영아기와 마찬가지로 급속하게 이루어져 뇌의 무게가 영아기 말에는 성인의 75% 정도가 이르고 5세경에는 90%에 이른다. 6세 유아의 체중이 성인의 30% 정도인데 비해 뇌의 무게가 성인의 90% 이상이 되어 뇌의 발달이 다른 부분의 신체적 성장에 비해 영유아기에 매우 급속하게 이루어짐을 알 수 있다(조성연 외, 2010).

(3) 골격 및 치아발달

골격 및 치아발달에 있어서도 여러 가지 변화가 일어난다. 골격도 이전의 시기에는 연골이지만 점차 경골로 변화하여 더 빠른 속도록 단단해진다. 뼈가 단단해짐에 따라 외양은 더 튼튼해지고 내부기관도 보호된다. 이러한 과정은 신체부분에 따라 각기 다르며, 개인에 있어서 조금씩 차이를 나타낸다. 뼈의 성숙은 운동발달과 몸의 균형에도 중요한 역할을 한다. 이 시기에는 남성적 · 여성적 체격 특성이 현저하게 나타나지 않고 남녀 모두 비슷하게 직선적이고 평면적인 체격을 가지는 이유는 아직 어깨와 골반의 근육이 충분히 발달되지 않았기 때문이다. 유아기 치아는 5세부터 유치가 영구치로 바뀌게 되는데, 이

때에는 치아 건강에 더욱 신경을 써야 하며, 5세 이후까지도 손가락을 빠는 버릇을 가진 유아는 영구치가 나올 때 치열이 고르지 않은 등 치아 발달에 나쁜 영향을 미칠 수 있다(김미영, 2013).

(4) 운동기능 발달

유아기는 실제 신체 성장속도는 둔화되지만 운동기술은 급속도로 증대된다. 특히, 걷기, 뛰기, 달리기, 올라가기, 뛰어내리기, 매달리기, 깡총뛰기, 제자리뛰기 등의 대근육운동 기술이 유아기 동안 아주 능숙해지고 더 잘 통제할 수 있게 된다. 유아기는 소근육 발달도 급속히 이르어지는데 소근육운동은 눈과 손의 협응을 통해 목표하는 사물을 향해 정확하게 팔을 뻗고 잡은 사물을 민첩하고 바르게 반복적으로 조작함으로써 시지각상의 정보가 효율적인 움직임으로 작용하는 능력을 말한다. 이런 소근육운동의 발달에는 사물잡기, 조작하기, 블록 쌓기, 젓가락 잡기, 그림 그리기, 옷 입고 벗기 및 단추 사용 등이 포함된다. 이런 협응기능은 유아로 하여금 자율성과 자아존중감을 획득하는 데 중요한 영향을 미치게 된다(강세현 외, 2011).

신체근육의 발달과 신경의 성숙에 따라 아동은 대소변을 가릴 수 있게 된다. 보편적으로 3~4세가 되면 깊이 잠자다가도 오줌이 마려우면 깨서 오줌을 누거나 아니면 밤새 오줌을 누지 않는다. 그러나 4~5세까지도 잠을 잘 때 요에 오줌을 싸는 실수를 빈번하게 하는 경우 야뇨증이라 한다. 야뇨증의 원인에는 여러 가지가 있을 수 있으나 크게 신체적인 원인과 심리적 원인으로 나누어볼 수 있다. 신체적인 원인으로는 방광근육의 미성숙, 방광이나 요로의 이상, 척추이상, 자율신경의 미성숙 등을 들 수 있다. 또한 어렸을 때 젖은 기저귀를 곧 갈아 주지 않아 그 주변의 피부 감각이 둔화된 것이 야뇨증의 원인이 될 수 있다. 야뇨증이 신체적인 원인으로 판명된다면 의사의 지시대로 따르면 된다.

유아기의 건강한 신체발달은 유아의 운동기능을 원만히 해주고 자신감을 길러줄 뿐 아니라 사회적 관계를 이루는 데에도 영향을 미친다. 부모는 자녀가 건강한 신체를 갖도록 영양섭취에 주의를 기울이며 규칙적인 생활습관을 형성하도록 도와주어야 한다(조복희 외, 2007).

2) 유아기의 심리발달

(1) 인지발달

유아의 인지발달을 살펴보면, 유아가 감각운동기에서 2~7세의 기간을 포함하는 전조작기로 이동할 때 유아에게 가장 명백하게 나타나는 변화는 표상적 혹은 상징적 활동의 현저한 증가이다. 유아기 사고의 특징은 다음과 같다.

첫째, 상징적 사고(symbolic thought)로 전조작기의 가장 중요한 인지적 성취이며, 상징적 사고는 어떤 다른 것을 나타내는 징표를 말한다(Piaget, 1962). 단어나 대상이 어떤 다른 것을 표현할 수 있도록 해주는 상징적 사고능력은 유아로 하여금 '지금, 여기'의 한계에서 벗어나서 정신적으로 과거와 미래를 넘나들게 해준다. 상징적 사고의 가장 두드러진 내용 중의 하나는 바로 가상놀이이다. 유아가 3세 반 정도가 되면 흉내놀이, 즉 가상놀이를 할 수 있다. 이러한 흉내놀이는 바로 유아가 상징적 사고를 할 수 있다는 최초의 증거이다. 새처럼 행동하는 것, 블록을 갖고 자동차인 것처럼 노는 것 등을 간단한 종류의 환상적 놀이, 즉 상징적 놀이라고 하며, 엄마 · 아빠가 되어 역할놀이를 하게 되는 가상놀이 또는 가정놀이라고 한다(전남련 외, 2010).

둘째, 자기중심성(ego centrism)으로 Piaget에 의하면 전조작적 사고의 가장 큰 기본적 결함은 자신과 타인의 상징적 관점을 구별하는 데 실패하는 자기중심성이다. 자기중심성이란 이기주의와는 다르나 타인의 입장에 서서 생각할 수 있는 능력이 아직 부족하므로 사건과 사물을 해석하지만 일반적 속성의 입장에서가 아니라 자신과 관련해서 해석하는 사고를 의미한다. Piaget의 자기중심성에 대한 가장 설득력 있는 증명은 세산모형실험이다. 세산모형실험의 각각의 산은 색깔과 정상의 상태에 의해 구별된다. 하나에는 빨간 십자가가, 다른 것에는 작은 집이, 세 번째 산에는 눈으로 덮인 정상이 있다. 전조작기 유아는 자기중심적으로 응답한다. 그들은 인형의 조망에 맞춰 눈 덮인 산의 사진을 고르지 못한다. 즉 그들은 단순히 자신의 위치에서 보이는 사진을 선택한다.

셋째, 물활론적 사고(animistic thinking)로 무생물에게 인간의 힘과 능력을 부여하는 것으로, 아직 인지의 미성숙한 결과이다. 전조작기 유아는 무생물이 사고, 소망, 감정, 의도 같은 살아 있는 생물체의 특성을 가진다는 믿음을 갖고 있는데 이것이 물활론적 사고이다. Piaget에 의하면 유아의 생명에 대한 개념의 발달은 4단계로 이루어진다. 1단계는 사람에게 어떤 영향을 주는 대상은 살아 있다고 믿는다. 즉, 존재하는 모든 사물에 의지나 생명이 있다고 생각하는 단계로 4~6세경에 나타난다. 예를 들면 자전거, 난로, 태양, 산, 전등 같은 모든 것이 살아 있다고 생각한다. 2단계는 움직이는 것은 살아 있다고 믿는다. 주로 6세 이후 8~9세경의 아동에게서 나타난다. 따라서 자전거나 태양은 움직이므로 살아 있지만 산이나 전등은 움직이지 않으므로 살아 있지 않다고 생각한다. 3단계는 스스로 움직이는 것만 살아 있다고 믿는다. 8세 이후부터 12세까지의 아동에게 주로 관찰된다. 해는 스스로 움직이므로 살아 있으나 자전거는 스스로 움직이지 않으므로 살아 있지 않다고 생각한다. 4단계는 유아가 비로소 과학적이고 생물학적인 생명관을 갖는 시기로 11~12세 이후에 정착된다. 이때가 되면 비로소 동물과 식물만이 살아 있다고 한다.

넷째, 보존개념(conservation concept)의 미성숙으로 보존이란 대상의 특정한 물리적 상태의 외형이 변화되어도 동일하게 유지된다는 생각을 의미한다. 보존의 실패로 볼 때 유아는 다른 중요한 특징들은 무시하고 상황의 한 측면에 초점을 맞추는 중심화를 보이고 있다. 액체보존에서 유아는 물의 높이에 집중하고, 높이의 변화가 넓이의 변화로 보상된다는 걸 깨닫는 데 실패한다. 또한 유아는 대상의 지각된 외형에 쉽게 혼돈되고 대상들 사이의 역동적 변환(예: 물을 따름)을 무시하여 물의 초기 상태와 마지막 상태를 관련 없는 사건으로 다룬다.

다섯째, 전환적 사고(transductive reasoning)로 전반적인 상황의 고려 없이 특정 상황에서 다른 특정한 상황으로 뛰어넘어 진행하는 사고이다. 전혀 존재하지 않은 별개의 원인과 결과관계를 추정한다. 이 시기 유아 사고의 특징은 변환에 유의하거나 열중하는 능력이 없다는 것이다. 유아는 계속적으로 변화하는 계열적 상태를 관찰하는 데 있어서 한 상태가 다른 상태로 변하는 과정보다는 계속적이고 연속적인 하나하나의 장면의 상태에만 집중하기 때문에 변환을 이해하지 못한다. 예를 들어 연필을 세워서 넘어지는 과정을 단계로 그리거나 재생시키지 못하고 처음의 연필에 있었던 상태와 마지막의 넘어져 있는 상태만 재생할 줄 안다. 이렇게 전환적 사고과정은 서로 관련이 없는 두 개의 사건을 원인과 결과의 관계로 연결시키는 비약적 도출과 같은 현상을 초래한다.

여섯째, 비가역성(irreversibility)으로 생각을 되돌리거나 다시 생각할 능력이 없다. 전조작기 비논리적 사고의 가장 중요한 특징은 과제에 대해 일련의 정신적 단계들을 거치는 것과 때로는 초기상태로 돌이키는 전환의 실패, 즉 비가역성이다. 그리고 유사점과 차이점에 기초하여 범주와 하위범주로 대상을 조직하는 위계적 분류에 어려움을 겪는다.

일곱째, 꿈의 실제(dream realism)로 실제로 존재한다고 믿는 상상의 친구를 가진다. 또한 유아들은 자신의 꿈이 다른 사람에게도 보이며, 밤이나 하늘로부터 또는 바깥의 빛으로부터 창문을 통하여 들어오는 것이라고 생각한다. 또한 꿈을 꾸고 있는 동안 꿈이 자기 주위에 그대로 남아 있다고 생각하며 꿈이 실제라고 믿는다.

여덟째, 인공론적 사고(artificalism)로 유아는 세상의 모든 사물이나 자연현상이 사람의 필요에 의해서 자신의 목적에 맞도록 쓰려고 만들어진 것이라고 믿는다. 유아들은 해와 달은 우리를 비추어 주기 위해 사람들이 하늘에 만들어 두었다고 믿고, 하늘이 푸른 이유는 누군가가 파란색 물감으로 하늘을 칠했기 때문이라고 믿는다(임은희, 2010; 전남련 외, 2010; Berk, 2009).

(2) 정서발달

유아기의 정서발달을 살펴보면, 유아의 감정은 성인과 별로 다를 바가 없다. 기쁨, 즐거움과 같은 감정이 있고 분노, 공포, 격정, 질투, 좌절과 같은 유쾌하지 않은 감정도 가지고 있다. 불쾌한 감정은 사회적으로 인정할 수 있는 방법으로 해소해 나가는 방법을 터득해야 한다.

공포와 불안은 모두 유아에게 긴장을 초래하나 그 원인 발생에는 차이가 있다고 본다. 공포는 공포를 유발하는 특정대상이 있으나 불안은 불안을 야기시키는 대상이 불명확한 경우가 대부분이다. 부모와 떨어지는 것은 불안의 원인이 되며, 부모의 꾸지람도 불안을 야기시킨다. 아무도 없는 낯선 곳에서 아동은 불안해한다. 뿐만 아니라 아동 자신의 상상에 의해서도 불안을 느낄 수 있는데 동생에 대한 질투는 어머니에 대한 사랑을 빼앗길 수 있다는 불안을 야기시킨다. 공포의 원인은 불안보다 명확하다. 동물원에서 포효하는 사자나 길거리를 빨리 달리는 차는 공포의 대상이다. 주사를 놓았던 간호사, 병원 냄새

등은 과거의 경험과 연관되어 공포를 느끼게 한다.

분노는 하고 싶은 것을 못하게 하거나 어떤 일을 강요했을 때 표출된다. 분노의 표출 형태는 보편적으로 떼쓰거나 우는 것인데, 심한 경우에는 마룻바닥에 누워서 소리를 지르고 발길질을 하거나 펄쩍펄쩍 뛰고 숨을 몰아쉬는 아동도 있다. 부모가 화를 잘 내면 자녀도 분노의 표현을 쉽게 하고, 떼를 써서 욕구를 충족시킨 경험이 많은 아동은 빈번하게 분노를 표출한다.

질투는 1세 반경이 되면 나타나기 시작하는데 동생이 생기면 질투가 더 심해져 퇴행행동을 보이기도 한다. 퇴행행동이란 이전 연령 때 했던 행동을 다시 나타내는 것이다. 예를 들면, 동생처럼 사랑받기 위해 동생이 하는 행동을 보여 손가락 빨기, 오줌싸기, 애기처럼 소리내기, 젖병 빨기 등의 행동을 한다. 3~4세경에는 질투가 매우 심해져 울음으로 질투를 표현하기도 한다. 5~6세경에는 유치원에서 선생님이 다른 아이들에게 관심을 보이면 심한 질투를 나타낸다. 그러나 연령이 증가할수록 사회성이 발달하고 이에 따라 질투의 표현도 억제된다.

애정은 자기를 사랑해 주는 사람에게 사랑을 표현하는 것으로 상호적이다. 영아기에는 자신을 주로 돌보아 주는 양육자에게 애정을 보이지만 3세경이 되면 또래 간에 애정을 갖기 시작하며, 4~5세경이 되면 어린 아기를 귀여워하고 돌보아주기도 한다.

유아기에는 정서의 표현과 더불어 정서를 이해하는 능력이 발달한다. 일반적으로 슬픔과 같은 부정적 정서보다는 좋다거나 행복하다는 등의 긍정적 정서를 더 쉽게 이해한다. 그러나 유아는 상대방이 실제로 느끼는 정서와 표현하는 정서가 다를 수 있다는 것을 이해하기는 어렵다. 즉, 유아기는 보이는 대로 판단하는 직관적 사고가 강한 시기이기 때문에 다른 사람의 감정을 추론하는 데 외현적인 정서 표현에만 주의를 기울여 판단한다.

상황에 따라 직접적인 정서 표현을 보류하고 합리적으로 행동하는 정서조절 능력은 만 2세경이 되면 나타나기 시작하여 유아기에 급격하게 증가한다(Bridges & Grolnick, 1995). 좌절상황에서 유아는 즉각적인 보상을 받는 대신 이를 지연시켰다가 나중에 더 큰 보상을 받는 만족지연을 함으로써 정서조절을 하는데, 유아는 성인이 도와준다면 대부분 만족지연 상황을 잘 견딜 수 있고 성인이 없는 상황에서의 만족지연은 아동 중기가 되어야 비로소 가능해진다(Mischel, Shoda, & Rodriguez, 1989).

(3) 자아개념 발달

유아의 초기 자아개념(self concept)은 자신에 대한 아주 제한된 인식이라고 볼 수 있으나 성장하면서 자아개념도 확장되어 좀 더 세분화되고 복잡해진다. 2세 정도가 되면 자아인식이 형성되기 시작하며 유아에게 있어서 자아개념이란 곧 자아인식이라 볼 수 있다. 3~4세가 되면서 유아는 물질이나 사람에 대해서도 내 인형, 내 모자, 우리 아빠 등의 소유개념을 나타내며 이러한 소유개념의 표현은 자아에 대한 개념이 자신에게 속한 물건에까지 확대되어가는 과정이다. 4~5세가 되면 유아의 자아는 성숙한 수준으로 발달되어 자신을 여러 가지 다양한 차원에서 설명할 수 있고, 같은 차원 안에서도 자신과 타인을 비교할 수 있다. 이 시기부터 유아는 자기의 생각에 관해 진술하기 시작하며 자신의 생각이나 감정을 감추거나 위장하는 초보적인 자아인지 통제능력도 보인다. 약 5~7세경에 유아는 체격, 연령, 성을 포함하여 전체적인 범위에서 매우 구체적으로 자신을 설명할 수 있다. 그러나 이때에도 유아는 마치 4~5세 유아가 자신의 영속적이고 내적인 특질보다 외모에 주의를 기울이듯이 자신이 어떻게 생겼는가, 자신이 무엇을 가지고 노는가, 자신은 어디에서 사는가, 무엇을 잘하고 무엇을 잘 못하는가 등 자신을 시각적인 특징에 관련지어 설명하려고 한다.

이처럼 자아개념은 유아시기에도 고정되어 있는 것이 아니라 발달단계에 따라 지속적으로 변화해 가며 유아의 성장과정에서 어떤 사회적 경험을 하느냐에 따라 자아개념 형성에 지속적인 영향을 받는다. 이와 같이 아주 어린 시기부터 발달하게 되는 자아개념은 학업성취, 수용력, 정신건강, 대인관계 등 각 개인의 행동 전반에 영향을 미치며 성격의 형성과 발달에 중요한 결정요인이 된다. 긍정적인 자아개념을 형성하기 위해서는 유아의 양육방식과 밀접한 관련을 맺고 있으며 부모는 유아의 자아존중감 발달에 결정적인 영향력을 갖는다. 유아에게 수용적이며, 애정을 갖고 관심을 가지는 일관성 있는 양육방식은 유아 자신의 자아가 연속성과 동일성을 갖는 것을 경험하게 하고, 자신에 대한 긍정적 자아개념을 형성하도록 한다. 이러한 발달은 유아의 사회적 · 정서적 · 지적 발달에 중요한 결과를 가져온다(곽노의 외, 2009).

(4) 자아존중감 발달

자아존중감(selfesteem)이란 자기 자신과 자신의 능력에 대한 보다 포괄적인 평가를 말하는 것으로, 유아들은 자기에 대해 인식하고, 자신을 좀 더 이해하고, 자기에 대한 개념을 형성해가는 과정에서 자신이 가지고 있는 특성들을 평가하기 시작한다. 3~5세가 되면 유아들은 자기와 친한 또래 친구들이 다양한 상황에서 일반적으로 어떻게 행동하는지에 대해 안다. 그래서 또래들과 신체적 능력이나 사회적인 기술, 학문적인 능력 등에서 차이가 있다는 것을 알고, 놀이를 할 때는 사회성이 높은 친구를, 운동을 할 때는 운동을 잘하는 친구를 선택하는 경향이 있다.

대체로 자아존중감이 높은 유아들은 자기 자신을 누구보다 사랑하며, 자신이 가지고 있는 강점과 약점이 무엇인지 알아차리고, 강점은 강화시키고, 약점은 극복하려고 노력하고, 자신의 특성이나 능력에 대해 대체적으로 긍정적인 감정을 갖는 특성을 가진다. 그러나 자아존중감이 낮은 유아들은 대부분 일상생활에서 성취한 경험이 별로 없으며, 자신감도 부족하고, 자신의 강점을 부인하거나 약점을 부각시키는 등 자신에 대한 부정적인 감정을 지나치게 갖고 있는 것으로 나타났다.

자아존중감이 가장 높은 시기는 유아기로서 대부분의 유아들은 여러 영역에서 자신의 능력에 대해 매우 긍정적으로 평가한다. 그 후 초등학교에 들어가면 자신을 또래와 비교하기 시작하면서 자아존중감이 약간 낮아지는 경향을 보인다(김미영, 2013).

3) 유아기의 사회성 발달

(1) 성역할 발달

성역할(sex role)이란 사회적으로 수용되는 남성과 여성이라는 것과 연관된 태도와 행동으로 유아들이 성장하면서 성유형화 과정을 통해서 성별에 따라 습득하게 되는 성격특성이나 태도, 관심, 그리고 기술 등을 말하기도 하는데 모든 사회는 그 사회에서 적절한 것으로 규정하는 성역할을 가지고 있다.

유아들은 매우 어린 시기부터 성에 따른 전형적인 행동, 태도, 가치를 획득하기 시작하여 성에 맞는 놀잇감을 가지고 놀이를 하며, 태도나 행동을 구분지어 남자들의 행동이라거나 여자 같다거나 하는 표현을 쓴다. 학령전기의 유아들은 성 유형에 매우 엄격하여 스스로의 정체성을 이해하기 위해 각 성별에 맞는 행동과 태도를 명확하게 구분하는 경향이 있다. 따라서 유아기는 성에 관한 고정관념을 가지게 되어 '남자는 의사, 여자는 간호사', '소방관 아저씨', '경찰관 아저씨' 등 성역할에 대한 지배적인 고정관념이 나타나기도 한다.

유아들은 남아나 여아로서 기본 성정체감을 형성해 가면서 동시에 성역할 고정관념을 획득하기 시작한다. 성역할 고정관념의 학습과정은 일찍부터 시작되어 몇 년간 계속된다. 자신과 타인의 성별을 이해하게 된 유아들은 점차 성역할 고정관념을 받아들이기 시작하여 남아가 여아에 비해 더 공격적이고, 집짓기놀이나 자동차놀이를 좋아하며, 여아는 남아에 비해 말을 많이 하고 인형놀이를 많이 한다는 것을 알게 된다.

성역할 고정관념은 주로 생물학적 요인과 사회 · 문화적인 요인에 의하여 형성된다. 첫째, 선천적으로 타고난 남녀의 성적 차이로서 설명된다. 즉, 남녀는 출생 시부터 골격, 호르몬의 수준 등이 다르다. 발육면에서도 대개는 남아의 체중이 여아보다 무거우며 키도 크고 더 활동적이다. 둘째 부모가 성을 가르치는 것으로 설명된다. 많은 부모는 성차를 발달시키는 방향으로 자녀의 환경을 구조화한다. 대체로 아들의 방은 자동차, 병정놀이 장난감, 스포츠용품 등으로 꾸미는 반면, 여아의 방에는 인형, 소꿉놀이, 꽃무늬가 잔잔한 벽지, 레이스로 장식된 침대 커버 등이 더 많다. 셋째, 아버지 역할의 영향을 받는다. 어떤 아버지는 남아에게는 남자답게 행동할 것을 주장하면서 비판적이고 요구적으로 상호작용하는 반면, 여아에게는 적당히 눈감아 주고 보호해 주는 방식으로 상호작용함으로써 여성다워지도록 가르친다고 한다. 남아의 성별 전형화에 끼치는 아버지의 영향력은 아버지 부재의 경우 아들이 더 여성적인 놀이를 하고 여성적인 흥미패턴을 발달시키며, 덜 공격적이고, 더 의존적이며, 조용한 운동을 한다는 연구에서 입증하고 있다. 넷째, 형제자매의 영향으로 동성의 형제자매는 유아의 성별 전형화를 촉진시키는 요인이다. 이들은 서로 성 적합 행동의 모델이 되어 줄 수 있으며, 동성의 행동을 연습할 수 있다. 반면에 이성의 형제자매는 유아가 이성의 활동에 접할 기회를 증가시킴으로써 유아를 더욱 양성적으로 발달시킬 것이다. 다섯째, 또래집단과 교사의 영향을 받는다.

유아교육기관에서 유아들은 서로의 성 적합 행동은 보상하는 한편, 성 부적합 행동은 벌하는 경향이 있다. 즉, 남아는 망치질을 하거나 모래상자에서 놀 때 보상하고, 여아는 소꿉놀이와 인형놀이를 할 때 보상한다. 성 적합 놀이로 보상받았을 때는 그 놀이를 평소보다 더 오랫동안 계속하였다. 또한 많은 교사는 또래집단만큼 유아를 성에 따라 차별하지는 않지만, 성 적합 놀이는 권장하는 한편, 성 비적합 놀이는 억제한다. 마지막으로 동화책이나 교과서, 텔레비전에서도 성별 전형화에 영향을 미친다. 책이나 방송매체를 통해 대체로 남아는 더 활동적이며 중요하고 흥미 있는 일을 하는 것으로 묘사되는 반면, 여아는 수동적이고 의존적이며 남아에게 봉사하거나 남성으로부터 도움을 받는 무력한 존재로 묘사하는 경향이 있다(김미영, 2013).

(2) 친사회적 행동발달

친사회적 행동이란 타인과의 관계에 있어서 사회적으로 바람직한 행동을 뜻한다. 나누기, 돕기, 위로하기, 보살피기, 협조하기 등은 대표적인 친사회적 행동이다. 즉, 친사회적 행동은 타인의 행복에 대해 관심을 갖고 배려하는 이타성이 행동으로 나타나는 것을 의미한다. 이타성은 유아기 또래집단뿐 아니라 성인이 된 후의 사회적 관계에서 개인이 얼마나 집단의 성원으로부터 존경받고 수용되는가를 결정하는 중요한 특성이다. 나이가 집단 내에서 개개인이 지닌 이타적 특성은 개인의 행복뿐 아니라 집단이나 사회 전체의 안정과 행복의 정도를 결정하는 중요한 요인이 된다. 유아의 연령이 증가함에 따라 친사회적 행동도 증가하는 경향이 있다(곽노의 외, 2009).

영아기를 지나면서 유아는 점차 또래지향적이 되고, 또래는 유아의 발달에 중요한 영향을 미친다. 첫째, 또래는 유아에게 소속감을 제공해 준다. 유아는 또래집단에 소속됨으로써 다른 사람들과 사회적 상호작용을 할 수 있고 부모나 다른 성인들이 개입되지 않은 경험을 할 수 있다. 집단소속감을 통해서 얻는 안정감은 부모와의 애착에서 얻는 안정감과는 다르다. 둘째, 또래는 유아에게 사회적 지지를 제공해 준다. 가족이나 또래의 사회적지지 기능을 높게 평가한 유아일수록 사회적 적응을 더 잘한다. 셋째, 또래는 유아에게 행동의 지침을 제공해 준다. 또래는 유아가 모방할 수 있는 모델이 될 뿐만 아니라 강화자이기도 하다. 넷째, 또래는 유아의 자아개념과 개인적 정체감 발달에 영향을 미친다. 유아는 또래와의 상호작용을 통해 자신의 생각, 감정과 능력 등을 또래와 비교해 보고 이를 통해 자아개념, 자아존중감 등을 발전시킨다. 다섯째, 또래는 유아의 사회적 기술습득을 도와준다. 유아는 부모와의 상호작용을 통해 사회적 위계 속에서 취할 수 있는 태도를 습득하지만, 또래와의 상호작용을 통해서는 대등한 인간관계 속에서 살아가는 방법을 배울 수 있다.

유아기에는 다른 사람에 대한 이해가 발달하기 시작하지만 아직 성숙한 우정을 형성하지는 못한다. 유아들은 아직 다른 사람의 관점을 이해하지 못하기 때문에 친구로부터 자신이 원하는 것만을 생각한다. 이 시기의 유아는 에너지와 활동 정도가 비슷하고 같은 활동에 참여하는 동성의 친구와 친한 경향이 있다. 즉, 자신을 좋아하고 유사한 유형의 놀이를 함께 즐기는 친구를 좋아한다. 또한 친구의 외모가 멋있거나 무엇을 잘 주기 때문에 친하다고 하기도 한다.

유아가 점차 또래지향적이 되면서 이들의 상호작용 특성도 변화한다. 이는 놀이에서도 나타나 유아는 다른 유아를 관찰하는 것에서부터 점차 사회적인 놀이를 하게 된다(조성연 외, 2010).

(3) 도덕성 발달

유아기에는 초보적인 양심이 발달하기 시작한다. 유아는 부모의 가치나 기대, 태도 등을 자신의 행동지침으로 사용하기 시작하면서 올바른 행동에 대한 가치관과 원리를 확립하기 시작한다. 즉, 유아는 사회의 가치를 내면화시키면서 도덕성을 발달시킨다.

Piaget는 인지발달에 따라 도덕성이 발달한다고 보고 도덕성의 발달을 타율적 도덕성과 자율적 도덕성으로 구분하였다. 타율적 도덕성은 규칙이란 신성하고 불변적인 것이므로 규칙에 일치하는 행동은 착한 행동이고 규칙에 어긋나는 행동은 나쁜 행동이라고 생각하는 것이다. 예를 들면, 엄마를 도와주기 위해 그릇을 닦다가 그릇을 열 개 깨뜨린 유아와 엄마가 먹지 말라는 과자를 꺼내 먹다가 그릇을 한 개 깨뜨린 유아가 있을 때 누가 더 나쁘냐는 질문을 하면, 전조작기 유아는 그릇을 열 개 깨뜨린 유아가 더 나쁘다고 대답한다. 왜냐하면 그릇을 한 개 깨뜨린 것보다 열 개 깨뜨린 것이 결과적으로 그릇을 더 많이 깨뜨렸기 때문이다. 즉, 이 시기의 유아는 행동의 동기나 의도를 고려하지 않고 결과만을 보고 도덕성을 판단한다. 이는 전조작기 유아가 보이는 직관적 사고의 영향이기도 하다.

자율적 도덕성이란 모든 사람이 동의하면 규칙이란 경우에 따라 변할 수도 있다는 것을 인식하는 것이다. 이는 행동의 동기나 의도를 고려하여 도덕성을 판단하는 것으로 구체적 조작기 이후에 나타난다(조성연 외, 2010).

2. 유아기의 발달과 사회복지실천

1) 유아기의 신체발달과 사회복지실천

유아기에는 다른 어떤 시기보다도 신체 · 인지 · 정서발달이 유기적이며 균형적으로 발달되어야 하는데, 특히 신체발달 및 건강이 중요하다. 이를 위해서 유치원, 어린이집에서는 유아들에 대한 정기적인 진단을 통해 신체적 발달상태를 확인 및 점검하고, 감염성 질환 발생을 예방하며 질병의 조기 치료에 많은 관심을 기울여야 한다. 유아기는 영아기에 비해 성장 속도는 감소하는 반면, 신체활동량이 많아지며, 운동기능의 발달이 빠른 시기로 이에 필요한 영양공급이 매우 중요하다. 또한 사회인지적 기능 및 정신적 성장 · 발달이 이루어지며, 행동양식 등의 기초가 형성되는 시기로 이때 형성된 식사습관, 음식기호, 식사태도, 위생습관 등은 신체적 성장발달 및 정서면에서도 영향을 주어 평생의 식생활을 좌우할 뿐 아니라 일생의 건강상태에 결정적인 영향을 미치게 된다.

따라서 사회복지사는 유아기의 충분한 영양공급과 올바를 식습관이 유아의 신체적 · 인지적 · 정서적 발달에 중요한 요인으로 작용함을 인식하여 결식 유아 관리, 급식 지원, 지역 내 보건소 등과 연계한 영양교육 서비스를 실시하도록 해야 한다(강세현 외, 2011). 또한 유치원, 어린이집, 놀이터와 같은 외부활동이 많아지기 때문에 안전사고를 당할 위험성도 높아지므로 놀이시설과 생활공간에서 일어날 수 있는 유아 안전사고를 미연에 방지할 수 있도록 철저한 안전점검을 실시해야 한다(조형숙 외, 2014).

2) 유아기의 심리발달과 사회복지실천

유아기는 인지, 사회 · 정서 교육에 들이는 노력에 비해 효과가 가장 많이 나타나는 시기이다. 따라서 유아기에 양질의 교육 및 보육을 받는 것이 이후 생애 발달에 긍정적인 영향을 미치게 되는데 양질의 교육 및 보육은 첫째, 교사가 유아들에 대한 애정을 가지고 있어야 한다는 점이다. 둘째, 유아의 발달에 대한 전문적인 교육을 받고 이해하는 교사여야 하며, 셋째, 교사는 교육받은 내용을 유아에게 적절히 적용해야 한다. 넷째, 교육 · 보육기관과 양육자의 연계가 이루어져 서로 유아에 대한 정보를 주고받아야 한다. 다섯째, 부적절한 양육태도나 기술을 가진 부모에게 교육 · 보육을 할 수 있는 능력을 갖춘 교육기관이어야 한다(조형숙 외, 2014).

유아기에 주로 발견되는 발달상의 문제로는 의사소통장애, 주의력결핍 과잉행동장애 등이 있다. 유아기는 언어가 현저하게 발달하기 때문에 언어발달지연에 대한 진단과 개입이 중요하다. 언어발달지연은 지적장애, 뇌성마비, 자폐증 등 다른 주요 장애에 동반되는 경우가 많다.

주의력결핍 과잉행동장애(ADHD) 아동은 매우 산만하고 부주의하고 충동적인 행동을 하며 자신의 행동을 통제하지 못한다. 같은 또래에 비해 현저하게 부산한 행동을 보이며 안절부절못하고 충동적이며, 이러한 증상은 유치원이나 보육시설 등에서 단체생활을 시작하면서 두드러지게 드러나 유아의 적응을 방해한다. ADHD 아동은 지능에 비해 학업성취도가 낮고 교사나 또래에게서 지적당하거나 거부당함으로써 낮은 자존감을 형성할 가능성이 높다. ADHD의 원인에 대해서는 유전적 요인이나 미세한 뇌손상 등의 생물학적 요인과 부모의 성격이나 양육방식 등 심리사회적 요인이 함께 작용하는 것으로 알려져 있다. 일반적으로 소아정신과에서의 약물치료와 함께 행동주의적 또는 인지행동주의적 심리치료를 병행하여 개입한다. 또한 ADHD의 치료에는 부모의 역할이 매우 중요하기 때문에 행동수정 및 양육방식에 대한 부모교육과 함께 부모에 대한 지지적인 상담이 필요하다(조흥식 외, 2010).

3) 유아기의 사회성 발달과 사회복지실천

유아기의 각 영역 발달은 양육자인 부모와의 상호작용이 영향을 크게 미친다. 그리고 영유아기에 뇌발달의 대부분이 발달한다고 많은 학자들이 보고하고 있기 때문에 유아기 자녀를 둔 부모에게 효과적 부모역할, 효과적 놀이지도에 대한 훈련과 교육이 이루어질 필요가 있다(강세현 외, 2011).

첫째, 유아기에 발견되는 사회적 발달상의 대표적인 문제는 자폐이다. 자폐는 전반적인 발달 영역에서 지연을 초래하지만 특히 사회성 발달에 현저한 문제를 나타낸다. 그리고 자폐아동의 약 75%는 지적장애를 동반한다.

자폐증(autism)의 구체적인 치료방법은 알려져 있지 않지만 지속적인 교육과 적응지도를 통해 사회적응능력이 향상될 수 있다. 자폐아동의 경우에도 조기 발견과 조기 개입의 효과가 크기 때문에 병원, 장애인복지관 등 자폐증의 조기 발견과 진단을 위한 지역사회 자원이 확충되어야 한다. 또한 자폐아동이 지속적으로 치료와 교육을 받을 수 있도록 지역사회 내에 장애아동을 위한 조기 치료 및 교육 인프라가 확충되어야 한다.

또한 자폐아동의 경우 그 부모를 비롯한 가족에 대한 지원이 매우 중요하다. 자폐아동 부모가 경험하는 양육스트레스는 다른 발달장애에 비해서도 더 큰 것으로 나타났다. 이는 정서적 교류가 어렵고 문제행동을 많이 보이는 자폐증의 특성에서 비롯되는 것이다. 따라서 자폐아동의 부모에 대한 경제적 · 심리사회적 지원이 크게 확대되어야 한다(조흥식 외, 2010).

둘째, 아동학대의 문제이다. 아동학대는 아동에게 가해지는 신체적 · 정서적 · 성적으로 가혹한 행위를 의미하며, 방임은 부모가 아동에게 필요한 적절한 신체적 보호나 정서적 지지를 제공하지 않고 방치하는 것을 말한다. 유아를 학대하는 부모는 대부분 어릴 때부터 아이의 버릇을 가르친다든지, 말을 잘 듣지 않기 때문에 훈육한다는 등의 이유로 유아를 신체적 · 정서적으로 학대한다. 또한 유아기에 필요한 영양이나 교육, 그리고 의료적 처치를 소홀히 하거나 방치하기도 한다(이근홍, 2006). 이러한 유아학대를 예방하기 위해서는 사회적인 차원에서의 신고의무제를 비롯한 아동학대에 대한 인식을 제고하고 잘못된 양육 및 훈육방법을 바로잡을 수 있는 사회교육의 기회를 제공해야 할 것이다. 또한 학대부모에게는 학대에 대한 책임인정과 함께 부모교육을 의무화하고 피해를 당한 유아의 경우에는 필요시 적절한 격리와 보호, 의료적 치료뿐 아니라 정서적 안정을 위한 상담과 치료를 제공해야 한다(천덕희 외, 2012).

셋째, 유아의 사회성 발달에 있어서 부모의 훈육방식은 매우 중요한 역할을 한다. 따라서 유아기에 나타날 수 있는 공격성이나 과잉행동문제 등을 예방하고 유아의 사회성 발달을 촉진하기 위하여 사회복지기관에서는 부모역할 혹은 부모코칭교육 프로그램을 개발하여 건전한 훈육방법과 놀이지도 기술을 교육하여야 한다. 특히 학령전기 유아의 타인에 대한 감정이입적 이해와 성역할 기준의 융통성을 부여하기 위해서는 적절한 놀이지도와 부모상담이 필요하다. 따라서 영유아 보육분야에서 일하기를 희망하는 사회복지사는 놀이치료와 가족치료에 대한 이론과 기술을 학습해 두어야 한다(권중돈, 2014). 그리고 유아를 둔 부모를 대상으로 긍정적인 부모양육태도를 가질 수 있도록 교육과 상담을 실시할 수 있는 역량을 갖추는 것이 필요하다.

요약정리

1. 유아기에는 실제 신체 성장속도는 둔화되지만 운동기술은 급속도로 증대된다.
2. 유아의 감정은 성인과 다를 바가 없으나, 상황에 따라 직접적인 정서 표현을 보류하고 합리적으로 행동하기 시작하는 정서조절능력은 만 2세경부터 나타나기 시작하여 유아기에 급격하게 증가한다.
3. 유아의 초기 자아개념은 자신에 대한 아주 제한된 인식이라고 볼 수 있으나 성장하면서 자아개념도 확장되어 좀 더 세분화되고 복잡해진다.
4. 유아는 친사회적 행동이 발달되면서 점차 또래지향적이 되고, 또래는 유아의 발달에 중요한 영향을 미친다.
5. 유아의 신체발달 및 건강을 위해서는 충분한 영양공급과 질병 예방 및 치료, 안전사고 예방이 중요하다.
6. 유아기의 심리적 발달을 위해서는 양질의 교육 및 보육이 제공되어야 하며, ADHD나 의사소통장애의 예방과 치료가 필요하다.
7. 유아기의 사회적 발달을 촉진하기 위해서는 부모교육 실시, 아동학대의 예방, 놀이치료 및 가족상담이 실시되어야 한다.

생각해 보기

1. 유아안전사고의 종류에 대해 알아보고, 안전사고에 대한 대처방법과 지원대책에 관해 생각해 봅시다.

2. 유아기 부모를 대상으로 하는 부모교육 프로그램을 조사하여, 효과적인 프로그램 내용과 실시방법에 관해 생각해 봅시다.

3. 아동학대를 예방할 수 있는 대책과 가해자 개입방법, 아동권리존중을 위한 코칭실천기법에 관해 생각해 봅시다.

chapter 07

아동기 발달과 인간행동

Human Behavior and Social Environment

chapter 07

아동기 발달과 인간행동

1. 아동기의 주요 발달과 인간행동의 이해

아동기란 조직적 생활이 시작되는 초등학교 1학년부터 초등학교를 졸업하는 12세까지의 시기를 말하며, 이 시기에는 아동들의 생활의 중심이 가정에서 학교로 옮겨지게 된다. 이러한 의미에서 이 시기를 학령기 또는 학동기라고도 한다. 아동기는 아동 전기(초등학교 1~3학년)와 아동 후기(초등학교 4~6학년)로 나누어지기도 하고, 아동 전기(초등학교 1~2학년) · 아동 중기(초등학교 3~4학년) · 아동 후기(초등학교 5~6학년)로 나누어지기도 한다. 또한 Freud는 아동기를 잠재기, Piaget는 구체적 조작기, Erickson은 근면성이 발달하는 시기, Kroh는 도야기라고도 하였다.

특히 이 시기는 학교와 가정, 이웃으로 아동의 활동범위가 넓어지고, 이에 따른 사회적 환경의 범위도 확대된다. 즉, 이 시기의 아동들은 가족뿐만 아니라 친구 · 책 · TV 등의 영향을 많이 받게 되고, 그에 따라 사회적 · 도덕적 발달이 현저하다. 이 시기의 아동은 새로운 지식을 얻는 데 주저하지 않고, 무엇이든지 알고 싶어하며 습득하기 위해 활발하고도 민첩한 활동을 하는 시기이다. 또한 사회가 중요시하는 기술을 습득하기 위하여 대부분의 시간을 소비하며, 획득한 지식을 더 큰 지역사회에서 활동하기 위한 방안 모색에 활용하게 된다. 이 시기에는 신체발달이나 감각운동발달보다는 이미 획득된 지각, 운동 기능을 보다 기술적으로 사용하는 능력을 키우며, 인지적 측면에서도 사물을 판단할 때 지각의존성(perceptual dependancy)과 자기중심성(egocentrism)을 극복한다.

이 시기는 정신적 · 사회적 · 신체적 발달상의 여러 가지 특징을 지니는데, 신체적으로는 발달속도가 완만하게 이루어지며, 정신적으로는 두뇌의 발달이 거의 성인에 가까워지고, 그 기능도 조직적으로 분화하여 발달한다.

1) 아동기의 신체발달

아동들이 성장하는 속도는 개인마다 다르지만, 젖니가 빠지고 영구치가 나게 되며 시각도 만 7세까지는 완전히 발달을 하게 된다. 여아들은 대략 만 10세에서 12세경이면 사춘기에 들어가며, 남아는 대체로 만 14세에서 16세경에 사춘기를 맞게 된다. 아동기 신체발달을 위한 특정한 목표는 다음과 같다.

- 대근육 기술 강화하기: 자신감을 가지고 대근육 기술 사용하기, 방향이나 속도에 대한 조절을 증가시키기, 물체 뛰어넘기
- 소근육 기술 강화 및 정교화하기: 원활한 소근육 사용하기, 쓰고 그리는 도구 사용하기
- 신체적 능력을 증가시키기 위해서 모든 감각 사용하기: 소리의 유사점과 차이점 확인하기, 향상되는 기술을 사용하여 균형잡기, 방향잡기

아동기의 신체발달에서 최근 관심을 기울여야 하는 문제 중 한 가지는 아동 비만증이다. 비만아동이라 함은 정상범위를 넘어서 비만상을 나타내는 비만아

(obese child)를 말하는데 최근의 발육가속현상 또는 도시화현상으로 비만아가 증가하는 경향이 있다. 이것은 생활환경의 개선이나 식생활에 있어서의 식품의 질적 또는 양적인 면에서의 향상, 운동량의 감소 등이 관계되는 것으로 생각되며, 세계적인 경향이기도 하다. 비만이 시작되는 연령은 10세를 절정으로 9~13세에 집중적으로 많은데, 그 원인은 가족적인 요인과 과식, 운동과 음식 섭취의 불균형에서 기인한다.

아동기 비만은 여러 가지 측면에서 관리되어야 한다. 첫째, 비만 아동의 경우 성장 속도가 다른 아이에 비해 빠를 수 있으나 성장 둔화로 이어져 최종 신장이 오히려 작아지는 경우가 많다. 둘째, 소아 비만 자체가 성인 비만으로 이어질 가능성이 높다. 셋째, 비만 아동은 심리적인 위축감으로 자신감이 줄어들어 또래와의 관계에 소극적일 수 있고, 이로 인해 대외적인 활동이 줄어들 수 있다. 즉, 비만으로 인한 운동기능 저하와 더불어 그것이 다시 비만을 조장하는 악순환이 거듭된다. 뿐만 아니라 이로 말미암은 부정적인 신체 이미지와 열등감을 형성할 수 있는 심리적 문제라는 점에서 관심을 가져야 한다.

2) 아동기의 사회 · 정서발달

(1) 사회성 발달

사회성은 아동이 사회의 한 구성원으로 성장하고 발달하는 동안에 사회의 언어, 감정, 사고, 행동 등을 생활양식을 학습하여 타인과의 상호작용을 통해 건강한 사회생활을 할 수 있는 성향을 말한다. 사회성은 아동기의 중요한 발달과업으로 아동이 대인관계 속에서 긍정적으로 수용될 수 있는 태도를 습득했을 때 사회적 성숙을 이루게 된다. 아동은 인격적 독립을 얻는 것, 동년배 이성과 어울려 지내도록 배우는 것, 그리고 성역할을 배우는 것 등 사회성 발달을 위한 발달과업이 주로 이루어진다. 아동은 자신의 성취에 대한 기쁨과 더불어 성인에게 인정을 받으면서 자신에 대한 가치감과 근면감을 형성하게 된다. 또한 가족보다는 또래집단의 영향이 더욱 중요해지며, 또래관계가 아동의 가장 큰 기쁨과 깊은 좌절의 근원이 되기도 한다.

따라서 사회성을 기른 아동은 대체로 사회적인 활동, 즉 집단활동을 즐기며, 친구가 많고, 협동적이며, 타인에 대한 배려심이 있으며, 남과 의견이 잘 맞고 충돌이 적은 특징을 가지고 있다. 반면, 사회적인 활동을 기피하고, 수줍어하며 공격적인 아동은 비사회성을 지닌 아동의 특징이라고 할 수 있다.

아동기의 공격성은 점차 횟수가 증가하여 공격의 횟수와 공격을 표현하는 방법은 양성 간에 다양하게 나타난다. 아동의 공격성은 부모의 자녀양육방식, 교사와 학생관계, 그리고 텔레비전 폭력과 같은 접촉 등에 영향을 받는다. 교사는 아동의 공격성을 조절하도록 돕기 위해 나누기, 협동하기, 좋은 것에 대해 이야기하기 등과 같은 사회적 행동을 많이 경험하도록 도와야 한다. 또한 긍정적인 역할 모델을 제공해야 하며, 공격적 행동이 줄어들 수 있는 물리적 · 사회적 환경을 제공해야 한다. 그리고 아동들에게 자제력을 개발하고, 감정을 말로 표현하는 기술을 획득할 수 있도록 도와줄 필요가 있다

(2) 정서발달

정서(emotion)란 다양한 감정, 생각, 행동과 관련된 정신적 · 생리적 상태이다. 정서는 주관적 경험으로 기분, 기질, 성격 등과 관련이 있다. 아동은 성장하면서 어떤 정서적 경험을 하느냐에 따라 성격발달에 큰 영향을 받게 된다. 아동기에는 대체로 화재, 천재지변, 전쟁, 죽음 등의 외적 변화에 대한 두려움이 많다. 아동기의 사회 · 정서발달을 위한 구체적인 목표는 다음과 같다.

- 자아존중감 경험하기: 가족의 한 구성원으로서 자신 확인하기, 독립심 증진시키기, 자신감을 지니고 남에게 보여주기, 자신의 권리 옹호하기
- 협동적인 사회관계 형성하기: 타인 돕기, 성인과 자신 구별하기, 타인의 권리 존중하기, 타인과 긍정적으로 상호작용하기, 과업 완수를 위해 타인과 협동작업하기
- 삶에 대한 적극적인 태도 보이기: 새로운 활동 시도하기, 일상생활에 참여하기, 교실활동에서 흥미와 열정 보여주기, 성인과 신뢰감 형성하기

3) 아동기의 인지발달

Piaget의 인지발달론(認知發達理論, Theory of cognitive development)은 인간의 인지발달을 유기체와 환경의 상호작용으로 파악한 이론으로, 아동기는 구체적 조작기에 해당된다. 이는 대략 7세에서 11~12세에 이르는 시기이다. 아동은 또한 전조작기에 불완전하게 획득했던 분류와 연속성, 보존의 개념들을 구체적 조작기에 완전하게 획득한다. 또한 조합기술(combination skill)을 획득하여 더하기, 빼기, 곱하기, 나누기와 같은 셈을 할 수 있고, 상황과 사건에 대해서 융통성 있는 사고를 할 수 있다. 그리고 자신과 다른 시각에서 사건을 평가할 수 있다.

그러나 구체적 조작기에 아동의 인지가 상당히 발달하였다고 해도 여전히 제한적이다. 사건을 다양한 관점에서 바라볼 수는 있지만 이 관점은 여전히 구체적인 수준에 머물러 있다. 아동은 보고, 듣고, 냄새 맡고, 만지는 것을 중요시한다. 그들의 초점은 생각이 아니라 사물에 있다. 아동은 인지발달의 최종 단계인 형식적 조작기로 옮겨져야 보다 수준 높은 사고를 할 수 있다(Zastrow & Kirst-Ashman, 2001).

아동의 인지발달을 위한 구체적인 목표는 다음과 같다.

- 사물에 대한 개념과 정보 습득하기: 시간 개념의 이해를 설명하기, 환경 중에서 사물들의 이름을 알고 사용하기, 비교하기, 사회에서 일하는 사람들의 역할을 인식하기
- 언어적 의사소통기술 확장하기: 생각과 느낌을 자유자재로 말하기, 집단 토론에 참여하기, 정확한 문법 사용하기, 잘 듣기
- 논리적 기술 확장하기: 패턴을 인지하고 그것을 반복하기, 사건을 순서대로 배열하기, 구체적인 경험의 바탕 아래에서 간단한 인과관계를 설명하기, 문제해결을 확인하기
- 학습에 대한 적극적인 태도 발달시키기: 발견 · 모험하기, 학습활동에 성공하기, 실수한 후에도 일을 계속하기
- 학습기술 강화하기: 질문하기, 형태 · 배경 식별, 부분 · 전체 식별, 배열과 같은 지각운동기술 사용하기, 환경에서 새로운 어떤 것을 탐색하고 조사하기, 경험을 상기하기

4) 아동기의 도덕성 발달

아동의 사회화 과정에서 옳고 그른 것을 구별할 수 있는 능력을 가르치는 것은 매우 중요하다. 아동 중기에 접어들면서 아동들은 사회의 규칙과 기준에 자신의 가치관을 맞추게 되고 자신의 생활을 조직화한다. 도덕성 발달이란 아동 자신이 속한 문화의 생활을 조직화한다. 또한 아동 자신이 속한 문화의 도덕적 가치에 따라 행동하도록 배울 뿐 아니라 그것을 내면화시켜서 자기 자신의 가치로 받아들이는 과정이다. 즉, 도덕성 발달은 도덕적 태도와 신념 및 가

치관의 획득과 함께 도덕적 행동을 수정할 수 있어야만 된다.

Piaget의 인지이론은 도덕적 추론능력의 발달에 관심을 가지고 도덕성 발달 과정을 나누었다. 그에 의하면 5세부터 7세까지는 타율적 도덕성(heteronomous morality)을 획득하는 시기인데, 이 시기 아동은 규칙은 절대적이며 신에 의해서 만들어졌다고 보며, 규칙에 위배되는 행동은 동기가 무엇이든지 간에 결과가 나쁘면 그 행동이 나쁘다고 지각하는, 즉 행위의 결과만이 중요하다. 7세부터 10세까지는 친구와의 규칙 적응과 타율적 도덕성과 자율적 도덕성의 과도기이다. 10세가 지나고 나면 자율적 도덕성(autonomous morality)이 나타나는데, 이 시기의 아동은 규칙은 더 이상 신성불가침한 것이 아니라는 것을 알게 되고 모든 사람이 동의한다면 그 규칙은 변화될 수 있는 것이라고 생각한다. 다시 말해 규칙은 신과 같이 권위적인 존재에 의해서 만들어진 것도 아니며, 결과 위주보다는 동기도 같이 고려되어야 한다고 생각한다.

Kohlberg는 Piaget의 도덕성 발달단계를 좀 더 자세히 나누었다. 학령기가 개인의 관심에 따라서 도덕적 행위가 결정되는 제1수준인 전관습적 수준(Pre-conventional level, 6~9세)과 타인으로부터 승인이나 인정을 받고 비난을 피하기 위해서 규칙을 지키거나 합법적 권위나 정당한 권위자의 지시나 규칙을 지키고자 하는 착한 아동이 되는 제2수준인 관습적 수준(Conventional level)에 있다고 하였다.

5) 아동의 환경

환경은 '개인에게 부딪히는 조건과 세력 및 외적인 자극들'이라 할 수 있는데, 이는 다시 말해 '개인에게 긍정적인 영향을 미치는 외적 조건 및 자극의 개별적 · 총합적 구조와 작용'이라고 할 수 있다.

이를 아동과 환경과의 관계에서 보면 첫째, 환경에는 언제나 개인이 핵심이 된다. 즉, 집단으로서의 인간이 아니라 개인으로서의 아동을 중심으로 하고 있다는 점에서 어떤 아동은 환경에 더 깊이 영향을 받을 수 있으나 어떤 아동은 거의 영향을 받지 않을 수도 있다. 그러므로 같은 외적 자극에 대해서도 아동은 서로 다른 지각과 반응을 할 수 있다.

둘째, 개인에게 부딪히는 외적 조건과 자극이 개별적으로도, 총합적으로도 개인에게 영향을 미친다. 아버지와 어머니는 각기 아동이라는 개인에게 영향을 미치는 환경이 되지만 아버지와 어머니의 상호작용이 총합적으로 아동에게 영향을 미칠 수 있다. 또한 가족원 각자는 물론, 이웃들, 친구들은 개별적으로 각기 아동에게 영향을 미치는 외적 자극과 조건이 되기도 하지만, 상호작용하는 총합적 특성을 지닌 단위로서도 영향을 미친다.

셋째, 환경은 개인에게 영향을 미치는 개인 외부의 물적, 인적 요인을 모두 포함하는데, 아동 개인을 중심으로 볼 때 환경에는 아동을 둘러싼 가족들과 그들의 특성은 물론, 또래와 친척, 이웃들과 같은 인적 조건과 그들이 주는 자극이 포함된다.

넷째, 환경에는 작용이 포함된다. 환경의 인적 요인과 물적 요인 간의 작용은 물론, 인적 요인끼리 그리고 물적 요인끼리의 작용도 아동의 환경이 된다. 이 작용은 눈에 보이지 않는 풍토이며 문화이기 때문에 아동이 감각적으로 흡수하고 반응하는 행동에서 관찰될 수 있다. 또한 이 작용은 물적 및 인적 요인보다 가변적이며 서로 영향을 받기도 한다. 따라서 아동 환경은 아동 각자의 성장과 발달에 영향을 미치는 외적 조건 및 자극과 그 작용이라 할 수 있다.

(1) 아동의 가정환경

아동 환경은 아동이 태어나서 성장해 나가는 과정 속에서 경험하게 되는 삶의 장(場)을 의미하는 것으로서, 이러한 환경에는 가정의 주택 등 물적 환경뿐 아니라 부모의 양육태도 및 양육관을 비롯한 심리적 혹은 인적 환경이 포함된다. 아동 환경 중 특히 가족과 부모는 자녀가 성장 · 발달하는 데 필수적인 요소이며, 가족은 아동을 외부의 위험으로부터 보호하고 격려하면서 한 인격체로 성장시켜 나가는 가장 근본이 되는 체계라 할 수 있다.

① 가족환경의 의의와 변화

가정환경은 가족구성원에게 영향을 미치는 가정의 모든 조건, 제재와 그 작용을 뜻한다. 여기서 조건이란 주로 가족의 구조적 환경, 즉 가족구성원의 외형적 특징과 형태를 말하는 것으로 가족구성원의 성비, 연령, 수, 종교, 직업과 교육수준 등이 포함된다. 제재는 사회화와 관련된 것으로 교육적인 기능이 포함된다. 그리고 작용을 가족구성원과의 역동적인 상호작용을 말하는 것으로 부부관계, 부모-자녀관계, 형제관계 등의 가족관계나 가족의 가치체계와 관련된 생활관, 교육관, 양육태도 등이 포함된다.

아동에게 있어서 가정은 매우 의미 있는 환경이다. 그것은 아동이 태어나서 맨 먼저 접하는 곳이며, 자립할 때까지 그의 생리적 · 심리적 욕구를 충족시키고, 각종의 위험으로부터 보호하고, 사회구성원으로서 필요한 지식, 태도와 기술을 습득하는 곳이기 때문이다. 즉 가정은 사회화의 장으로써 중요한 역할을 수행한다. 그래서 '가정은 사회의 영원한 학교'이자 '가정은 최선의 학교이며, 부모는 최선의 교사'라고 하는 것이다.

가정이 아동을 안전하게 보호하고 그들이 가진 가능성을 충분히 신장시키며, 견실한 사회인으로 성장시키기 위해서는 여러 가정환경적 요소가 조화를 이루며적절히 제공되어야 한다. 만약 가정이 부조화로 인하여 제대로 기능하지 못하거나 해체된다면 아동의 정상적 발달을 저해시키고, 나아가 비행, 자살 등과 같은 심각한 사회문제를 유발시키기 때문이다. 이렇게 볼 때, 최선의 아동복지는 가정에서 우선적으로 이루어짐을 알 수 있다.

아동의 사회화 과정에 많은 사회적 요인들과 집단이 영향을 주지만 그 중에서 가정이 강력한 영향력이 있는 기관이라 할 수 있는데, 그 주된 이유가 아동은 가족구성원과 최초로 사회적 접촉을 가지며 많은 시간을 함께 보내기 때문이다. 이러한 측면에서 보면 가정에서의 경험은 아동의 발달 전 과정에서 중요한 영향력을 지니고 있으며, 특히 부모와의 관계는 더욱 중요하다고 하겠다(Zeinder, Roberts, & Matthew, 2001).

부모의 성격, 태도, 사회 · 경제적 지위, 교육 수준 등이 아동의 문화에 대한 가치관이나 태도, 의식 등에 영향을 미친다. 다시 말해 가정은 아동이 언어와 인간관계를 배우고 질서와 규칙을 익히는 최초의 학교이자 사회화 과정을 습득하는 공간이며 체계로서, 대부분의 인간은 인생의 가장 중요한 초기를 가정 안에서 부모와 관계를 맺으며 지내게 된다. 특히 경제적으로나 사회적으로 완전히 독립할 때까지 비교적 가정의 영향력 안에서 청소년기가 될 때까지 보내는 우리나라의 실정을 생각한다면 한 인간의 발달과 교육에서 가정과 부모의 역할의 중요성은 것은 두 말할 필요가 없다.

4차 산업혁명과 지식사회 현상은 가족의 구조와 기능 및 가족구성원 간의 관계에 많은 변화를 가져왔을 뿐만 아니라 다양한 가족 유형을 형성하였다. 이러한 가족환경은 아동에게도 중요한 영향을 미친다. 가족은 '공유된 역사를 지니며, 일정한 정서적 유대를 경험하는 상호의존적 사람의 집합체'이며(도미향, 강기정, 이무영, 박경애, 장미나, 2018), 가족의 기능은 경제적 기능, 출산 및 성행위 규제기능, 자녀양육 및 사회화 기능, 정서적 유대기능, 사회보장기능, 지위계승기능 등으로 나누어지기도 한다. 그리고 가족의 경제적 기능은 산업화로 인해 가족과 일터가 공간적으로 분리됨에 따라 생산기능의 약화 혹은 상실을 가져왔고 대신 소비기능이 강화되었다.

② 가정에서의 아동학대

아동학대(child abuse)의 개념은 2000년 7월 13일 개정 「아동복지법」이 시행되면서 그 개념이 명확하게 규정되었다. 우리나라 「아동복지법」에서는 아동학대란 보호자를 포함한 성인에 의해 아동의 건강 및 복지를 해치거나 정상적인 발달을 저해할 수 있는 신체적 · 정신적 · 성적 폭력이나 가혹행위, 보호자에 의한 유기와 방임을 말한다(아동복지법 제2조 제4항). 즉, 아동학대에는 보호자를 포함한 성인에 의해 아동이 건강하게 성장 발달하는 과정에서 '하지 말아야 하는 것에 의도적으로 해를 가하는 행동(신체학대, 정서학대, 성학대, 유기)'을 하는 것과 '해야 함에도 불구하고 아동의 기본 욕구를 만족시키지 않는 행동(방임)'이 모두 포함된다.

부모로부터 방임되고, 신체 및 정신적으로 학대받는 아동이 전 세계적으로 증가하고 있으며, 심지어는 친부모로부터 성적 학대까지 당하는 아이도 발생하고 있다. 특히 학대의 특성상 겉으로 드러나지 않는 아동까지 합하면 실제 아동학대는 더욱 많을 것으로 짐작된다. 그런데 그 행동이 학대인지도 모르는 부모도 있으며, 으레 부모-자식관계에서 일어날 수 있는 대수롭지 않는 행동으로 생각하기도 한다.

부모에 의한 학대의 현황이 통상적으로 가장 높게 나타나고 있어 부모교육 등을 통해 부모의 인식전환이 필요하다. 특히 '자녀를 보호 또는 교양하기 위해서 필요한 징계를 할 수 있다'고 규정해 왔던 기존 민법의 징계권 조항이 2021년부터 삭제되었다. 이는 아동을 '징계의 대상'이 아닌 '존엄성을 가진 인격체'로 바라보고, 아동 최우선의 원칙을 적용했다는 점에서 의의가 깊다. 민법 개정은 아동에 대한 체벌과 아동 학대에 대한 사회적 인식을 근본적으로 개선하는 기회가 될 것이다.

아동복지법에 따라 우리 사회의 아동복지 수요에 능동적으로 대응하고 최근 심각한 사회문제로 지적된 학대아동에 대한 보호 및 아동안전에 대한 제도적 지원을 공고히 하기 위한 것으로 「아동복지법」 제24조에 의거하여 아동상담소, 아동복지시설, 아동학대예방협회 등의 비영리법인을 아동보호전문기관으로 지정할 수 있다. 이러한 기관과 아동보호전문기관의 전문가는 학대받은 아동의 발견, 보호, 치료의뢰, 아동학대의 예방 및 방지를 위한 홍보, 아동학대 예방을 위한 상담 · 교육, 아동학대행위자, 아동학대행위자로 신고된 자 및 그 가정에 대한 조사가 더욱 원활히 이루어지도록 직접적 서비스를 제공하고, 학대아동과 가족의 욕구를 충족시켜 주기 위해 개입하거나 적합한 기관에 연결해 주는 역할을 해야 한다.

③ 가정에서의 아동권리 존중을 위한 코칭

아동권리 존중을 위한 긍정적 상호작용방법으로 코칭(coaching)을 들 수 있다. 코칭은 스스로 주도적으로 문제를 해결해 가는 창의적인 주체성을 형성해 나가는 의사소통방법이라 할 수 있다. 즉, 코칭은 코칭을 받는 대상자가 코치를 파트너로 해서 스스로 문제해결 방향을 찾아가며, 자신의 잠재력을 최대로 발휘하게 되는 의사소통기법의 한 가지이다. 특히, 부모와 아동 간의 코칭기법은 의사소통방식으로서의 중요한 역할을 담당하며, 21세기가 요구하는 리더십 있는, 긍정적 성향을 지닌 아동을 길러내는 역할을 담당하게 될 것이다(도미향 외, 2012).

코칭 원리는 인정 · 수용하기, 관심 보이기, 애정 표현하기의 세 가지로 나눌 수 있다. 즉, 아동이 관심을 갖고 탐색하는 것, 아동의 욕구, 아동의 긍정적 행동, 아동의 반응에 관심을 가진다는 것이다. 그리고 아동의 현재 모습을 그대로 인정하고, 아동 모두를 평등하게 인정하고, 긍정적 태도에 대해 진심으로 인정하여 주고, 신체적 접촉을 통해, 수용의 눈빛을 통해, 칭찬과 격려의 말로 애정을 표현하는 것이다. 코칭 시 부모의 역할은 다음과 같다(도미향, 2020).

가. 아동의 주도에 따르기

아동이 가지고 있는 자원과 흥미로부터 시작하며, 교육과정의 주제 및 내용으로부터 시작하더라도 과정과 결과는 아동이 주도(lead)하게 한다.

나. 양방향 의사소통하기

상호작용이 교대로 이루어지도록 하며, 한 가지 테마에 대해 연속적으로 이루어지도록, 또한 산발적이고 분산적인 대화는 지양하게 한다.

다. rapport 형성하기

흥미와 관심과 강화로부터 그 일을 기억하게 되고, 반복하고자 하는 욕구가 생기며, 부모의 관심과 지지는 습관 형성의 중요한 동기가 되며, 진심으로 대하여야 한다.

더 구체적인 코칭기법으로는 강력한 경청하기, 질문하기, 인정하기 등이 있으며, 코칭의 진행과정은 코칭 주제 찾기, 강점 찾기, 목표 설정하기, 자원 찾기, 목표 달성하기 등의 순서로 진행할 수 있다.

(2) 아동의 교육환경

① 학교환경

아동기는 생활의 중심이 가정에서 학교로 옮겨짐에 따라 학교생활이 중요해지고 학교교육을 통하여 사회가 요구하는 기본적 기술을 습득하고 이를 통해

교사와 학생관계, 또래관계, 이성관계 등 다양한 사회적 관계를 형성한다. 학교는 가정에 비해 다분히 계획적, 조직적, 합리적, 의도적인 사회화 기관이며, 교사와 학생이 늘 생활하고 경험하는 교육환경의 하나로서 학교뿐만 아니라 학교와 밀접하게 관련된 학교 주변의 상황을 모두 포함한다. 또한 학교의 교사는 아동이 가정 밖에서 만나는 첫 번째 성인으로서 부모의 대리 역할을 하게 되며, 오늘날과 같이 복잡 · 다양 · 첨단화되어 가는 사회에서 교사의 역할은 그 어느 때보다 중요하다.

학교교육의 본질적인 기능은 새로운 지식을 발견하고 가르치는 기능과 기존의 문화유산을 전달하고 습득시킴으로써 새로운 생활방식을 익히게 하는 사회화 기능 및 개인의 능력과 적성에 맞는 직업과 지위를 선택하고 분류하는 선발기능을 수행하는 곳이다. 학교사회는 또래들로 평등하고 대등하게 구성되고, 체계적인 교육을 통하여 가정에서 배울 수 없는 지식과 태도, 기술을 익힌다. 아동이 전인적 인간으로 성장 발달하기 위해 좋은 교육환경에서 또래들과 사회적 관계를 형성하고, 경쟁과 협력을 통해서 사회적 기술을 습득해야 한다.

교육환경에 영향을 미치는 요인으로는 학교의 교육과정과 교사 및 학교시설과 같은 교육환경 그리고 부모의 교육적 관심 등이 있다. 교육과정은 시대와 사회적 요구를 반영하고 교육철학에 근거하는데 교사중심이 아닌 아동중심의 교육과정을 토대로 아동을 존중하고, 아동의 잠재능력을 발휘하도록 구성되어야 한다.

② 학업과 아동문제

가. 학업성취

아동의 학업성취(academic achievement)에 부모가 미치는 영향이 크다는 것은 잘 알려진 사실이다. 사회계층 혹은 가족의 사회 · 경제적 배경 등으로 언급되고 있는 부모의 학력수준, 가정의 소득수준 등은 아동의 학업성취에 영향을 미치는 강력한 요인이다(OECD, 2010; Caro, 2011; Reardon, 2011).

부모의 학력수준이 높을수록 자녀에 대한 교육적 기대수준이 높고 교육지원 활동을 많이 하며, 대화시간이 더 길고 민주적이고 애정적으로 양육하는 반면, 빈곤계층일수록 억압적이고 통제적인 양육행동을 많이 하는 것으로 조사되었다. 애정적이고 자율성을 부여하는 양육태도가 아동의 학업성취와도 관련되어 있다(Spera, 2005).

아동의 학업성취에 이처럼 중요한 영향을 미치는 부모의 양육태도가 양육의 질적 측면을 다룬 것이라면 부모와 자녀 간 대화시간(혹은 부모가 자녀와 함께 하는 시간 포함)은 양육의 양적 측면이라고 할 수 있는데, 아동의 학업성취에 있어 양육의 질적 측면뿐만 아니라 양적 측면 또한 학업성취에 영향을 미칠 수 있다(정소희, 2013).

그리고 부모의 양육태도는 직접적으로 학업성취에 영향을 미칠 뿐만 아니라 정서지능과 학업적 자기효능감 등과 같은 아동의 심리 내적 기제를 통해 다양한 경로로 학업성취에 영향을 미친다(유미영 · 홍혜영, 2010). 질 높은 양육행동을 더 오랜 시간 경험하는 아동들은 학업성취에서 더 유리할 것이다.

한편, 공부 고민은 학업스트레스로 나타나는데 입시 위주의 교육현실로 인한 과도한 학구열은 중 · 고등학생뿐만 아니라 초등학생에게도 나타나고 있다. 아동의 학업성취에 관한 부모의 적절한 기대와 신뢰는 학업성취에 도움이 되지만 학생의 능력을 초과하는 지나친 기대와 관심은 역효과를 야기할 수 있다(Kim et al., 2011).

나. 학교부적응

아동기 학교부적응(child maladjustment)은 학습문제, 공격행동, 우울감 등 인지, 사회 · 정서적인 증후로 나타나며 청소년기 학업중단이나 학교중도탈락의 문제로 확대될 가능성이 크다. 학교부적응은 자아존중감, 자기효능감, 자기통제감, 성격, 공격성, 비행, 학업성취, 친구관계, 부모와의 관계, 사회 · 정서적 지지변인 등 거의 모든 심리적 · 환경적 변인들과 의미 있는 관련성이 있다 (Lee & Lee, 2012).

학교부적응집단 아동은 학교적응집단 아동에 비해 상대적으로 부정적인 심리상태를 보이며 일상생활 중이나 학교생활, 여가활동, 생활유지활동, 친구 또는 가족과 함께 보내거나 심지어 혼자 있는 경우에도 일반화되어 나타날 수 있다(이미리, 2012).

다. 학습장애

학습장애(learning disability)는 보통 혹은 그 이상의 지능을 가지고 있음에도 불구하고, 개인의 내적인 요인으로 인해 기본적인 학습능력에 심한 어려움이 있는 상태이다. 다른 아동과 비교해서 지능은 정상이지만 듣기, 말하기, 읽기, 쓰기, 추리 또는 계산능력에 문제가 나타나는 장애로서 특수학습장애라고도 한다. 학습장애가 있는 아동들은 실패감, 낮은 자아존중감, 그리고 무기력, 사회성 문제도 겪게 된다. 학동기 아동의 약 3~9%가 이 장애를 갖고 있는 것으로 알려져 있는데, 학습의 기회나 교육적인 자극이 부족한 경우, 정서적 문제 또는 신경학적 이상이 있거나 학습과 관련이 있는 뇌기능 특정영역의 결함, 발육지연 또는 장애가 있는 경우가 원인이 된다. 또한 부모가 조기에 자녀의 능력과 적성을 잘 알지 못하는 경우에도 많이 생긴다. 따라서 이러한 아동들이 조기에 적절한 치료를 받을 수 있도록 사회복지기관은 정보제공과 상담 그리고 자원연결 등의 도움을 제공해야 한다.

라. 학교공포증

학교공포증(schoolphobia, 學校恐怖症)이란 심인성(心因性) 등교거부, 학교기피(學校忌避), 정신신경증적 거부라고도 할 수 있는데 발생 배경에는 현대 가정의 문제, 학교교육의 특성 등이 반영된다. 일반적으로 학교공포증을 보이는 아동들은 두통, 복통 등의 신체증상을 호소하는 경우가 많다. 이 외에도 교사에 대한 불만, 공부와 다른 친구에 대한 불평, 교통문제 등을 호소하는 것으로 나타나기도 한다. 이러한 증상은 대부분이 무의식적 불안과 같은 심리적 이유에서 비롯된 것이므로 꾸중이나 강제적인 방법으로 학교에 가게 하는 것보다는 정서적인 안정을 위한 상담이나 심리치료를 실시하는 것이 필요하다.

이 외에도 장애아동들, 그리고 결식아동 또는 소년소녀가장 세대의 아동들뿐만 아니라 가정해체나 경제적 어려움 등으로 인해 시설에서 보호받고 있는 아동들도 사회복지기관에서 도움을 주어야 하는 대상이다. 그리고 또래들로부터 왕따를 경험하는 아동들, 부모나 양육자로부터 학대를 당하고 있는 아동들 모두 전문가의 도움과 관심이 필요한 아동들이다.

(3) 아동의 사회환경

① 또래환경

아동이 성장함에 따라 사회적 환경은 가정의 울타리를 벗어나 연령이 비슷한 또래집단으로 확대되게 되며, 이러한 변화는 아동의 사회화 과정에 새로운 의미를 부여한다. 특히 최근 들어 초저출산과 맞벌이부부의 증가 및 외동아의 증가로 인하여 아동발달에 있어 또래는 더욱 중요한 의미와 역할을 지니게 되었다. 이 시기의 아동들은 부모의 강력한 영향력에서 벗어나 친구, 또래, 그리고 선생님과의 접촉에 신경을 쓰게 되고, 그들과의 관계에 더 민감해진다. 따라서 아동기 전체를 도당시기(gang age)라고도 하는데, 학령기 아동들이 동성의 친구들과 한 집단을 형성하는 것으로 이 집단은 단순한 친구관계의 집단일 수도 있고, 비밀스러운 모임일 수도 있고, 반사회적 집단일 수도 있다.

아동은 연령이 증가함에 따라 점점 주변 세계의 지식을 넓힐 뿐 아니라 또래를 점점 중요하게 생각하기 시작하고 또래와 관계를 맺고 의사소통하려고 노력한다. 이 시기에 또래집단에 수용된다는 것은 아동의 자아발달에 매우 중요한 역할을 한다. 또래괴롭힘의 방법으로 남학생들은 적극적이고 공격적인 방법을 사용하는 반면, 여학생들은 수동적이면서 사회적 고립이나 배척 등 무시하는 방법을 자주 사용한다. 최근 다양하고 복잡한 형태로 지속되고 있는 또래괴롭힘으로 인해 일부 피해아동들은 자살이라는 극단적인 선택을 하게 된다는 점에서 심각한 우려를 낳고 있다(손강숙, 2014; 정혜정, 2018).

이 시기에 대부분의 아동은 또래관계의 비중이 커지는 만큼 또래관계에서 적응적인 변화 또는 부적응적인 어려움을 경험하게 되는데(김지신, 안지영, 오미경, 2016), 특히 또래괴롭힘의 피해를 입은 아동들은 심각한 불안, 우울, 보복성 폭력의 후유증으로 인해 학업을 포기하거나 자살에 이르게 되는 등의 폐해가 따르고, 가해학생들은 향후 사회적 범죄로 귀결되는 악순환의 고리가 형성되어 안전한 사회 구현의 저해요인으로 작용한다(교육부, 2017; 이은영 외, 2019).

② 대중매체환경와 유해환경

현대인에게 있어서 매체를 통한 생활은 필수불가결한 것이라고 받아들여지고 있다. 특히 가정에서 TV나 컴퓨터 등의 대중매체가 생활의 필수적인 도구가 됨으로써 현대 아동들의 생활과 매우 밀접한 관련을 맺고 있으며 앞으로 그 영향력은 더욱 커질 것으로 전망된다. 대중매체가 하루가 다르게 급성장하는 현실 속에서 영화와 온라인 게임 등의 콘텐츠 산업이 미래 국가 성장의 동력이라는 이름 아래 상업주의로 치닫고 있다. 특히 사이버 시대의 필수 디지

털 기기인 인터넷, 스마트폰 등의 디지털 매체에 무방비 상태로 노출되어 있는 아동은 그 부작용에 의한 피해를 고스란히 입게 될 가능성이 가장 큰 연령층이다. 이들의 피해를 방치할 경우 우리나라의 장래도 암울해질 수밖에 없을 것이다(김향초, 2015). 특히, 아동에게 있어서 TV는 폭력적이고 선정적인 장면으로 인해 부정적인 영향을 미치는 경향이 있다. 현재 우리나라에서 방송되는 많은 프로그램들 중 성인 위주로 제작된 프로그램들과 광고물의 내용이 지나치게 외설적이며 폭력적인 경향이 있다.

우리나라의 인터넷 이용률을 보면 가구 인터넷 접속률은 99.7%, 국민 인터넷 이용률은 91.8%로 거의 모든 국민이 인터넷을 이용하고 있는 것이다(과학기술정보통신부, 2020). 그리고 최근 한 연구결과 인터넷-스마트폰 사용의 경우 하루에 3~4시간 이상 한 적이 있다는 응답이 65.1%, 인터넷이나 스마트폰(게임 · 채팅 등) 사용으로 인해 계획한 일들을 제대로 못한 적이 있다는 응답도 39.5%로 나타났다(충주시청소년상담복지센터, 2020). 이러한 실태를 볼 때 아동의 인터넷이나 스마트폰은 자칫 중독으로 이어질 가능성이 높다. 인터넷중독 증세가 있는 경우 인터넷을 하지 않을 때도 하고 있는 듯한 환상을 느끼거나, 인터넷 사용 때문에 사회적 규범을 어기거나 비도덕적 행위를 하는 등의 현실에 사이버세계와의 구분 장애가 점점 심해지는 현상을 나타내기도 하여 아동의 인터넷 사용에 따른 폐해에 대한 대비책이 필요하다.

이상에서 볼 때, 아동을 대중매체의 역기능으로부터 보호하기 위해서는 대중매체에 대한 규제를 다양하고 적극적인 정부의 대책과 더불어 민관 네트워크를 통한 대책 방안 모색이 필요하다. 특히 각급 학교에서는 대중매체의 역기능과 문제점 등에 관한 이해교육 및 윤리교육 실시를 의무화하고, 건강한 문화 속에서 매체가 제공하는 순기능을 극대화하는 방향으로 사용할 수 있도록 규정을 마련할 필요가 있다.

한편, 유해환경은 국가의 안전 환경과 아동의 복지 및 삶의 질에 직접 영향을 미칠 수 있다. 국제연합아동기금(UNICEF)은 국내 1~14세 아동의 인구 10만 명당 25.6명이 각종 상해 및 사고로 목숨을 잃고 있다고 보고하였다. 뿐만 아니라 세계보건기구(WHO)에 따르면 유해환경과 관련한 각종 질병으로 전 세계 14세 이하의 약 500만 명 이상의 아동이 매년 사망하고 있다고 보고하였다. 이밖에 교통사고와 익사 등 비의도적인 부상이 아동의 사망에 대한 주요 원인으로 분석되었다. 이러한 아동 사망을 예방하기 위해서는 건강한 환경 조성이 필요하다.

2. 아동기의 발달과 사회복지실천

아동을 위한 복지를 실천하기 위해서는 아동이 속해 있는 가족의 환경과 사회생물학적 입장에서 본 부모의 본성과 아동의 발달적 특성에 주목해야 하므로 앞서 아동발달과 아동의 환경을 살펴보았다. 이는 아동발달의 원리에서 개인차의 원리가 적용되는 것처럼 기본적으로 아동복지서비스에서 개별화의 원칙이 적용되기 때문이다. 아동복지실천에서 고려해야 할 대상은 일반 아동과 요보호대상아동이라고 할 수 있다. 그리고 일반 아동과 요보호아동의 배경적 특성에 따라 그 실천적 관점은 구별될 수 있으며, 이에 따라 실천 세부분야도 설정될 수 있다(이소희, 2002).

1) 아동기의 사회복지실천

가정의 복지실천을 위해서 재가복지사업과 사회복지기관의 가정복지사업을 통한 재가구호사업을 적극 추진해 나감은 물론 오늘날 선진 복지국가에서처럼 가족수당의 급여 등 사회보장제도를 통한 경제적 원조를 하도록 해야 할 것이다. 이와 더불어 가정복지기관을 중심으로 다양한 프로그램을 통한 가정복지서비스를 적극적으로 추진함으로써 결손가족이나 문제가정 아동의 건전한 육성 · 발달과 아울러 복지를 도모해야 할 것이다.

한편 학교의 복지실천을 위해서는 아동의 학교생활에 있어서 적응상의 곤란요인으로서의 경제적 · 사회적 · 정서적 · 행동적 문제 등 학업이나 학교생활에 있어 장애를 지니고 있는 학생들의 문제해결과 욕구를 충족시켜 줌으로써 그들로 하여금 학교생활에 최대한의 능력을 발휘하게 하며, 아울러 예방적인 서비스도 겸하는 학교사회사업제도를 조속히 도입 시행할 필요가 있다.

또한 핀란드의 경우처럼 학교보건제도(school health care system)가 필요하다. 핀란드의 경우 7세 이후부터는 이 제도를 통하여 아동건강서비스를 제공받고 있다. 일단 아동이 학교에 입학하게 되면 아동은 학교보건제도의 대상이 된다. 양호교사와 의사는 정기적으로 아동건강을 검진하고 학교별로 관리하고 있으며, 정기적인 예방주사도 무료로 제공된다. 핀란드에서의 아동건강서비스란 아동의 성장을 모니터하고 지원하는 것으로, 최근에는 심리 · 정신적 건강까지 강조하고 있으며, 나아가 아동에 대한 조언 및 가족상담까지도 제공한다. 이처럼 의무교육시기에는 학교제도를 통하여 학교 양호교사, 정신과 전문의, 복지사, 언어치료사 등을 통하여 보건 및 건강교육을 실시하고, 부모의 아동양육을 지원해 주어야 한다.

마지막으로 지역사회의 복지실천을 위해서 아동권리국제협약은 아동의 유익한 대중매체를 접할 권리와 휴식, 오락을 포함한 문화활동을 영위할 권리를 각각 제17조와 제31조로 규정하고 있으며 아동에게 보급되는 대중매체는 유익해야 하고 아동은 유해한 내용으로부터 보호되어야 함을 지적하였으며, 자신의 연령에 적합한 놀이와 문학 및 예술활동에 참여할 수 있는 권리를 보장받아야 함을 명시하고 있다. 따라서 아동에게 적절한 문화를 접할 수 있는 기회를 확대하는 것이 필요하다.

또한 지역사회에 있어서의 아동에게 유해한 지역사회환경의 정화와 선도는 지역사회복지조직을 통하여 유관기관이나 시설과의 유기적 협조하에 그 효율적 운영을 기하도록 지역사회 전체 주민들이 상호협조하며 노력해야 한다.

이 외에도 장애아동, 그리고 결식아동 또는 소년소녀가장 세대의 아동뿐만 아니라 가정 해체나 경제적 어려움 등으로 인해 시설에서 보호받고 있는 아동도 사회복지기관에서 도움을 주어야 하는 대상이다. 그리고 또래로부터 왕따를 경험하는 아동, 부모나 양육자로부터 학대를 당하고 있는 아동 모두 지역사회기관과 전문가의 도움과 관심이 필요하다.

2) 일반 아동을 위한 사회복지실천

일반 아동은 외부로부터 특별한 도움을 받지 않아도 되는 아동을 말하지만 일반 아동을 위한 실제적인 실천 영역을 고려하게 되면 모든 아동을 대상으로 한 실천이 된다. 그리고 일반 아동은 비록 도움이 당장 필요하지 않다고 하더라도 기본적으로 아동은 한 사람의 인간으로서 아동다운 생활을 할 권리가 있다는 점을 바탕으로 한다. 그리고 현재 특별히 해결할 문제가 없다는 점에서 문제해결보다는 오히려 아동의 타고난 능력을 보존하고, 잠재능력과 외부자원을 최대로 활용할 수 있도록 해 주어야 한다. 즉 아동의 역량을 강화해 주는 것으로 신체적 건강과 안전, 정서적 안정과 성숙, 잠재능력의 개발, 사회적 적응으로 세분화할 수 있다. 따라서 이를 실천하기 위한 아동복지시스템은 크게 두 가지로 예방 위주의 아동복지서비스와 아동과 가족을 구체화한 서비스로 나누어진다. 예방 위주의 아동복지서비스는 주로 학교, 아동 관련 기관, 그리고 복지관과 건강가정지원센터의 통합적 아동, 가족서비스가 필요하다.

그리고 일반적이며 예방적 · 지지적인 부모, 가족, 교사를 대상으로 한 교육프로그램이 필요하다. 가족과 아동을 위한 아동보호가 실행되기 위해서는 아동에 관한 아동복지리포트가 제기되거나, 아동복지서비스에 대한 실행 정책이 있거나, 아동복지사가 아동의 보호가 시급한 욕구사정을 빨리 충족하도록 지원하며, 그 외 다른 케이스에서는 7일 동안 욕구사정이 필요한지 평가한다. 그리고 아동은 위탁가정이나 가족에게 양육될 수 있다. 지방자치제는 아동복지의 발전과 보호를 위해서 아동복지기관과 단체 등의 발전에 대하여 여러 가지 계획을 수립하고 발전시켜야 할 의무가 있다.

그리고 우리나라는 자유민주주의 이념을 바탕으로 하고 있기 때문에 개별적 아동의 안녕은 부모와 가족의 책임을 더 강조하되, 국가가 아니면 하기 어려운 아동복지 세부분야는 국가의 책임성을 높여야 한다. 이에는 아동의 놀 권리를 보장해 주기 위한 적정 규모와 적정한 수의 아동전용시설의 설치나 교육인프라가 완비된 초등학교의 의무교육 및 지역사회에서의 방과 후 아동교실, 아동권리보호 등에 관한 실천 프로그램들이 요청된다.

3) 보호가 필요한 아동을 위한 사회복지실천

보호대상아동이란 보호자가 없거나 보호자로부터 이탈된 아동 또는 보호자가 아동을 학대하는 경우 등 그 보호자가 아동을 양육하기에 적당하지 아니하거나 양육할 능력이 없는 경우의 아동을 말한다(아동복지법 제3조).

(1) 아동

보호가 필요한 아동의 경우 보호가 된 상황이 더 이상 악화되지 않도록 최대한 잔존능력을 유지하며, 오히려 그 잔존능력을 최대한 개발할 수 있도록 서비스를 제공해야 한다. 이러한 보호를 필요로 하는 아동을 위해서는 사회적 책임으로서의 최적 수준의 외부 도움과 자원이 제공되어야 하며, 아동은 이러한 외부의 도움과 자원을 적극적으로 활용하여 자신의 역량을 강화해야 한다. 이러한 자원으로는 시설과 설비, 전문가의 상담과 치료 등을 모두 들 수 있다.

보호를 필요로 하는 아동을 위한 서비스는 다시 아동의 역량 강화, 역할 수정과 강화, 역할의 재조정과 강화로 나눌 수 있다. 보호가 필요한 아동을 위한 역량 강화는 스스로 어려움을 극복할 수 있도록 역량을 강화하는 것으로 따돌림받는 아동, 근로아동, 장애아동을 들 수 있으며, 역할 수정과 강화는 바람직하지 못한 행동을 수정하고 적절한 행동으로 강화하는 것으로 폭력비행, 재산비행, 성비행 등의 비행아동을 들 수 있다. 그리고 아동의 학교 중퇴, 소년소녀가장아동, 부모의 이혼, 재혼 등의 아동이 있다.

한편, 아동양육시설에서 보호를 받고 있는 아동이 있다. 시설보호의 경우, 보호대상 아동을 입소시켜 보호, 양육 및 취업훈련, 자립지원서비스 등을 제공하는 것을 목적으로 하고 있다(아동복지법 제52조). 이러한 시설에 입소한 보호대상아동에게 시설은 제2의 가정이 되며 시설에서의 경험은 시설보호아동들의 발달 결과와 서로 밀접한 관련이 있음을 알 수 있다. 시설에 입소한 아동의 상당수가 초등학교에 재학 중인 아동으로 발달단계상 아동 후기에서 청소년 초기로 진입하는 과도기적 시기에 해당된다. 이들은 일반 가정환경보다 취약한 시설환경에서 급격한 신체적 · 심리적 변화를 경험해야 하므로 일반 가정

아동들에 비해 자기주장기술, 자아통제기술, 협동기술이 부족하고, 정서지능 및 사회적 능력이 낮으며 내적 · 외적 행동문제를 많이 보인다. 따라서 시설보호아동들의 바람직한 적응과 발달을 위해 특별한 관심을 가지고 노력할 필요가 있다.

(2) 부모

부모는 아동양육의 1차적인 책임을 진 자로서 최선을 다하여 아동을 양육해야 하지만 아동과 부모 자신 및 가족, 또는 아동양육과 관련된 주변의 상황적 여건으로 아동을 제대로 양육하기 어려울 때 사회가 여러 가지 측면에서 부모역할을 지원하는 것이 부모 입장에서의 접근이라 할 수 있다. 그리고 사회에서의 부모를 위한 지원으로는 아동을 대상으로 하는 시설과 설비, 전문가의 상담과 치료 외에 공공부조에 의한 각종 급여와 보험방식에 의해 공보험 및 사보험 등이 있다.

한편 아동의 복지를 위한 1차 방어선의 기능으로 부모의 양육기능을 지지 · 강화하는 실천활동으로는 문제아동이나 행동장애아동을 둔 부모를 대상으로 하는 상담, 계부모나 자녀를 방임하거나 학대하는 부모를 위한 교육 등을 들 수 있다. 그리고 2차 방어선의 기능으로 아동이 가정에서 그 부모와 함께 생활할 수 있도록 보장하기 위해 사회가 부분적으로 양육 책임을 지는 것으로 보육서비스, 가정 조성 서비스 및 각종 연금과 보험에 의한 경제적 지원을 들 수 있다. 마지막으로 3차 방어선은 부모를 대신하여 사회가 아동의 생존권 및 생활권을 보장하는 것으로 가정 위탁 양육과 입양 및 시설에 의한 보호서비스를 들 수 있다.

요약정리

1. 아동기는 아동 전기(초등학교 1~3학년)와 아동 후기(초등학교 4~6학년)로 나누어지기도 하고, 아동 전기(초등학교 1~2학년) · 아동 중기(초등학교 3~4학년) · 아동 후기(초등학교 5~6학년)로 나눌 수 있다.
2. 아동기에 관한 학자들의 정의를 보면 Freud는 잠재기, Erickson은 근면성이 발달하는 시기, Kroh는 도야기, Piaget는 구체적 조작기라고 하였다.
3. Piaget의 구분에 의하면, 아동기는 전조작기에 불완전하게 획득했던 분류와 연속성, 보존의 개념들을 완전하게 획득하며, 조합기술(combination skill) 획득을 통한 더하기, 빼기, 곱하기, 나누기와 같은 셈이 가능해진다.
4. 코칭은 스스로 주도적으로 문제를 해결해가는 창의적인 주체성을 형성해 나가는 의사소통 방법이라 할 수 있으며, 코칭의 기법으로는 경청하기, 질문하기, 라포 형성하기, 인정하기 등이 있다.
5. 아동기 학교부적응은 학습문제, 공격행동, 우울감 등 인지 · 사회 · 정서적인 증후로 나타나며 자아존중감, 자기효능감, 자기통제감, 성격, 공격성, 비행, 학업성취, 친구관계, 부모와의 관계, 사회 · 정서적 지지변인 등 거의 모든 심리적, 환경적 변인들과 의미 있는 관련성이 있다.
6. 아동학대는 아동의 영혼을 말살시키는 범죄행위이다. 이는 아동복지나 아동의 발달을 위협할 뿐 아니라 사망에까지 이르게 하므로 필요한 경우 긴급 격리조치하여야 한다.

생각해 보기

1. 아동기의 가정환경이 아동의 발달에 미치는 영향에 관해 생각해 봅시다.
2. 보호가 필요한 아동을 위한 복지실천가의 역할에 관해 생각해 봅시다.
3. 인터넷 사용이 아동에게 미치는 긍정적, 부정적 기능에 관해 생각해 봅시다.

chapter 08

청소년기 발달과 인간행동

Human Behavior and Social Environment

chapter **08**

청소년기 발달과 인간행동

이 장에서는 청소년기의 신체적 · 심리적 · 사회적 발달 특성과 이에 따른 발달과 업 및 사회복지실천에 대해서 살펴본다. 청소년기의 개념을 정의할 때는 신체발달과정의 특성과 연령에 의한 기준을 사용하는 것이 보편적이다. 그러나 신체발달징후는 개인마다 다르기 때문에 보편적인 기준을 제시하는 데는 한계가 있다(홍봉선 · 남미애, 2009). 또 다른 방법인 연령에 의한 구분은 단체와 기구마다 다소 상이한 연령 범위를 제시하고 있다. 즉, 1985년 UN에서는 15~24세의 집단을 청소년이라고 규정하였으며, UN 식량농업기구에서는 청소년을 10~24세로 정의하였다.

우리나라에서는 청소년기본법(1991), 청소년복지지원법(2003), 청소년활동진흥법(2004) 등 다양한 청소년관련법이 제정되어 있는데 각 법마다 청소년의 호칭과 적용 연령에 차이가 있다. 그것은 일반적인 청소년의 발달 특성뿐만 아니라 발달 영역별 특성을 고려했기 때문이다. 청소년기본법에서는 9세 이상 24세 이하인 자, 청소년보호법에서는 19세 미만인 자를 '청소년'으로 규정하고, 민법에서는 만 20세 미만인 자를 '미성년자'로 규정하고 있다. 그리고 소년법에서는 20세 미만인 자를 '소년'으로 규정하고 있으며, 근로기준법에서는 "18세 미만의 자는 도덕상 또는 보건상 위험한 사업에 사용치 못한다."라고 규정하고 있다. 이처럼 청소년의 연령은 아동과 청소년을 혼재하여 사용함으로써 아동과 청소년의 구분마저 모호하게 하고 있으며 그 개념도 일관된 정의 없이 다양하게 부르고 있다(조흥식 외, 2010). 이 책에서는 여러 학자의 견해와 우리나라의 사회통념적 시각을 종합하여 중·고등학교의 시기, 만 13세에서 18세까지를 청소년기로 규정하고자 한다.

1. 청소년기의 주요 발달과 인간행동의 이해

청소년기에는 급격한 신체변화, 성적 성숙과 더불어 인지적·정서적 변화가 일어난다. 또한 청소년기는 자아정체감의 확립, 자기성에 적합한 성역할의 습득, 직업선택에 대한 의사결정 등의 발달과업을 수행하는 시기이다. 이 장에서는 청소년기의 신체적·심리적·사회적 발달을 알아보고, 청소년기 발달과 사회복지실천에 대해 살펴보고자 한다.

1) 청소년기의 신체발달

출생 후 첫 2년간의 성장발달이 눈부시게 이루어지지만 청소년기 또한 성장의 다른 단계와 쉽게 구별될 수 있을 만큼 급격한 신체변화를 보인다. 신장과 체중이 증가하고 체형이 변화하며, 2차 성징이 나타나서 이제까지의 소년, 소녀의 모습에서 벗어나 어른이 된다. 이러한 신체변화의 중요성은 이에 수반되는 청소년의 심리적 작용으로 인해 더욱 의미가 있다.

청소년기의 신체적 성장과 발달에는 여러 가지 측면이 있지만 그 중 가장 많은 주목을 받는 부분이 신장과 체중, 골격, 생식기관의 발달 그리고 호르몬의 변화 등이다. 이러한 신체적 변화는 모두 다 같은 성장속도를 갖고 있는 것은 아니며 서로 다른 성장속도 곡선을 나타내고 있다.

청소년기가 되면 신장과 체중의 급격한 성장을 보이는데 이것을 청소년기 성장급등이라고 하며, 여아가 남아보다 2~3년 정도 빨라서 보통 여자의 경우 11세경에, 그리고 남자의 경우는 13세경에 시작해서 4년 정도 지속되는데 여기에는 물론 개인차가 있다.

신장과 체중의 증가와 더불어 다른 신체변화도 나타나는데 남자는 어깨가 넓어지고 근육이 발달하여 남성다운 체형으로 변모하고, 여자는 골반이 넓어지고 피하지방이 축적되어 여성다운 체형으로 변모한다. 외적인 신체변화와 더불어 신체 내부에서도 변화가 일어나는데, 즉 소화기관, 폐, 심장 등에서의 변화가 그것이다. 이러한 변화는 순환, 호흡, 소화, 신진대사에 중요한 영향을 미친다.

그러나 신체의 모든 부분이 다 청소년기에 엄청난 변화를 겪는 것은 아니고, 뇌 발달은 청소년기 이전에 이미 거의 다 이루어진다. 즉, 인간의 뇌는 2세 반경에 성인 뇌 무게의 75%가 형성되며 10세 이전에 95%가 완성된다.

사춘기에는 성호르몬의 분비와 더불어 성적 발육이 시작된다. 사춘기 성적 발달속도는 개인차가 크지만 발달순서는 비교적 고정적이다. 여아의 경우 유방의 발육이 가장 먼저 시작되고, 이어서 음모가 자라기 시작하며, 신장과 체중의 발육급증이 나타나고, 마지막으로 초경이 시작된다. 여아의 99%는 신체적 급성장 후 초경이 시작된다. 남아의 경우 고환의 발육이 먼저 시작되고 음모가 자라며, 고환의 발육이 계속되면서 음경이 커지며, 몽정이 있고 신체발육의 급증이 뒤따른 후 변성이 나타나고, 마지막으로 체모가 자라기 시작한다. 사춘기 성장은 대체로 2년 동안 계속되며, 난자와 정자를 배출할 수 있게 되면 성장이 완성된다.

사춘기 성장이 이루어지는 시기 동안 청소년들은 자신의 신체적 변화에 큰 관심을 보이며 신체상을 형성하게 된다. 신체상이란 자신의 신체에 대한 감각, 느낌, 태도 등을 포함하는 정신적 표상을 의미한다. 신체상에 대한 관심은 청소년 초기에 가장 높으며, 이 시기 신체상의 긍정적 평가도는 학업성취도 및 심리적 행복감과 정적인 상관을 갖는다. 청소년기 신체상의 형성에는 여러 가지 요인이 작용하지만, 자신의 신체에 대한 부모의 평가가 10대 청소년들의 신체상 형성에 가장 크게 영향을 미친다. 청소년기에 시작된 자신의 신체상에 대한 관심과 불만은 그 정도는 낮으나 성인기에도 지속된다.

사춘기 신체적 변화는 여러 가지 심리적 변화를 수반한다. 사춘기 성적 성숙이 이루어지면서 청소년들이 자신의 신체 및 성적 발육이 또래집단과 다르거나 바람직하지 않다고 느낄 때 심리적 적응상의 문제들이 발생하게 된다. 따라서 성숙 속도가 지나치게 빠른 청소년과 지나치게 늦은 청소년은 심리적 부적응을 경험할 수 있다(송명자, 2011).

2) 청소년기의 심리발달

(1) 청소년기의 인지적 발달

Piaget에 따르면 청소년기는 형식적 조작기(formal operation stage)에 들어서는데 이 시기에 그들은 추상적, 체계적, 과학적으로 사고하는 능력을 발달시킨다. 구체적 조작기 아동이 '현실에 대해 조작할' 수 있는 데 반해, 형식적 조작기 청소년들은 '조작에 대해 조작할' 수 있다. 다시 말해, 그들은 더 이상 사고의 대상으로 구체적 물건이나 사건을 필요로 하지 않는다. 대신 그들은 내적인 반영을 통해 새롭고 보다 더 일반적인 논리규칙을 알아채게 된다. 형식적 조작기는 가설연역적 추론과 명제적 사고라는 두 가지 주요 특징을 보인다.

Piaget는 청소년기에 들어서면 처음 가설연역적 추론(deductive reasoning)을 할 수 있다고 믿었다. 문제에 부딪쳤을 때, 그들은 가설이나 결과에 영향을 줄 수 있는 변인에 대한 예측을 시작한다. 그러고 나서 실제 세상에서 어떤 추론이 확인될 수 있는지를 보기 위해 변인들을 체계적으로 분리하거나 결합시키면서, 그 가설로부터 논리적이고 검증할 수 있는 연역적 추론을 한다. Piaget의 형식적 조작기에 두 번째 중요한 특징은 실제 세계의 상황을 참조하지 않고 명제의 논리(언어적 진술)를 평가하는 청소년기의 능력인 명제적 사고이다.

청소년들에게서 자신의 사고에 대해 숙고하는 능력이 증진된다는 것은 신체적 · 심리적 변화가 진행되는 것과 더불어 스스로에 대해 더 많이 생각하기 시작한다는 것을 의미한다. Piaget는 청소년들에게 자신의 관점과 다른 사람의 관점 구별이 어려워지는 새로운 형태의 자아중심성이 일어난다고 믿었다. 이로 인해 청소년 자신과 다른 사람과의 관계에 대해 두 가지 왜곡된 이미지가 나타난다고 하였다.

첫 번째는 상상적 청중(imaginary audience)이다. 청소년들은 모든 사람의 주의와 관심이 자신에게 모인다고 생각한다. 그 결과 그들은 자의식이 유난히 강해져서 창피한 상황을 쉽게 잊지 못한다. 이러한 상상적 청중을 생각하면 청소년들이 자기 외모의 세세한 부분까지 왜 그렇게 살펴보는지를 이해할 수 있다. 또한 이것은 그들이 다른 사람의 비판에 왜 그렇게 민감한지도 설명해준다. 모든 사람이 그들의 일거수일투족을 쳐다보고 있다고 믿는 10대들은 부모나 교사의 비판적인 말에 굴욕을 느낄 수 있다.

두 번째 인지적 왜곡은 개인적 우화(personal fable)이다. 10대들은 다른 사람이 자기들을 예의주시하고 또 자신들에 대해 많은 생각을 하고 있다고 확신하기 때문에 자신의 중요성을 과장하여 생각하는 경향이 있다. 10대들은 자기들이 특별하고 독특하다고 느끼기 시작한다. 많은 청소년들은 성공의 절정에 있다고 의기양양해 하기도 하고 절망의 늪에 빠져 있는 것으로 생각하기도 하는

데 이런 경험은 다른 사람들이 이해할 수 없는 것들이다.

청소년들이 가능성을 생각할 수 있게 되면서 그들의 생각은 완벽한 이상의 세계로 향하게 된다. 10대들은 대안이 되는 가정, 종교적 · 정치적 · 도덕 시스템을 상상할 수 있고 그것들을 탐색하기를 원한다. 그 결과, 그들은 불법, 차별, 몰상식한 행동이 없는 완벽한 세상에 대한 원대한 비전을 세우곤 한다. 소위 '세대차'라고 불리는 성인과 10대들의 세상에 대한 관점의 차이는 부모와 자녀 사이의 갈등을 일으킨다. 청소년들은 자신의 부모형제가 부응할 수 없는 완벽한 가족을 의식하며, 가족 흠잡기를 일삼는다.

그러나 청소년의 이상주의와 비판주의는 대체로 유익하기도 하여 다른 사람의 장단점을 보게 되고, 사회의 건설적 변화를 가져오며, 타인과 긍정적이고 지속적인 관계를 형성할 수 있게 된다.

(2) 청소년기의 정서적 변화

청소년기에 접어들면서 이들은 아동기까지의 정서와는 다른 정서를 경험하게 된다. 이러한 변화는 청소년기에 나타나는 급격하고 다양한 발달적 특징에 수반되는 경우가 많다. 그러나 청소년기의 정서적 변화는 다른 발달적 특징과 마찬가지로 개인차가 크고, 기질과 환경 등에 따라 변화의 패턴과 결과가 달라질 수 있다. 또한 청소년기에 나타나는 정서는 정서조절전략 및 자기통제력과 밀접한 관계를 갖기 때문에 청소년들이 경험하는 부적 정서가 부적인 정서 표현으로 이어지는 정도는 그들이 갖고 있는 조절전략이나 자기통제력에 따라 달라질 수 있다.

청소년기의 가장 큰 특징은 사춘기를 경험하면서 신체적, 성적으로 급격한 변화를 경험하는 점이다. 특히 이 시기의 성적 성숙은 청소년으로 하여금 강한 성적 충동을 경험하게 한다. 이들은 성에 대한 높은 호기심과 이성에 대한 관심을 갖지만, 이와 동시에 수치심을 느끼고 이성에게 반발하며 주변 사람들에게 허세적인 반항을 하는 등의 이중적 정서를 표출한다. 따라서 이들의 정서는 일관성이 없고, 불안정하며, 정서의 기복이 아동기에 비해 넓고 격렬하게 표출된다. 또한 이들은 지식을 구하려는 정열은 높으나 아직 논리적으로 문제를 해결하지 못하는 미숙함을 갖기 때문에 공상과 동경의 상태에 많이 머문다. 이런 가운데 주변 사람들에 대해 부정적인 태도를 보이고 자신의 공상 속에서만 만족을 추구하려고 하지만, 현실적인 해결책을 찾지 못함으로 인한 불안이나 초조함에 사로잡히는 경우가 많다.

일반적으로 중학교 말부터 고등학교 시기의 청소년들은 초기보다 더욱 강렬한 정서를 느끼지만 직접적인 표출을 억제하는 경향이 높다. 즉, 성적인 것이나 기타 대상에 대해 느끼는 정서를 의식적으로 억압하려는 경향을 많이 보인다. 그러나 이런 억압과정에서 자기혐오나 열등감을 갖고 내면적으로 침울하거나 정서의 불안정성이 고조되기도 한다. 이성에 대해서는 초기보다 낭만적이고 감상적인 태도를 취하게 된다. 이들은 또한 자아의식이 높아지면서 독선적이고 우월을 과시하며 현실을 부정하고 혐오하는 경향을 강하게 보인다. 이에 따라 기성세대, 사회구조, 사회의 도덕과 법률에 대해 의혹을 품고 자기 나름의 독특한 구조와 논리로 비판하게 된다.

이상의 청소년기 정서적 발달과정을 종합하면 다음과 같다.

첫째, 정서의 경험과 표현이 격렬하고 동요가 크다. 청소년들은 부모, 교사, 친구의 이야기에 쉽게 분노하고 얼굴을 붉히거나 슬픔에 잠긴다. 이러한 격동성은 청소년 초기에 더욱 두드러지고 후기로 갈수록 자신의 감정에 대해 여유를 찾는 경우가 많다.

둘째, 정서를 불러일으키는 자극대상이 변한다. 유아에게는 불쾌한 정서를 일으키는 자극대상이 신체적이거나 감각적인 것이라면, 아동들은 사회적 학습과정 속에서 불쾌한 정서를 경험하는 경우가 많다. 반면 청소년들은 자신이 무능력하다고 느껴질 때나 막연한 불안감을 일으키는 대상에 대해 정서자극을 많이 받는다.

셋째, 정서표현이 내면화되는 경우가 많다. 일반적으로 아동의 정서표현은 직접적이고 일시적인데 반해 청소년의 정서는 의식적으로 억제되는 경우가 많다. 또한 정서를 외부로 표출하기보다는 내부에 ㅅ무기거나 방어기제를 사용하디고 한다. 이로 인해 청소년이 느끼는 공포심이 우울이나 분노 및 비행의 형태로 나타나기도 한다.

(3) 자아발달

청소년기에는 많은 변인들을 체계적으로 탐색할 수 있는 형식적 조작사고의 발달로 인해 자아인지 또한 다양화된다. 청소년들이 자신을 탐색하고 기술하며 평가하는 영역은 아동기에 비해 훨씬 세분화되어 있다. 형식적 조작사고의 주요 특징인 가설설정능력으로 인해 청소년기에는 자아에 대해서도 일종의 가설을 설정하게 된다. 가능한 자아 또는 이상적 자아는 이렇게 해서 형성된 청소년기 특유의 자아양식이다. 이상적 자아는 때로 아동기까지 지녀온 실제적 자아와 괴리를 낳기도 한다. 실제적 자아와 이상적 자아 간의 적절한 괴리는 실제적 자아수준을 높여주는 동기적 기능을 갖기도 하지만 두 자아 간의 지나친 불일치는 청소년기 부적응의 한 가지 지표로 생각되고 있다.

청소년기의 가능한 자아는 미래에 자신이 도달하기를 원하는 자아의 모습이지만, 때로는 현재에 자신이 갖기를 원하거나 버리고 싶어하는 자아의 모습이기도 하다. 현재에 자신이 원하는 가능한 자아에 심리적으로 몰입하면 거짓자아를 형성하게 된다. 거짓자아는 청소년들이 자신이 원하는 자아의 모습을 마치 자신인 것처럼 나타내는 현상을 뜻한다. 흔히 청소년기에 거짓자아와 참자아와의 사이에 혼돈이 일어 하게 되는 것으로 생각하기 쉬우나, 청년들은 두 개의 자아를 명백하게 구분하고 있는 것으로 알려져 있다. 청소년들은 타인에게 강한 인상을 주고 싶을 때, 새로운 행동이나 역할을 시도해 보고 싶을 때, 타인이 자신의 참자아를 이해해 주지 못하거나 좋아하지 않을 때와 같이 자신이 필요하다고 생각되는 상황에서만 거짓자아를 표출한다. 청소년기 거짓자아는 사회적 수용도가 낮거나 대인관계가 원만하지 못한 청소년에게서 자주 발견된다.

청소년기 동안 자아는 여러 하위영역에서 여러 형태의 동요를 거치면서 점차 안정되고 통합된 자기평가에 도달한다. 이처럼 통합된 자기평가 결과가 자아존중감이며, 자아존중감은 청소년들이 자아인지의 여러 하위영역에서 자신의 역할을 얼마나 성공적으로 수행했는가에 대한 자기평가 결과에 의해 형성된다. 이러한 자기평가는 청소년들이 중요성을 부여하는 타인들의 자신에 대한 평가에 크게 영향을 받는다. 여러 하위영역에서 자신이 중요한 역할을 수행하고 있는 것으로 타인이 믿어준다고 인지할 때 청소년들은 높은 자아존중감을 갖지만, 그렇지 못할 때에는 자아존중감이 낮아진다. 청소년기 자아존중감에 가장 크게 영향을 미치는 타인은 일반적으로 또래집단이나 급우들이다. 이들의 영향은 부모나 가까운 친구보다 훨씬 큰 것으로 보고되고 있다.

자아존중감(selfesteem)은 청소년기 적응에 직접적인 영향을 미친다. 자아존중감이 낮은 청소년들이 가장 경계해야 될 현상이 청소년기 우울증이다. 청소년기의 낮은 자아존중감이 우울증으로 발전되는 과정에는 부모의 기대와 또래의 요구가 크게 작용한다. 자아존중감이 낮은 청소년에 대한 부모의 기대가 계속적으로 높을 경우에 무력감이 커지게 되며, 이러한 무력감은 우울증으로 발전하게 된다. 반대로 부모와 또래집단의 따뜻한 지지나 격려가 있을 때 낮은 자아존중감으로부터 회복될 수 있다.

청소년기 동안에는 때로 서로 상반되는 자아들을 통합하여 한 사람의 성인으로서 자신이 보여줄 보다 일반적인 자아를 형성하게 된다. Erikson은 이러한 통합된 자아의 형성과정을 자아정체성(self identity)과 정체성 혼미(identity confusion) 간의 위기로 개념화하고 있다.

Erikson에 의하면 정체성 위기는 '나는 누구인가'라는 의문으로부터 출발한다. 이 의문에 대한 답을 추구해가는 과정에서 경험하는 긍정적인 자기평가와 부정적인 자기평가 간의 양극적인 갈등과 이를 극복해가는 과정이 곧 정체성 위기이다.

청소년기에 자기 존재에 대한 의문이 강하게 부각되는 것은 생물학적 변화로 인해 원욕의 욕구가 강화되면서 초자아도 동시에 강화되며, 양자 간에 새로운 균형을 취하기 위해 자아가 자신의 내면을 새로이 정립하려는 요구에서 비롯된다. 또한 성인으로서 자신이 감당해야 할 사회적 역할들에 직면할 자신의 잠재력에 대한 회의와 성인으로서의 역할전환에 대한 두려움에 기인한다. 따라서 정체성의 탐색은 일종의 자아붕괴에 직면하고 이를 극복하기 위한 노력의 시작으로 볼 수 있다. 청소년들은 수많은 영역에서 자신의 가능성을 탐색하고 발견하면서 서서히 자아정체성을 형성해 가게 된다(송명자, 2011).

Marcia(1980)는 자아정체감의 발달상태를 네 가지로 나누었다.

첫째, 정체감 성취(identity achievement)는 위기를 성공적으로 극복하고 정치적 또는 개인적 이념체계를 확립하며, 자신의 의사에 따라 자율적 의사를 결정하며 직업적 역할을 성공적으로 수행할 수 있는 상태이다.

둘째, 정체감 유실(identity foreclosure)은 부모나 사회의 가치관을 자신의 것으로 그대로 선택하므로 위기도 경험하지 않고 쉽게 의사결정을 내리지만 독립적 의사결정을 하지 못하는 상태이다.

셋째, 정체감 유예(identity moratorium)는 정체감 위기 상태에 처하여 정체감을 확립하기 위해 다양한 역할실험을 수행하고 있는 상태로서 정체감 성취 또는 정체감 혼란 중 어느 방향으로도 나아갈 수 있는 가능성이 있는 상태이다.

넷째, 정체감 혼란(identity confusion)은 정체감을 확립하기 위한 노력도 없고, 기존의 가치관에 대한 의문도 제기하지 않는 상태이다.

Erikson은 정체감 성취와 유예는 심리적으로 건강한 것이지만 정체감 유실이나 혼란은 부적응적인 것이라고 했다. 정체감 성취나 유예 상태에 있는 청소년은 자아존중감이 높고, 추상적이며 비판적인 사고를 하고, 자신을 지나치게 의식하지 않고 있는 모습 그대로 다른 사람들에게 자신을 드러내 보이는 반면, 정체감 유실이나 혼란에 있는 청소년들은 독단적이고 융통성이 없고 부적응적인 행동이나 문제를 일으키며 다른 사람과의 의견 차이를 수용하지 못하고 자신을 거부한다고 생각하고 타인으로부터 거부당할 것을 두려워한다(조형숙 외, 2014).

3) 청소년기의 사회성 발달

(1) 청소년기의 가족관계

청소년은 발달적 특성, 즉 급격한 신체적 · 성적 성숙과 자아정체감을 확립하려는 시도, 논리적 사고의 발달과 관련하여 부모-자녀관계 및 형제관계에서도 주목할 만한 변화를 가져온다. 청소년기는 가족으로부터의 지지와 보호, 그리고 지도가 필요한 동시에 자기충족과 독립을 준비하는 단계이다. 이러한 과정 속에서 불가피하게 가족과의 갈등이 야기된다(강세현 외, 2011). 즉, 자기 자신과 친구에게 의존하기 시작하면서 부모와 가족으로부터 점차 멀어지기 시작한다. 청소년기의 부모-자녀관계는 세대차의 갈등관계의 심화로 요약할 수 있다. 구체적으로 말하면, 부모의 입장에서는 지금까지 희생하여 양육한 노력을 간과한 채 오히려 부모를 무시하고 반항하는 자녀에 대해 분노의 감정을 지니게 되고, 그대로 방임할 경우 발생될 여러 가지 학업성취의 부진 혹은 바람직하지 않은 친구관계로 인한 비행가능성 등을 우려하여 더욱 권위적이고 지시적이며 방어적으로 자녀의 생활 전반을 통제하게 된다. 이에 반해 청소년 자녀의 입장에서는 그 자신이 성인에 가까울 정도로 심신이 성숙하여 상당한 과업을 독립적으로 할 수 있음에도 예전의 아동기 때처럼 계속해서 간섭하고 통제하려는 부모의 태도에 대해 반항하고 불복종하게 되는 것이다(조흥식 외, 2010).

따라서 청소년기에 들어오면 청소년들은 부모와 가족으로부터 점점 멀어져 친구와 자기 자신에게 의존하려고 한다. 그로 인해 이제까지 생활과 마음의 터전이었던 가정이 청소년에게는 의식주만의 가정이 되기가 쉽다. 또한 지금까지 절대시되었던 부모를 비판적으로 대하기도 하고 부모의 간섭이나 강제 또는 몰이해에 대해서도 반항적으로 행동하게 된다. 또한 청소년기 이전까지는 부모에게 의존하여 생활해 오다가 청소년기에 들어서면서부터 독립된 인간으로서 자기 자신의 의지하에 행동하게 되는데, 이는 심리적 이유가 일어났기 때문이다. 이러한 청소년기의 여러 가지 변화로 청소년들의 부모에 대한 객관적 인식이 깊어지면서, 자신이 변화한 독립된 인격체로서 부모-자식 간에 새로운 애정관계가 형성된다(임은희, 2010).

이러한 갈등은 청소년기의 본질적인 문제이므로 청소년뿐만 아니라 청소년 자녀를 둔 부모의 대부분이 중년기의 또 다른 위기에 직면해 있으므로 부모의 안정된 결혼생활과 부모-자녀 간의 개방적인 의사소통이 필요하며, 청소년을 가진 부모는 아동기와는 달리 보호자로서의 역할을 재정립할 필요가 있다.

청소년기 부모-자녀관계에서 가장 중요한 것은 행복하고 안정된 가정생활을 영위하면서 부모와 자녀의 의사소통의 기회를 확대하고 서로 간의 차이점을 발견하고 해결해 나가는 것이다. 한편, 청소년기에는 형제자매 간의 경쟁이 점차 감소되고 형제자매를 인생에서 중요한 타자들로 생각하는 경향이 증가된다(강세현 외, 2011).

(2) 청소년기의 또래관계

아동기와는 달리 청소년기가 되면서 부모와 성인으로부터의 지지보다 동년배들로부터의 지지와 이해가 더 필요하며, 이러한 동년배로부터의 지지와 이해를 통하여 사회성이 발달한다. 동년배와 만나 이야기를 나누거나 다양한 활동을 함께 하면서 그들과 지내는 시간이 많아지며, 그들로부터 많은 영향을 받게 된다. 청소년기의 동년배와의 관계는 아동기와는 달리 좀 더 구조화되고 통합된 형태를 보이며, 그들과의 관계를 매우 중요시한다.

동년배는 청소년에게 정서적 안정을 제공하며, 우정을 통하여 자신을 표현하고, 타인을 이해할 수 있게 한다. 그들은 청소년에게 흥미 있는 정보와 즐거움을 제공하며, 지지, 격려, 환류 등을 통하여 청소년이 스스로 유능하고 매력적이며 가치 있는 사람이라고 느낄 수 있도록 돕는다. 그러나 청소년은 동년배와의 관계에서 갈등이 긴장을 초래할 수 있으며, 이것이 지속되면 청소년에게 고통과 혼란을 안겨준다. 또한 동년배는 청소년에게 개성을 억누르면서 집단의 규율에 일치하도록 강요하기도 하며, 청소년에게 바람직하지 않은 행동을 학습시키기도 한다.

청소년기는 동성의 친구들과 긴밀한 관계를 형성하고 우정을 나누면서 이성에게도 관심을 보이는 시기이다. 청소년 초기에는 동성에 대하여 강한 애착을 보이다가 점차 청소년 후기로 접어들면서 이성에 대한 호기심이 생기게 되어 동성애착에서 이성애착으로 변화된다.

청소년기의 이성과의 접촉은 대게 집단활동을 통해 이루어지다가 점차 개별적으로 발전한다. 이성교제는 청소년의 성역할을 명백하게 해주며, 남성이나 여성으로 자신을 가치 있는 존재로 인식할 수 있게 한다. 그러나 이것은 청소년으로 하여금 학업을 소홀히 하게 하거나, 비행과 접할 수 있는 기회를 증진시키는 부정적인 영향도 있다. 특히 입시제도의 압박과 과중한 학습부담으로 집단활동에 참여할 기회나 시간이 부족하며, 부모나 주위 사람들이 이성교제를 부정적으로 보는 시각 때문에 청소년의 이성교제가 제한되어 있다. 그러나 청소년의 이성교제를 부정적으로 보고 무조건 막기보다는 건전한 방향으로 이루어질 수 있도록 해야 할 것이다(강세현 외, 2011).

(3) 청소년기와 가상공간

청소년에게 있어서 컴퓨터와 스마트폰은 의사소통, 정보수집, 취미나 여가활동 등의 일상생활에서 없어서는 안 될 필수품이 되고 있다. 대다수의 청소년이 인터넷을 기반으로 친구와 이메일, 카페, 블로그, SNS 등을 통하여 가상공간에서 공동체 활동을 하고 있으며, 컴퓨터게임이 청소년기의 주된 여가활동으로 자리를 잡아가고 있다.

컴퓨터와 스마트폰의 활용은 청소년기의 발달에 긍정과 부정적인 영향을 모두 미치고 있다. 청소년은 컴퓨터나 스마트폰을 사용함으로써 빠르게 필요한 정보를 수집할 수 있으며, 교과수업이나 과외활동, 여가활동에 필요한 지식과 정보를 습득하는 등 학습활동에 도움을 받고, 학업 부담으로 인하여 제한되는 친구관계를 유지해 나가고 있다. 이런 반면 현실세계에서의 대인관계 위축으로 인하여 비인간화를 초래할 수 있으며, 익명성이 보장되는 점을 악용한 음해성 글의 게재, 음란 및 불법 파일의 유통, 스팸메일 발송 등과 같은 도덕성이나 사회책임성의 발달에 부정적 영향을 미치기도 한다. 그리고 인터넷중독이나 게임중독, 원조교제, 자살 등에 대한 잘못된 정보를 주고받음으로써 비행으로 이어지는 경우가 많으며, 음란 동영상 또는 간행물이나 온라인 사행성 게임 사이트와 같은 청소년 유해환경에 쉽게 노출될 수 있다. 또한 과도한 컴퓨터 사용으로 시력 저하, 비만 등 건강에 부정적인 영향을 미치기도 한다(권중돈, 2014).

2. 청소년기의 발달과 사회복지실천

1) 청소년기의 신체발달과 사회복지실천

청소년기는 급격한 신체적 성장과 변화로 인해 신체적 불균형을 경험하고, 특히 소녀일 경우에는 사회에서 암암리에 강요하는 미적 기준으로 인한 식이요법, 약물복용이 있을 수 있다. 신체 변화에 대한 이해를 위한 교육프로그램, 식이요법지도, 몸매관리 프로그램 등을 개발, 실시함으로써 청소년의 건전한 신체발달을 지원할 필요가 있다. 성문제에 대한 올바른 이해와 가치관 형성을 위한 프로그램 실시와 초경 불안, 몽정 불안, 자위행위, 이성으로부터의 성적 요구 등과 같은 성으로 야기되는 심리적 문제를 해결할 수 있는 상담을 수행할 필요가 있다(임은희, 2010).

우리 사회는 점차 청소년의 혼전 성경험에 대해 개방적인 태도를 보임에 따라 성 경험률도 꾸준히 증가하고 있다. 이와 함께 낮은 피임실천율은 결국 원치 않는 임신으로 이어져 낙태의 원인이 되거나 출산으로 인한 미혼부모가 되게 한다. 십대 미혼부모는 가정과 사회로부터 소외되기 쉽고 죄책감과 심한 정서적 갈등 및 건강상의 문제를 겪기 쉬우며, 학업과 직업 선택에 많은 제약을 받고 박탈을 경험하기도 한다. 그리하여 십대 미혼부모는 건강, 학업지속 여부, 직업 선택, 결혼 가능성 여부, 자녀 양육 또는 입양 결정 등과 관련된 문제에 직면하게 된다.

십대 미혼부모를 위한 복지실천은 예방차원서비스와 사후서비스로 나눌 수 있다.

첫째, 현재 예방차원서비스로 미혼부모의 발생을 예방하기 위하여 청소년을 대상으로 한 성교육과 홍보가 학교 교과과정의 일환으로 이루어지고 있다. 상담서비스는 혼전 성관계를 했거나 임신 또는 출산으로 도움이 필요한 사람에게 전국 청소년상담복지센터, 한부모가족복지상담소, 성폭력피해상담소, 미혼모시설, 입양알선기관, 국내입양지정기관 등을 통해 이루어지고 있다.

둘째, 아기를 낳아 양육하고자 하는 양육 미혼모가 증가하고 있는 사회적 변화 속에서 양육 미혼모를 위한 현실적인 지원체계가 보완되어야 할 뿐만 아니라 양육 미혼부를 위한 복지서비스와 지원체계도 마련되어야 할 것이다. 이를 위해 십대 미혼부모 지원에 대한 예산을 확보함으로써 십대 미혼 한부모가정에 대한 재정지원을 해주어야 한다.

셋째, 정부 차원의 재정적 지원과 함께 십대 미혼부모가 학업을 계속할 수 있도록 가족과 주변 사람의 정서적 · 심리적 지원이 이루어져야 한다. 또한 건전한 가족을 형성하여 운영할 수 있도록 각종 특기적성교육을 통한 취업지원, 다양한 직종 및 직업훈련과정 개발, 주거지원을 통한 안정적 주거환경 마련, 생활주기에 따른 자녀양육방법에 대한 교육 등 효율적인 통합서비스가 제공되어야 한다(조흥식 외, 2010).

2) 청소년기의 심리발달과 사회복지실천

청소년 시기에 완성해야 하는 중요한 발달과업은 자아정체성의 형성이다. 그러나 지나친 학업성적 위주의 입시교육에 시달리는 우리 청소년들은 자신의 개인적 신념이나 목적을 충분히 고려하지 않은 채 외부에서 자기에게 기대하는 역할을 바로 받아들여 버리는 이른바 '정체성 유실'을 경험하는 경우가 많다. 개개인의 적성과 개성을 중요시하기보다는 학벌 위주의 사회적 기준에 적응하지 못하는 청소년들에게 우리 사회에서는 '일탈자'나 '실패자'와 같이 성급한 낙인을 찍는 경우가 많고, 청소년들 역시 이를 받아들여서 자신의 실패를 합리화하여 부정적인 정체성을 갖거나 자아정체성 혼란을 겪기도 한다.

이처럼 심리적 갈등과 혼란이 심한 청소년기에는 다양한 정서심리적 문제에 시달리는 경우가 많으며, 특히 우리나라는 과도한 대학입시 경쟁으로 인해서 대다수의 청소년들이 '고3증후군'인 시험불안이나 우울증에 시달리고 있다. 17~18세 무렵은 또한 정신분열증이 촉발되는 시기인데 입시전쟁으로 인한 학업경쟁과 스트레스가 정신분열증의 이환을 가속시키기도 한다. 외모에 치중하는 최근의 사회풍토로 인해 학생들이 무리한 다이어트로 인한 거식증, 폭식증 등의 섭식장애를 앓는 경우도 늘고 있다. 특히 청소년 자살률이 해마다 증가하고 있는 추세이다. 따라서 관련사회복지기관에서는 이러한 청소년들의 정서심리적 건강을 돌보기 위한 상담이나 스트레스 관리법, 가족치료 등도 제공할 수 있어야 할 것이다(오창순 외, 2010).

신체적 · 심리적 혼란시기에 있는 청소년들은 자칫하면 일탈행위에 빠지기 쉽고, 이에 적절하게 대처하지 못하였을 경우, 성인기의 비행과 범죄로 이어지기 쉬우므로 청소년 비행은 민감하게 다루어야 한다. 청소년 비행은 아동 · 청소년에 국한하여 적용되며 형사상 책임을 전제하지 않는 개념이다. 최근 들어

18세, 19세 청소년의 범죄비율은 감소한 반면 14~16세 사이 청소년들의 범죄 건수는 해마다 증가하고 있어서 전체적으로 청소년 비행이 저연령화되고 있음을 알 수 있다. 이러한 현상은 무엇보다도 인터넷 등 대중매체에서 폭력성이 증가하는 등 우리 사회의 전통적 가치관의 혼란양상이 가장 큰 영향을 미친 것으로 볼 수 있다.

청소년 비행은 가정폭력 경험 및 가족갈등과 밀접한 관계가 있다. 그러나 우리나라에서의 청소년 비행문제의 해결을 위한 대책은 보호관찰, 교정교육, 갱생보호 등 주로 사후대책에 집중되어 있다. 따라서 비행청소년을 위한 가족치료 및 학교사회사업서비스를 활성화함으로써 가족관계 개선과 심리문제해결을 보다 근본적으로 도모하여야 한다. 또한 최근 급속히 증가하고 있는 인터넷중독, 약물중독 등도 심각한 사회문제로 대두되고 있다. 이러한 중독증세가 있는 청소년들은 상대적으로 자존감이 낮고 외부의 평가에 민감하며, 외부자극의 주관적 인지나 해석이 왜곡될 가능성이 높다. 또한 또래집단과의 관계에서 스스로 위축되고 소외감을 가지게 될 우려가 많다. 그러므로 사회복지적 측면에서 청소년들의 건전한 여가활동을 돕고 제도권 밖으로 일탈된 청소년들이 건전한 사회적 역할을 경험하고 학습할 수 있도록 다양한 프로그램을 개발하여 적극적으로 개입하여야 한다. 이와 함께 건전한 인터넷 활용의 필요성에 대한 홍보 및 교육을 강화하고, 음란성이나 폭력성을 띠는 인터넷게임이나 사이트를 차단하기 위한 보다 효과적인 법적 · 제도적 장치를 마련하여야 할 것이다(오창순 외, 2010; 강세현 외, 2011).

특별히 자아정체감 형성의 결정적인 시기인 청소년기의 순조로운 발달과업 수행을 지원하는 차원에서 보다 적극적이고 전문적인 사회복지적 관여와 개입, 실천에 많은 노력을 기울일 필요가 있다. 청소년들로 하여금 긍정적인 자아개념과 자아존중감을 형성할 수 있도록 돕는 가정과 학교, 사회의 역할에 대한 인식과 아울러 건강한 정체감 형성에 도움이 되는 구체적이고 실질적인 프로그램의 개발 및 실행이 필요하고, 이 분야에 대한 학문연구의 체계적인 뒷받침도 병행되어야 할 것이다(천덕희 외, 2012).

3) 청소년기의 사회성 발달과 사회복지실천

청소년기에는 가족관계 재조명과 바람직한 이성관계를 가져야 한다. 청소년과 그 가족을 대상으로 가족관계 강화 프로그램을 개발하여 실시하고, 가족상담이나 가족치료를 보다 강화해 나가야 할 것이다. 그리고 바람직한 이성관의 형성을 지원하고, 원만한 이성관계의 유지를 지도할 수 있는 개인 및 집단상담 프로그램들을 실시하는 것이 바람직할 것이다(임은희, 2010). 그리고 인터넷 중독과 인터넷 비행 및 범죄를 예방하고 컴퓨터와 스마트폰 등 매체의 건전한 활용을 지원할 수 있도록 인터넷중독 대응센터와 연계하여 청소년을 대상으로 매체 중독 예방 및 활용교육프로그램을 실시하고, 청소년의 발달에 부정적 영향을 미치는 인터넷 사이트에 대한 감시운동과 같은 사회운동을 전개해 나가야 할 것이다(권중돈, 2014).

청소년들의 건강한 발달과 성장을 위해 여성가족부는 2011년 12월 30일, 위기청소년 지원강화를 위한 '청소년복지지원법 전부개정안'을 국회 통과시켰다. 이번 청소년복지지원법은 2005년 시행 이후 처음 개정된 것이며 청소년 복지에 대한 다양한 수요에 대응하고 청소년 위기상황별 지원정책의 근거를 마련했다. 이번 개정안은 위기 청소년 예방 및 긴급구조 · 상담 · 보호 등의 지역자원 연계서비스 추진 체계인 지역사회 청소년통합지원체계 구축 · 운영에 관한 구체적 법적 근거를 명시했다. 또한, 기존의 청소년상담지원센터(시도) 및 청소년지원센터(시군구)를 '청소년상담복지센터'로 명칭을 변경하여 청소년 상담 및 다양한 복지지원을 통합적이고 일원화된 서비스로 제공할 수 있게 되었다. 아울러, 학교폭력피해 · 인터넷중독 등 여러 가지 위기요인으로 인하여 어려움에 처한 청소년들에게 건강한 상담 · 치료 · 생활지원서비스를 제공하는 '국립중앙청소년치료재활센터'의 설치 근거를 마련했다.

또한 이주로 인하여 사회 · 문화적 적응에 어려움을 겪는 이주배경청소년을 지원하기 위한 근거규정을 마련하고 청소년쉼터 등 청소년복지관련시설의 설치 · 운영 시 신고의무를 신설하는 등 관련규정을 정비함으로써 청소년복지시설의 체계적 관리가 가능하게 되었다(조형숙 외, 2014). 따라서 청소년의 건강한 사회성 발달을 위해서는 개별 욕구와 상황을 고려한 다양한 측면에서 사회복지실천이 요구된다.

요약정리

1. 청소년기는 만 13세에서 18세까지의 기간으로 급격한 신체변화, 성적 성숙과 더불어 인지적 · 정서적 변화가 일어난다.
2. 청소년기가 되면 신장과 체중이 증가하고 체형의 변화와 2차 성징이 나타나며, 심리적 변화를 수반한다.
3. 청소년기는 형식적 조작기에 들어서는데 이 시기에 그들은 추상적, 체계적, 과학적으로 사고하는 능력을 발달시킨다.
4. 청소년기의 정서적 발달과정은 정서의 경험과 표현이 격렬하고 동요가 크며, 정서를 불러일으키는 자극 대상이 변하며, 정서표현이 내면화되는 경우가 많다.
5. 자아정체감 성취와 자아존중감은 청소년기 적응에 직접적인 영향을 미친다.
6. 청소년들은 부모와 가족으로부터 점점 멀어져 친구와 자기 자신에게 의존하려고 한다. 따라서 청소년을 가진 부모는 아동기와는 달리 보호자로서의 역할을 재정립할 필요가 있다.
7. 청소년들의 정서심리적 건강을 돌보기 위해서는 관련 사회복지기관에서 상담이나 스트레스 관리법, 가족치료 등을 제공하는 것이 필요하다.
8. 청소년기의 사회적 발달을 촉진하기 위해서는 가족관계 프로그램, 상담 프로그램, 인터넷 중독 예방 및 교육 등의 활성화가 요구된다.

생각해 보기

1. 청소년비행을 예방할 수 있는 방안과 사회적 지원대책에 관해 생각해 봅시다.
2. 우리나라의 입시 위주의 교육이 청소년 발달에 미치는 영향을 다양한 측면에서 생각해 봅시다.
3. 청소년의 인터넷중독 실태와 바람직한 인터넷 활용 방안을 제시하기 위한 사회복지 실천가의 역할에 대해 생각해 봅시다.

chapter

09

청년기 및 성년기 발달과 인간행동

chapter 09

청년기 및 성년기 발달과 인간행동

1. 청년기의 주요 발달과 인간행동의 이해

많은 학자들이 성인기 이후의 발달단계를 성인기, 중년기, 노년기로 구분하기도 하고, 성인 전기, 중기, 후기로 구분하기도 한다. 또한, 성인기(성인 전기)에 해당하는 시기인 20~40세까지를, 다시 20에서 30세까지인 청년기와 30대부터 40세인 성년기로 나누기도 한다. 따라서 이 장에서는 청년기와 성년기로 명명하여 살펴보고자 한다.

1) 청년기 주요 발달

청년기는 20~30세로 신체적 성장이 정점인 시기이다. 꿈과 희망을 상징하는 시기이며 무한한 가능성을 가진 인생의 가장 아름다운 시기이지만 한편, 방황과 갈등의 시기이기도 하다. 이 시기의 갈등과 방황과 혼돈은 자신을 탐색하고 미래를 준비하기 위한 자신과의 싸움이다. 이 시기를 얼마나 열심히 참신하게 준비했느냐에 따라 제 2의 인생이 달라질 수 있다. 또한, 결혼과 직업 등 인생에 있어 가장 커다란 선택을 앞두고 있고, 어른도 아이도 아닌 어정쩡한 위치에서 자신이 누구이며 무엇을 하며 어떻게 살아가야 할 것인가에 대한 진지한 고민이 필요한 시기이다. 따라서 사회복지사는 이러한 청년기의 발달 특성에 대한 이해와 더불어 이에 근거한 상담기술이 요구된다. 이 장에서는 청년기가 인생의 전 생애적 관점에서 어느 위치에 서 있는지, 그리고 청년기의 주요 발달과업에 따른 역할을 살펴보고자 한다.

(1) 발달적 특징

청년기는 신체적으로 최적의 건강상태를 보이는 시기로, 육체적 힘은 25~30세 사이에 최고조에 이르며, 그 후로는 점진적으로 쇠퇴한다. 그러나 대부분 신체적 능력과 기술을 규칙적으로 잘 사용한다면, 그 기능이 청년기 이후로도 지속된다. 규칙적 운동과 균형 잡힌 식습관은 신체적 건강과 균형을 이루는 데 매우 큰 도움이 된다. 청년기의 인지발달 또한 정점에 달하는 시기로, Piaget 이론에서는 마지막 단계인 형식적 조작기에 해당된다. 청년기에는 구체적 사고에서 벗어나 추상적 사고가 가능하며, 자신의 견해뿐만 아니라 타인의 견해에서 자신을 보고 평가할 수 있다. 이 시기의 사고 특성으로는 추상적 사고, 가설적 · 연역적 사고, 조합적 사고, 은유적 의미 등을 이해할 수 있다. 청년기에는 지적 발달도 두드러져서 지능수준이 정점에 달한다. 지능은 유동성 지능과 결정성 지능으로 구분되는데, 유동성 지능은 신경계 발달에 의한 것으로 청년기가 절정기라고 볼 수 있다. 결정성 지능은 학습한 정보를 기억하고 사용하는 능력으로 생애 말기까지 계속해서 증가할 수 있다.

청년기에는 '나는 누구인가?', '나는 어디로 가고 있는가?', '나는 무엇이 되고 싶은가?'와 같은 문제로 고민하게 되고 해답을 찾으려고 노력한다. 세상의 많은 평범한 청년들이 자신이 누구이며, 어디로 가야 하는지에 대한 정체감으로 인해 고민과 갈등을 경험하게 되고, 이를 잘 해결하면 자아정체감이 잘 확립된 것이다. 자아정체감의 형성은 그 이전 단계와 이후 단계에 서로 영향을 주기도 하고 받기도 한다. 자신이 살아온 지난 삶이 성공적이고 빛나지 않더라도 기꺼이 받아들이고 인정할 수 있으며, 현재의 삶과 희망하는 미래의 삶 속에서 어떤 연속성을 확립할 수 있어야 한다. 자아정체감은 청소년기에 이어 청년기의 중요한 과제이다. 특히 청년기는 선택과 결정의 시기로 진학, 전공, 진로, 이성교제, 교우관계 등 크고 작은 결정을 내려야 하고, 자신에 대해 생각하는 탐색의 시간이 매우 필요하다.

(2) 친밀감 형성

청년기는 사회적 관계가 급격히 성장하는 시기로 인간관계의 폭이 넓어지고 매우 다양해진다. 고등학교까지는 대개 지역을 중심으로 교우관계가 이루어지는데, 이후 대학 진학하거나 직업을 가지게 되면 만나게 되는 사람들의 폭이 넓어지게 된다. 또한, 청소년기에 두드러졌던 동성친구와의 우정에서 이성과의 친밀한 관계, 낭만적 관계로 그 무게 중심이 변화되기도 한다. 물론 동성친구와의 교우관계도 매우 중요하지만, 청년기에는 이성과의 친밀한 관계 형성이 보다 중요한 발달과제라고 볼 수 있다.

Erikson은 청년기의 발달과업으로 친밀감(intimacy)을 추구하는 것으로 보았고, 이는 자신의 정체성을 희생하는 것을 두려워하지 않고 다른 사람과 나누고 그에게 줄 수 있는 능력을 말한다. 친밀감을 획득하지 못하면 고립감(isolation)을 경험할 수 있다. 진실하고 지속적인 친밀감을 위해서는 자아정체감의 형성이 선행되어야 하며, 이에 대한 답을 찾을 수 있어야 자신에게 적합한 상대를 찾을 수 있게 된다. 이성과의 친밀한 관계는 자아정체감의 형성에 도움을 주고, 형성된 자아정체감은 이성과의 성숙한 관계를 다시 가능하게 한다. 성숙한 친밀감을 갖게 되면 안정된 사랑을 나눌 수 있으며, 결혼생활도 지속할 수 있다.

(3) 이성교제

청년기의 이성교제는 여러 가지 측면에서 긍정적인 기능이 있다(성숙자 · 백지숙, 2003). 첫째, 오락적 기능으로 이성친구와의 만남을 통해 서로 기쁘고 즐거운 시간을 가질 수 있다. 둘째, 사회화로 이성친구를 깊이 알게 되면서 서로에게 적응하는 법을 배우게 되고 적절한 예의범절, 책임감, 여러 가지 사회적 기술을 배울 수 있다. 셋째, 배우자 선택의 기회를 준다. 이성교제를 통해 자신에게 맞는 결혼 상대자를 선택할 수 있는 안목을 기를 수 있다. 넷째, 성적탐구 및 만족의 기능을 하기도 한다. 다섯째, 이성친구와 힘든 일, 기쁜 일을 함께 나누며 서로 상호작용하면서 동시대를 살아가는 동반자 역할을 배우게 된다. 여섯째, 의미 있는 자신들만의 관계를 통해서 친밀감을 형성하게 된다.

(4) 사랑과 결혼

청년기는 정서적 친밀감, 관심사의 공유, 성적 친밀감, 미래에 대한 비전의 공유 등 이성 간의 관계를 형성하기 위한 가능성을 탐색하는 시기이다. 이를 통해 자신이 생각하는 행복한 결혼에 대해 미리 생각해 보고 계획하는 것이다. 사랑을 하고 결혼을 하는 것은 인생의 중요한 요소이기에, 자신의 사랑의 성향, 결혼관, 자신이 바라는 결혼의 모습 등에 대해 생각해 보는 것은 중요한 문제이다.

① 사랑

Sternberg에 의하면 사랑에는 친밀감, 열정, 책임의 세 가지 구성요소가 있다고 하였다(조복희 외, 2020). 친밀감(intimacy)은 사랑의 정서적 요소로 친밀감이 있는 사랑을 하는 사람들은 가까이 있으면 행복하고, 서로의 기쁨과 고통을 공유하며, 서로 이해하고 정서적 지지를 해준다. 이 요소는 남녀 간의 사랑뿐만 아니라 친구, 부모와 자녀 간에도 존재한다. 열정(passion)은 사랑의 동기적 요소로 신체적 매력을 느끼거나 성적 욕강 등을 느끼게 하는 사랑하는 관계에서 생기는 강렬한 갈망을 의미한다. 책임감(commitment)은 사랑의 인지적 요소로 상대를 위해 배려하고 희생하며 결심하는 것으로, 관계를 유지하기 위한 약속이며 노력이다. 즐거울 때만 사랑하는 것이 아니라 괴로울 때 아플 때에도 신의를 지키며 상대를 사랑하고, 사랑하고자 노력하며 사는 것이 책임이다. 이 세 가지 요소가 균형을 이룬 사랑이 완전한 사랑이지만, 사랑의 유형은 시간에 따라 변화할 수 있다. 완전한 사랑도 열정이 감소하고 친밀감과 책임감만 남은 친구 같은 우애적 사랑으로 변화할 수도 있다. 또한, 친밀감과 열정만 있는 경우를 낭만적 사랑이 되기도 하고, 열정과 책임감만 있는 경우는 허구적 사랑이 될 수도 있다.

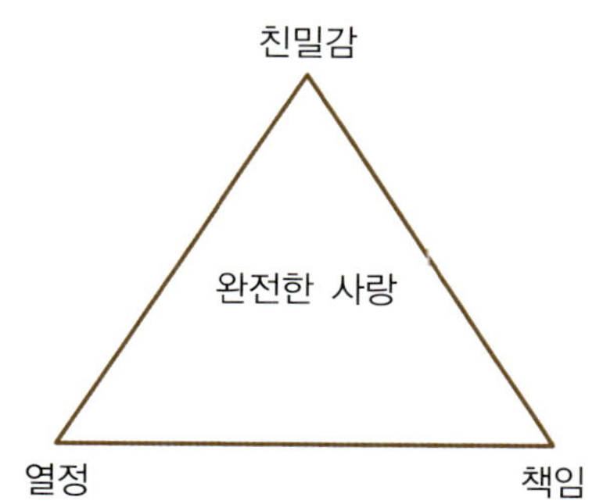

그림 9-1 스턴버그의 사랑의 삼각형 이론

② 결혼

청년기가 되면 잠재적 결혼상대자를 만날 기회가 많이 생기며, 이러한 기회 중에서 결혼으로 연결되는지를 결정하는 요소들은 여러 가지가 있을 수 있다. 많은 이론들이 배우자 선택 단계를 설명하려고 시도하였고, 이 가운데 여과이론은 배우자 선택에 영향을 주는 대표적인 요소들을 포함하고 있다(조복희 외, 2020). 여과망에 의하면 우선 지리적으로 가까워야 하고, 서로에게 매력을 느껴야 하고 사회적 배경이 유사해야 한다. 서로에게 부족한 부분을 채워주고 보완해줄 수 있는 상호보완성이 있어야 하고, 마지막으로 결혼준비가 되어 있어야 결혼으로 이어질 수 있다.

행복한 결혼을 지속시키기 위해서는 부부간에 서로에 대한 배려와 노력이 필요하다. 신혼생활이 지나고 나면 열정의 토대가 되었던 성적 · 신체적 매력에 의한 이끌림은 점차 감소하고 사라진다. 이때 서로에 대한 관심과 이해, 상대방의 성장과 행복을 지원하는 배려 등을 통해 친밀감을 꾸준히 발달시켜야 안정된 결혼생활을 지속할 수 있다.

- 근접성 여과: 가능한 배우자의 최초의 선발은 근접성으로 지리적으로 가까움을 의미한다. 이는 만날 기회 및 빈번한 상호작용의 가능성과 관련된다.
- 매력 여과: 매력이라고 생각되는 부분은 개인이나 문화마다 다를 수 있다. 다만, 개인적으로나 문화적으로 이상적인 배우자로 생각하는 개념이 있을 수 있다.
- 사회적 요인: 이는 사회경제적 배경 요인으로, 결혼상대자는 인종, 종교, 정치적 신념 및 사회계층 등이 유사할 수 있다.
- 일치 여과: 가치 및 태도에서의 의견합치로, 심리학에서는 유사한 태도를 가진 사람들이 서로에게 끌려서 이성관계나 결혼으로 이르기 쉽다고 본다. 또한 결혼관계에서도 보다 많은 흥미를 공유하므로 결혼이 더 만족스러울 수 있다.
- 상호성 여과: 일치 여과에서 크게 차이 나는 태도와 가치를 지닌 결혼 후보자들을 걸러낸 다음에는 욕구 및 성격특성에 있어 서로 보완되는 정도

가 중요할 수 있다. 높은 성취 욕구를 지닌 사람은 낮은 성취동기를 가진 사람을 선호할 수 있다.

- 준비성 요인: 결혼준비상태로, 앞서 모든 여과망을 통과하고 난 다음에 결혼을 할 수 있는 상태가 되었는가도 중요하다. 예를 들면, 이 모든 여과망을 통과했으나 20대 초반인 경우와 20대 후반인 경우는 다를 수 있다. 시대적 변화에 따라 결혼준비를 위해 갖추어야 할 요인들이 달라지고 있으나, 연령은 준비성의 큰 요인이 될 수 있다.

그림 9-2 배우자 선택의 여과망

(5) 진로 및 직업 선택

청년기에 부과된 또 다른 과제는 인생의 진로를 계획하고 직업을 선택하는 것이다. 직업은 생계의 수단일 뿐만 아니라 사회 속에서 개인의 정체감 형성의 기반이며, 인간관계 및 개인의 사회적 지위를 결정하기도 한다. 일을 통해 개인은 자아를 추구하고 꿈과 목표를 실현하며 자아실현을 이룬다. 청년기는 자신의 모호했던 직업적 꿈을 보다 분명히 하고 현실적인 제약을 넘어 구체적으로 직업을 선택해 가는 시기이다. 그러나 청년기에 있는 많은 사람들이 자신에게 적절한 직업이 무엇인지에 대한 정확한 진로를 확립하는 것은 결코 쉬운 일이 아니다.

특히, 우리나라 청년들은 고등학교 시절 입시준비를 위해 많은 시간을 보내게 되어, 자신이나 진로에 대한 활발한 탐색을 대학 진학 후로 미루게 되는 경우가 많다. 이 외에도 사회적 변화가 또한 오늘날의 직업 분야는 매우 다양해지고 있고 새로운 직업들이 많이 출현하고 있기 때문이다. 따라서 청년들이 저마다 자신이 지니고 있는 성장가능성을 발견하고, 자신이 원하는 진로를 설정할 수 있도록 가정에서나 학교에서 이를 도와줄 필요가 있다.

직업선택의 과정에 개인의 흥미와 욕구 등의 개인적 요인과 직업의 사회적 지위와 같은 사회적 요인도 중요하다. Holland(1985)는 개인의 성격특성과 직업 환경을 조화시켜 6가지의 유형의 성격-직업 유형, 즉 현실적 유형, 지적 유형, 예술가 유형, 사회적 유형, 기업가 유형, 관습적 유형으로 구분하였다.

- 현실적 유형(realistic type)은 자신의 감정과 생각을 표현하는 데 서투르며 사람보다는 기계를 다루거나 수공, 신체적 노동을 좋아하며 구체적인 문제를 해결하기 좋아한다.
- 탐구적 유형(investigative type)은 지적이고 논리적, 독립적, 분석적이며 탐구적이다.
- 예술가 유형(artistic type)은 예술적이고 창의적이며 감수성이 예민하고 진취적이다.

- 사회적 유형(social)은 사교적이며 타인의 복리에 관심이 많을 뿐 아니라, 타인들도 자신에게 관심과 주목해 주기를 바란다. 대인관계가 능숙하고 책임감이 강하다.
- 기업가 유형(enterprise)은 리더십과 설득력이 뛰어나고 모험심이 강하고 설득적이다.
- 관습적 유형(conventional)은 리더십보다는 경령체계 속에서 적응하며 정해진 사무를 잘 수행한다.

진로를 선택할 때는 자신의 성격과 특정 직업의 조건이 맞는지를 고려해야 하며, 오랜 시간에 걸쳐 이루어지는 과정임을 알고 신중하게 자신의 진로를 선택해야 한다. 진로 및 직업을 선택하는 과정에서 많은 요소들이 영향을 미치는데, 부모와의 관계나 부모가 갖는 자녀의 직업에 대한 포부, 부모의 직업 및 학력, 가정의 사회 · 경제적 지위, 가족구성 등과 함께 개인의 지능, 적성, 흥미, 연령, 성별, 어린 시절부터 받는 교육의 기회, 문화적 혜택, 다양한 직업 기회에 접근할 수 있는 사회적 연결망의 여부 등은 직업 선택에 영향을 줄 수 있다. 이 가운데 특히 부모는 청년기 자녀의 진로 선택에 여러 가지 방법으로 영향을 미친다. 부모와의 관계는 자녀의 자아개념이나 성격형성에 영향을 주어 이후 진로선택에 영향을 미칠 수 있으며, 부모가 직업인으로서의 역할모델이 어떠하냐에 따라서도 영향을 미칠 수 있다. 부모가 자녀에 대해 가지는 진로 포부도 영향을 미치고 있는데, 포부가 높을수록 자녀 또한 성취수준이 높은 것으로 나타났다. 가정의 사회경제적 지위는 부모의 직업에 대한 태도에 강한 영향을 주고, 나아가 자녀의 진로 포부에 영향을 미칠 수 있다.

그러나 직업을 제대로 선택하기 위해서는 개인의 능력, 흥미, 자아기대, 자신의 성격적 특성에 적합한 직업을 선택한 것이 바람직하다. 그리고 그 직업에 대한 특성이나 기술적 전문성도 알고 있어야 한다. 즉, 개인의 지능, 적성, 흥미와 함께 직업이 요구하는 적성과 능력이 자신의 것과 맞는지를 잘 고려할 필요가 있다. 또한, 자신을 보다 객관적으로 이해하고, 자신의 지능, 적성, 흥미, 성격, 인내, 꿈, 희망, 가치관, 신체적 조건 등을 잘 파악해야 하며, 진로 및 직업에 적응하기 위해 필요한 모든 지식과 관련 정보를 세밀하게 탐색해야 한다. 예를 들면, 직무에 필요한 자격요건, 작업요건, 보수, 승진, 미래의 계획 등이 될 수 있다. 이러한 정보를 바탕으로 합리적인 진로계획을 수립해야 한다.

2) 청년기의 사회복지실천

청년기는 인생의 가장 아름다운 기간이지만 한편으로는 고민과 갈등, 방황하는 시기이기도 하다. 자신이 누구인지, 무엇을 좋아하고 싫어하는지, 무엇을 잘하고 못하는지, 무엇을 하면서 어떻게 살고 싶은지 등 자신과 자신의 인생에 대한 깊은 성찰이 필요하다. 이러한 성찰을 통해 청년은 성숙한 성년기를 맞이하고 이후 인생을 보다 알차게 맞이할 수 있다.

청년기는 신체적 발달에 있어 최고 상태의 기능을 유지하기 위하여 적절한 영양과 규칙적 운동이 도움이 된다. 균형 잡힌 식습관은 신체나 운동기능의 발달에 도움을 주고, 운동은 심장근육의 순환이나 강도를 향상시키며, 뇌를 포함한 모든 기능화를 유지시킨다. 반면, 지나친 음주, 흡연, 약물복용은 신체에 도움이 되지 못한다. 따라서 청년을 위한 운동시설과 프로그램을 실시하고 지역보건소나 대학 등에서 건강을 유지하기 위한 운동시설이나 식이요법, 금주, 금연, 약물 복용 등과 관련한 교육 프로그램이 필요하다.

이 시기에 주요한 심리적 발달과업인 정체감 형성과 함께 친밀감 성취를 위해서 건강한 이성교제를 할 필요가 있으며, 이성에 대한 관심은 인생의 동반자를 구하는 애정으로 발달하게 된다. 이때 성역할 정체감과 자아정체감이 확립되면서 영속적 관계를 유지할 수 있는 인생의 동반자를 구하게 되는데, 그렇지 않을 경우에는 불안의 도피처로 활용하는 신경증적 사랑을 하는 경우도 있다. 청년기의 이성교제는 사춘기의 단순한 호기심이 아닌 이후 삶을 함께 할 동반자를 탐색하고 결혼을 전제로 하는 교제이기에 신중할 필요가 있다. 이성교제는 가능성 있는 많은 결혼대상자와의 인간관계를 형성하는 과정이고, 두 인격의 상호 적응, 이성에 대한 적응, 사교적 기술, 사회화의 기능, 인격도야 및 즐거움의 기능, 배우자 선택의 기능 등을 제공한다. 이런 이성교제를 통해서 배우자를 선택하게 되고, 이 과정에서 자신 및 타인에 대한 성격, 관심, 가치관 등에 대한 이해가 선행되어야 한다.

청년기에는 부부관계와 새로운 가족관계에 대한 갈등을 경험하게 된다. 최근 결혼 연령이 높아지기도 했지만, 20대에 부모가 되는 경우도 흔히 볼 수 있다. 20대 초반에 결혼하여 아이를 가진 경우, 자신의 인생에 대한 고민과 함께 부모로서의 역할을 병행해야 하는 역할에서 어려움을 경험하는 경우가 많다. 따라서 결혼을 하고 부모가 되기 위한 과정에서는 건강한 부모역할에 대한 고민과 공부가 필요함을 인식할 필요가 있다. 또한 지역사회 복지기관에서 자녀출산을 위한 예비지식과 부모역할 프로그램을 실시하여 건강한 부부관계나 부모역할을 제공할 필요가 있다. 아울러 청년들이 직업과 일자리를 마련할 수 있도록 정부나 지자체의 지원 및 노력이 필요하며, 직장인을 위한 교양 프로그램이나 여가 프로그램을 개발하여 직장에서의 스트레스를 해소할 수 있도록 지원할 필요가 있다.

청년기는 직업선택과 준비가 중요한 과업 중의 하나이므로 사회복지현장에서는 청년의 취업상담이나 진로상담을 통해 개인의 적성, 취미, 흥미, 성격, 가치관, 태도와 사회 · 경제적, 환경적 측면을 고려하여 알맞은 직업을 선택할 수 있도록 원조하는 것이 필요하다. 청년실업률이 높은 상황에서 직업선택에 대한 큰 부담을 가지고 있기에, 전문적인 직업훈련기관이나 기업체 등과 연계하여 이들을 도울 수 있는 방법을 모색할 필요가 있다.

2. 성년기의 주요 발달과 인간행동의 이해

1) 성년기의 주요 발달

성년기는 30대부터 40세로, 성인 초기로 볼 수 있다. 청년기는 이성교제 및 결혼과 직업에 대한 성찰과 계획이 중요한 과업이고, 성년기는 결혼생활과 직업생활에 적응하기가 중요한 과업이 된다. 성년기 동안 신체적 건강은 점차 감퇴하기 시작하므로 기본생활습관이 중요하다. 매일 규칙적인 식사, 적당한 운동과 수면이 건강을 유지하는 데 도움이 된다. 성년기에는 스트레스 관리도 건강과 높은 상관관계를 보인다. 스트레스는 누구에게나 공통적으로 스트레스가 되기도 하지만, 주관적인 것이기도 해서 어떤 사람에게는 스트레스가 되는 것이 다른 사람에게는 스트레스가 되지 않는 경우도 있다. 그러므로 스트레스를 효율적으로 다룰 수 있는 방법을 생각하고 적용하도록 노력해야 한다. 성년기의 주요 과업인 가정생활 및 직장에서의 적응 측면을 살펴보자.

(1) 발달적 특징

성년기는 신체적인 건강상태와 힘이 최고조에 달하는 시기이다. 19세부터 20대에 걸쳐 신체의 근육과 내부기관의 발달이 최적의 상태에 도달하고 면역체계의 발달로 이전의 발달단계보다 질병률도 낮다. 근력의 절정은 25세에서 30세 사이에 나타나는데, 이 시기는 육체적인 힘이 최고조에 달한 후 점차 감소하는 시기이다. 따라서 성년기에 신체적 건강상태를 잘 유지하기 위해 규칙적인 운동과 적절한 영양공급은 필수적이며, 과도한 스트레스나 흡연, 음주 등은 건강유지에 도움이 되지 못한다.

감각은 성년기 동안에는 크게 변화되지 않는다. 시각은 20세경에 가장 좋으며, 40세까지는 감소하지 않는다. 청각은 20세경이 가장 좋고, 이후부터 점진적으로 하강한다. 미각, 후각, 촉각 등은 45세에서 50세까지 둔화하지 않는다. 인지발달은 대략 25세경부터 하강곡선을 그리는 것으로 알려져 있다. 그러나 연령의 증가에 따라 인지기능이 쇠퇴하지만, 성인기 이후 특정한 영역의 인지적 능력만 감소하며 많은 부분은 유지되는 것으로 보고 있다.

Horn(1980)은 지적능력을 결정성 지능(crystallized intelligence)과 유동성 지능(fluid intelligence)으로 구분하였다. 결정성 지능은 학교교육이나 일상생활에서의 경험을 통해 얻게 되는 지능이며, 어휘력, 일반상식, 사회적 상황에 대한 반응 등이 속한다. 이에 반해 유동성 지능은 타고난 지능으로 생물학적으로 결정되며 공간지각, 추상적 추론, 지각속도 등을 포함한다. 유동성 지능은 10대 후반에 절정기에 도달하고 성년기부터 점차 감소하는 반면, 결정성 지능은 성인기의 교육경험의 결과로 생의 말기까지 지속적으로 증가한다(이숙 외, 2019).

(2) 친밀감 형성

친밀감이란 자신의 정체감과 다른 사람의 정체감을 융합시키는 능력이다. 친밀감의 형성은 성년기의 또 다른 발달과업인 결혼생활에의 적응, 직업생활에의 적응에 영향을 미치는 기본적 요소가 된다. Erikson이 말하는 친밀감은 청년기의 자아정체감을 확립했을 때 성년기에 비로소 친밀감 형성이 가능하다고 보았다. 그러나 청년기에 자아정체감을 바로 형성하지 못하면 자신을 제대로 이해하지 못할 뿐 아니라 타인을 이해하지 못하고, 나아가 친밀한 관계를 지속적으로 유지하지 못하게 되어 타인이나 사회로부터 고립되며 방황하게 된다. 친밀감 형성에 실패하면 절망, 낮은 자존감, 소원함 등으로 인해 친밀한 대인관계를 피하게 되어 많은 문제를 야기하게 된다.

성년기의 친밀감은 자신을 둘러싼 동성 혹은 이성의 모든 주변 사람들과의 친밀감 형성을 포괄하는 개념으로, 결혼상대와 애정을 나눌 수 있고 사회생활에서 우정을 나눌 수 있는 관계를 포함한다. 이 시기 친밀감 형성의 중요한 한 부분은 결혼을 통해 확립되어 가는데, 결혼 자체가 친밀감 완성으로 이어지기보다 결혼관계를 통해 서로의 욕구를 만족시키고 상대의 장단점을 파악하며 서로의 인격적 성숙을 이루어가는 과정에서 보다 완성된 친밀감을 형성하게 된다.

(3) 독립성 확립

청소년기에 이루어진 '나는 누구인가'에 대한 성찰은 성년기에 다시 검토된다. 30대는 독립, 자기충족감 등을 이루는 데 관심이 증가하는 시기이고, 지금 자신이 살고 있는 삶이 진정으로 자신이 바라던 것인가에 대한 물음을 시작하는 시기라고 한다(Levinson, 1986). 따라서 성인으로서의 자신의 지위를 세우고 주요한 사회적 역할을 맡으면서 진지하고 민주적인 협력관계를 발달시키는 능력을 길러야 한다. 그러나 성년기에 자신에 대한 성찰이 제대로 되지 못한 상태에서 결혼문제, 직업의 변화에서 어려움을 경험하게 되면 여러 다양한 정서적 문제로 이어질 수 있다. 성년기는 부모에 대한 의존에서 전환하여 성인으로서의 독립성을 확보하는 시기이다.

(4) 직업생활에서의 적응

성년기는 직업을 선택하고 이에 적응하는 시기로, 직업생활에의 적응은 성년기의 주요한 발달과업이 된다. 개인은 일을 통해 자아를 추구하고 성취동기를 만족시키며, 꿈과 인생의 가치와 목표를 실현하게 된다. 이 시기는 직업에 대한 실험과 훈련의 단계로 직업을 선택하고 그 직업이 요구하는 전문적인 기술이나 지식을 연마하고 직장에서의 안정적인 인간관계를 형성해야 한다. 자신의 직업에 건강하게 적응한 사람은 직장 내 업무를 수행하는 과정에서 자신에게 축적된 지식과 기술을 적극 활용할 뿐만 아니라, 더 나아가 일을 통해서 자신의 창의성을 발휘할 수 있게 된다. 또한 직장동료와도 만족스러운 인간관계를 형성할 수 있고, 이러한 과정에서 성취에 대한 자신감을 고양시킬 수 있다. 그러나 자신의 직업에 잘 적응하지 못하면 자신과 직업에 대해 불만족하게 되고 심리적인 불안감을 경험하게 되며, 자존감의 저하와 일 자체에 대한 불만이 생활 전반으로 이어지게 된다. 직업에서의 부적응은 업무능력의 저하를 가져오고 장기적으로는 잦은 직장의 변화로도 이어질 수 있다.

Super(1990)는 직업선택은 연령에 따라 변화하는 자아개념과 밀접한 관련이 있다고 보고, 청년기 및 성년기에 주로 이루어지지만 직업에 대한 정체감을 일생을 거쳐 달성되는 과정으로 8단계의 과정을 거친다고 보았다.

- 결정화 단계: 청소년 초기, 직업에 대해 막연하고 일반적인 생각에 머무는 단계
- 구체화 단계: 청소년 후기, 다양한 직업세계에 대한 지식이 늘고 직업에 대한 생각이 보다 구체화되어 선택을 구체화시키는 단계
- 실행 단계: 20대 초반, 한두 개의 초보적인 직업을 시험해 보거나 실제 직업세계를 경험하면서 최종 선택을 향해 진행하는 단계

- 확립 단계: 20대 중후반, 직업을 선택하고 자신의 직업을 자아개념의 일부로 받아들이는 단계
- 강화 단계: 30대, 자신의 직업분야에서 더 빨리 더 높은 지위에 오르려고 노력하는 단계
- 유지 단계: 40대, 자신의 직업분야에서 높은 지위를 획득하고 전문가가 되는 단계
- 쇠퇴 단계: 50대 후반, 은퇴가 가까이 오면서 점차 일의 양을 줄이고 직업에서 자신을 서서히 분리하는 단계
- 은퇴 단계: 60대, 직장에서 은퇴하고 직업 이외의 역할을 찾는 단계

(5) 결혼과 부모됨

결혼생활에의 적응은 성년기에 있어서 중요한 발달과업이 된다. 결혼은 이성에 대한 친밀감에 기초하여 배우자를 선택하고 새로운 가정을 형성하는 과정으로, 각각 다른 환경에서 살아온 두 사람이 만나 같은 공간에서 생활하는 것은 서로에게 매우 어려운 일이다. 따라서 결혼생활을 잘 하기 위해서는 심리적, 사회적, 경제적인 준비가 되어 있어야 한다. 서로 다른 가족 내에서 성장한 사람들 간의 문화 차이에서 오는 갈등이나 금전지출, 성생활, 원가족과의 관계 및 자녀양육 등에 대해 서로 의논하고 협의하는 과정이 무엇보다도 필요하다.

결혼한 부부들이 모두 부모가 되는 것은 아니지만, 우리나라에서는 무엇보다 부모됨에 대한 문화적, 가족적 압력이 큰 편이다. 첫 자녀가 부부의 생활에 가져올 변화를 완전히 예상하기는 어렵다. 부모됨에는 깊은 기쁨과 만족이 있는 반면, 자녀양육방법에 대해 부부간에 갈등이 생기기도 하고, 해결해야 할 문제들이 많아지게 된다. 여성의 취업이 늘어나면서 부모됨은 남편보다 아내

의 생활에 더 큰 영향을 준다. 가사부담이 첫 자녀의 출생으로 배가 되며, 아이가 성장하면서 다음 자녀가 태어나면 그 역할은 더욱 커지게 된다.

자녀의 출생으로 인해 부부는 자녀양육, 가사일, 직업, 사회활동 및 친구관계 및 배우자와의 관계 등에서 영향을 받지 않을 수 없다. 따라서 첫 자녀를 가진 후 가족이 잘 적응하기 위해서는 부모로서의 역할 변화에 대한 준비가 우선되어야 하며, 육아와 관련된 교육과 부부간의 역할과 책임에 대한 재정의가 이루어져야 한다. 특히, 부부가 현명하게 일 · 가정 양립을 잘 해나갈 수 있도록 협력하는 관계로 발전하는 것이 무엇보다 필요한 시기이며, 개인생활과 결혼관계에서 부모됨을 잘 해나가기 위해서는 부모됨에 대한 준비와 부모교육, 부부간의 역할에 대한 재규정이 반드시 필요하다.

2) 성년기의 사회복지실천

청년기까지가 인생을 준비하는 시기라면 성년기부터는 그동안 준비된 발달을 토대로 자신의 목표를 성취하고 생산성을 실현하는 시기이다. 성년기에는 자신의 가치를 명료화하고 인생의 목표를 설정하며, 목표달성을 위한 계획을 세우고 실현해 나가야 한다. 성년기의 개인적 발달과업은 그 어느 발달단계보다도 사회적 과업수행을 지향하는 특성이 강하다. 특히 성인 초기인 성년기에 일어나는 큰 이슈는 직업, 결혼, 부모역할이 될 수 있다.

먼저 성년기의 주요 사회적 발달과업은 자신에게 적절한 직업을 선택하고, 그 직업에 건강하게 적응하는 일이다. 직업이 요구하는 전문적인 지식이나 기술을 적극 활용하고, 직장에서의 안정적인 인간관계를 형성해야 한다. 그러나 자신의 직업에 잘 적응하지 못하거나 직장 내 인간관계에 어려움을 경험하게 되면 심리적인 문제와 함께 생활 전반에 걸쳐 여러 문제를 동반하게 될 수 있다. 따라서 개인의 성격, 능력, 적성, 흥미 등을 고려하여 직업을 선택할 필요가 있으며, 다양한 관련 요소를 고려하여 오랜 시간 탐색이 이루어진다면 직업에서의 성공가능성이 높아질 수 있다.

배우자의 선택은 결혼생활의 안정과 행복의 가장 중요한 요소이다. 그러므로 배우자를 선택할 때는 상대방에 대한 다양한 사항들을 고려하여 신중하게 결정해야 한다. 그러나 배우자 선택에서 결혼동기가 건전하지 못할 경우 결혼생활이 행복해지는 데 어려움이 생긴다. 결혼은 친밀감과 성숙한 사회적 관계를 확립하는 데 매우 필요한 요소이다. 어떤 결혼이 성공적일지를 예측하기는 어렵지만, 성공적인 결혼의 공통점은 상호 심리적인 헌신과 결혼관계가 허용하는 한계와 자유를 공존시킬 수 있는 사랑이 요구된다.

결혼을 통해 가족을 구성하고 자녀의 출생도 이루어진다. 자녀의 출생과 함께 자연스럽게 부모가 되며, 자녀를 양육하는 부모로서의 역할을 수행하게 된다. 부모는 아동이 최초로 관계를 맺는 대상으로 자녀의 심리 · 정서발달 및 행동에 지대한 영향을 미치는 매우 중요한 환경이라 할 수 있다. 특히, 생의 초기에 부모역할은 아동의 건강한 성장 및 발달을 유도하는 중요한 요인이라 볼 수 있다. 특히, 부모의 온정적이고 애정적인 양육은 아동의 건강한 발달에 영향을 미치지만, 거부적이고 통제적인 양육은 공격성과 같은 부정적인 행동에 영향을 주게 된다. 자녀양육은 성년기 부부들에게 많은 기쁨이기도 하지만, 실제적인 어려움이 되기도 한다. 그래서 실제로 첫 자녀가 태어난 이후 부부의 결혼만족도는 오히려 떨어지기도 한다. 따라서 자녀를 출산하기에 앞서 부모됨에 대한 준비가 필요하며, 부모됨에 대한 교육으로 자녀양육과 관련한 지식을 가지고 있어야 한다. 또한, 부부간의 부모역할 재조명도 필요하다.

그러나 부부가 결혼생활을 유지하다가 여러 갈등을 경험하게 되면 이혼을 선택하게 되는데, 우리나라의 경우도 해마다 이혼율이 증가하고 있다. 이혼을 하게 되는 이유로는 성격차이, 가족 간 불화, 경제문제, 배우자의 부정, 학대 등을 들 수 있다. 이혼은 남녀 모두에게 신체적 · 정서적 건강상의 문제를 야기하지만, 자녀의 삶에도 심각한 영향을 미칠 수 있다. 따라서 부부가 이혼을 하기까지 많은 고민과 노력이 필요하겠지만, 가족체계를 붕괴시킬 수 있는 상황이라면 이혼으로 이어질 수도 있다. 따라서 이혼 이후의 적응을 위해 사회복지기관에서는 이혼자로서의 새로운 정체감을 형성할 수 있도록 도울 필요가 있고, 이혼으로 인한 스트레스를 대처하기 위한 프로그램을 제공할 필요가 있다. 또한, 한쪽 부모와 살게 되는 자녀를 위해 양육지원사업이나 방과 후 보호사업 등의 지원도 필요하다.

요약정리

1. 이 장에서는 성인기(성인 전기)에 해당하는 시기인 20~40세까지를, 다시 20세에서 30세까지인 청년기와 30세부터 40세인 성년기로 나누기도 한다.
2. 청년기는 신체, 인지발달 등이 정점에 이르는 시기이며, 이를 유지하기 위한 건강한 생활습관이 필요하다.
3. 청년기에 이루어야 할 발달과업은 자아정체감과 친밀감 형성이다.
4. 청년기에는 결혼과 직업 선택 등 인생의 가장 큰 결정들을 눈앞에 두고 있는 시기이다.
5. 스턴버그(Sternberg, 1997)에 의하면 사랑에는 친밀감, 열정, 책임의 세 가지 구성요소가 있고, 이 세 가지 요소가 균형을 이룬 사랑이 완전한 사랑이다.
6. 성년기에 결혼생활에서의 적응은 중요한 과업이 된다. Erikson은 성년기의 주요 발달과업을 친밀감 형성으로 보았는데, 이는 결혼생활에서의 적응과 같은 맥락이다.
7. 성년기는 직업을 선택하고 적응하는 시기로, 직업생활에의 적응은 성년기의 주요한 발달과업이 된다.
8. 첫 자녀를 가진 후 가족이 잘 적응하기 위해서는 부모로서의 역할 변화에 대한 준비가 되어야 하고, 부모됨에 대한 교육과 부부간의 역할과 책임에 대한 재정의가 이루어져야 한다.

생각해 보기

1. 청년기의 발달과업에 대해 생각해보고, 청년기 클라이언트를 지원하기 위해 고려해야 할 사항과 이를 지원하기 위한 실천적 개입 방안은 무엇인지 생각해 봅시다.
2. 성년기에 이루어야 할 주된 발달과업과 적응문제는 무엇인지 생각해 봅시다.
3. 청년기와 성년기 직업선택이나 적응을 위해 개인이나 사회가 할 수 있는 역할이 무엇인지 생각해 봅시다.

chapter 10

중년기 발달과 인간행동

chapter **10**

중년기 발달과 인간행동

1. 중년기의 주요 발달과 인간행동의 이해

중년기의 연령구분은 학자마다 다르지만, Levinson 등(1978)은 중년기를 40~60세로 규정하였다. 우리나라의 경우 40대부터를 중년이라고 보는 것이 일반적이며, 노인복지법에서는 노인을 65세로 규정하고 있기 때문에 이 책에서는 40~64세 이하를 중년기로 규정하였다. 학자에 따라서는 이 시기를 인생의 '전성기 또는 황금기'로 간주하기도 하고 반대르 쇠퇴기로 규정하는 사람도 있다(정옥분, 2000). 전성기로 보는 이유는 경제적인 안정과 다양한 삶의 경험을 통해 지혜를 터득하고, 직장에서도 높은 지위와 책임을 가지며, 사회적 · 가정적으로 중요한 역할을 수행하는 시기이기 때둔이다. 경제적으로 안정되어 있으며, 가정에서나 직장에서 중요한 위치와 그에 따른 책임을 갖기 때문이다. 반면에 쇠퇴기로 규정하는 이유는 여성은 폐경기, 남성은 갱년기 등과 같은 신체적 퇴행으로 인한 심리적 위축과 적응의 문제 등 위기를 극복해야 하기 때문이다. 퇴행이 이루어질 뿐만 아니라 이 시기에는 자녀양육, 부모부양 등의 책임으로 경제적, 신체적, 심리적 어려움을 겪는 시기이기도 하다. 이로 인하여 중년기 위기를 겪기도 하지만 한편으로는 정신적 성숙, 부부간의 애정 재확립 등으로 중년기 주요 발달을 경험한다.

1) 중년기의 신체발달

대부분의 중년기 성인들은 자신이 늙어가고 있다는 사실을 신체변화를 통해 깨닫기 시작한다. 이러한 신체 노화는 만 25세 이후 일어나지만 중년기의 신체 노화는 중요한 의미를 갖는다. 특히 신체적 매력을 중요시하는 여성들에게 있어서 중년기는 심리적으로도 어려운 시기라고 볼 수 있다. 신체 노화는 피부 탄력성이 떨어지고, 눈 가장자리와 이마에 주름이 생기며, 피부에서 노화반점 등이 나타난다.

하지만 중년기 신체기능과 건강은 성년기의 절정수준은 아니지만 대체로 좋은 편으로 대부분의 사람들은 자신의 생식과 성적 능력에서의 변화(여성의 폐경기 및 남성의 갱년기)를 무난하게 받아들이지만, 남녀 모두 자신의 신체적 매력이 쇠퇴되고 있다는 점에 대해서는 심리적으로 쉽게 받아들이지 못한다.

(1) 외적 변화

생물학적 노화는 유전과 환경의 영향을 받지만, 사람은 모두 유전적 배경이 다르기 때문에 노화의 속도도 각기 다르다. 어떤 이들은 변화가 거의 눈에 띄지 않을 정도로 점진적으로 일어나지만, 또 어떤 이들은 급속도로 진행된다. 신체의 외적 변화는 피부, 모발 등에서 대표적으로 일어난다(정옥분, 2000).

① 피부

중년기가 되면 피부의 탄력이 떨어진다. 이는 노화의 과정이기도 하지만 자외선도 주요 원인이라 할 수 있다. 피부의 가장 바깥층인 표피는 연령이 증가할수록 얇아지고 평평해지는데, 그 이유는 진피의 주요 물질이 섬유질화하기 때문이다. 콜라겐과 탄력소섬유가 파괴되어 탄력을 잃게 되면서 피부는 주름이 생기고 쳐지기 시작한다. 그리고 피부 아래에 있는 피하지방층도 감소하기 시작하는데 이것이 주름의 주요 원인이 되기도 한다. 중년기에는 피부가 손상되기 쉽고 손상된 곳은 잘 낫지 않는다. 주름이 눈 가장자리에 나타나며, 입, 이마, 목 부위에 주름이 생기고 턱이 쳐지고 눈 아래가 거무스름해진다.

피부의 피지선과 땀샘 역시 변화를 나타낸다. 이 시기에는 피지선 활동이 낮아져 피부는 수분 감소로 건조해지고 때로 갈라지기도 하여 주름이 만들어진다. 수분의 감소는 폐경기 여성에게서 더욱 심하게 나타난다. 땀샘의 크기나 수, 기능도 감소하기 시작하고, 노년기가 되면 체온을 조절하는 능력에 영향을 미친다.

성인은 노화된 피부를 보호하기 위해서 강한 일사광선에 과도하게 노출되지 않도록 하는 것이 좋다. 젊고 건강하게 보이기 위해 선탠을 하기도 하는데 이는 피부암의 위험을 증가시키고 피부노화를 촉진한다(Angier, 1990; Sweet, 1989). 의료전문가들은 일사광선에의 노출을 피할 수 없다면 피부를 보호하는 옷을 입거나 선크림 사용을 권장한다(Abel, 1991; Bamoa, 1990). 나이가 들수록 피부는 지방과 수분을 생산하는 능력이 감소하기 때문에 지성피부가 아닌 경우 보습제를 사용하는 것이 좋다. 그리고 비누와 세제가 피부의 자연적인 기름을 제거하는 경향이 있기 때문에 과도하게 사용하지 않는 것이 좋다(Turner & Helms, 1994).

② 모발

모발의 양과 굵기, 강도, 곱슬머리 등은 일반적으로 유전의 영향을 받는데, 하루에 50~100개 정도의 머리카락이 빠지는 것은 정상이지만 과도한 머리카락 손실은 질병이 원인인 경우가 많다. 대부분의 성인은 50세가 되면 흰 머리카락이 많이 생긴다. 이와 같이 머리카락의 색깔이 변하는 것은 모근에 있는

멜라닌색소가 점차 감소하기 때문이다. 중년기에는 모발이 가늘어지고, 모발의 성장도 느리기 때문에 모발 교체가 더 느리게 진행된다. 모발은 생장기, 퇴행기, 휴지기, 성장기의 주기적 변화를 겪는데, 중년기에는 모발의 휴지기와 성장주기가 3~5년이며 한 달 평균 1.5cm 정도 자란다. 그리고 휴지기가 되면 2~4개월 동안 성장을 멈추는데, 모발의 10~15% 정도는 항상 휴지기이다. 그러나 중년기에는 모발의 휴지기가 더 길어진다(Donohugh, 1981; Rossman, 1986).

보통 대머리라고 불리는 남성형 탈모증은 유전적인 영향이 크다. 주로 이마 양옆에서 M자 모양으로 이마선이 뒤로 물러나면서 탈모가 시작되는데 간혹 성년기에 나타나는 경우도 있다. 그 후에는 머리 뒷부분에 대머리가 나타난다. 더 심한 경우는 머리 전체가 완전히 벗겨지게 된다. 여성은 훨씬 늦은 나이에 모발 손실을 경험하고 손실 자체가 남성만큼 심하지 않으며 대개 정수리와 이마 앞쪽 부분의 머리카락이 많이 빠진다. 어떤 여성은 폐경기 이후에 심한 모발의 손실을 경험하기도 한다. 여성의 경우 대부분 유전적 요인에 의해 모발 손실을 경험하게 된다.

모발 손실을 늦추기 위해서는 빗질을 부드럽게 하고, 지나친 드라이 열을 피하며, 파마나 염색 등은 피하고 모발을 짧게 함으로써 모발 손상을 줄일 수 있다. 그리고 피부와 마찬가지로 직사광선으로부터 모발을 보호해야 한다.

(2) 내적 변화

내적 변화는 외적 변화에 비해 눈으로 두드러지게 나타나지 않지만, 느낌이나 행동에서 차이점을 감지하거나 진단에 의해서 알게 된다. 내적 변화는 심장혈관계통, 신경계통, 호흡기계통의 변화를 포함하며, 그 변화 내용을 살펴보면 다음과 같다(Turner & Helms, 1994).

① 심장혈관계통

심장조직은 연령이 증가함에 따라 딱딱해지고 탄력성이 감소하며 심박력과 혈액의 양이 감소한다. 30세에 심장의 기능이 100%의 능력을 가진다고 가정하면 50세에는 그 능력이 80%로 낮아지고 80세에는 70%로 감소한다. 심장혈관기능의 감소는 공기조절의 부족과 관련이 있기 때문에 중년기에는 보다 규칙적인 운동이 강조된다.

② 신경계통

신경자극이 뇌에서 신체의 근육조직으로 전달되는 속도는 평생 10% 정도 감소한다. 50세까지 그중 5%가 감소하며, 이 시기에는 뇌와 척수의 신경세포가 점차 감소한다. 이러한 신경세포의 손실은 대뇌피질, 특히 전두엽 부위에서 가장 두드러진다. 신경세포의 감소가 반드시 뇌의 기능에 영향을 주는 것은 아니지만, 시간이 흐름에 따라 뇌의 무게가 감소하는 원인이 된다(Kalat, 1992; Purves, 1988; Scheibel, 1992). 신경계의 장애는 정신분열과 치매의 주요 원인이 된다.

③ 호흡기계통

중년기에는 폐의 탄력성이 감소하고 흉곽도 작아지기 시작한다. 흉곽이 딱딱해지고 숨을 들이마시고 내쉬는 동안 가슴을 움직이게 하는 근육도 더 약해지는 경향이 있다. 호흡능력은 30세를 100%로 보았을 때 75%로 감소한다. 호흡기계통도 심장혈관계통과 마찬가지로 운동 부족의 영향을 받기 때문에 규칙적인 운동에 의해 강화될 수 있다(Morey, 1991).

(3) 감각기능의 변화

중년기에는 감각기능에 많은 변화가 일어나는데, 감각기능의 결함으로 인해 다양한 지각정보를 받아들이지 못할 때 자아개념은 쉽게 손상될 수 있다. 감각기능의 변화는 대부분의 사람들이 어느 정도 경험하는 것이고, 심각한 손상이 없다면 이러한 변화에 잘 적응할 수 있다(Brotwinick, 1981; 1984).

① 시각

중년기에는 눈의 수정체가 탄력성을 잃으면서 초점이 잘 모아지지 않는다. 이로 인해 많은 사람들이 가까이 있는 물체를 잘 볼 수 없어 돋보기를 사용하게 된다.

동공이 점점 작아짐에 따라 동공을 통과하는 빛의 양도 적어진다. 따라서 중년들은 보다 밝은 조명을 선호하게 된다. 또한 어둠과 번쩍이는 빛에 적응하는 시간이 더 길어지는 시각의 변화로 인해 성인기에 비해 야간운전에 불편함을 느낀다(Artal, Ferro, Mirand, & Navarro, 1993; Barr & Eberhard, 1991; Spear, 1993). 그리고 깊이지각, 거리지각, 3차원에 대한 지각능력이 감소하며, 수정체의 투명도가 떨어지고 망막의 민감도가 떨어지며, 시신경을 구성하는 섬유조직의 수가 감소하는 경향이 있다(Schieber, 1992). 이러한 시각의 변화는 중년들에게 있어서 신체 노화를 감지하는 신호로 받아들여진다.

② 청각

중년기에는 청각이 점진적으로 감퇴하는데, 특히 높은 진동수의 소리에서 나타난다(Schaie & Geitwitz, 1982). 이를 의학적으로 노인성 난청이라고 규정하는데, 높은 진동수의 소리에 대한 청력감퇴가 주된 현상이다. 높은 진동수의 소리에 대한 청력감퇴현상은 여성보다 남성이 심한데, 이러한 성차는 남성이 소리에 대한 노출이 더 큰 직업군에 종사하기 때문일지도 모른다(Olsho, Harkins, & Lenhardt, 1985). 그러나 청력감퇴는 일상생활에 큰 지장을 주지 않기 때문에 시각에 비해 노화의 신호로 크게 느끼지 않는다.

③ 기타 감각

미각은 50세 정도에서 감퇴하기 시작하는데, '맛의 미묘한 차이'를 구별하는 능력이 떨어지지만 일반적으로 잘 감지되지는 않는다. 촉각 또한 연령증가와 비례하여 쇠퇴한다. 촉각의 쇠퇴는 손가락 끝이나 손바닥, 하지(下肢) 부분에서 특히 심하다. 후각의 변화는 크지 않으며 감각기능 중에 가장 늦게 쇠퇴한다.

④ 반응시간

자극에 반응하는 데 걸리는 시간을 반응시간(reaction time)이라고 하는데, 중년기에는 반응속도가 느려진다(Newman, 1982; Salthouse, 1993; Schaie, 1989). 하지만 일상생활에서는 큰 지장을 느끼지 않는 경우가 대부분이다. 연령과 함께 반응시간 이 증가하는 것에 대해서는 다음과 같이 몇 가지로 설명될 수 있다. 첫째, 연령이 증가함에 따라 중추신경계에서 자극을 처리하는 속도가 전반적으로 느려진다(Botwinick, 1984). 둘째, 연령이 증가하면서 신경세포가 일정한 목적 없이 되는 대로 신경을 자극하기 시작하여 신경잡음(neural noise)을 만들어내기 때문에 한 자극에서 다른 자극을 구분하기가 힘들어진다. 셋째, 나이가 들면 행동이 조심스러워지는 등의 변화로 인해 반응시간이 느려진다(Welford, 1977).

(4) 생식과 성적능력의 변화

중년기에는 남녀 간에 차이가 있기는 하지만 남녀 모두 생식능력이 저하되며, 이는 남성과 여성에게 각기 다른 영향을 미친다. 여성의 경우 아이를 낳을 수 있는 생식능력은 중년기에 끝나게 된다. 남성의 경우 아이를 갖게 할 수 있는 생식능력은 있지만 수정능력의 감소를 경험하게 되고 개인에 따라 정력감퇴 등의 현상이 나타난다.

① 여성의 갱년기

여성은 갱년기(Women menopausal)가 되면 배란과 월경을 멈추고 더 이상 아이를 가질 수 없는 '폐경(menopause)'이라는 생물학적인 사건을 경험하게 된다. 여성은 고정된 수의 난자를 가지고 태어나므로, 월경주기 30~40년이 지나면 난자가 배출되지 않는다. 폐경이 되면 에스트로겐(estrogen)의 분비가 거의 되지 않아 더 이상 생리, 즉 월경을 할 수 없게 된다. 에스트로겐의 감소는 생식기와 다른 조직에도 영향을 미치게 되는데, 유방은 덜 단단해지고, 자궁의 크기가 작아지고, 질벽이 얇아지고, 탄력성이 떨어지며, 분비물이 적어져서 성교시 통증이 발생된다(Weg, 1987; Wich & Carnes, 1995). 폐경의 평균연령은 50세 정도인데 40~60세 사이에 일어나는 폐경은 정상범위에 속한다(Bellantoni & Blackman, 1996). 약 10% 미만의 여성들이 40세 전에 폐경을 하게 되는데 이를 '조기폐경(early menopause)'이라고 부른다(Wich & Carnes, 1995). 여성의 85%가 갱년기 증상 중 몇 가지를 경험한다고 한다. 그러나 이런 상태가 순수하게 호르몬 변화에서 야기되는 것인지 그렇지 않으면 사회적 통념의 반영, 즉 심리적인 것인지 또는 양자가 복합된 것인지에 대해서 논란의 여지가 많다(조복희 외, 2004: 456).

가. 폐경의 신체적 증상

폐경기 여성은 쉽게 짜증을 내고, 특별한 이유 없이 눈물을 흘리고, 우울증이 발생되고 정서가 불안정하다고 보는 시각이 많다. 하지만 모든 폐경기 여성이 이러한 특성을 갖는 것은 아니다. 폐경기에 겪는 이러한 증상 또한 호르몬 대체요법으로 치료할 수 있다(Greene, 1984; Unger & Crawford, 1992). 폐경기의 신체적 증상은 다음과 같다.

첫째, 여성호르몬인 에스트로겐 분비의 감소로 폐경 여성의 2/3 정도가 번열증(hot flashes)을 경험한다. 번열증은 몸 전체가 달아오르는 갑작스러운 현상으로 주로 얼굴이나 상체에 갑자기 열이 나고 땀이 나는 현상인데, 몇 초 또는 몇 분간 지속되며 오한을 수반하기도 한다. 번열증을 경험하는 동안 신체 특정부위의 체온이 1~7℃까지 상승한다(Kronenberg, 1994).

둘째, 질 내벽이 얇아지고 건조해지는 질건조증(vaginal dryness)을 경험한다. 질이 위축되고 분비물이 적어지므로 성관계 시 통증을 느낄 수 있다.

셋째, 폐경 여성의 1/4 정도가 골다공증(osteoporosis)을 경험한다. 골다공증은 에스트로겐의 감소로 인해 뼈가 약해져서 부서지기 쉬운 상태가 되는 것을 말한다. 골다공증은 여성이 남성보다 그 위험도가 훨씬 높으며, 특히 마른 여성, 흡연여성, 충분한 칼슘 섭취나 운동을 하지 않는 여성에게 흔히 나타난다. 또한 골다공증의 가족력이 있는 경우나 난소제거수술로 일찍 폐경기가 온 여성에게는 보다 흔히 발생한다.

골밀도 감소는 남성과 여성 모두 30세경에 시작되는데, 여성의 경우 폐경으로 인해 그 과정이 가속화된다. 골밀도 손실은 뼈골절로 나타나게 되는데, 여성의 경우 골밀도 손실은 에스트로겐의 수준과 직접적으로 연관된다. 에스트로겐 호르몬 치료를 받는 여성의 겨우 골밀도 손실이 폐경 전 수준으로 돌아간다(Duursma, Raymakers, Boereboom & scheven, 1991). 하지만 에스트로겐만을 투여할 경우 자궁내벽에 암이 발생할 위험이 높아지게 된다. 따라서 인공 프로게스테론을 에스트로겐과 함께 투여하면 이런 종류의 암이 발생할 위험이 낮아지며, 호르몬을 전혀 투여하지 않은 여성의 경우보다 더 낮은 수준으로 떨어진다는 연구결과도 있다(Bush et al., 1983). 그러나 에스트로겐과 프로게스테론을 장기간 투여했을 경우에 대한 상반된 연구결과로 인해 안전성에 대해서는 알려져 있지 않다.

나. 폐경의 심리적 증상

일반적으로 폐경은 불안, 분노, 스트레스와 무관한 것으로 보인다. 폐경기에 심각한 심리적 문제가 있는 여성들은 이미 그 이전에 그런 문제가 있었던 여성들이다(Greene, 1984). 폐경을 경험한 여성들 대부분이 폐경으로 생활의 변화를 거의 경험하지 않았거나 폐경이 자신의 인생에 별다른 영향을 미치지 않은 것으로 나타났으며, 심지어 어떤 여성들은 삶이 이전보다 더 좋아진 것으로 나타났다(Unger & Crawford, 1992). 대부분의 여성들에게 폐경은 성적 관심이나 성생활에도 별다른 영향을 미치지 않은 것으로 나타나(Greene, 1984) 실제 폐경기 여성들은 대수롭지 않게 느끼고 있는 것을 알 수 있다. 우리나라 중년기 여성들을 대상으로 폐경에 대해 알아본 연구(김정이 · 정옥분, 1998)에서도 이들은 폐경에 대해 별로 개의치 않고, 중년기 여성이 경험하는 당연한 삶의 사건으로 여기는 것으로 나타났다.

② 남성의 갱년기

남성은 갱년기(male menopause)에도 여성과는 다르게 계속해서 정자를 생산할 수 있어 아이를 갖게 할 수 있지만, 일부 중년기 남성은 수정능력이 저하되며 발기불능의 발생빈도가 증가하기 시작한다. 그리고 정자 수가 감소하고 정자의 활동성도 떨어지며, 남성 호르몬인 테스토스테론의 분비가 감소한다(Mulligan & Moss, 1991; Tsitouras & Bulat, 1995; Wise, 1978).

테스토스테론 분비의 감소는 근육조직의 손실과 더불어 심장질환의 위험을 증가시키며 성기능에도 영향을 미친다(정옥분, 2006). 미국 보스턴시의 40~90세 남성 1,290명을 대상으로 한 연구(Feldman et al., 1994)에서 발기빈도와 지속시간, 그리고 발기불능의 정도를 조사하였다. 연구결과 일부 남성의 경우에는 발기불능이 발생하였으나 대부분의 남성은 활발한 성생활을 하고 있는 것으로 나타났다. 한편, 중년기 남성은 전립선비대증이 발생되어 소변을 보기가 힘들어지고, 일부 남성의 경우에는 암이 발병되기도 한다(Williams, 1977).

남성은 일반적으로 여성보다 10년 정도 늦게 갱년기 증상이 나타나며 그 변화는 보다 점차적이고 다양하다(Weg, 1987). 한편, 중년기 남성의 약 5%가 우울증 등을 경험하고 번열증을 경험하기도 한다(Henker, 1981). 이처럼 일부 남성도 갱년기 우울증으로 중년기를 힘들게 보내고 있음을 알 수 있으며, 이는 외부환경에 의해 더욱 증가할 것으로 보인다.

(5) 건강과 질병

중년기의 주된 건강문제는 심장질환, 암 등의 질병과 체중문제이다. 과체중은 고혈압, 소화기장애 등의 질병을 초래할 확률이 높다. 이러한 건강상태는 음주, 흡연, 음식, 약물남용, 스트레스, 운동 등과 밀접한 관련이 있다. 건강한 생활습관은 심장질환, 폐질환, 고혈압, 고지혈증, 골다공증으로부터 보호해 준다.

2) 중년기의 인지발달

중년기에는 기억의 감퇴현상이 나타난다. 50세 이후 저장되는 있는 기억정보를 활성화시키는 데 소요되는 시간은 20대가 필요로 하는 시간보다 60% 정도 증가한다고 알려져 있다(Santrock, 1995).

(1) 기억능력

연령이 증가하면서 기억력이 감퇴한다는 사실은 일반적으로 잘 알려져 있다. 외부에서 들어온 정보를 기억한 후 회상하는 과정은 크게 3가지 과정을 거치는데 부호화(encoding), 저장(storage), 인출(retrieval)로 나눌 수 있다(정옥분, 2007).

Adams(1991)의 연구에서 다양한 연령층의 성인들에게 이야기책을 읽어 주고 잠시 후에 그것을 기억하여 적어 보도록 하였다. 성년들의 경우는 이야기 속의 구체적인 사건이나 활동에 대해 보고하는 경향이 있었지만, 중년들의 경우는 주인공의 심리적 동기를 더 잘 기억하고 있었고 더 많은 해석을 하였다. 이 연구가 의미하는 것은 연령이 증가하면 부호화하는 과정에 변화가 온다는 것이다. 즉, 세세한 부분까지 부호화하지 않고 요약된 정보를 저장하는 것이다. 한편, 제시된 자극을 보고 관련 정보를 인출해내는 재인기억(recognition memory)은 그대로 유지되고, 청각적 기억은 40세 이후부터 일정하게 유지되며, 시각적 기억 역시 60세까지는 감퇴 없이 유지되는 것으로 보고되고 있다. 다만 단기기억능력의 저하가 장기기억능력에 비하여 감퇴되는데, 그 이유는 정보처리시간이 길어지는 데 기인한 것으로 보인다(송명자, 1994).

(2) 문제해결능력

중년기에는 오랜 경험을 통하여 획득한 지혜로 현실적이고 실제적인 문제해결능력은 절정에 달한다. 한 연구(Denney & Palmer, 1981)에서는 20세에서 79세 사이의 84명의 성인들을 대상으로 두 가지 종류의 문제를 제시하였다. 그중 하나의 '스무 고개' 놀이와 비슷한 것으로 지능검사의 기존 과제와도 상당히 비슷한 것이었다. 피험자들에게 흔히 있는 사물들을 그린 그림 42가지를 '네'나 '아니요'의 대답이 나오도록 질문을 하면서, 실험자가 그중 어떤 것을 생각하고 있는지 알아맞히도록 하는 것이었다. 점수는 정답을 맞추기까지 질문을 몇 번 했는가와 한 가지보다는(예: "그것은 개입니까?") 한 번에 한 개 이상을 고려한 질문(예: "그것은 동물입니까?")의 비율에 근거하는 과제이다. 연구결과 성인의 지능에 대해 우리가 생각해 왔던 중요한 점을 확인시켜 주었다. 피험자의 나이가 많을수록 '스무고개'를 잘하지 못하였다. 그러나 실제적인 문제를 가장 잘 해결한 사람들은 40대와 50대의 중년들로서 일상생활의 경험에 근거하여 대답을 한 사람들이었다. 즉, 중년기 사람들은 일상적인 문제를 해결한 경험이 많기 때문에 현실적이고 실제적인 문제해결능력이 중년기에 높게 나타난 것으로 보인다(Morrow, Leirer, Altieri, & Fitzsimons, 1994). 즉, 중년기에는 지난날의 경험을 통해 얻어진 통찰력, 판단력으로 높은 수준의 문제해결능력을 가지고 있다.

(3) 창의성

과학과 수학 분야 등에서의 창의적인 성과물은 주로 성년기에 이루어진 것으로 나타났다. 예를 들면, 아인슈타인이 상대성 원리를 발견할 당시의 연령은 26세였고, 다윈이 적자생존의 이론을 발표할 당시의 연령은 29세였으며, 빌게이츠, 스티브 잡스 등의 컴퓨터 관련 과학자들의 창의적 업적도 20대에 이루어졌다. 뿐만 아니라 많은 예술가들의 창의적 예술작품 또한 주로 20대에 이루어졌기 때문에 창의성은 중년기에 감소하는 것으로 믿어져 왔다. 그러나 평범한 수준의 과학자나 수학자의 생산성 또는 창의성에 대한 연구(Simonton, 1991)에서 수천 명의 과학자를 대상으로 조사한 결과 그들이 가장 훌륭한 업적을 이룬 평균 연령은 40세경인 것으로 보고되었다. 이처럼 연구의 질적인 측면에서 보면 중년기에도 창의적 업적은 이루어지는 것으로 볼 수 있다.

3) 중년기의 사회성 발달

성격의 어떤 측면은 인생 초기에 형성된 형태로 변화하지 않고 그대로 유지되는가 하면, 또 어떤 측면은 중년기의 새로운 경험과 도전, 즉 중년기의 신체변화, 빈 둥지 시기, 중년기의 직업전환, 조부모가 되는 것 등으로 인해 많은 변화가 일어난다.

중년기의 성격특성과 생활양식의 변화는 종종 '중년기 위기'로 보는데, 중년기는 잠재적으로 갈등이 많은 시기이고, 다른 어떤 시기보다 더 과거를 되돌아보고 새로운 시각으로 미래를 내다볼 수 있는 시기이다. 많은 연구들이 중년기가 위기의 시기임을 보고하고 있다. 이 시기에 결혼만족도는 최저점에 이르고(Pineo, 1961), 정신질환과 신경증의 발병률이 최고조에 이른다(Weintraub & Aronson, 1968). 알코올중독, 위궤양, 고혈압, 심장병 등이 가장 빈번하게 나타나는 시기이며, 40~60세 동안, 특히 남성의 경우 자살률이 급격하게 증가하는 것을 볼 수 있고, 이혼이나 별거, 불륜이나 도피 등이 중년기의 결혼생활에 드물지 않은 일이 된다(Stevens-Long, 1979).

우리나라 성인남녀를 대상으로 '중년기 위기론'을 검증한 김애순(1993)의 연구에서는 중년기가 오는 시기가 언제인가를 규명하기 위해 본인의 연령, 첫 자녀의 연령, 막내 자녀의 연령과 중년기 위기감과의 관계를 분석했다. 그 결과 본인의 연령은 중년기의 위기감에 대해 유의한 설명력이 없었다. 그러나 첫 자녀와 막내 자녀의 연령이 증가할수록 위기감의 수준이 증가했는데, 이러한 추세는 여성들보다 남성들에게 더욱 현저하게 나타났다. 특히 첫 자녀의 연령보다는 막내 자녀의 연령이 중년기의 위기감과 관련이 큰 것으로 나타났다. 이러한 결과는 성인발달이 신체적 연령보다는 사회적 연령과 더 밀접한 관계가 있으며, 중년기의 위기가 생물학적 연령과 관련된 사건이라기보다는 자녀의 성장으로 인한 역할변화, 청소년 자녀들과의 문제, 직업상 경력에서의 한계 등 사회적 연령과 관련된 사건이라는 점을 시사하고 있다.

(1) 중년기 성격의 안정성

Costa와 McCrae(1980, 1986, 1989)의 종단연구에서 성격특성이 시간이 지나면서 변하는지 변하지 않는지에 관심을 두고 20~80세 사이의 약 2,000명의 성인들을 대상으로 성격변화를 연구했다. 매 6년마다 성격검사를 실시하였는데, 이 검사는 신경증, 외향성, 개방성, 성실성, 순응성 등 다섯 가지 기본적인 성격 차원으로 구성되어 있다. 이 연구들에서 밝혀진 바에 따르면 성격특성은 매우 안정적이고 일관성이 있는 것으로 나타났다. McCrae(1982)는 대부분의 경우 30세 때의 자아개념은 80세 때의 성격특성의 좋은 지표가 된다고 언급하였다. 이와 같은 연구결과는 성격은 안정성과 연속성의 특징이 있다는 사실을 지지하는 것이다. Costa와 McCrae(1989)는 우리 인간의 성격은 환경의 영향을 크게 받지 않는다고 주장한다. 즉, 인간은 생활사건, 역사적 사건, 변하는 사회적 역할에 의한 수동적인 희생자가 아니라고 주장한다. 오히려 이러한 모든 영향력에도 불구하고 그들의 독특한 성격특성은 그대로 유지된다고 보고 있다.

(2) 중년기의 심리적 변화

① Erikson의 생산성 대 침체성

Erikson(1978, 1982)은 그의 연구에서 중년기에는 생산성 대 침체성이라는 위기를 경험한다고 주장했다. 생산성이란 자녀를 낳아 기르고, 젊은 세대를 가르치고, 지도하고, 지역사회에 도움이 되는 일들을 함으로써 다음 세대와의 연결을 통해 사회의 존속과 유지를 위해 헌신하는 것을 말한다. 즉, 생산성이란 중년기의 성인들이 다음 세대를 인도하는 것을 말한다. 하지만 생산성은 자녀를 출산하고 양육하는 것만을 한정하는 것이 아니라, 다음 세대에게 기술을 전수하거나 문화를 창조하고 보존하는 행위를 전수하는 것 등을 포함하는 매우 넓은 개념이다.

초기에 Erikson은 생산성 개념에서 자녀출산에 큰 비중을 두었으나, 이론을 확장하면서 가르치고, 창조하고, 미래세대의 복지를 위해 공헌하는 것 모두를 생산성과 관련이 있다고 주장하였다. 이는 미래세대를 보호하고 지도하는 등 미래세대의 양육을 위하여 자신의 욕구를 희생하는 사랑의 확장을 말한다. 침체성은 다음 세대를 위해서 자신이 한 일이 아무것도 없다는 것을 깨닫는 경우를 말하는 것이다. 인생을 지루하고 따분하다고 생각하는 사람, 불평불만을 일삼는 사람, 매사에 비판적인 사람들이 침체성을 보여 주는 전형적인 경우라고 할 수 있다(정옥분, 2007).

② Vaillant의 중년기 적응

Vaillant(1977)는 하버드대학 신입생들을 대상으로 그들을 50대까지 추적한 연구에서 40세경에 중년 전환기가 나타난다고 밝혔다. 그의 연구에서 남성들의 경우 전환기가 혼란스러운 경우는 있으나 이 시기가 위기의 차원으로 나타나지는 않았다. 50대쯤에서 이 집단 중 가장 잘 적응한 남성들은 실제로 35세에서 49세까지의 시기를 인생에서 가장 '행복한 때'라고 보았다. 이 연구에 의하면 50대가 40대보다 일반적으로 보다 더 원숙하고 평온한 시기라고 생각하는 것으로, 나이가 들수록 성구별이 줄어들고, 남성들의 성향은 보다 온정적이고 표현적으로 변화된다고 주장하였다.

③ Jung의 전환기

Jung(1933)은 임상적 경험과 그 자신의 자아분석을 통해 성인기의 성격발달 이론을 전개하였는데, 성격발달의 궁극적인 목적은 자아실현(self-realization)이라고 보았다. 자아실현은 인간의 성격이 모든 면에서 조화롭게 융합하는 것을 의미한다.

Jung은 약 40세에 시작되는 중년기를 인생의 전반에서 후반으로 바뀌는 전환점으로 보았는데, 중년기에 이르면 급격한 가치관의 변화가 일어난다고 주장했다. 지난 시절의 관심과 추구는 가치를 잃고, 보다 문화적인 관심을 가지게 된다고 하였다. 중년기에는 보다 내향적이고 충동성이 적어지고 지혜와 현명함이 신체적 · 정신적 격렬함을 대신하게 되며, 사회적, 종교적, 문화적, 철학적 가치를 추구하게 된다. 이러한 전환은 매우 중대한 사건으로 이전에 본능적 목적에 투입되었던 에너지를 전부 이용하지 않을 때 장애가 발생할 수 있다. 즉, 잉여에너지는 정신의 평형상태를 혼란시킬 수 있다는 것이다(Jung, 1931).

Jung은 잉여에너지의 만족스러운 배출구를 찾지 못하고 인생에 대한 허탈감과 무력감을 호소하는 환자들을 치료하면서 이들이 사회로부터 얻은 지난날의 성취는 자신의 성격의 어느 한 측면을 억압한 대가로 얻어진 것으로 보았다. 따라서 자신이 이전에 경험했어야 할 인생의 다른 측면들이 어두운 창고에 묻혀 있기 때문에 이러한 내재적 욕구가 허탈감과 무력감으로 분출되는 것으로 보았다.

한편 Jung은 중년기 이후 남녀 모두가 자신의 생물학적 성과 반대되는 성격측면을 표현한다고 보았다. 즉, 남성들은 자신 속의 여성적인 측면인 아니마(anima)를 표출하여 덜 공격적이 되고, 대인관계에 보다 많은 관심을 보이기 시작하며, 여성들은 남성적인 아니무스(animus)를 표출하여 보다 공격적이고 독립적이 되는 것이라고 주장하였다.

(3) 중년기 여성의 성격발달

많은 여성들에게, 직업이 있는 여성들의 경우에도 가족은 그들의 최대 관심사이다(Moen, 1991; Kelly, 1991). 여성들은 자신의 인생주기를 자신의 연령이 아니라 남편과 자녀의 연령 또는 가족생활주기로서 정의한다. 자녀가 모두 집을 떠나고 부부만 남게 된 '빈 둥지 시기'에 여성들은 인생이 무의미하며, 자신이 이제 더 이상 쓸모없게 되었다고 느낀다고 보고되고 있다. Mitchell과 Helson(1990)에 의하면, 많은 여성들에게 있어 50대 초반은 인생의 새로운 전성기(new prime of life)였다. 26~80세의 700명의 여성표본에서 50대 초반의 여성들은 자신의 인생을 일등급으로 묘사하였다. 이들은 자신감, 안정감, 독립심을 가지고 있었으며 자신들의 건강과 수입, 부모에 대한 관심이 다른 집단보다 높았다. 즉, 모든 여성들이 중년기를 잃어버린 젊음을 아쉬워하고 쇠퇴기로 보는 것이 아님을 알 수 있다. 따라서 모든 여성들에게 중년기는 부정적인 시기라고 보는 고정된 관념은 잘못된 것이다.

(4) 중년기의 자아실현

자아실현을 하기 위해서는 자신의 잠재력을 충분히 실현시킬 수 있도록 해야 한다. Maslow(1970)는 자아실현을 이루기 위해서는 몇 가지 전제조건이 충족되어야 한다고 주장한다. 우선 세속적인 걱정, 특히 생존과 관련된 근심으로부터 자유로워야 한다. 그리고 자신이 하는 일에서 편안해야 하고, 가족원이나 직장동료로부터 인정을 받는다고 느껴야 한다. 무엇보다 자신을 진정으로 존중하는 마음이 있어야 한다. 성년기 동안에는 자아실현을 추구하기가 어렵다. 왜냐하면 성년기에는 교육, 직업 유지, 결혼과 부모역할 수행 등 여러 방향으로 에너지를 분산시키게 되며, 경제적인 안정을 위해 상당한 양의 정신적 에너지를 소모하기 때문이다. 하지만 지난 시절 이러한 욕구를 대부분 충족시킨 사람들의 경우에는 중년기에 자아성숙을 향한 노력에 에너지를 투여할 수 있기 때문에 자아실현이 보다 용이하다고 할 수 있다.

4) 중년기의 가족생활

(1) 부부관계

신혼 초기에는 결혼만족도가 가장 높으나 자녀 출산 이후 서서히 감소하여 중년기에는 부부가 직업 세계에 몰두하는 동시에 청소년인 자녀와 갈등이 심화되면서 결혼만족도는 최저가 된다(임은희, 2005). 하지만 중년기 결혼만족도는 남편과 아내의 경우 약간의 차이가 있다(Turner, 1982). 남편들은 이 시기를 비교적 긍정적인 시기로 보는 반면, 아내들은 그렇지 못하다. 중년부부를 대상으로 한 연구(Lowenthal, Thurnher, & Chiribaga, 1975)에서 남성은 80%가 중년기 결혼생활을 긍정적으로 평가한 반면, 여성은 40%만이 긍정적이라고 평가하였다. 남편에 대한 아내의 주된 불만은 남편이 너무 의존적이라는 것이다. 흥미로운 것은 신혼기에는 남편 쪽이 아내가 너무 의존적이라고 불평한다는 점이다. 중년기 여성들은 친구나 성장한 자녀를 주된 의논상대로 여기는 반면에, 남성들은 연령이 증가할수록 배우자를 더욱 중요하게 인식한다.

결혼만족도는 자녀가 독립한 후에 증가하는데, 여성의 만족도가 더욱 높다(Rhye, 1981). 특히 자녀가 집을 떠난 직후 몇 년간은 신혼기처럼 커다란 만족감을 느끼기도 한다. 자녀들이 독립하면서 부모의 의무로부터 해방되고, 남편과 시간을 더 많이 가질 수 있게 되어 서로를 한 개인으로서 알게 되는 '제2의 신혼기'를 맞이하게 된다. 그러나 자녀의 독립 후에 결혼만족도가 낮아지는 부부도 적지 않다. 이러한 부부는 한 집에 살고 있지만 정서적으로는 이혼상태에 있는 경우이다. 즉, 많은 시간을 함께 보낸다고 해서 저절로 결혼만족도가 높아지는 것은 아니다(Fitzpatrick, 1984).

(2) 자녀와의 관계

서구와는 달리 우리나라의 경우에는 부모-자녀의 관계가 비독립적이고 종속적이어서, 자녀들이 부모로부터 심리적으로 독립하는 시기가 상대적으로 늦을 뿐만 아니라, 부모들은 자녀들의 미래에 대한 염려와 걱정이 이 시기에 보다 증가하기도 한다. 국내의 연구를 보면 중년기 부부의 가장 큰 관심사와 당면문제는 자녀의 진로문제, 대학진학문제, 자녀의 앞날에 대한 염려(김명자, 1991)로 나타났고, 이로 인한 스트레스도 컸다(한미선, 1992). 특히 우리나라는 자녀가 고3이 되면 어머니 역시 '고3증후군'에 걸리는 '입시 시집살이'를 한다는 것이다(김명자, 1994). 중년기 후반이 되면 자녀가 청년에서 성년으로 성장함에 따라 자녀의 취업, 결혼, 자녀의 배우자, 손자녀와의 새로운 관계로 인해 새로운 부모역할이 요구된다. 대부분의 부부들에게 있어 자녀가 독립한 이후의 탈부모기(post-parental stage)는 인생에서 매우 행복한 시기이다. 부부관계는 이전에 비해 향상되고, 어떤 부부는 제2의 신혼기를 맞이하기도 한다. 하지만 자신의 삶을 오로지 자식만을 위해서 헌신해 온 여성의 경우 빈 둥지 시기(empty nest stage)에 도달했을 때 고독감을 견디지 못하고 심한 우울증에 빠지게 된다. 빈 둥지 가족의 분위기는 재미와 웃음이 없고 가족 성원들은 서로 자신의 문제나 경험에 대해 공유하거나 의논하지 않는다(임은희, 2005). 따라서 이 시기에 부모역할 외에 다른 의미 있는 역할을 찾도록 하고 시간과 에너지, 경제적 자원을 부부관계에 투자해야 한다(Lamanna & Riedmann, 1991).

한편, 이 시기는 노부모가 신체적으로 노화나 질병 등으로 어려움을 겪게 되므로 경제적으로나 심리적으로 이들에 대한 부양자로서의 역할이 강조된다. Cicirelli(1980)의 연구에 의하면 노부모를 모시는 것과 관련하여 성인자녀의 절반 이상이 스트레스를 경험하고 있다고 보고하고 있다. 노부모 부양이 노인학대로 이어지는 경우도 있는데 노인학대의 전형적인 피해자는 늙고 병약한 여성 노인이다. 부모를 학대하는 사람들은 대부분 어린 시절에 아동학대를 경험 사람들이라고 보고되고 있다(Eastman, 1984; Pedrick-Cornell & Gells, 1982). 이처럼 중년기에는 자신들의 자녀와 자신들의 부모와의 관계가 새로운 국면에 접어드는 시기라 할 수 있다.

(3) 이혼과 재혼

최근에는 수십 년 함께 살아온 부부들이 중년기에 이혼하는 사례가 증가하고 있다. 부부의 결혼생활이 길면 길수록 이혼 후의 적응은 더욱 어려운 일이다. 일반적으로 중년기에 이혼한 사람들은 심한 불행감과 고통 및 우울을 경험한다. 특히 직업이 없는 여성의 경우 더욱 어려운 상황에 처하게 된다. 또한 재혼하게 된다 하더라도 재혼 후 새로운 가족과의 적응에도 어려움이 있다. 남녀 모두 이미 확립된 각자의 습관과 기대를 지니고 있으므로 서로 조화를 이루기 어려우며, 새로운 인척관계나 의붓자식과의 관계를 확립하는 데 어려움이 따르기 때문이다(임은희, 2005). 하지만 자녀의 대학진학 등 자녀의 진로결정 이후 부모의 역할로부터 벗어나 자신의 삶을 찾아가고자 하는 중년기 부부의 이혼율은 점점 증가하고 있다.

5) 중년기의 직업활동

(1) 직업발달과 직업전환

일반적으로 중년기 성인들은 이 시기에 자신들의 직업적 목표를 달성하게 되어 자신의 직업에 안정적으로 정착하게 된다. 이 시기에는 자신의 직장에서 주요한 위치에 이르고 보다 많은 수입과 보다 많은 영향력을 행사하게 된다. 지난날의 직업 활동 경력과 지혜, 특정 분야에 축적된 지식과 기술 등을 통해 그들은 해당 분야에 전문성을 인정받고, 책임 있는 지위를 가지게 되어 존경을 받는다. 하지만 빠르게 변화되고 있는 컴퓨터 과학과 인터넷 발전 등으로 그들이 가진 직업적 경력을 존중받지 못하는 것도 최근의 현상이다. 우리나라의 경우 특히, IMF 사태 이후 중년기 성인들은 구조조정 대상으로 위기에 봉착하게 되었다.

중년기의 직업발달에서는 성차가 있는데, 여성들의 경우 성년기에 자녀양육 문제로 직장을 그만두었다가 중년기에 다시 시작하는 경우가 많다. 50대 남성의 경우는 자신의 직장에서 안정적인 경우도 있지만 대개 은퇴를 준비하고 있는 것이 우리의 현실이다.

오늘날 중년기의 직업전환현상은 보편적인 현상이 되고 있다. 평생 한 가지 직업에만 종사하던 시절은 지나가 버렸다(Sarason, 1977). 중년기의 직업전환의 경험은 Levinson(1978)에 의해 성인기의 전환점(turning point)으로 묘사된 바 있다. 따라서 중년기는 정년퇴직까지 시간이 얼마나 남았는지를 확인하고, 직업목표에 대한 계획을 재설정해야 한다. Levinson(1978)은 많은 중년 남성들이 자신의 직장상사나 아내, 자식들로부터 구속당한다고 느끼고 있고, 이러한 심리적 느낌은 혼외정사, 이혼, 알코올중독, 자살 또는 직업전환 등으로 표현된다고 보고했다.

(2) 실직

중년기에 실직하면 새로운 직업을 구할 기회를 얻기가 매우 어렵다(Barnes-Farrell, 1993). 특히 40세 이후에는 새로운 직장을 구한다 해도 이전보다 봉급이 적어지는데, 특히 55세 이후에는 그러한 경향이 뚜렷하다(Kossen, 1983). 실직은 불안, 우울, 공허감, 신체적 건강쇠퇴, 알코올중독, 심지어 자살에까지 이르게 한다(DeFrank & Ivancevich, 1986). 실직의 영향은 당사자뿐만 아니라 부부관계, 자녀관계에도 영향을 미치는 것으로 보고되고 있다(McLoyd, 1989). 예기치 않은 갑작스러운 실직은 실직상태가 일시적이든 영구적이든 간에 스트레스를 받게 한다. 실직에서 오는 스트레스는 수입상실로 인한 경제적 곤란뿐만 아니라 자아개념의 손상을 가져온다. 직업에서 정체감을 찾고, 가족부양을 남성다움으로 여기고, 자신의 가치를 자신의 수입으로 느끼는 남성들은 직업을 잃을 때 많은 상실을 경험하게 된다. 그들에게 직업을 잃는 것은 자신의 매우 중요한 일부를 잃는 경험이다. 따라서 직업상실로 인한 자아존중감 상실로 이어지게 된다(Brenner, 1991; Merva & Fowles, 1992; Voydanoff, 1987, 1990). 따라서 중년기의 직업상실은 중년 남성에게는 심각한 심리적 위기를 가져오기도 한다.

2. 중년기의 발달과 사회복지실천

사회복지제도와 사회복지실천현장에서는 중년기만을 별도로 분리하여 제도적, 실천적으로 그 대상을 다루고 있지는 않다. 따라서 이들만을 위한 서비스 프로그램은 존재하지 않는다고 볼 수 있다. 하지만 제도적으로 공공부조와 사회보험, 사회복지서비스에서 이들이 그 대상으로 포함되고 있다. 한편, 사회복지실천현장에서도 아동 · 청소년을 둔 부모들에 대한 부모교육, 부부상담, 이혼 및 재혼상담, 한부모가정에 대한 상담 등이 제공되고 있어 이러한 개입이 중년기를 대상으로 한 사회복지실천이라 할 수 있다.

1) 중년기의 건강과 사회복지실천

중년기에 이르면 신체구조의 변화와 신체기능의 저하로 인하여 성인병에 걸릴 위험성이 증가하는 것이 사실이다. 특히, 만성질환 발병 등으로 인해 가족 내 갈등도 야기되고 있는 상황이다. 따라서 중년기 성인들을 위한 성인병 예방을 위한 건강교육이나 건강상담 프로그램, 건강관리와 건강증진을 위한 관련 프로그램 등이 공공 및 민간기관에서 보다 활성화되어야 할 것이다.

2) 중년기의 부모교육과 사회복지실천

중년기의 부모들은 사춘기에 접어든 자녀들과의 갈등이 심각해지는 경우가 많다. 이러한 갈등은 성장하고 있는 자녀들이 부모로부터의 독립과 의존의 양가감정을 겪는 것과 같은 현상을 부모들도 겪고 있기 때문이다. 따라서 이 시기에는 자녀 성장에 따른 부모역할의 변화가 필요하다. 부모교육 프로그램은 중년기 부모들의 자녀교육 및 자녀갈등 해소를 위한 대안이 될 수 있다.

3) 중년기의 취업과 사회복지실천

중년기에는 자녀들의 교육 및 결혼, 노부모 부양 등으로 경제적 지출이 이전보다 더 많아지는 시기이다. 하지만 전업주부의 경우 경력단절로 인한 재취업이 어려운 상황에 있어 이들에 대한 재취업 교육, 취업알선을 도울 수 있는 다양한 프로그램이 제공되어야 할 것이다. 이러한 프로그램은 중년 여성들에게 경제적 지원을 제공하는 것뿐만 아니라 자신의 잠재능력을 발견할 수 있는 기회를 제공해줌으로써 이들의 자아실현에 도움을 줄 수 있다. 한편, 우리나라 기업에서 근무하고 있는 남성의 경우 50대에 이르게 되면 대개 은퇴를 준비한다. 하지만 이들은 부양할 자녀와 노부모로 인해 계속적인 경제활동이 필요하기 때문에 중년기의 직업전환은 보편적인 현상이 되고 있다. 그러나 중년기에 있는 남성들을 경력직으로 이전과 같은 급여 수준으로 고용하고자 하는 기업은 거의 없을 뿐만 아니라 중년기 남성들은 기업으로부터 외면되고 있는 것이 현실이다. 따라서 이 시기에 있는 남성들은 새로운 일자리를 찾는 것도 이전보다 더 어려운 상황으로 이로 인하여 이들은 심리적 · 경제적 어려움을 겪고 있기에 이들을 위한 다양한 직업전환서비스를 개발할 필요가 있다.

4) 중년기의 상담과 사회복지실천

중년기 위기상황에 직면하여 정신질환, 특히 여성의 경우 우울증 등에 취약한 시기라고 할 수 있다. 남성의 경우에는 은퇴준비와 부부생활에 대한 새로운 적응이 필요한 시기이다. 따라서 남녀 모두에게 있어서 중년기는 위기상황이라 할 수 있기에 이들의 치료 및 회복을 위한 개인 및 집단상담이 제공되어야 한다. 한편, 부부 갈등으로 인한 이혼 위기에 있는 부부가 증가하고 있기에 중년기 부부생활 유지를 위한 부부상담 등에 다양한 프로그램 개입이 이루어져야 할 것이다.

요약정리

1. 중년기는 자녀들의 교육 및 결혼, 노부모 부양 등으로 경제적 지출이 이전보다 더 많아지는 시기이다.
2. 중년기의 부모들은 사춘기에 접어든 자녀들과의 갈등이 심각해지는 경우가 많다. 이러한 갈등해소를 위한 대안으로 부모교육 프로그램의 개입이 필요하다.
3. 중년기에 이르면 신체구조의 변화와 신체기능의 저하로 인하여 성인병에 걸릴 위험성이 증가한다.
4. 성격의 어떤 측면은 인생 초기에 형성된 형태로 변화하지 않고 그대로 유지되는가 하면, 또 어떤 측면은 중년기의 새로운 경험과 도전, 즉 중년기의 신체변화, 빈 둥지 시기, 중년기의 직업전환, 조부모가 되는 것 등으로 인해 많은 변화가 일어난다.
5. 남녀 모두에게 있어서 중년기는 위기상황이라 할 수 있기에 이들의 치료 및 회복을 위한 개인 및 집단상담이 제공되어야 한다.
6. 중년기에 실직하면 새로운 직업을 구할 기회를 얻기가 매우 어려운 상황이라 이들은 심리적 · 경제적 어려움을 겪고 있다.

생각해 보기

1. 중년기 여성의 신체적 · 정서적 변화의 특징에 대해서 생각해 봅시다.
2. 중년기에 이루어야 할 주된 과업과 적응문제는 무엇인지 생각해 봅시다.
3. 중년기 클라이언트를 지원하기 위한 실천적 개입 방안에 대해 생각해 봅시다.

chapter 11

노년기 발달과 인간행동

chapter 11

노년기 발달과 인간행동

1. 노년기의 주요 발달과 인간행동의 이해

인간발달의 단계를 명확히 구분하는 것은 어렵지만, 그중에서도 중년기와 노년기를 구분하기는 더욱 어려워지고 있다. 노년기의 분류 기준인 은퇴는 더 이상 신뢰할 수 있는 기준이 되지 못하고 있는데, 왜냐하면 근래 들어 우리 사회에서 50대 은퇴도 많아졌기 때문이다. 특히 일반 기업체의 정년은 55세 정도인 경우가 대부분이다. 한편, 노년기에 새로운 일자리에 참여하거나 70대 이후까지도 직업을 유지하고 있는 경우도 많아지고 있어 은퇴를 노년기의 기준으로 보기는 어렵다. 노인세대는 점점 젊어지고 있으며 평균수명의 연장으로 노인세대는 급속히 증가하고 있다. 현행 우리나라 노인복지법에서 65세를 노인이라고 규정하고 있지만 이러한 현상으로 인해 머지않아 70세 또는 80세를 노인으로 규정해야 할 것 같다. 이 장에서는 우리 사회에서 일반적으로 동의하고 있는 65세부터 노년기로 규정하여 노년기의 신체변화, 인지변화, 직업과 은퇴, 성격과 사회성 발달, 가족생활 등에 관해 살펴보기로 한다.

1) 노년기의 신체발달

(1) 수명과 노화

① 평균기대수명

평균기대수명(average of median life expectancy)은 같은 해에 태어난 사람의 절반 정도가 얼마나 오랫동안 살 수 있는가를 말하는 것이고, 최대기대수명(maximum life expectancy)은 우리 인간이 최대한으로 얼마나 오래 살 수 있는가를 말하는 것으로, 현대의학에서 인간의 최대기대수명은 약 120년 정도인 것으로 간주하고 있다(Hayflick, 1994).

고대 그리스에서 태어난 아이들은 평균적으로 20년 이상을 살지 못했으며, 고대 로마의 평균예상수명은 약 25세였다. 2020년 기준 우리나라 남녀 평균기대수명은 83.5세이다. 특히 여성의 경우 OECD 평균 83.2세이고 우리나라 여성은 86.5세로 높았다. 남성은 OECD 평균 기대수명이 77.9세이고 우리나라 남성은 80.5세이다.

이와 같이 평균기대수명이 늘어난 것은 과학과 의학의 발달로 인해 유아 및 아동사망률의 급격하게 감소되었을 뿐만 아니라 많은 질병들을 치료할 수 있는 새로운 약품이 개발되었기 때문이다. 평균기대수명에는 성차가 존재하는데, 이러한 성차는 생물학적 요인과 환경적 요인에 의해 영향을 받는다. 여성의 경우 생물학적으로 볼 때 여성호르몬인 에스트로겐이 동맥경화 발병 위험을 예방하고 있고, X성염색체는 질병에 대항하는 항체생성과 관련이 있는 것으로 보인다. 하지만 남성에 비해 긴 여성의 수명은 이들에게 질병, 빈곤, 의존, 외로움을 겪게 하기도 한다.

② 노화이론

대표적인 생물학적 노화이론은 계획된 노화이론과 마모이론이다(Papalia, Olds & Feldman, 1989). 계획된 노화이론은 모든 유기체는 각 종마다 고유한 노화유형과 고유의 평균예상수명을 가지고 있다는 이론이다. 이 이론에 따르면 인간은 특정방식으로 노화하도록 프로그램되어 있기 때문에 이 과정을 지체시킬 방법은 없다는 것이다. 한편, 마모이론은 신체는 오랜 기간 지속적으로 사용하기 때문에 결국 마모될 수밖에 없다는 이론이다. 마모이론을 지지하는 사람들은 인간의 신체를 기계에 비유하는데, 기계의 부품은 오래 쓰면 결국에는 마모되어 버린다. 즉, 세포가 늙어갈수록 손상된 부분을 치유하거나 대체하는 능력이 떨어지기 때문에 노화한다는 것이다. 이 이론에 의하면 신진대사의 화학적 부산물과 같은 해로운 물질의 축적을 포함하는 내적, 외적 스트레스가 마모과정을 촉진시킨다고 한다(정옥분, 2007).

(2) 노화현상

① 신체 외적 변화

노년기에는 신체 외적 변화가 두드러지는데, 이를 노화라고 부른다. 신체 노화의 두드러진 부분은 피부에서부터 나타나는데, 피부는 탄력성을 잃으면서 주름이 잡히고 검은 반점들이 생겨난다. 연령이 증가할수록 머리카락은 가늘어지고 힘이 없어져 윤기를 잃고 백발 또는 은발이 되며, 많이 빠져 성글어진다. 노인들은 척추의 디스크 수축과 척추 사이에 있는 콜라겐의 감소로 인해 허리가 구부러져 신장이 감소한다. 여성들은 폐경 이후 뼈에 구멍이 생기는 현상인 골다공증으로 인해 골절상에 대한 위험이 증가된다. 치아의 색은 탁해지며 상아질 생성이 감소하고, 잇몸이 수축되며, 골밀도가 감소하게 된다.

피부에서 가장 두드러진 변화는 주름으로 주름은 미소나 찡그림같이 반복적인 얼굴표정, 피하지방조직의 감소, 피부탄력의 감소에 의해 영향을 받는다. 콜라겐의 변화는 노화과정에서 발생하는데, 콜라겐 섬유가 더 두꺼운 묶음으로 재배열되고 교차결합 형태로 변화한다(Matterson, 1988). 피하지방은 신체와 분리되어 감소된 조직이 체열의 손실을 가져온다. 또한 피하지방의 손실은 노년의 특징으로서 여윈 모습을 나타내도록 만든다(Kart, 1990).

30세의 피부세포가 약 100일 정도 산다고 볼 때 70세의 피부세포는 46일 정도 밖에 살지 못한다. 따라서 노인들의 피부세포는 수분을 유지하는 능력이 감소하여 결국 건조하고 탄력이 없는 피부가 된다. 신체적 노화과정으로 인해 갈색반점이 생기고, 얇아진 세포와 혈관이 더 느리게 회복되기 때문에 상처는 이전보다 더디게 치유된다(Kemis, 1980).

② 신체 내적 변화

신체의 내부 장기는 40세부터 중량이 감소하는데, 25세 청년을 100이라고 하였을 때 75세 노인의 뇌 중량은 95%, 신장 중량은 81%, 간장은 67%, 비장은 45% 정도로 줄어들지만 오히려 심장은 140% 정도로 증가하는 것으로 나타났다(장인협 · 최성재, 2002). 이러한 주요 장기의 중량 변화와 아울러 조직 변화가 동시에 나타나게 됨으로써, 장기의 기능 변화가 나타나게 되는데, 심장근육 주변 모세혈관의 동맥경화에 의한 심장비대, 지방분 증가 등이 원인이 되어 심장의 중량이 오히려 늘어나게 된다. 따라서 심박출량과 심장박동능력은 감소하게 되며, 심장판막의 석회화로 인하여 세포가 사멸하게 됨으로써, 노년기에는 각종 심장질환에 이환될 가능성이 높아진다(김동배 · 권중돈, 2006).

그리고 평균적으로 보면 뇌신경세포(neuron)의 밀도는 감소하고 뇌 무게의 감소와 뇌수의 회백질 감소, 수지상돌기의 감소, 신경세포의 자극전달속도가 감소한다. 수지상돌기의 감소가 가장 두드러진 변화인데, 수지상돌기의 감소는 신경세포의 자극전달속도 감소를 가져와 일상생활에서의 반응시간이 길어지게 한다. 신경계의 또 다른 변화는 신경단위인 신경세포의 수가 감소하는 것이다(정옥분, 2007). 이처럼 노년기에는 신체 내부의 변화가 두드러지게 나타나 이로 인한 질병이 보다 빈번하고 만성적으로 진행된다.

③ 감각기능의 변화

연령이 증가함에 따라 감각기능은 점차 손상된다. 노인들은 감각자극에 대해 민첩하게 반응하지 못하고 그들의 환경에서 적절한 정보를 인식해서 받아들이지 못한다. 이러한 생리적 변화는 심리적 결과를 초래한다. 몇몇 연구(Claussen & Patil, 1990; LaForge, Spector, & Sternberg, 1992)에 의하면 감각장애, 특히 시각과 청각의 손상은 일상생활에서의 의존성을 증대시키는 기능쇠퇴의 위험요인이 된다고 한다. 따라서 노인들의 외부환경에 대한 지각은 자신들이 경험하는 감각의 변화에 의해 영향을 받는다. 노인들은 시력이 0.3 이하이고, 갑작스런 빛의 변화에 적응하는 데 문제가 있으며, 빛 반사에 약하고, 어두운 곳에서 잘 보지 못한다. 그리고 노년기에는 노란색 안경을 쓰고 주위의 물체를 보는 것과 같은 황화(黃化)현상이 나타나기도 한다. 황화현상은 노인들이 단파장(短波長: 보라, 남색, 파랑)보다는 장파장(長波長: 노랑, 주황, 빨강)에서 색체를 더 잘 식별하는 것을 말한다(Coren & Girgus, 1972). 노년기에는 또한 백내장과 녹내장의 발병률도 높다. 백내장은 수정체가 혼탁해서 생기는 병으로 처음에는 시야가 흐릿하게 보이다가 증세가 악화되면 안개가 낀 것처럼 부옇게 변한다. 녹내장은 눈 안의 압력, 즉 안압이 높아져서 시신경이 눌려 손상을 받고, 그 결과 시야가 이상하게 보이는 질환으로, 백내장은 비교적 간단한 수술로 치유될 수 있는 반면 녹내장의 경우 시력을 잃는 요인이 되기도 한다.

노년기에 청력의 감소는 보편적인 현상으로 60세 이후 크게 증가한다. 청력 손상이 있는 노인들은 빨리 하는 말을 잘 알아듣지 못한다(Bond & Garnes, 1980; Brant & Fozard, 1990). 그리고 수면장애는 노화로 인한 생물학적 변화로 인해 발생하는데, 노인들의 25~40%가 수면장애를 가지고 있다(Vitiello & Prinz, 1991). 노인들은 낮잠으로 수면부족을 보충하려고 하지만 이로 인해 밤에 숙면을 취하지 못하게 되는 악순환이 계속된다. 수면장애는 낮에 몸을 많이 움직이고(신체활동), 카페인 섭취를 줄이고, 수면제 사용을 피하고, 낮잠을 줄이고, 수면환경을 개선함으로써 완화시킬 수 있다. 그러나 노년기 수면장애는 수면 중 일시 호흡정지, 간헐적인 다리 움직임, 심장통 때문에 발생할 수 있는데, 이 경우에는 약물치료를 받아야 한다(Bootzin & Engle-Friedman, 1988; Buchholz 1988). 노년기 불면증은 우울증과 불안감을 유발시키는 요인이 된다.

(3) 건강관리

노년기에 건강을 유지하고 노화를 방지하려면 건강한 생활습관을 갖는 것이 중요하다. 노인들에게 있어서 운동은 심장질환 예방효과가 있으며, 규칙적인 운동은 순발력, 지구력, 호흡 및 순환 같은 기본적인 기능의 감소를 줄인다. 규칙적인 운동을 하면 관절과 근육의 내구력과 유연성이 증대되며, 관절염 증상과 허리통증을 예방하는 데 도움이 된다. 또한 집중력과 인지적 수행력이 향상되며, 불안과 가벼운 우울증을 경감시킬 수도 있다(Birren, Woods, & Williams, 1980).

노인들의 만성적인 질병문제는 연령증가와 비례하고 이로 인하여 노인이 무력해 지기도 한다. 노인들에게 일반적으로 발생되는 질병은 관절염, 고혈압, 심장질환, 청력장애, 백내장, 다리, 둔부, 또는 척추의 이상이며, 연령이 증가할수록 암 발병률이 증가한다(Frazer, Leicht, & Baker, 1996). 노년기의 대표적인 질병인 치매는 인지적 기능과 행동적 기능이 쇠퇴하는 정신장애 전반을 말한다. 가장 보편적이고 치명적인 치매의 형태가 알츠하이머병으로 원인은 신경화학물질의 결핍 또는 바이러스의 감염, 유전적 영향, 면역체계의 결함 등이다(Cohen, 1987). 알츠하이머병의 초기증상은 기억력장애이며 증상이 심해지면 가족들도 알아보지 못하고 타인의 도움 없이는 일상생활이 불가능해진다.

2) 노년기의 인지발달

노년기의 인지변화 중 중요한 두 가지는 일반 지능의 감퇴와 기억력의 감퇴이다. 뇌세포는 청년기 이후 소멸되기 시작하고 대체되지 않는다. 그러나 성인기에 뇌세포 간의 신경회로수가 증가함으로써 이러한 손실을 보완해 준다. 노년기 인지변화를 살펴보면 다음과 같다.

(1) 지적 능력에 영향을 미치는 요인

① 교육수준과 직업

노인들은 젊은 층보다 교육의 기회가 적었기 때문에 교육수준이 낮은 것이 일반적인 현상이다. 교육수준과 소득수준은 정적 상관이 있는데, 이는 교육수준이 직업에 영향을 미친다는 것이다. 그리고 노년기에서 여전히 직업을 가지고 있고 자신의 직업에서 문제해결력을 요하는 인지능력을 활용하고 있는 노인들은 그렇지 않은 노인들보다 지능의 쇠퇴가 적게 일어난다고 보고되고 있다.

② 인지능력의 강하

인지능력의 감퇴와 사망시기와의 관련성에 관한 연구(Kleemeier, 1972)에서 지적 능력이 갑자기 감퇴한 노인들이 능력 감퇴가 적은 노인에 비해 더 일찍 사망하는 것을 발견하였다. 즉, 인지능력의 급강하현상은 사망이 멀지 않았음을 예언해 주는 지표가 될 수 있음을 보여 주는 결과로 볼 수 있다. Riegel 등의 연구(1976)에 의하면 사망 5년 전부터는 지적능력의 감퇴가 확실히 나타난다고 하였다.

(2) 기억

노년기의 인지변화 중 가장 심각한 것이 기억력 감퇴이다. 노인들은 최근의 일보다 옛날 일을 더 잘 기억하는데, 이는 어쩌면 옛날에 대한 강열한 기억과 좀 더 희미하게 부호화된 최근의 일을 비교하기 때문일지 모른다(Erber, 1981). 최근의 일은 주의산만, 흥미부족, 능력감소, 그 외 다른 이유로 인해 부호화가 잘 되지 못하였을 수 있다. 옛날 일은 개인적으로 매우 의미 있는 일로서 마음속으로 수천 번 재현해 본 결과 매우 강렬한 기억으로 남아 있을 수 있다(Brown & Kulick, 1977).

(3) 지혜

Erikson(1982)은 전 생애발달이론에서 어떤 노인들은 죽음에 직면하여 지혜를 얻게 된다고 주장한다. 그러나 지혜란 무엇이며 또 어떻게 측정할 것인가에 대해서는 합의가 이루어지지 않았으며 그에 대한 연구도 별로 없다(Sternberg, 1990a). Baltes와 그의 동료들은 지혜를 "중요하지만 불확실한 인생사에 대한 현명한 판단과 충고"로 정의하고 있다. 즉, 지혜로운 사람은 인생이 무엇인가에 대한 빼어난 통찰력이 있으며, 인생 문제에 대해 좋은 충고를 해줄 수 있다고 보았다(Staudinger, Smith & Baltes, 1992).

많은 문화권에서 나이가 들어가면서 점점 지혜로워진다고 믿는 것은 보편적인 현상이다. 이러한 믿음은 많은 문화권에서 역사를 통해 실제로 나타난 바 있다(Clayton & Birren, 1980; Holliday & Chandiler, 1986). 이처럼 노인들은 자신의 삶의 경험을 통해 습득한 삶의 지혜를 가지고 있다.

(4) 지혜와 영적발달

Achenbaum과 Orwoll(1991)은 지혜는 서로 관련된 세 가지 측면이 있다고 주장했다. 즉, 자기성찰과 자아통합의 개인 내적(intrapersonal) 지혜, 감정이입, 인간관계의 성숙 등을 포함하는 대인간(interpersonal) 지혜, 그리고 자아를 초월하여 영적 성장을 추구하는 초개인적(transpersonal) 지혜라고 했다. 이들은 지혜를 영적인 발달에 기초한 것으로 노년기에 나타난다고 주장했다. 지혜가 연령과 관련이 있는 것이라면, 그것은 아마도 묵상이나 영적발달이 노년기에 이루어지기 때문일 것이다.

3) 노년기의 사회성 발달

Freud와 Jung은 노년기를 아동기와 매우 유사하다고 주장했다. Freud는 노년기에 인간은 유아기의 자기중심적 성격으로 되돌아가는 것으로, Jung은 노년기에 우리의 사고는 무의식의 세계에 깊이 잠수해 있는 상태라고 보았다.

(1) 노년기 성격의 안정성

Field와 Millsap(1991)은 1969년부터 1983년까지에 걸쳐 노인을 대상으로 종단 연구를 하였다. 이들은 1969년에 65세인 노인집단과 75세 이상 고령노인집단으로 구분하여 검사를 실시하였고, 1983년에는 79세인 노인집단과 89세 이상인 노인집단으로 나누어 재검사를 실시하였다. 이들은 연구를 통해 14년 간격의 동시대 출생집단이 갖는 성격의 안정성을 비교할 수 있었다. 연구결과 노년기에 있는 피험자들은 성격의 안정성이 유지되고 있었고, 그 중 만족감이 가장 안정적으로 나타났다. 그러나 외향성, 활기 등은 연령증가에 따라 완만한 감소를 보였으며, 순응성은 오히려 증가하였다. 이 연구는 노년기에는 성격이 완고해진다거나, 사람이 나이가 들수록 보수적이며 괴팍해진다는 고정관념에서 벗어나게 하는 실증적 자료를 제시하였다(정옥분, 2007).

(2) 노년기 성격의 변화

성격의 안정성을 주장하는 학자들과는 달리 Erikson과 Levinson 등은 노년기 성격의 변화를 주장했다. 이들의 주장을 살펴보면 다음과 같다.

① Erikson의 자아통합감 대 절망감

Erikson(1968)에 의하면, 마지막 제8단계 '자아통합감 대 절망감'의 단계에서 노인들은 자신의 죽음에 직면해서 자신이 살아온 삶을 되돌아보게 된다고 한다. 노인들은 자신의 삶에 대해 무력한 좌절감에 빠지기보다는 자신의 삶에 대한 통합성, 일관성, 그리고 전체성을 느끼기 위해 노력한다고 하였다.

어떤 노인들은 자신의 삶을 의미 있고 만족스러운 것으로 인식하는가 하면, 어떤 노인들은 원망과 씁쓸함, 불만족스런 마음으로 자신의 삶을 되돌아보기도 한다. 자신의 삶에 불만족하는 노인은 이러한 실망감에 대해서 다른 사람을 비난하게 된다. 그들은 자신의 인생을 낭비했다는 느낌, 이제 모든 것이 다 끝났다는 절망감을 경험하며, 죽음의 공포에서 벗어나지 못한 채 불안한 죽음을 맞이하게 된다. 반면에 자아통합감을 이룬 사람들은 자신에게 주어진 노년기를 평온하게 보내며, 다가오는 죽음에 대해서도 의연하게 대처할 수 있다.

한편, 이 단계에서 발달하는 것은 지혜인데, 그것은 죽음에 직면했을 때 나타나는 인생 그 자체에 대한 박식하고 초연한 관심이다. 이와 같은 지혜는 노년기의 중요한 심리적 자원이다. Erikson에 의하면 지혜는 개인이 '나는 무엇을 다르게 했어야 했는데, 혹은 무엇을 할 수 있었는데'라는 후회감이 없는 상태로 지금까지 지내온 자신의 삶을 있는 그대로 받아들이는 것을 말한다. 지혜는 어떻게 살아야 하는지를 안다는 것뿐만 아니라, 열심히 살아온 자신의 인생에 대한 피할 수 없는 결과로 죽음을 받아들인다는 것을 의미한다. 즉, 지혜는 자기 자신, 자신의 부모, 자신의 인생의 불완전함을 인정하는 것을 의미한다.

이와 같은 사실을 인정하지 못하는 사람은 자아통합감을 이루기 위해 다른 길을 가기에는 시간이 너무 짧다는 사실을 깨닫고 절망감에 빠지게 된다. Erikson은 자기 자신의 인생에서 불행과 잃어버린 기회에 대해서 뿐만 아니라 인간 존재의 나약함과 무상함에 대한 비탄감은 피할 수 없는 것이라고 했다.

이러한 노년기의 성격적 특성을 근거로 하여 Reichard는 노년기의 성격 유형을 〈표 11-1〉과 같이 구분하고 있다(장인협 · 최성재, 2002 재인용).

표 11-1 노년기의 성격 유형

성격 유형	특성
성숙형	매사에 신중하며, 은퇴 후의 변화를 수용하고 과거에 집착하지도 않으며, 여생이나 죽음에 대해 과도한 불안이 없음
방어형	노화에 따른 불안을 방지하기 위하여 사회적 활동 및 기능을 계속 유지하는 형
은둔형	은퇴 후 과거에 힘든 일이나 복잡한 대인관계에서 벗어나 조용히 수동적으로 보내는 것에 만족하는 형
분노형	젊은 시절 인생목표를 달성하지 못하고 늙어 버린 것에 비통해 하고, 실패의 원인을 외부에 투사하여 남을 질책하고 자신의 늙음에 타협하지 않으려는 유형
자학형	지난 인생에 대한 후회가 많고, 불행이나 실패의 원인이 자신에게 있다고 여겨 자신이 무가치하고 열등하다고 생각하여 의기소침하거나 우울증을 보임

② Levinson의 노년기 발달단계

Levinson(1978)은 노년기 발달단계를 노년기의 전환기, 노년기로 구분하여 주장했다.

가. 노년기의 전환기(60~65세)

인생에서 60대 초반은 중요한 전환점으로서 중년기를 끝내고 노년을 준비하는 시기이다. 이 시기에 사람들은 갑자기 늙지는 않으나 정신적, 신체적 능력의 변화로 인해 노화와 죽음에 대한 생각이 많아진다. 개인차가 크기는 하지만 이 시기에는 적어도 한두 가지 이상의 노인성 질병에 걸릴 확률이 높다. 이러한 신체적 변화는 받아들이기 어려운 것으로, 특히 이전에 좋은 건강상태를 유지해왔던 사람들의 거부가 더 심하다.

나. 노년기(65세 이상)

노인들은 이 시기에 그들이 더 이상 무대의 중심인물이 아님을 깨닫게 된다. 무대의 중앙으로부터 물러나는 것은 자신이 그동안 가지고 있었던 권력과 권위에 손상을 가져오므로 정신적으로 큰 혼란을 느끼게 된다. 인생의 마지막 단계에서 노인들은 죽어가는 과정을 이해하게 되면서 자신의 죽음을 어떤 형태로든 준비하게 된다. 이 시기에 노인들은 자아에 대한 궁극적 관심과 인생이 과연 무엇인가에 대해 최종적으로 마음의 정리를 하게 되는데, Levinson은 이것을 삶의 끝자락에서 하게 되는 "다리 위에서의 조망(one's view form the bridge)"이라고 표현하였다. 이는 Erikson의 자아통합감과 유사한 것으로 이 시기의 궁극적인 과업은 자신을 알고, 자신을 사랑하며, 자신을 버릴 준비를 한다는 것이다.

(3) 성공적인 노화

성공적인 노화를 설명해 주는 대표적인 이론은 이탈이론과 활동이론이다.

① 이탈이론

이탈이론은 Cumming과 Henry(1961)가 50~90세 사이의 중·노년들을 대상으로 5년 동안 연구한 결과에서 추론한 것이다. 이들은 이탈이 일반적으로 노인 스스로에 의해 시작되거나 사회제도 등에 의해 시작된다고 주장했다. 예를 들어 노인들의 은퇴와 배우자와의 사별은 대표적인 이탈사건이라고 볼 수 있다.

이탈이론에 의하면 노화의 특징은 상호철회이다. 노인들은 스스로 활동과 관여를 줄이고 사회는 은퇴하기를 강요함으로써 사회로부터의 분리를 조장한다. 이 이론은 노인들이 점차 자기 자신에게 몰두하게 되고, 다른 사람들에 대한 정서적 투자를 줄이는 것이 정상적이라고 주장한다. 최근에 노인학 학자들은 이탈이론이 성공적인 노화의 한 유형일 뿐이라고 주장하고 있다. 즉, 이 이론이 모든 노인에게 다 적용되는 것이 아니라는 것이다(정옥분, 2007).

② 활동이론

Maddox(1964)에 의해 제시된 활동이론은 노인들이 활동적일수록 더 성공적으로 노화된다고 주장한다. 이탈이론과는 달리 이 이론에서는 노인들은 가능한 많은 활동을 유지하며, 은퇴나 친구나 배우자의 죽음을 통해 잃어버렸던 것을 대체할 수 있는 것들을 찾는 노력을 통해 가능한 오랫동안 중년처럼 지낼 수 있다고 한다. 활동이론 또한 모든 노인들에게 적용되지 않는다. 왜냐하면 모든 활동들이 다 노인들의 자아개념이나 생활만족도에 영향을 주는 것은 아니기 때문이다.

Ward(1984)의 연구에 의하면, 활동을 한다는 자체가 아니라 무슨 활동을 하느냐가 자아개념이나 생활만족에 영향을 준다는 것이다. Longino와 Kart(1982)는 자신들의 연구에서 가장 행복한 사람은 비공식적인 활동인 친구나 가족과 함께 무엇인가를 하는 노인들이라고 했다. 하지만 친구나 가족과 함께 하지 않는 홀로 하는 활동인 독서나 TV 시청 등의 취미활동은 아무런 영향도 미치지 않았으며, 공식적인 활동은 오히려 부정적인 영향을 준다고 주장했다.

4) 노년기의 가족생활

(1) 부부관계

① 결혼만족도

노년기의 결혼만족도는 중년기보다 높으며, 많은 노인 부부에게 있어서 결혼만족도는 해를 거듭할수록 높아진다(Gilford, 1986). 그러나 은퇴 후 증가하던 결혼만족도는 연령의 증가와 함께 질병을 가지게 되면서 감소하게 된다(Miller et al., 1997). 일반적으로 노년기의 결혼만족도는 건강상의 문제로 위협을 받기 이전까지는 높은 편이다(Gilford, 1984; Pearson, 1996).

우리나라 부부의 가족생활주기에 따른 결혼만족도와 부부갈등에 관한 연구(박영옥, 1986)에 따르면, 신혼 초기부터 자녀를 양육하는 시기까지는 부부갈등이 증가하나, 자녀의 결혼시기에 접어들면서 부부갈등이 감소하다가 그 이후 약간 증가하는 경향이 있는 것으로 나타났다. 뿐만 아니라 이 연구에서는 노년기에 자녀와 동거하는 경우, 노인부부의 행동이 자유롭지 못하므로 결혼만족도가 떨어진다고 보고하였다.

② 성적 적응

질병이나 신체의 쇠약 등으로 노인들은 자신의 성적 감정에 따라 행동에 제약이 있을지 모르나 그 감정은 계속 유지되고 있으며, 적극적인 성관계는 부부의 애정과 친밀감을 확인시켜 주고, 서로의 생명력을 확인시켜 준다(Turner & Rubinson, 1993). 이윤숙(1990)의 연구에서 남성의 성적 능력은 노년기에도 89.4%가 지속되고 있는데, 80세 이상까지도 유지되고 있는 것으로 나타났다. 그리고 남성노인의 경우에는 성적 욕구를 충족시키지 못하는 이유에 대해서 상대가 응하지 않아서(21%), 체면 때문에(11%), 상대가 없어서(9%), 돈이 없어서(2%) 등으로 응답한 반면, 여성노인의 경우 적당한 상대가 없어서 또는 체면 때문(31%)인 것으로 나타나 남성노인과 여성노인의 차이를 알 수 있다.

③ 이혼

이전에 우리 사회에서 노년기의 이혼은 매우 드문 현상이나 최근에는 수십 년간 함께 살아온 부부들이 노년기에 이혼하는 '황혼이혼'이 증가하고 있다. 노년기 이혼의 증가 이유에 대해 박재간 등(1995)은 다음과 같이 설명하고 있다. 첫째, 가족생활주기의 변화 때문이다. 자녀들이 독립한 뒤 부부만 함께 사는 '빈 둥지 시기'가 등장하면서 부부간의 문제가 발생한다. 이 시기에 원만한 관계를 형성하면 '제2의 신혼기'를 보낼 수 있지만, 부부관계가 원만치 못하면 남은 인생을 고통 속에서 보내기보다는 이혼을 선택하게 된다. 둘째, 여성의 경제적 능력의 증대로 인해 지난 시절의 결혼생활에서 누적된 불만을 해결하기 위해 이혼청구를 요구하게 된다. 예를 들면, 국민연금의 분할청구 등도 그 요인이라고 할 수 있다. 셋째, 결혼생활에 대한 남편과 아내의 사고의 차이 때문이다. 남편은 가정을 피로를 풀고 활력을 찾기 위한 휴식의 공간으로 여기고, 아내에게는 가정은 생활의 중심이라고 인식하고 있기에 서로의 욕구갈등이 발생된다는 것이다.

이혼은 인생의 어느 시기에 하더라도 고통스러운 일이지만, 특히 노년기의 이혼은 적응하는 데 큰 어려움을 겪는다, 왜냐하면 노인들은 다가올 미래에 대한 희망도 적기 때문이다(Chiriboga, 1982). 이혼이나 별거 중인 노인들은 기혼자, 배우자와 사별한 노인, 혹은 평생 독신인 노인들보다 생활만족도가 낮은 것으로 나타나(Uhlenberg & Myers, 1981) 결혼생활 유지는 노년기 생활만족도에 주요한 영향 변수임을 알 수 있다.

④ 사별

배우자와의 사별은 노년기에 흔한 일이며 여성이 남성보다 훨씬 많이 경험하는 현상이다. 모든 여성의 절반 정도가 56세 이전에 미망인이 된다(Balkwell, 1981). 결혼생활이 원만했다면 크나큰 정서적 공허를 경험하게 된다. 그들에게 있어서 배우자 사별은 연인이며 둘도 없는 친구이자 인생의 반려자를 잃은 것이다. 행복하지 못한 결혼생활이었다 할지라도 사별로 인한 상실감은 크다. 이처럼 노년기에 가장 힘들고 새로운 역할에 대한 적응은 자신의 배우자를 상실했을 때에 일어난다. 혼자 남은 사람들은 사회적으로, 그리고 가정에서 배우자가 없는 채로 살아가는 법을 배워야 한다. 홀로 남은 여성노인의 문제 중 하나는 재정적 자원의 감소이다(임은희, 2005). 남편의 수입에 주로 의지했던 여성노인은 사별 후 재정적으로 큰 어려움에 봉착하게 되고, 아내를 사별한 남성노인은 아내가 해주던 가사일과 일상생활 전반에 어려움을 겪게 된다. 사별한 남녀노인들은 모두 높은 비율의 정신질환, 우울증 등을 보인다. 남성은 아내와 사별한 후 6개월 이내에 사망할 가능성이 높은 것으로 나타났다(Parkes, Benjamin & Fitzgerald, 1969). 이처럼 오랜 결혼생활을 유지한 경우 배우자 사별은 정서적, 실제적 문제에 봉착하게 된다.

⑤ 재혼

노년기의 재혼은 남성이 여성보다 3배 정도 많다. 노년기에는 남성이 여성보다 재혼하기가 쉬운데, 이는 남성노인의 경우 잠재적인 결혼상대자가 여성노인의 경우에 비해 많으며, 남성노인들이 재혼의 필요성을 더 많이 느끼기 때문인 것으로 보인다. 노년기 재혼의 가장 큰 이유는 고독감 때문이며, 이외에도 노후에 부양해 줄 자식이 없음 등이다. 재혼 후의 결혼생활은 이전의 결혼생활보다 평온한 것으로 보이는데, 이러한 평온은 이전의 결혼생활에서 경험한 자녀양육문제, 직업적 성공에 대한 갈등, 배우자 가족과의 관계 등으로 인한 스트레스 발생이 없기 때문인 것으로 파악된다(Vinick, 1978). 이처럼 최근 우리 사회에서 노년기의 재혼은 평균 기대수명의 증가와 함께 자녀들의 노인부양의식 약화 등으로 인해 앞으로도 계속 증가할 추세이다.

(2) 자녀와의 관계

노년기의 부모-자녀관계는 여러 가지 면에서 상호호혜적인 관계이다. 우리나라 노부모와 성인자녀관계에서 대부분의 노부모들은 자녀에게 물질적인 혜택을 주고, 자녀에게 어려운 일이 발생하면 정서적 · 경제적으로 도움을 주는 것이 현실이다. 반면, 노인들은 자신들의 자녀에 대한 기대를 가지고 있는데, 노인들이 자녀에게 기대하는 것은 잦은 방문과 대화, 정신적 · 경제적 도움으로 나타나고 있다(김태현, 1994).

노인들은 가족 내에서 연장자로서 그들의 삶을 통해 축적해 온 경험과 지혜를 자녀에게 전달하고, 자신이 여전히 필요한 인물이라는 것을 느끼고자 하는 욕구가 있다(Galvin & Brommel, 1982). 하지만 빠르게 변화하고 있는 현대사회에서 노인들의 경험이 젊은 세대를 지도하는 데 적합하다고 인식하는 사람들은 거의 없다. 그리고 노년기에 접어든 부모들을 부양해야 하는 자녀들 또한 이 시기에 중년기에 접어들기 때문에 자신의 배우자 및 자녀양육에 대한 책임, 그리고 효도에 대한 자신의 의무와 현재 자신의 생활방식을 바꾸고 싶지 않다는 욕구 사이에서 갈등을 겪는다.

노인들은 가난, 질병, 고독, 역할상실 등을 경험하게 되는데, 노인들이 자녀에게 의존하는 주된 이유는 건강과 경제적으로 취약하기도 하지만, 이들이 가장 원하는 것은 자녀들의 방문과 정서적 지원이다. 노부모와 성인자녀의 관계는 의무감에서가 아니라 애정적인 유대감에서 비롯될 때 서로에게 가장 만족스러운 것으로 밝혀지고 있다(Cantor, 1983; Robinson & Thurnher, 1981).

(3) 손자녀와의 관계

조부모는 손자녀에게 조부모로서의 역할을 통해 자신의 존재가치를 확인하고 삶에 대해 보다 의욕적인 자세로 임할 수 있다. 조부모는 자신들의 자녀양육 경험을 통해서 손자녀들에게 정서적 안정감을 제공할 수 있으며, 부모에 비해 손자녀에 대한 직접적인 의무감이나 책임감이 없기 때문에 양육으로 인한 갈등을 겪기보다는 순수하게 애정적인 관계에서 유대감을 형성할 수 있다. 조부모는 지식과 지혜, 사랑, 그리고 관용의 원천으로서 손자녀의 삶에 많은 영향을 미친다(McMillan, 1990; Strom & Strom, 1990).

그러나 손자녀와의 관계가 항상 긍정적인 것만은 아니다. 손자녀의 양육방법에 관해 자신들의 자녀와 갈등을 겪기도 한다. 조부모가 직장이 있는 딸과 며느리를 위한 손자녀의 양육 전담을 원치 않는 경우도 있는데, 이들은 자신의 여가생활 대신 손자녀양육에 매이기를 원하지 않기 때문이다. 한편, 손자녀의 조부모에 대한 인식은 부모가 조부모에 대해 어떤 태도를 갖느냐에 달려 있다(Denham & Smith, 1989). 즉, 조부모와 손자녀 관계에서 부모는 중요한 요인으로, 부모가 조부모와 친밀한 관계를 유지하면 자연히 손자녀도 조부모와 친밀한 관계를 갖게 된다는 것이다.

(4) 형제자매와의 관계

형제자매와의 관계는 대부분의 사람들이 살아가면서 가장 오래 지속하는 관계이며, 나이가 들수록 훨씬 더 중요해진다. 어린 시절 경쟁심이 성인기까지 계속될 수도 있지만, 대부분의 형제자매들은 서로에게 친밀감을 느끼며, 그 관계에서 상당한 만족감을 가진다.

형제자매관계 중에는 자매 사이가 가장 접촉이 빈번하고 친밀하다(Cictrelli, 1980; Lee, Mancini & Maxwell, 1990). 반면, 형제는 접촉빈도가 가장 낮다(Connidis, 1988). 남매간의 관계는 알려진 바가 별로 없다. 특히 여자형제들은 가족관계를 유지하는 데 중요한 역할을 한다. 여자형제가 있는 남성노인들은 여자형제가 없는 남성노인들보다 노화에 대해 덜 걱정하며, 생활만족도도 높은 편이다(Cicirelli, 1977).

우리나라 노년기 형제자매관계의 특성에 관한 연구(전혜정, 1992)에 의하면 노년기 형제자매 간 친밀도에 영향을 미치는 변인은 종교 일치 여부로 나타났으며, 사회적 상호작용을 가장 잘 설명해줄 수 있는 변인은 지리적 근접성, 교육수준, 형제자매의 수인 것으로 나타났다.

5) 노년기의 직업활동

일반적으로 은퇴는 고용에 의한 유급의 직위에서 물러나 그와 관련된 역할수행을 중단하게 되는 현상을 의미한다. 직업은 개인의 자아정체감 확립에 영향을 주고, 자신에 대한 가치와 자아존중감 형성에 영향을 주기 때문에 자아실현적 의미를 지닌다고 할 수 있다. 따라서 은퇴는 직업 또는 사회생활의 역할상실이나 전환을 초래함으로써 재사회화와 자아정체감 재확립 등을 요구하게 된다. 은퇴는 개인에게 있어서 단순히 직업상실의 차원을 넘어 새로운 신체적 · 심리적 적응을 필요로 하는 생애의 큰 사건이기 때문이다.

(1) 은퇴의 단계

사람들은 각기 다른 연령에, 각기 다른 이유로 은퇴하기 때문에 모든 사람들이 모두 일률적으로 은퇴의 단계를 거치는 것은 아니다. Atchley(1976)는 은퇴과정을 7단계로 구분하여 그 특징을 다음과 같이 제시하였다.

① 먼 단계

은퇴 전 단계는 아직 은퇴가 먼 단계와 은퇴 직전의 두 단계로 나뉜다. 대부분의 사람들은 이 단계에서 은퇴에 대한 준비를 하지 않는다. 은퇴가 가까운 나이가 되어서도 은퇴를 언젠가 일어날 막연한 일로 인식하고, 은퇴에 대한 대비를 하지 않는다.

② 근접단계

언제 어떻게 은퇴할 것인지 구체적으로 생각하며, 은퇴 후의 경제문제, 신체적 · 정신적 건강문제를 생각한다. 은퇴 프로그램이나 세미나에 참가하기도 하며, 이미 은퇴한 사람들에게 정보를 얻기도 한다.

③ 밀월단계

은퇴 바로 후는 많은 사람들이 행복감을 느낀다. 평소에 하고 싶었지만 시간이 없어서 못했던 일들을 하면서 여가를 즐긴다.

④ 환멸단계

은퇴 전에 세웠던 은퇴 후에 대한 계획이 환상이었으며 현실적이지 못한 것임을 깨닫게 된다. 은퇴에 대한 환멸은 상실의 경험을 반영한다. 이전에 자신이 누렸던 특권, 신분, 수입, 인생의 의미에 대한 상실을 경험하게 되며, 이로 인하여 우울증에 빠지는 경우도 있다.

⑤ 적응단계

자신의 재정상태, 한계성, 어떤 특정한 일에 대한 실천가능성 등을 검토하고 비교적 현실을 정확하게 인식한다. 보다 현실적인 대안을 생각하며, 현재의 생활에 만족할 수 있는 생활양식을 탐색하고 평가한다. 이로 인하여 보다 안정된 은퇴생활 단계로 발전하게 된다.

⑥ 안정단계

이 단계에서는 은퇴자로서의 새로운 역할과 자아정체감을 형성하게 된다. 새로운 행동기준, 사회적 규범, 기대를 습득하게 된다. 은퇴생활에 대한 적응이 잘 되면 안정단계는 오랫동안 지속될 수 있다.

⑦ 종결단계

은퇴자의 역할이 종결되는 단계로 재취업을 통해서 종결되기도 하지만, 대부분의 경우 노령으로 인해 병들거나 무능력해짐으로써 더 이상 독립적으로 기능하지 못하게 되어 은퇴자의 역할이 소멸되는 단계이다.

(2) 은퇴에 대한 적응

은퇴는 노년기에 적응해야 할 중요한 과제이다. 은퇴에 대한 적응은 은퇴

전에 얼마나 충분히 준비를 했느냐와 은퇴 후 자신의 시간을 어떻게 활용하느냐에 달려 있다. 은퇴에 대한 계획은 노년기 전에 이루어져야 한다. 은퇴를 위한 계획에는 은퇴 후 생활에 필요한 재정적 준비와 신체적 또는 정서적 문제에 대한 대비, 은퇴가 자신에게 어떠한 영향을 미칠지에 관해서 배우자와 의논하는 것 등이 포함된다(Bergstrom, 1990; Kirkpatrick, 1989; Weistein, 1991).

① 심리적 적응

노년기에서 일 혹은 노동은 개인적 차원에서는 소득원 확보, 자기유용감과 자아정체감의 부여, 사회적 관계망의 유지, 신체 및 정신적 건강 유지, 소일 또는 여가활용의 기회를 제공해 준다. 그리고 거시적 차원에서는 의존적인 소비계층으로 간주된 노인에 대한 사회적 인식 개선을 도모하고, 국가의 생산성 제고와 사회보장비용 절감효과를 얻을 수 있게 된다(권중돈, 2004).

직업세계를 떠나는 것은 자신의 정체감의 중요한 부분을 포기한다는 것으로 이는 심리적으로 매우 혼란스러운 상황이다. 은퇴 후의 적응은 이전에 겪었던 삶의 적응양식과 밀접한 관계가 있다. 은퇴에 잘 적응하는 사람들은 과거와 현재, 앞으로 일어날 삶의 여러 사건들을 연결시켜 주고, 욕구를 충족시켜 주는 생활양식을 채택할 수 있는 사람들이다. 성공적인 적응은 또한 일생을 통하여 발달과업을 조화롭게 해결하는 것이 특징이다(Featherman, Smith & Peterson, 1990; Marsh, 1991).

일반적으로 대부분의 사람들은 은퇴에 잘 적응한다(Coberlyk, 1991). 은퇴를 부정적인 경험으로 인식하는 경우는 건강이나 경제적 문제 때문에 은퇴를 스트레스 사건으로 지각하기 때문이다(Iams & McCoy, 1991; Ruchlin & Morris, 1992).

이처럼 은퇴는 직업활동에서 물러나고 퇴직자로서의 역할을 받아들이는 일련의 과정으로 퇴직에 대한 태도는 퇴직 후의 경제사정에 대한 예상, 퇴직 연령, 노동에 대한 가치관, 퇴직의 자발성, 직업에 대한 헌신 · 사명감 정도, 퇴직 후 생활목표의 확실성, 퇴직 이후의 소득보장 정도 등과 같은 다양한 변인의 영향을 받는다(권중돈, 2004).

② 경제적 적응

경제적 곤란은 은퇴에 따른 보편적인 현상이라 할 수 있다. 일반적으로 수입이 은퇴 전의 1/2이나 1/3로 감소하며, 더군다나 노년기에 경제적 상태를 개선할 기회를 가지다는 것은 매우 드문 일이다(Crystal & Shen, 1990; Hellman & Hellman, 1991; Staeble, 1991). 오늘날 노인의 사회적 지위가 하락함에 따라 노인문제가 발생하는데, 이 중 가장 큰 문제는 노인의 빈곤문제이다. 우리나라는 2020년 기준 노인빈곤율이 OECD 국가에서 가장 높은데, 이는 노년기 경제적 어려움의 심각성을 보여주고 있음을 알 수 있다. 노인빈곤의 특징은 다음과 같다(김성순, 1990). 첫째, 장기화 · 만성화 현상이다. 노인은 재취업의 기회가 제한되어 경제적 빈곤을 겪는데, 여기에 수명이 연장되어 빈곤이 장기화된다. 둘째, 대량화 현상이다. 노인인구의 증가와 핵가족화로 노부모 부양을 꺼리는 현상이 증가함으로써 노인빈곤이 대량화되는 것이 특징이다. 셋째, 가속화 현상이다. 조기퇴직은 가족부양 부담으로 인해 여유가 없는 시기에 수입원을 잃게 되어 빈곤이 가속화될 뿐만 아니라 빈곤해지면 회복하기가 어렵다.

③ 부부간의 적응

은퇴 후 결혼만족도가 증가한다는 연구결과(Johnaon, Whirw, Edwards, & Booth, 1986)와 결혼만족도가 낮아진다는 연구결과(Lee & Shehan, 1989; Pearson, 1996; Robinson, 1991)가 있다. Gilford(1984)는 은퇴기를 밀월기로 표현하는데,

부부가 함께 하는 시간이 많기 때문에 서로 친밀감을 나누고 공통의 관심사나 취미생활을 하면서 즐거움을 느끼고 위안이 된다고 한다(Jerome, 1990). 부부는 결혼주기의 마지막 단계에서 새로운 부부관계에 적응하는 것이 중요한데, 은퇴 후 부부에게 일어나는 변화 중 가사일의 분담이 갈등의 요소가 될 수 있다. 특히, 남편이 스스로 아무 일도 할 수 없을 정도로 아내에게 전적으로 의존하는 경우를 들 수 있다(Robinson, 1991). 이처럼 은퇴 후 부부간의 적응은 노년기의 과제로 부각되고 있다.

④ 여가생활

노인의 여가활동은 노인의 고독, 허탈감, 소외감을 극복하는 데 도움이 된다. 노인들은 여가를 통해 기분전환을 하게 되며, 자신의 능력을 발휘할 수 있는 기회를 갖게 되고, 문화적인 욕구도 충족하게 된다. 그러나 경제적 이유나 건강상의 이유로 여가활동에 참여하지 못하거나 여가활동에 대한 정보와 경험 등의 부족으로 여가를 제대로 활용하지 못하는 경우도 많다.

2. 노년기의 발달과 사회복지실천

급격한 현대화와 산업화의 영향으로 가족형태와 가족 기능은 이전과 많이 달라졌다. 이와 함께 노년기의 부부는 경제적 어려움과 심리적 고통 등을 겪고 있는 것이 사실이다. 노년기의 경제적 궁핍으로 인한 사회적 부담과 사회문제해결을 위한 연금제도, 노인 장기요양보험제도의 도입은 1990년대 이후 우리나라 사회복지제도의 큰 변화를 가져왔다. 하지만 여전히 노년기 노인들은 가족과의 상호작용 결핍 등으로 인한 고독과 소외, 직업 은퇴 등으로 인한 경제적 어려움, 신체적 질병으로 인한 고통 등을 겪고 있다. 따라서 이러한 부분에 대응하기 위한 다양한 제도적 · 실천적 접근이 이루어져야 할 것이다.

1) 노년기의 돌봄과 사회복지실천

노인 간병에 대한 부담은 노인 개인뿐만 아니라 가족 전체의 위기상황으로 다가오게 된다. 이러한 부분을 대응하기 위해 노인 장기요양보험제도가 도입되었지만, 장기요양보험제도 대상이 되기 위한 등급판정과 본인부담요양비 등으로 인해 필요하지만 이를 이용하지 못하는 사각지대에 있는 노인들도 있는 것이 사실이다. 우리 사회에서 발생되고 있는 독거노인의 외로운 임종 등의 사례를 통해 독거노인에 대한 돌봄 서비스의 다양화가 요청된다.

2) 노년기의 상담과 사회복지실천

최근의 노인자살률 증가 등은 노년기 심리적 지원이 강화되어야 할 현실을 보여 주고 있다. 부부 동반 자살 등 우리 사회는 노인들이 겪는 심리적 문제가 OECD 국가 중 두드러지게 심각한 상태이다. 최근 부부단독가구와 독거노인 가구가 증가되고 있는데, 특히 홀로 된 독거노인은 신체적 · 경제적 어려움과 함께 가족과 사회로부터의 무관심 등으로 어려움이 가중되고 있다. 하지만 이들에 대한 사회적 관심은 여전히 부족한 현실이다. 따라서 노년기 고독으로 인한 심리적 고통을 겪고 있는 이들에 대한 상담서비스의 접근성을 확대할 필요가 있다.

3) 노년기의 여가와 사회복지실천

오늘날 노인들은 기대수명은 계속 증가하고 있으나, 급변하는 사회환경 속에서 직업적으로 사회적으로 소외되고 있는 현실이다. 이들은 자신들이 젊은 시절 동안 헌신한 직업적 역할의 상실로 인해 상실감을 맛보게 되며, 이로 인한 정체성 혼란 등을 겪게 된다. 노인들은 직업적 상실감 해소뿐만 아니라 은퇴 후 자신에게 주어진 시간을 유익하고 의미 있게 보내고 싶어 한다. 이들이 이전에 누리지 못했던 여가시간을 보다 의미 있게 보낼 수 있도록 노인복지관 등에서 제공되는 여가 및 취미활동서비스가 보다 다양해져야 할 것이다.

그림 11-1 서울노인복지센터 홈페이지

출처: 서울노인복지센터(http://www.seoulnoin.or.kr/)

4) 노년기의 건강과 사회복지실천

신체기능의 약화로 인한 만성질환은 대다수 노인이 겪고 있는 문제이다. 65세 이상의 노인들은 노인성질환을 겪게 되는데, 이러한 노인성질환은 치료보다는 장기간 보호를 요한다. 특히 치매노인의 경우 치료의 가능성이 매우 낮기 때문에 이들에 대한 초기 개입, 그리고 이들을 위한 보호프로그램을 보다 강화해야 할 것이다. 이들을 위한 보호 및 치료서비스는 시설프로그램보다는 재가보호프로그램으로 접근될 필요가 있다. 치매노인 당사자뿐만 아니라 그 가족을 위한 교육 및 상담 등이 확대되어야 할 것이다.

5) 노년기의 취업과 사회복지실천

노인을 위한 사회적 일자리 지원은 노인의 무위와 고독, 경제적 어려움을 동시에 해결할 수 있는 좋은 방법이다. 노인의 기대수명의 증가 등으로 인한 노인인구의 증가는 국가와 사회, 가족에게 부담이 되고 있다. 이러한 현상은 우리 사회에서 뿐만 아니라 많은 복지국가에서 나타나고 있는 현실이다. 이와 함께 자녀와 사회, 국가를 위해 평생을 바쳐온 노인에 대한 존경심은 이전 같지 않다. 따라서 노인도 사회의 한 구성원으로서 역량을 발휘할 수 있도록 자신들이 그동안 종사해온 직업과 관련한 일자리, 또는 잠재능력이나 그들이 가지고 있는 잔존능력 등을 활용할 수 있는 직업적 참여는 노인 자신뿐만 아니라 사회 전체에 미치는 긍정적인 영향을 미친다고 할 수 있다. 이러한 측면에서 국가와 사회는 노인들에게 적합한 다양한 사회적 일자리 창출에 노력해야 할 것이다.

요약정리

1. 노년기에 건강을 유지하기 위해서는 규칙적인 운동이 요구된다. 규칙적인 운동은 순발력, 지구력, 호흡 및 순환 같은 기본적인 기능의 감소를 줄이며, 관절과 근육의 내구력과 유연성이 증대되어 관절염 증상과 허리통증을 예방하는 데 도움이 된다. 또한 집중력과 인지적 수행력이 향상되며, 불안과 가벼운 우울증을 경감시킬 수도 있다.
2. Freud와 Jung은 노년기를 아동기와 매우 유사하다고 주장했다. Freud는 노년기에 인간은 유아기의 자기중심적 성격으로 되돌아가는 것으로, Jung은 노년기에 우리의 사고는 무의식의 세계에 깊이 잠수해 있는 상태라고 보았다.
3. 은퇴는 개인에게 있어서 단순히 직업상실의 차원을 넘어 새로운 신체적 · 심리적 적응을 필요로 하는 생애의 큰 사건이다. 은퇴에 대한 적응은 은퇴 전에 얼마나 충분히 준비를 했느냐와 은퇴 후 자신의 시간을 어떻게 활용하느냐에 달려 있다.
4. 노인들은 가난, 질병, 고독, 역할상실 등을 경험하게 되는데, 노인들이 자녀에게 의존하는 주된 이유는 건강과 경제적 취약 때문이다. 그러나 이들이 가장 원하는 것은 자녀들의 방문과 정서적 지원이다.
5. 조부모와 손자녀 관계에서 부모는 중요한 요인으로 부모가 조부모와 친밀한 관계를 유지하면 자연히 손자녀도 조부모와 친밀한 관계를 갖게 된다.
6. 형제자매와의 관계는 대부분의 사람들이 살아가면서 가장 오래 지속하는 관계이며, 나이가 들수록 훨씬 더 중요해진다. 어린 시절의 경쟁심이 성인기까지 계속될 수도 있지만, 대부분의 형제자매들은 서로에게 친밀감을 느끼며, 그 관계에서 상당한 만족감을 가진다.

생각해 보기

1. 노년기 클라이언트를 지원하는 돌봄 서비스에 대해 생각해 봅시다.
2. 노년기 심리적 건강을 유지하기 위한 사회복지실천서비스에 대해 생각해 봅시다.
3. 노년기 재혼 대한 자신의 관점을 논리적으로 생각해 봅시다.

PART 03

이상행동 및 사회환경과 인간행동

이상행동을 야기시키는 것은 무엇인가?
심리적 고통을 예방하거나 감소시키는 방법은 무엇인가?
이상행동이라 하면 사회복지사나 영유아관련 교사 등과는 상당히 거리가 먼 클라이언트의 사례로 여겨지지만 사실은 그렇지 않다.
영유아교육기관의 교사, 상담사, 사회복지사들도 정신장애와 미약한 심신 상태의 클라이언트와 그의 가족을 접할 수 있다. 이들을 적절히 돕기 위해서는 이와 관련된 어느 정도의 지식이 필요하다. 이상행동, 심리장애, 정상과 비정상, 성격장애 등을 학습하여 편견이나 차별을 극복할 수 있는 전문가로서의 가치관 정립에 도움을 받을 수 있다.
그렇게 무거운 차원에서 생각하지 않는다 하더라도 우리 인간은 매일 정상(normal)과 비정상(abnormal)으로 여겨지는 부정적 정서와 정신상태를 경험한다. 따라서 정상과 비정상에 대한 패러다임부터 다시 세워나갈 필요가 있다.
3부에서는 이상행동과 사회복지실천, 가족, 집단, 조직 등의 사회환경과 인간행동의 관계를 이해하고 파악하는 내용들을 살펴본다.

chapter 12

이상행동

Human Behavior and
Social Environment

chapter 12

이상행동

1. 이상행동과 적응

1) 이상행동의 정의 및 판별 기준

대부분의 사람은 살아가는 과정에서 가족, 학업, 직업 및 대인관계 등에서 여러 가지 고난과 갈등을 경험한다. 그런데 이런 상황이 반복되게 되면 이상행동이나 부적응적인 행동 패턴이 나타나게 되고, 이는 정신장애로도 발전할 수 있다. 이상행동과 정신장애는 당사자뿐만 아니라 가족, 배우자 및 주변 사람과 더불어 우리 사회에도 여러 가지 고통과 불행을 초래할 수 있다. 이상행동은 객관적인 관찰과 측정이 가능한 개인의 부적응적인 심리적 특성을 의미하며, 정신장애는 특정한 이상행동의 집합체를 의미한다(윤가현 외, 2019). 이러한 이상행동은 인간행동의 인지, 정서, 동기, 행동의 측면에서 개인의 부적응을 초래하는 특성이 포함된다. 이상행동과 정신장애를 정의하는 기준은 학자마다 다양하게 주장되고 있다. 일반적으로 많은 문헌에서 이상행동 결정에 고려해야 할 특성으로 다음의 기준을 들고 있다(김민정 외, 2020).

(1) 통계적 관점

정상행동이란 대부분의 사람들에게 빈번하게 일어나는 행동을 의미하는 반면, 부적응 행동이란 대부분의 사람들에게는 드물게 나타나는 행동을 의미한다. 통계적으로 평균(average)에 가까울수록 정상범주에 들어가고, 평균에서 멀리 떨어져 극단적으로 낮거나 높은 수준에 있을수록 이상 범주에 해당된다. 이러한 기준에서의 평균과 표준편차라는 통계적 규준에 의해 정상성과 이상성을 평가한다. 즉, 평균에서 2배의 표준편차 이상 일탈된 경우에 이상행동으로 규정하는 것이 일반적이다. 이러한 통계적 기준이 적용되는 대표적인 경우가 지적장애이다. 지적장애는 지능검사의 결과 70점 미만일 경우에 판정되는데, 보통 지능검사의 평균이 100점이고 표준편차가 15점이다. 이때 70점은 지능검사의 평균 100점에서 2배의 표준편차에 해당한다.

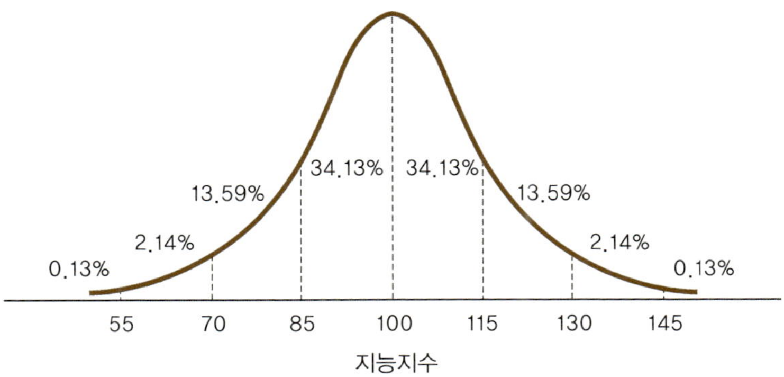

그림 12-1 지능의 정규분포곡선

(2) 발달적 관점

영아기에서 노년기에 이르는 발달과 성숙의 과정 속에서 어떤 상태가 어느 시기까지는 보이다가 그 이후에는 소실되는 경우라든지, 역으로 어느 시기까지는 발견되지 않다가 그 이후에 발견되는 현상이 있다. 일정한 시기에 발현되어 소실되는 것이 정상이라고 할 때 발현이나 소실이 일어나지 않는다든지 그 시기가 틀리면 이상이라고 간주한다. 예를 들어, 18~36개월의 걸음마기 시기에 보이는 떼쓰기의 행동이 청소년기나 성인기에 나타날 때, 이를 부적응적 행동 또는 비정상적 행동이라고 한다.

(3) 사회화 관점

이상행동과 정신장애의 정의에서 적응은 매우 중요한 개념이다. 인간의 삶은 개인이 환경과 상호작용하며 적응하는 과정이다. 따라서 사회화 관점에서는 한 개인이 주어진 환경과 성공적으로 상호작용을 하면서 잘 적응할 수 있는가의 정도에 따라 그의 정상 여부를 판단한다. 개인의 정신건강을 다양한 사회적 관계 안에서 바라보며, 대인관계와 조직 안에서 크게 일탈하지 않고 적응하는가 혹은 그렇지 않은가가 관건이 된다. 즉 개인의 신체적, 인지적, 정서적, 행동적 기능이 저하되거나 손상되어 원활한 적응에 지장을 초래할 때, 부적응적인 이상행동으로 간주할 수 있다.

(4) 임상적 관점

정신적으로 이상행동을 정의하는 것뿐 아니라 이상행동을 분류하고 체계화하는 진단기준표가 필요하게 되었다. 미국정신의학회에서는 질병의 유목을 공식적으로 체계화해 놓고 있는데, 그것이 오늘날 임상장면에서 널리 사용되고 있는 '정신장애 진단 및 통계편람(Diagnostic and Statistical Manual of Mental Disorders: DSM)'이다. DSM에서는 가시적 증상이 존재하며 사회적, 직업적으로 기능손상이 있고 임상적으로 큰 고통이 있을 때 이상으로 진단을 내린다. 현재는 가장 널리 사용되고 있는 'DSM-5(Diagnostic and Statistical Manual of

Mental Disorders-5th edition)'는 정신장애를 20개의 주요한 범주로 나누고, 그 하위범주로 360여개 이상의 장애를 포함하고 있다.

표 12-1 DSM-5의 정신장애 범주들

순번	명칭	순번	명칭
1	신경발달장애	11	배설장애
2	정신분열증 스펙트럼 및 기타 정신증적 장애	12	수면 각성장애
3	양극성 및 관련장애	13	성기능장애
4	우울장애	14	성불편증
5	불안장애	15	파괴적, 충동통제 및 품행장애
6	강박 및 관련장애	16	물질관련 및 중독장애
7	외상 및 스트레스 사건 관련장애	17	신경발달장애
8	해리장애	18	성격장애
9	신체증상 및 관련장애	19	성도착장애
10	급식 및 섭식장애	20	기타 정신장애 범주들

(5) 사회문화적 관점

어느 사회나 그 사회에 속한 사람들이 따라야 하는 문화적 규범이 있고, 문화와 시대마다 그 사회의 정상과 이상 여부를 바라보고 판단하는 기준은 달라진다. 인간은 자신이 속한 사회에 원만하게 적응하기 위해서는 이러한 문화적 규범을 잘 따르는 것이 중요하다. 따라서 이러한 문화적 규범에 어긋나거나 일탈된 행동을 나타낼 경우에 이상행동으로 규정한다. 이 기준에 따르면, 시대적 변화에 따라 새로운 양상의 정신질병이 나타나기도 하고, 반대로 과거 부적응행동이 더 수용되기도 한다.

2) 이상행동에 대한 설명 모델

이상행동에 관한 이론이라기보다 이상행동에 대한 기술이나 설명모델로서 다음의 몇 가지 이론을 살펴보고자 한다.

(1) 정신분석이론

정신분석이론은 이상행동의 심리적 원인에 대해 설명하는 최초의 체계적 이론이다. Freud에 의해 창시된 정신분석이론은 몇 가지의 기본적인 가정에 기초하고 있다. 첫째, 심리적 결정론으로 인간의 모든 행동은 원인 없이 일어나지 않는다는 것이다. 둘째, 무의식에 대한 측면으로, 인간의 심리적 세계에는 의식적으로 자각되지 않는 무의식적 정신세계가 존재하며, 인간의 행동은 이 무의식적 요인에 의해 많은 영향을 받는다고 보았다. 셋째, 성적 요구는 인간의 가장 기본적 욕구로 인간의 무의식 속에 억압되어 행동에 많은 영향을 미친다고 보았다. Freud는 성적 욕구와 더불어 공격적 요구도 인간의 기본적 욕구로 보았다. 넷째, 정신분석은 어린 시절의 경험, 특히 부모와의 상호작용 경험이 성격 형성의 기초가 된다고 보았다.

인간의 성격을 원초아(id), 자아(ego), 초자아(superego)로 구성되며, 이들 간의 역동적 관계에 의해 행동은 결정된다. 성격특성은 어린 시절의 경험에 의해 형성되는데, 구강기, 항문기, 남근기, 잠복기, 성기기의 심리성적 발달단계에 따라 성적 욕구를 충족한다고 보았다. 이러한 발달과정에서 욕구가 과잉충족되거나 좌절되었을 때 성격적 문제나 갈등의 근원이 될 수 있다. 또한 자아가 원초아의 통제에 어려움을 겪게 될 때 신경증적 불안을 경험하게 되는데, 이러한 불안을 감소시키기 위해서 다양한 방어기제를 사용하게 된다. 방어기제는 억압, 억제, 부인, 반동형성, 합리화, 대치, 투사, 분리, 신체화, 퇴행, 승화와 같은 다양한 방어기제가 있는데, 이들 가운데 미숙한 유형의 방어기제를 과도하게 사용하게 되면 이상행동이 나타날 수 있다.

(2) 행동주의 이론

행동주의 이론에 의하면, 인간의 모든 행동은 환경과의 상호작용 속에서 학습된 결과로 보고, 이상행동은 주변 환경의 잘못된 학습에 기인한 것으로 보았다. 즉, 두려움, 불안, 우울증 등의 유사한 행동들은 모두 학습에 의해 이루어졌으며, 이러한 행동은 성장과정에서 주변 환경의 영향으로 인해 바람직하지 않은 행동이 습득된 것으로 본다. 따라서 환경의 요인이 변화되면 그 사람은 이전의 부적응적 행동이나 습관을 버리고 새롭고 적응적인 행동을 할 수 있다고 본다.

이상행동이 형성되고 유지되는 과정을 고전적 조건형성, 조작적 조건형성, 사회적 학습 등의 원리로 설명한다. 고전적 조건형성은 무조건 자극과 조건 자극을 짝지어 반복적으로 제시함으로써 조건 자극에 대한 조건 반응이 학습되는 과정이다. 조작적 조건형성은 어떤 행동의 결과가 보상적이면 그 행동이 증가하는 반면, 그 결과가 처벌적이면 행동의 빈도가 감소하는 학습과정을 의미한다. 즉, 이상행동 후에 어떤 강화가 주어지느냐에 따라 행동의 달라질 수 있다. 사회적 학습이론은 모방과 관찰학습으로 인간은 다른 사람의 행동을 관찰하고 모방함으로써 새로운 행동을 학습한다고 본다. 다른 사람의 행동이 이타적이냐 공격적이냐에 따라 관찰을 통해 다양한 행동을 학습할 수 있다. 특히 인간의 경우 사회적 상황에서 다른 사람의 행동에 대한 관찰과 모방을 통해 새로운 행동을 학습하는 사회적 학습은 매우 중요하다.

(3) 인지이론

인지이론에 따르면 잘못된 정보처리, 편향된 사고와 귀인, 인지적 왜곡이 아동과 성인에게서 정서장애나 문제행동을 유발한다. 즉, 개인이 외부정보와 단서를 어떻게 인지하고 처리하며 판단하느냐에 따라 정서나 행동이 달라진다고 보는 것이다. 이러한 사고에 문제가 있다면 그 왜곡된 사고나 부정적 사고를 변화시킴으로써 개입이 가능하다고 보았다. 이상행동에 대한 인지이론을 제시한 대표적 인물은 Aaron Beck과 Albert Ellis이다.

Beck에 따르면, 부적응적 인지도식은 외부자극을 부정적으로 해석하게끔 만들고 이는 우울증을 유발한다고 보았다. 우울한 사람들은 생활 사건의 의미를 해석하는 과정에서 범하는 인지적 오류로 인해 자신과 자신의 미래, 환경에 대한 비현실적이고 비관적인 부정적 사고 경향이 높다고 보았다. Beck은 정신장애를 지닌 사람들은 특정한 주제에 편향된 인지내용으로 구성된 인지구조 또는 도식을 지니고 있는데, 이런 역기능적 인지도식은 외부자극을 해석하는 과정에서 여러 가지 오류를 범하게 된다고 보았다. 예를 들면, 우울증을 지닌 사람들은 긍정적 정보는 무시하고 부정적 정보는 과장하여 해석하는 정보 선택의 오류, 한두 번의 실패 경험에 근거하여 성공할 수 없을 것이라고 판단하는 과잉 일반화의 오류, 친구 아니면 적이라는 이분법적 구분에 의한 흑백논리 등이다. 이런 인지적 오류에 의해 부정적인 자동적 사고를 하게 되고, 이는 심리적 문제로 이어질 수 있다. 따라서 인지 치료에서의 개인의 왜곡된 사고를 바꾸고 심리문제를 가진 사람에게 부정적 사고를 찾아내고 그것과 대조되는 과거의 긍정적 증거들을 직시하게 하여 부정적 사고를 바꾸도록 한다.

Ellis는 융통성, 현실성, 기능적 유용성이 없는 비합리적인 신념이 부적응 행동과 심리장애의 원인으로 보았다. 즉, 비합리적인 신념을 스스로 계속 되뇌고 확인함으로써 느끼지 않아도 될 불쾌한 정서를 만들어내고 유지하는 것이다.

예를 들면, "내가 알고 있는 의미 있는 모든 사람으로부터 인정받고 사랑 받아야 한다." 또는 "일이 자기가 원하는 대로 되지 않는 것은 내 인생에서 실패를 의미한다." 등과 같은 비합리적 신념을 합리적 신념으로 변화시킬 필요가 있다는 것이다.

(4) 생물의학적 이론

생물의학적 모델은 모든 이상행동이나 정신장애가 신체적 원인에 의해 생겨나는 질병으로 보고, 생물의학적 방법에 의해 치료되어야 한다고 본다. 정신장애를 유발하는 주요한 생물학적 요인으로 유전, 뇌의 구조적 결함, 신경전달물질이나 내분비계통의 신경화학적 이상 등에 초점을 두고 있다. 인간의 심리적 기능은 뇌와 밀접한 관련성이 있어서, 이상행동은 뇌의 구조적 이상에 의해 나타날 수 있고, 주요 신경전달물질인 도파민, 세로토닌, 노르에피네프린 등도 관련성이 높다.

(5) 가족체계이론

가족체계이론에 따르면, 개인의 정신건강 여부는 가족원 간 형성되는 역동적 관계의 특성에 좌우된다. 가족은 하나의 체계로서 그 안에는 각 개인뿐 아니라 부부관계, 부모-자녀관계, 형제관계 등 여러 하위체계가 존재하고, 이 체계들 간 명확한 경계는 가족 내 개인의 역할을 규정하고 개인의 발달적 욕구 충족이 긍정적으로 진행되도록 한다. 적절한 경계는 가족원 혹은 체계의 발달과 변화에 따라 유기적으로 조절되고 이는 개인과 가족의 건강한 발달과 적응을 가능케 한다. 그러나 경계가 허물어지거나 반대로 극단적으로 뒤엉켜 있다면 체계 간 독립과 접촉이 불분명해지고, 이는 가족의 역기능성을 유발한다.

2. 영유아기 정신장애

1) 지적장애

지적장애(Intellectual Disability: ID)는 '신경발달장애' 범주에 포함되는 장애로, 지적능력에 결함이 있는 경우 정신지체(mental retardation)로 사용되어 오다가 DSM-5에서는 지적장애로 변경되었다. 지적능력의 결함은 표준화된 개별 지능검사와 임상적 평가로 확인되어야 하며, 연령, 성별, 사회문화적 배경이 비슷한 또래에 비해 일상적 적응에서의 어려움을 동반한다.

(1) 증상 및 발달

지적장애는 지적기능은 물론 많은 일상적인 사회적 기능 및 실제적 기술을 포함하는 적응 행동 모두에서 심각한 제한을 보이는 특징을 보이며, 18세 이전에 나타난다. 지적기능은 학습, 추리, 문제해결과 같은 일상적인 정신적 능력을 의미하며, IQ 지수가 70~75일 때 지적 능력의 제한이 있다고 본다. 적응행동은 표준화 검사를 통해 개념적 기술, 사회적 기술 및 실제적 기술의 제한을 평가받는다. 지적장애는 생애 초기에 시작되는 것으로 보고 있는데, 고도의 지적장애의 경우는 생후 2년 이내에 운동, 언어, 사회적 발달지연이 확인될 수 있다. 반면 경도의 지적장애는 학업에서의 어려움이 분명해지는 학령기까지는 알아차리기가 어려울 수 있다.

(2) 원인

지적장애의 원인은 알 수 없는 경우가 더 많지만, 생물학적 요인, 사회적 요인, 행동적 요인 및 교육적 요인 등에 의해 발생할 수 있다. 가장 잘 알려진 원인은 유전적 증후군과 태아기 독성물질에 노출된 경우로, 단일 유전자 이상, 유전자 결함, 선천적 대사이상, 임신과 주산기 합병증과 같은 요인으로 볼 수 있다.

(3) 치료

지적장애를 예방하기 위한 방법으로 산전검사와 신생아 대사검사가 있는데, 염색체 이상으로 인한 경우는 출생 이전에 알아낼 수 있다. 지적장애의 치료와 관련해서는 지적장애의 정도나 원인에 따라서 그 차이가 있을 수 있으나, 행동치료, 인지치료, 언어치료, 학습치료 등을 병행할 수 있고, 공격성이나 자해 등의 문제가 있을 때는 약물치료도 병행된다. 이 외에도 부모 및 가족교육이 필요하다.

2) 자폐스펙트럼장애

자폐스펙트럼장애(Autism Spectrum Disorder: ASD)는 DSM-5에서 '신경발달장애'의 범주에 포함되는 장애로, DSM-IV-TR에서는 전반적 발달장애(Pervasive Developmental Disorder: PDD)로 명명하였다.

(1) 증상 및 발달

자폐스펙트럼장애는 생후 12~24개월 무렵에 나타나는데, 사회적 상호작용과 의사소통 기술에 지속적 결함이 나타나는 장애를 말한다. 일반적으로 초기 발달과정에 증상이 나타나며, 사회적 상호작용에서의 질적 장애, 질적 의사소통장애, 제한적이고 반복적이며 상동증적 행동이나 관심 등의 행동이 특징이다. 보통 24개월 이전에 눈 맞춤, 사회적 미소, 호명반응 및 모방행동이 나타나지 않는 것은 자폐징후라고 볼 수 있다. 대표적으로는 사회적 의사소통의 결핍과 행동, 관심, 활동의 반복적, 상동적 양상을 들 수 있다.

자폐스펙트럼장애의 증상은 보통 생후 2년 나에 인식되지만, 발달지연이 심각하다면 생후 12개월 이전에도 인식될 수 있다. 남성이 여성보다 4배 이상 많고, 임상장면에서는 여아가 남아보다 지적장애가 동반되는 경우가 많이 발생한다. 지적장애나 언어장애가 동반된 경우에는 사회적 기술에서의 어려움이 초래되어 예후가 좋지 않다.

(2) 원인

자폐스펙트럼장애의 원인은 명확하게 확인되지는 않지만, 유전적 소인이 높은 질환이다. ASD의 발생 원인으로 생물학적 요인과 환경적 요인으로 볼 수 있다. 특히 자폐증에 관한 신경생물학적 연구를 통해 지속적인 원시적 반사반응, 거두증, 뇌 형태 및 세포구조의 변화, 얼굴 지각을 담당한다고 알려진 안면영역의 반응성 감소 등이 보고되고 있다(이혜란 외, 2017).

(3) 치료

자폐스펙트럼장애의 치료와 관련해서는 놀이치료, 행동치료, 언어치료, 감각통합치료 등의 심리치료와 약물치료를 사용하고 있다. 자폐아동을 위한 개별적 중재와 함께 사회적 관계 맺기를 도와줄 수 있는 집단 중재가 모두 필요하다. 또한 이들의 치료와 재활이 좀 더 효과적으로 이루어지고 일관성 있게 유지되려면 양육자 교육, 즉 부모, 보호자, 치료자 등 주변 사람들에 대한 교육이 함께 이루어져야 한다.

3) 반응성 애착장애

(1) 증상 및 발달

애착은 영아와 양육자 사이에 형성되는 애정적 유대관계로, 영아기에 형성된 애착은 이후 신체, 인지 및 정서사회성 발달에 중요한 영향을 미치게 된다. 이런 애착의 문제로 인해 발생하는 것이 반응성 애착장애(Reactive Attachment Disorder: RAD)이다. 반응성 애착장애는 영아가 부모와 건강한 애착을 경험하지 못하는 것으로 생긴 정신장애이다. 이는 아동이 부적절한 양육환경(예: 사회적 방치, 애착형성을 어렵게 하는 양육자의 잦은 변경, 애착형성 기회의 제한)에서 나타나는 부적응 양상으로, 정서적으로 위축되어 다른 사람과 접촉하는 것을 두려워하고 회피하는 양상을 나타낸다.

반응성 애착장애는 애착의 문제로 인해 발생하는 또 다른 부적응 양상인 탈억제성 사회적 유대감장애(disinhibited social engagement disorder), 즉 아동이 부적절하게 과도한 친밀감을 나타내거나 낯선 사람을 주저 없이 따라가려 하는 등의 양상을 보이는 것과 구분된다. 이 외에도 반응성 애착장애는 자폐스펙트럼장애와 유사한 행동특성을 보이지만, 자폐스펙트럼장애와 원인이 다르고 심각한 의사소통장애와 상동행동은 보이지 않는다는 점에서 차이가 있다. 영아는 생후 약 7~9개월이 되면 낯선 사람에 대한 낯가림을 나타내게 되는데, 반응성 애착장애 아동은 9개월이 지나도 양육자에게 애착행동을 나타내지 않거나 최소한의 애착행동만을 보이며, 이런 임상적 특성이 5세까지 지속된다.

(2) 원인

자폐스펙트럼장애가 선천적 요인에서 비롯된 장애라면, 반응성 애착장애는 후천적으로 부정적인 양육환경의 영향에 의해 발생하는 경우로 볼 수 있다.

부적절한 양육 환경이란 부모의 학대나 방임, 미숙한 보살핌이나 양육자의 정서장애 및 사회적 고립 등 건강한 양육 환경을 제공하지 못한 경우이다. 특히 주 양육자의 잦은 교체를 비롯하여 우울한 부모, 자녀의 신호에 무관심하고 민감하게 반응하지 못하는 부모와의 관계 속에서 안정된 애착을 형성하지 못했기 때문이다. 이 외에도 아동의 까다로운 기질이나 장애 등과 같은 아동 개인적인 요인이 있을 수 있다.

(3) 치료

반응성 애착장애의 예방 및 치료는 주로 애착이론을 근간으로 한다. 애착이론에서 강조되는 부모의 반응성, 민감성, 온정성 및 일관성을 증진시켜 부모-자녀관계를 증진시키는 데 주목적을 둔다. 반응성 애착장애 아동은 환경이 개선되고 조기에 치료하면 완치될 가능성이 높기 때문에, 전문적인 도움이 중요하다고 볼 수 있다.

4) 분리불안장애

(1) 증상

분리불안장애(separation anxiety disorder)는 부도나 사랑하는 사람과 분리될 것에 대한 예상되는 불편감에서부터 공포반응까지의 불안증상으로, 아동의 연령과 발달수준에 비추어 부적절한 것을 의미한다. 분리불안장애는 보통 5세 이전에 시작되어 사회적 영역에서 심각한 고통이나 현저한 장애를 일으킨다. 한 번 발병한 분리불안장애는 꽤 오래 지속되는데, 성인기에 들어서도 집을 떠나는 것을 두려워하거나 애착 대상에게 집착하는 행동을 하기도 한다.

(2) 원인

기질적인 요인으로는 어릴 때부터 성격이 예민했거나 낯가림이 심한 경우, 강박적이거나 미숙하고 의존적인 경향이 강한 경우를 들 수 있다. 환경적 요인으로는 부모의 성격 자체가 불안이 높아서 아동에 대하여 지나친 걱정을 하고, 이로 인해 아동을 과잉보호하게 되어 아동의 또래경험이나 놀이경험이 결핍되어 사회적인 능력이 부족하게 될 수 있다. 또한, 영아기에 주양육자와의 안정적이고 친밀한 애착관계를 형성하지 못하거나 부모가 자신의 감정을 잘 조절하지 못하여 양육태도에 일관성이 없을 때도 아동은 불안이 생길 수 있다.

(3) 치료

분리불안장애 아동의 치료는 놀이치료나 인지행동치료와 같은 심리치료, 가족치료, 부모교육 및 상담 등의 다각적인 접근이 효과적이며, 증상이 심할 경우에는 약물치료를 병행하기도 한다. 놀이치료를 통해서 아동의 불안한 감정을 수용해 주고 치료자와의 신뢰관계 형성을 통해 아동에게 안정된 애착관계를 새롭게 형성할 수 있는 기본전제를 마련하는 것에 초점을 맞춘다. 인지행동치료는 아동에게 자신이 경험하는 불안이 어떻게 야기되었는지, 그리고 불안에 대처하는 방법 등을 가르친다. 부모교육 및 상담은 필수적인데, 부모-자녀 상호작용을 촉진함으로 근본적인 문제를 해결하는 데 도움을 줄 수 있다.

5) 주의력결핍 과잉행동장애(ADHD)

(1) 증상

주의력결핍 과잉행동장애(Attention Deficit/Hyperactivity Disorder)는 DSM-5의 신경발달장애 범주 안에 있는 장애이다. 주의력결핍 과잉행동장애(이하

ADHD)는 매우 산만하고 부주의한 행동을 보이며, 자신의 행동을 적절히 통제하지 못하여 충동적인 행동을 하는 것을 의미한다.

부주의(inattention)는 지속적으로 주의집중을 유지하는 능력이 결핍되어 있는 것으로, 한 과제에 집중하지 못하고 이리저리 빠르게 옮겨 다니며 물건을 잘 잃어버리거나 주의가 쉽게 분산되는 특성을 나타낸다. 해야 할 일을 잘 잊어버리고, 멍하니 있거나 딴생각을 하느라 다른 사람의 말을 놓치기도 한다. 특히, 일정 시간 동안 과제에 지속적인 주의를 기울이거나 반복적인 자극에 어려움을 느낀다.

과잉행동-충동성은 행동에 대한 지속적인 억제 불량, 행동의 통제 결여, 계속되는 상황적 요구와 관련하여 우세 반응을 억제하는 능력이 없는 것을 의미한다(Nigg & Barkley, 2014). 과잉행동(Hyperactivity)은 적절하지 않은 상황에서 과도한 운동 활동, 과도하게 꼼지락거리거나 두드리는 행동, 수다스러운 말을 하는 것을 말한다. 충동성(impulsivity)은 자신의 즉각적인 반응을 억제하지 못하거나 행동하기 전에 미리 생각하지 않고 행동하는 것을 의미한다. 즉, 이 두 증상을 엄밀히 구분하자면 과잉행동은 지나치게 행동하는 것이고, 충동성은 생각하지 않고 행동하는 것이다.

(2) 발달

ADHD에 대한 사회적 인식 증가로 인하여 전 세계 많은 아동의 진단에 영향을 미치게 되었다. 특히 순종과 복종을 강조하는 우리나라의 경우에는 어른들의 기준에서 아동을 판단하기 때문에 생각보다 아동의 활동성 수준이 높으면 ADHD라고 판단하는 경우가 많다. 성별에 따른 ADHD 아동의 비율은 여아가 2~4%, 남아가 6~9%로, 남아가 여아에 비해 좀 더 많은 것으로 나타난다. 유아기에는 주로 과잉행동으로 그 증상이 나타나지만, 학령기 시기에는 부주의 행동이 두드러지게 나타난다. 청소년기에는 뛰기와 기어오르기 같은 과잉 행동의 징후가 덜 나타나며, 내적인 신경과민, 좌불안석, 참을성 부족 또는 만지작거림과 같은 증상으로 나타난다.

(3) 원인

ADHD의 높은 유전성은 확인되지만 ADHD를 유발하는 특정 유전자는 아직 확인되지 않았다. 다른 정신질환과 마찬가지로 ADHD 역시 여러 유전자와 환경과의 상호작용을 통해 발병하는 것으로 예상된다. 특히, ADHD는 전전두엽과 관련이 있는데, 행동의 계획 및 조직, 자기조절의 통제를 담당하는 전전두엽의 기능이 상실되면 충동조절의 결핍이 오게 된다. 일부 연구에 따르면, ADHD 아동은 정상아동에 비해 뇌 크기가 3~5% 정도 작다. 도파민 등의 신경전달물질에 문제가 있는 것으로 보고 있다. 환경적 요인으로는 영양, 가족과의 불화 및 부정적인 양육행동 등을 들 수 있다.

(4) 치료

흥분제(stimulants)는 ADHD를 치료하는 약물 중 가장 많이 사용되는 것으로, 약물치료와 함께 행동치료, 놀이치료, 학습인지치료, 언어치료 등 다양한 행동치료 및 심리적 치료방법이 시행되어야 한다. 다양한 통합적 치료가 함께 병행되었을 때가 약물치료만 단독으로 하였을 때보다 치료의 성공률이 더 높게 나타났다.

3. 학령기 정신장애

학령기는 6~12세까지의 시기로 대략적으로 초등학교 시기를 말한다. 아동은 초등학교에 입학하면서 본격적인 학습이 시작되는 등 삶의 큰 변화를 경험하는 시기이다. 부모의 보살핌에 의존하던 영유아기와 달리 부모의 의존도는 감소하는 대신 또래에 대한 중요성이 더 증가한다. 아동은 학교라는 새로운 환경에 접하면서 대인관계나 학업문제 등과 관련한 다양한 스트레스를 경험할 수 있다. 여기서는 학령기의 대표적인 장애인 불안장애와 품행장애를 살펴보고자 한다.

1) 불안장애

불안장애(anxiety disorder)는 아동 및 청소년기의 가장 일반적인 정신적 문제 중의 하나이다. 불안장애는 아동기 정신과 장애 가운데 가장 흔히 발생하며, 아동기의 불안은 학업수행이나 사회적 기능과 같은 여러 다양한 요인에도 영향을 미칠 수 있다. 일시적인 공포나 불안은 정상적인 발달과정에서 나타날 수 있는 증상이지만, 지나친 공포와 불안은 학교생활이나 대인관계 등에도 영향을 미칠 수 있다. 아동기의 불안장애는 DSM-5에서 불안장애를 아동기와 성인기를 나누지 않고 통합하였는데, 불안장애의 종류로는 분리불안장애, 선택적 함구증, 특정공포증, 사회불안장애, 공황장애, 광장공포증 및 범불안장애가 포함된다. 분리불안장애는 영유아기에 살펴보았기에 이 장에서는 학령기에 있을 수 있는 선택적 함구증, 특정공포증, 사회불안장애, 범불안장애를 살펴보고자 한다.

(1) 선택적 함구증

① 증상 및 발달

선택적 함구증(selective mutism)은 언어적인 문제가 없음에도 불구하고 특정 상황에서 말을 하지 않는 것이다. 이렇게 말을 하지 않는 증상이 1개월 이상 지속되고 교육적 · 직업적 성취나 사회적 의사소통을 방해할 때 진단할 수 있다. 이들은 질문에 대답을 피하거나 함께 이야기하는 상황에서 말을 하지 않는데, 언어 표현의 문제가 있는 것은 아니다. 선택적 함구증은 일반적으로 5세 이전에 발병하지만, 어린 아동의 경우는 가정에서 벗어나서 다양한 사회적 상황에 접촉할 경험이 많지 않고, 부모나 교사의 보살핌과 지지가 많이 제공되기에 이러한 행동이 크게 눈에 띄지 않는다. 그러나 초등학교에 입학하면서부터는 읽기, 발표 및 또래들과의 언어적 상호작용의 상황이 증가하면서 여러 가지 부적응적 문제를 초래하게 된다. 선택적 함구증은 일시적 적응문제와는 구분되어야 하는데, 새 학기 시작 후 1개월 이내에는 적응상의 문제로 나타날 수 있기에 이때는 진단에서 제외된다.

② 원인 및 치료

원인은 기질적인 요인으로 수줍음과 불안이 있거나 발달지연, 언어표현이나 이해상의 문제, 언어적 문제와 관련한 외상경험 등을 들 수 있다. 또한, 가족적 요인으로 부모가 우울하고 감정적으로 미성숙하며, 정신병리가 있거나 가정 내에 무관심, 지나치게 엄격한 양육 등으로 자신의 생각을 표현하기 어려운 경우 등을 들 수 있다. 선택적 함구증은 쉽게 치료가 되기 어려운 증상으로, 행동치료, 놀이치료, 약물치료 등을 복합적으로 시행해야 한다.

(2) 특정공포증

① 증상 및 발달

특정공포증(specific phobia)은 위험하지 않은 특정한 대상(예: 뱀, 개, 거미)이나 상황(예: 높은 곳, 폭풍)에 대한 극단적인 공포를 지니는 것으로, 공포의 대상이나 상황에 대한 회피반응이 특징이다. 아동의 경우 불안이나 두려움은 울거나 떼쓰는 행동, 얼음반응이나 지나치게 사람에게 매달리는 행동으로 나타나기도 한다. 보통 신체적, 인지적 및 행동적 증상을 동반하게 되는데, 신체적 증상으로는 호흡곤란, 빨라지는 심장박동, 정신 혼미 등이, 인지적 증상으로는 불안한 생각들이, 행동적 증상으로는 회피반응이 나타난다. 일반인의 특정공포증의 유병률은 10~11.3% 정도이고, 남성에 비해 여성이 2배 정도 많고, 주로 10대 청소년에게 많다. 특정공포증은 주로 10대 중반에 발생하는 경우가 많지만, 하위 유형에 따라 다소 차이가 있다. 예를 들면, 동물형은 어린 아동기에 나타나고 혈액-주사-상해형은 학령기에, 상황형은 20대 중반에 발생하는 경향이 있다(전석균, 2016).

② 원인 및 치료

특정공포증의 원인으로는 가족력과 같은 유전의 가능성이 있다고 하지만, 분명하지는 않다. 개인의 성격적 요인으로 보는 경우도 있고, 부모의 과잉보호나 실제 공포를 경험한 환경적 요인으로 볼 수 있다. 보통은 개인적 요인과 학습 이론으로 많이 설명하고 있는데, 공포증의 소인을 이미 가지고 태어났으나 지속적인 스트레스에 노출되면 발병할 수 있다. 특정공포증의 치료는 행동치료, 인지치료 및 약물치료 등을 병행하게 된다. 이 외에도 위험상황의 서열을 정해 보거나 휴식, 취미활동 등 심리적 이완을 통해 스트레스를 조절하고 관리하는 것이 필요하다.

(3) 사회불안장애

① 증상 및 발달

사회불안장애(social anxiety disorder)는 DSM-IV에서는 사회공포증이었으나, DSM-5에서는 사회불안장애로 변경되었다. 이 장애는 다른 사람들과 상호작용하는 사회적 상황을 두려워하여 회피하거나 타인 앞에서 어떤 일을 해야 할 때 심한 불안과 공포를 느낀다. 또한, 관심의 초점이 되거나 다른 사람들 앞에서 부정적인 평가를 받을지 모른다는 불안과 함께 자신이 당황하게 되는 것에 대한 두려움을 느낀다. 이처럼 다른 사람들이 자신을 이상하게 보거나 자신을 좋아하지 않을 것에 대한 염려가 심하여 일상생활이나 학업, 대인관계에서도 어려움을 겪게 된다. 보통 수줍음을 타는 아동은 5세에 발병하지만, 사회공포 불안장애 1~2%는 아동, 3~4%는 청소년에게서 발생하며 청소년의 평생 유병률은 9%로 추정한다. 보통 청소년 중기와 후기가 전형적인 발병연령으로 평균 발병연령이 13세로 알려져 있다. 성인기가 되면 증상이 약화되거나 완화되기도 하지만 보통 평생 지속된다.

② 원인

사회불안장애의 원인으로는 유전적 요인이 관여한다고 알려져 있고, 생물학적으로는 뇌신경전달물질 중에서 아드레날린이나 도파민 계열의 불균형으로도 보고되고 있다. 낯선 상황이나 새로운 시도에 거부반응을 보이고 과도한 자율신경계의 각성증상을 보이는 행동억제의 기질적 특성과도 연관되어 있다. 인지적 측면에서 어린 시절의 놀림, 모욕, 비판 등의 상황에서 부적절한 역기능적 신념이나 인지왜곡이 일어난 경우가 있을 수 있다. 이 외에도 환경적 요인으로 부모의 거부적이거나 과잉보호적인 양육이나 부적절한 양육환경에 노출되어 사회는 무섭고 위험한 곳이라는 생각이 요인이 될 수도 있다.

③ 치료

사회불안장애의 치료법으로는 인지행동치료와 약물치료가 있다. 인지행동치료는 부정적 사고와 신념을 재구성하고 왜곡된 인지를 교정해 주는 인지치료와 행동치료의 일종인 노출 치료가 가장 효과적이다. 노출은 치료 상황에서 어려운 상황을 실제 상황과 유사하게 만들어 노출시키는 상황노출과 실제 생활에서 노출을 경험하도록 하고 치료 상황에서 발표하게 하는 실제 노출방법이 있다. 또한, 집단치료도 효과적이고, 약물치료는 선택적 세로토닌 재흡수억제제가 가장 널리 사용되며 항불안제도 일부 사용된다.

(4) 범불안장애

① 증상 및 발달

범불안장애(generalized anxiety disorder)는 일반화된 불안장애라고도 하는데, 만성적으로 지나친 걱정과 긴장, 그리고 두통이나 근육긴장, 메스꺼움 등의 신체증상을 경험한다. 과거, 현재, 미래의 다양한 행동과 사건에 대해 심하게 걱정하고 불안해하는 것이다. 불안의 주제는 더 많은 사람과 상황으로 확대되며, 평상시에도 긴장하고 있어서 편하게 쉴 수가 없고 끊임없이 움직이거나 손톱을 물어뜯거나 우는 등의 방식으로 불안을 표현한다. 순수한 범불안장애보다는 공황장애, 사회불안장애 및 주요 우울장애 등과 공존하는 경우가 많고, 범불안장애를 가진 아동의 70%가 분리불안장애를 동시에 나타내는 경우가 많다.

② 원인

범불안장애의 생물학적 요인으로 뇌의 구조와 기능적인 측면에서 보면 편도체의 기능적 연결이 손상된 것으로 보고하고 있다. 정신분석학적 측면에서는 무의식적 갈등이나 성격구조 간의 불균형으로 보고 있으며, 행동주의적 관점으로는 주변의 환경 자극에 대한 불안반응이 잘못 학습된 것으로 보고 있다. 인지적 관점에서는 불안한 사람들의 경우, 사건을 다른 사람보다 더 위협적으로 지각하는 인지적 편향성이 있다고 보고 있다.

③ 치료

범불안장애에 있어 인지행동치료가 가장 효과적이라고 보고되고 있다. 예를 들면, '걱정사고 기록지'를 기록하게 하여 그 걱정이 얼마나 현실적이고 자신에게 어떤 영향을 끼치는지 생각한다. 또한, 동시에 걱정하는 행위에 대한 긍정적 신념을 재검토하고 수정하게 하고, 걱정이 떠올랐을 때 이를 조절하고 대처하는 방법도 학습한다. 이 밖에도 이완법을 통해서 불안을 조절할 수 있도록 돕는다. 약물치료는 항불안제나 항우울제 계열의 약물치료를 사용한다.

2) 품행장애

품행장애(Conduct Disorder: CD)는 DSM-5에서 '파괴적, 충동조절 및 품행장애'가 새로 추가되면서 이 범주에 포함되었다. 품행장애는 1950년대에 '청소년 비행'으로 소아기에 나타나는 행동장애로 간주되었고, 1990년대에 와서 품행장애라는 용어를 사용하였다.

(1) 증상 및 발달

품행장애의 핵심 증상은 다른 사람의 기본적 권리를 침해하고 나이에 적합한 사회적 규범 및 규칙을 위반하는 지속적이고 반복적인 행동양상이다. 이러한 행동은 크게 4가지 영역, 즉 공격성, 물건의 파괴, 도벽, 규칙위반 등으로 다양하다. 품행장애는 아동기와 청소년기에 상당히 흔하게 나타나는데, 보통 아동 중기에서 청소년기 사이에 그 증상이 현저하게 드러난다.

품행장애의 유병률은 보통 2~10% 범주로 추정하며, 아동기에서 청소년기로 갈수록 증가하고 여성보다는 남성에게서 더 높다. 품행장애의 발병 연령은 예후에 영향을 미치는데, 품행장애가 이른 나이에 시작되고 문제행동의 종류가 많고 빈도가 잦을수록 경과는 좋지 않다. 아동기 발병형(10세 이전)은 공격성, 주의력 문제, 충동성 및 부진한 학업성적 등 다양한 문제행동을 동반하며 청소년기 발병형에 비해 예후가 좋지 않다. 품행장애가 있는 사람이 성인이 되었을 때, 공격성, 재산파괴, 사기 및 규칙 위반 등의 증상을 계속 보이는 경우 반사회적 성격장애를 함께 진단할 수 있다.

(2) 원인 및 치료

품행문제의 원인은 유전 및 신경생물학적 요인, 부모-자녀관계적 요인, 부모의 이혼/재혼 및 주거변화와 같은 환경적 요인으로 인한 스트레스 등으로 매우 다양할 수 있으며, 아동의 연령에 적합한 발달수준을 고려하여 문제를 이해하는 것은 매우 중요하다.

품행장애에만 효과를 보이는 약물은 아직 없으나, 공격성이 뚜렷한 경우에는 약물치료가 필요하다. 특히, 주의력결핍과잉행동장애나 학습장애 및 기분장애와 같은 동반 질환이 있을 경우에도 적절한 약물치료가 병행되어야 한다. 아동 및 청소년의 내면에 억압한 갈등이나 공격성은 심리치료를 통해서 이를 탐색하고 해소하기 위한 과정이 필요하다. 구체적으로는 행동치료, 인지치료, 집단치료 및 사회성 훈련 등이 도움이 된다. 또한, 부모에 대한 적절한 교육이나 가족구성원에 대한 치료적 개입은 매우 중요하다.

4. 청소년기 정신장애

1) 우울장애

(1) 증상 및 발달

우울장애(depressive disorder)는 슬픔, 공허감, 짜증스러운 기분과 수반되는 신체적, 인지적 증상으로 인해 개인의 기능이 현저하게 저하시키는 부적응 증상을 의미한다. 우울장애는 개인의 능력과 의욕을 저하시켜 현실적 적응을 어렵게 만들 뿐만 아니라 자살을 유발할 수 있기에 심각한 심리적 장애로 여겨진다. DSM-5에서는 우울장애의 하위 유형으로 심각한 우울증상이 나타나는 주요 우울장애, 경미한 우울증상이 장기적으로 나타나는 지속성 우울장애, 여성의 월경 전에 우울증상이 나타나는 월경전기 불쾌장애, 불쾌한 기분을 조절하지 못하는 파괴적 기분조절 곤란장애가 있다(윤가현 외, 2019). 대표적으로 주요 우울장애(major depressive disorder)는 가장 심한 증세를 나타내는 우울증 유형으로, 다음의 9가지 증상 중 5개 이상의 증상이 거의 매일 연속적으로 2주 이상 나타나야 한다.

- 하루의 대부분 그리고 거의 매일 지속되는 우울한 기분이 주관적 보고나 객관적 관찰을 통해 나타난다.
- 거의 모든 일상 활동에 대한 흥미나 즐거움이 하루의 대부분 또는 거의 매일같이 뚜렷하게 저하되어 있다.
- 체중조절을 하고 있지 않은 상태에서 현저한 체중 감소나 증가가 나타난다. 또는 현저한 식욕 감소나 증가가 거의 매일 나타난다.

- 거의 매일 불면이나 과다수면이 나타난다.
- 거의 매일 정신운동성 초조나 지체를 나타낸다. 즉, 좌불안석이나 처져 있는 느낌이 주관적 보고나 관찰을 통해 나타난다.
- 거의 매일 피로감이나 활력 상실을 나타낸다.
- 거의 매일 무가치감이나 과도하고 부적절한 죄책감을 느낀다.
- 거의 매일 사고력이나 집중력의 감소 또는 우유부단함이 주관적 호소나 관찰에서 나타난다.
- 죽음에 대한 반복적인 생각이나 특정한 계획 없이 반복적으로 자살에 대한 생각이나 자살 기도를 하거나 자살하기 위한 구체적인 계획을 세운다.

우울장애는 발달시기에 따라 그 발달 빈도가 달라지면 어떤 연령대에서도 시작될 수 있지만, 평균 발병 연령은 20대 중반이다. 우울장애는 12세 미만의 아동에서는 2% 이하로 매우 낮은 유병률을 나타내지만, 청소년기에 접어들면서 급증하는 것으로 알려져 있다. 주요 우울장애는 4~18세에서 약 2%로 나타나며(Costello, Erkanli, & Angold, 2006), 취학 전 아동과 학령기 아동에서는 약 1~3%로 드물게 나타나다가 청소년기가 되면 2~3배 증가한다. 즉, 주요 우울장애는 어느 연령대에서도 발병가능하지만, 특히 생물학적 성숙과 중요한 발달적 변화가 일어나는 사춘기에 발병할 가능성이 매우 높다.

(2) 원인 및 치료

우울장애의 유발 원인은 다양하지만, 상실과 실패와 같은 부정적인 생활 사건에 의해 촉발되는 경우가 많다. 유전적 요인으로는 우울증을 지닌 부모의 자녀는 우울증을 지니지 않은 부모의 자녀에 비해 우울증이 있을 위험이 3배가량 높다(Foster et al., 2008). 신경생물학적 요인으로는 우울증이 있는 아동은 긍정적 정서를 처리하는 데 많은 관여를 하는 좌반구의 활성화가 높고, 편도체, 해마, 시상의 크기가 일반인에 비해 더 작으며, 신경전달물질인 세라토닌 수준이 낮은 것으로 나타났다. 이 외에도 부모의 부정적 양육이나 생활사건에서의 스트레스 등이 있을 수 있다.

이론적 관점에서는 정신분석적 관점, 행동주의적 관점, 생물의학적 관점 등의 입장에서 설명할 수 있지만, 현재 우울장애를 설명하는 가장 대표적인 이론은 Beck의 인지이론이다. Beck은 우울장애를 유발하는 일차적인 요인은 부정적이고 비판적인 생각이다. 이러한 부정적인 생각은 기분을 우울하게 만들 뿐만 아니라 부적응적 행동을 초래한다. 그런데 이러한 생각은 재빨리 지나가는데, Beck은 이러한 생각을 자동적 사고(automatic thoughts)라고 하였다. 우울한 사람들의 부정적인 자동적 사고를 분석해 보면, 자기 자신, 자신의 미래, 그리고 주변 환경에 대해 부정적인 생각을 많이 하는 것으로 나타났다. 우울한 사람들이 이러한 부정적인 생각을 많이 하게 되는 이유는 생활 사건의 의미를 부정적인 것으로 잘못 해석하는 인지적 오류(cognitive error)를 범하기 때문이다. 인지적 오류는 생활 사건의 의미를 해석하는 과정에서 범하게 되는 논리적 잘못을 말하는데, 예를 들면, 흑백논리적 오류, 과잉일반화의 오류, 개인화의 오류 등이 있다. 그리고 이러한 인지적 오류를 범해 부정적인 사고를 하게 되는 근본적인 원인은 역기능적 신념(dysfunctional beliefs) 때문인데, 역기능적 신념은 자신과 세상에 대한 비현실적 신념으로서 필연적으로 실패와 좌절을 유발한다. 우울장애는 인지치료나 행동치료 및 약물치료를 통해서 잘 치료가 되는 정신장애인데, 재발이 잘 되는 정신장애이기도 하다.

2) 조현병

(1) 증상 및 발달

조현병(schizophrenia)은 망상, 환각, 전반적으로 와해된 언어 및 행동과 같은 특징적 증상의 출현, 단조로운 정서, 혼란의 지속적인 징후 등의 부정적 증상이 적어도 6개월 이상 지속되어di 한다. 또한 조현병이 발병된 이후에는 기능의 한 가지 이상의 영역에서 유의미한 감퇴가 있어야 하며, 아동의 경우에는 학업적, 대인관계 성취에서 기대 수준에 미치치 못해야 한다. 조현병은 크게 양성 증상과 음성 증상으로 구분된다. 정신병적 또는 활동 증상이라고 할 수 있는 양성 증상은 망상이나 환각처럼 정상적인 기능에서 과잉 또는 붕괴를 보이고, 음상 증상은 수면의 패턴에서 어려움을 겪는 것과 같은 정상적 기능의 손실이 나타난다. 양성 증상 중 망상은 현실과 전혀 다르거나 이치에 맞지 않는 말을 하지만 본인은 확고한 신념이라고 믿는 것이다. 음성 증상은 수면의 패턴에서 어려움을 겪는 것과 같은 정상적 기능의 손실이 나타난다. 환각은 실제 아무런 외부자극이 없는데 혼자 보고 듣고 느끼는 지각에서의 혼란을 경험하는 것이다. 조현병에서 자주 나타나는 증상은 청각적 환각(환청)으로, 11세 이전에 조현병이 발병한 경우에는 80% 정도 청각적 환각을 경험한다. 음성 증상은 겉으로 드러나지 않는 증상으로 기쁨과 감정의 결핍, 행동의 둔화, 욕구의 부족 등을 포함하는데, 양성 증상에 비해 덜 극적이만 지속적이라 치료하기가 어렵다(김민정 외, 2020).

아동기에 조현병의 발병은 매우 드물지만 아동기 이후 급격하게 증가하여, 12세와 15세 사이에는 거의 10배로 증가한다. 아동기에는 망상과 환각이 성인기보다 덜 정교하고 환시가 더 흔하게 나타난다. 이때 정상적인 환상놀이와의 구별이 필요해서 어른에 비해 아동기 조현병을 진단하기가 더 어렵다. 한편, 조현병이 어린 시기부터 발병한 경우는 예후가 좋지 않은 것으로 나타난다.

(2) 원인 및 치료

조현병은 유전적 요인에 의해 많은 영향을 받는다(Gottesman, 1991). 조현병이 있는 가족 및 친척을 지닌 아동은 그렇지 않은 아동에 비해 조현병에 걸릴 위험이 2배 높다. 부모가 조현병을 가지고 있는 경우 그 자녀의 조현병은 현저하게 높았고, 쌍생아 연구에서도 이란성에 비해 일란성 쌍생아의 경우 더 높은 발생 일치율을 보였다. 신경생물학적 요인으로 조현병이 있는 경우는 전체 대뇌의 크기가 작은 것으로 보고된다(Wenar & Kerig, 2011). 조현병이 조기발병한 청소년들의 뇌를 정상적인 청소년들과 비교하여 2년 간격으로 3번 반복적으로 정밀검사를 한 결과, 조기발병한 청소년의 뇌 전반에 회백질이 감소한 것으로 나타났다. 환경적 요인으로는 출산시의 문제, 부모의 잘못된 양육, 조현병에 영향을 줄 수 있는 취약한 환경 등을 들 수 있다.

조현병을 치료하기 위해서는 약물 복용과 함께 사회기술훈련, 가족의 적절한 개입, 인지행동치료와 같은 심리치료가 함께 병행되어야 한다. 무엇보다 조현병 환자를 대하는 가족 내의 태도가 바뀔 필요가 있다.

5. 성인기 정신장애

성인기 정신건강의 대표적 문제는 성격장애(personality disorders)로, 성격장애란 한 개인이 지닌 지속적인 행동양식, 즉 성격특성 때문에 사회생활에 적응하지 못하고 심각한 문제를 야기하는 경우를 의미한다. 성격특성이란 광범위한 사회적, 개인적 생활 속에서 나타나는 환경과 자기 자신에 대해 지각하고 관계를 맺고 생각하는 지속적인 방식이다. 성격특성이 경직되어 있고 부적응적이며 심각한 기능장애나 주관적인 고통을 유발할 때에 성격장애라 하고, 스트레스를 경험할 때 융통성 없이 부적응적 반응을 보이거나 대인관계에서 어려움을 심하게 겪는 등의 성향을 지닌다.

표 12-2 성격장애의 하위요소

분류	성격장애	설명
A군	편집성 성격장애	다른 사람의 동기를 악의가 있는 것으로 해석하는 등 타인에 대한 전반적인 불신과 의심 양상
	조현성 성격장애	사회적 유대로부터 유리되고, 제한된 범위의 감정표현 양상
	조현형 성격장애	친분관계를 급작스럽게 불편해 하고 그럴 능력의 감퇴 및 지각의 왜곡, 행동의 괴이성 양상
B군	반사회성 성격장애	다른 사람들의 권리를 무시하거나 침해하는 영속적인 행동 양상
	경계성 성격장애	대인관계, 자아상 및 정동불안정성과 현저한 충동성 양상
	연극성 성격장애	과도한 감정성과 주의를 끄는 행동 양상
	자기애성 성격장애	과대성(공상 또는 행동상), 숭배에의 요구, 공감의 부족 양상
C군	회피성 성격장애	사회관계의 억제, 부적절감, 그리고 부정적 평가에 대한 예민함
	의존성 성격장애	돌봄을 받고자 하는 지나친 욕구가 복종적이고 매달리는 행동 유발 양상
	강박성 성격장애	정돈, 완벽, 그리고 조절에 지나치게 집착

성격장애는 A군 성격장애, B군 성격장애, C군 성격장애로 나눌 수 있다(김민정 외, 2020).

1) A군 성격장애

A군 성격장애는 기이한 성격특성으로 사회적으로 고립되어 있으며, 편집성 성격장애, 조현성 성격장애, 조현형 성격장애가 있다.

(1) 편집성 성격장애

편집성 성격장애(paranoid personality disorder)는 타인의 행동이 악의에 찬 동기를 가지고 있다고 해석하는 등 불신과 의심을 하는 성격장애다. 다른 사람들의 행동을 위협적이거나 비판적인 것으로 잘못 해석하는 경향이 강하고, 자신이 타인에 의해 이용당할 것이라는 기대가 만연해 있는 것이 주된 특징이다. 따라서 끊임없이 사람들을 의심하기 때문에 주위 사람들과 원만한 관계를 유지하기 어렵다. 이들은 다른 사람을 믿지 못하기 때문에 자급자족을 지나치게 원하고 강한 자율성을 원하면서 동시에 주위 사람들을 강하게 통제하기를 원한다. 더불어 자신의 결점을 다른 사람의 탓으로 돌리고 주위에서 감지한 위협에 대해 재빨리 반격하지만 실제로는 자신의 공포를 다른 사람에게 투사하는 것이다. 그들은 빈약하고 은밀하고 비현실적인 과대한 환상을 표현하기도 하는데 그 내용은 주로 권력, 서열과 같은 주제에 맞춰져 있고 자신과 다른 이질집단의 사람에 대해 더 부정적 고정관념을 가지고 있다.

편집성 성격장애는 사람의 마음은 지배할 수 없다는 것을 인정하는 것이 필요하다. 이 유형은 지는 것을 허용하지 않는다. 자신의 자존심이 상처받으면 그냥 물러나지 못한다. 그러므로 싸움에 이기기보다는 용서하는 것을 배우고 또한 졌어도 자신의 무엇이 잘못되었는지를 다시 한 번 생각하고 남을 존중하는 것을 배우도록 노력하는 것이 필요하다.

(2) 조현성 성격장애

조현성 성격장애(schizoid personality disorder)는 타인과 친밀한 관계를 형성하지 못해 반복적으로 유리되고, 대인관계에 관심이 없으며, 제한된 범위의 감정 표현을 보이기 때문에 사회적 적응이 매우 어려운 특징을 보인다. 또한 친밀함에 대한 욕구 자체가 부족하기 때문에 친밀함을 만들 수 있는 기회에 무관심하며, 친밀감에서 오는 만족감을 느끼지 못한다. 특히, 조현성 성격장애 환자들은 타인에 대해 무심하고 혼자 지내는 경향이 있고, 분노를 잘 표현하지 못하며, 마치 감정이 없는 사람처럼 행동한다. 따라서 친구가 거의 없고 데이트도 거의 하지 않기 때문에 독신으로 생활하는 경우가 많다. 그러나 직업적으로 혼자서 하는 일이라면 문제없이 잘 수행할 수 있다. 조현성 성격장애를 가진 사람들은 소수의 사람들과 긴밀한 관계를 맺으려 노력하는 것이 필요하다.

(3) 조현형 성격장애

조현형 성격장애(schizotypal personality disorder)는 사회적으로 고립되어 있을 뿐만 아니라 기이한 사고와 행동이 나타나는 성격장애를 말한다. 이들은 외계인과 교신한다거나, 귀신과 대화를 나눈다거나, 종교적인 망상 등의 기이한 사고와 행동을 보이게 되고 이로 인해 대인관계의 어려움을 경험하게 된다. 기이한 사고와 행동을 보여 다른 사람들에게 '괴짜'나 '기인'이라고 불리는 경우가 많다. 천리안이나 텔레파시 등을 가지고 있다고 믿거나, 이인화나 비현실화 같은 감각의 장애, 그리고 다른 사람들이 자기에 대해 말을 하고 있다고 믿는 관계 관념 등과 같은 심각한 증상들을 나타낸다. 또한 이 장애를 보이는 사람들은 강한 스트레스를 받게 되면 망상이나 환각과 같은 조현병 증상을 일시적으로 나타내기도 한다. 조현형 성격장애 환자들은 성격장애 특징 그 자체보다는 그로 인한 불안과 우울감 등을 더 호소한다.

조현형 성격장애를 가진 사람들은 주변에서 벌어지는 일에 관심을 가지려 노력하는 것이 필요하다. 이들은 일상적인 잡무나 현실적인 문제를 잘 처리하지 못하기에, 일상적인 일이나 사소한 문제도 적극적으로 대처해 나갈 수 있도록 노력해야 한다.

2) B군 성격장애

B군 성격장애는 감정적이고 극적인 행동을 특징으로 하며, 반사회성 성격장애, 경계성 성격장애, 연극성 성격장애, 자기애성 성격장애가 여기에 속한다.

(1) 반사회성 성격장애

반사회성 성격장애(antisocial personality disorder)는 다른 사람들의 권리를 무시하거나 침해하는 지속적인 행동 양식으로, 사회적 규범이나 법을 지키지 않고 무책임하고 폭력적인 행동을 반복적으로 나타낸다. 이 성격장애를 지닌 사람들은 사이코패스라도 명명되기도 한다. 거짓말, 사기, 절도, 폭력과 같은 범죄에 연루되는 경우가 흔하다. 남들에게 피해를 주는 반사회적 행동을 쉽게 하며, 책임감이나 죄책감 및 수치감이 결여된 것을 말한다. 특히 반사회적 성격장애는 공감능력이 결여되어 타인의 감정, 권리, 고통에 대해 냉담하고 냉소적이며, 경멸하는 경향이 있다. 또한 그들은 자기를 과대평가하고 독선적이고 자기 확신에 차 있다. 이들은 잦은 폭력과 범법 행동, 직업 적응 실패, 가족 부양 소홀, 성적 문란, 채무 불이행, 거짓말이나 사기 행각, 무모한 위험 행동, 문화시설의 파괴 행위 등을 나타냄으로써 주변 사람과 사회에 커다란 피해를 입힌다(권석만, 2013). 이들은 처음에 외견상 박력 있는 사람으로 보일 수 있다.

그래서 남자인 경우 매력적으로 보이기도 하지만, 사귀어 보면 성실하지 못하고 이기적이며 남들을 배려하지 못하는 특징들이 드러나고 참된 관계를 유지하기 어렵다는 것을 알게 된다.

반사회성 성격장애를 가진 사람들은 위험 추구 성향을 사회적으로 용인되는 다른 방법으로 충족시키려 노력하는 것이 필요하다. 이들은 스스로 위험한 감각을 좇는다. 그러므로 사회의 규칙 속에서 이러한 감각을 다르게 충족하며 충동을 해소하고자 노력해야 하는데, 예를 들면 격투기, 무도, 레슬링, 스카이다이빙 등이 될 수 있다.

(2) 경계성 성격장애

경계성 성격장애(borderline personality disorder)는 정서, 행동, 대인관계가 매우 불안정하고 변동이 심한 이상 성격으로, 감정의 기복이 심한 것을 특징으로 한다. 또한 심한 충동성을 보이며 자해적 행동을 반복적으로 나타내는 경향이 있다. 이들은 정체감이 확립되어 있지 않아서, 예측 불가능하고 충동적인 방식으로 행동하며 가치관이나 진로 문제에 대해서도 확고한 생각이 없다. 이들은 혼자 있는 것을 견디지 못하고 일시적으로 격렬한 일대일 관계를 추구하는 경향이 있다. 경계성 성격장애 환자들은 졸업 직전에 중퇴를 하고, 관계를 지속시킬 수 있는 상황에서 갑자기 헤어지는 등 목표가 실현되려는 시점에 자신을 망가뜨리는 행동을 한다. 따라서 반복되는 직업 상실, 학업 중단, 헤어짐과 이혼이 흔하게 나타날 수 있다.

경계성 성격장애를 가진 사람들은 서두르지 말고 길게 이어질 수 있는 관계, 특히 맺은 관계를 소중히 여기는 사람을 만나는 것이 중요하다. 수수하고 성실한 파트너가 오랫동안 그 사람을 지탱해 주어야 치료가 가능하다. 또한, 욕구불만이 있을 때에도 당장 해소하려 하지 말고 천천히 스스로 극복해 나갈 수 있도록 마음가짐을 단단히 해야 한다.

(3) 연극성 성격장애

연극성 성격장애(histrionic personality disorder)는 타인의 애정과 지나친 관심을 끌기 위해 만연하고 과도한 감정과 주의를 끄는 행동을 말한다. 이러한 성격장애를 가진 사람들은 연애나 성적 관계에서 감정적인 친밀감을 이루기 어렵다. 마치 연극배우가 연기를 하는 것과 같은 극적인 행동을 하며, 주위의 관심을 끌려고 하는 특징을 보인다. 이들은 사랑과 관심을 받기 위해 어떤 면에서는 그들의 동반자를 감정적으로 조정하거나 유혹적인 태도를 이용해서 지배하려고 하면서도 어떤 면에서는 지나치게 의존적인 태도를 보인다. 또한 이들은 관심을 집중받고, 흥미로운 것을 갈망하며 즉각적인 만족을 추구한다. 그러나 이들에게 관심이 주어지지 않을 경우 매우 우울해 하며, 거부에 대한 불안, 시기, 질투, 분노 등을 느낀다.

연극성 성격장애를 가진 사람들은 자기 자신과 대화하는 시간을 갖는 것이 필요하다. 이들은 외면적 일이나 타인의 기분에만 관심을 쏟아 정작 자신의 내면이나 기분에는 소홀하다. 외부의 자극이 아닌 자기 내부의 자극을 소중하게 여기도록 훈련시켜야 한다.

(4) 자기애성 성격장애

자기애성 성격장애(narcissistic personality disorder)는 자신에 대한 과대평가로 인한 특권 의식을 지니고 타인에게 숭배를 요구하거나 오만한 행동을 하며, 감정 이입 능력이 부족하여 나타나는 사회적 부적응을 초래한다. 즉, 자기애성 성격장애 환자들은 자기에 대한 사랑이 지나쳐서 자신을 비현실적으로 과장되게 평가하고 타인을 무시하고 자기중심적인 행동을 한다. 이들은 자아존중감이 낮기 때문에 다른 사람들의 비난이나 패배로 인한 상처에 매우 민감하며, 겉으로는 드러내지 않지만 그들은 계속 비판을 생각하고 이로 인한 창피, 모욕, 공허함을 느낀다. 때로는 무시, 분노, 도전적 반격으로 반응하기도 한다. 이들은 엄청난 야망과 자신감으로 대단한 성취를 이루기도 하지만 비판이나 경쟁의 부담이나 패배할 가능성을 피하려 하기 때문에 직업적 기능이 매우 저조할 수 있다.

자기애성 성격장애를 가진 사람들은 타인에게서 배우고자 하는 겸손함을 가지려 노력하는 것이 필요하다. 이들은 남의 말이나 가르침을 겸허하게 듣지 못하기에 귀에 거슬리는 말을 해주는 사람을 소중하게 여김으로써 자신의 결점을 극복하고 성공할 수 있다. 또한, 자기애성 성격장애자는 현실감의 결여, 불안감, 쉽게 상처 받음, 의존성 등을 가지고 있기 때문에 이를 보완해줄 파트너가 필요하다.

3) C군 성격장애

C군 성격장애는 불안하고 회피적 행동을 특징으로 하고 있으며, 회피성 성격장애, 의존성 성격장애, 강박성 성격장애가 여기에 속한다.

(1) 회피성 성격장애

회피성 성격장애(avoidant personality disorder)는 타인으로부터 부정적 평가를 받는 것에 대해 과도하게 예민하며, 사회적 상황에서 지나치게 감정을 억제하고 부적절감을 많이 느끼게 되어 대인관계를 회피하는 성격장애를 말한다. 회피성 성격장애 환자들은 다른 사람과의 만남에 대한 불안과 두려움 때문에 사회적 상황을 회피함으로써 적응에 어려움을 나타낸다. 이들은 다른 사람들과의 친밀한 관계를 원하면서도 배척당하거나 비난받지나 않을까 하는 두려움 때문에 대인관계를 회피한다. 이들과 관련된 큰 문제점은 사회적 · 직업적 기능에서의 어려움으로 이어질 수 있다는 것이다.

회피성 성격장애의 극복 방법은 '나는 할 수 없다'는 생각을 버리는 것이다. 회피성 성격장애자들은 실패하는 것을 두려워하여 움직이지를 않는다. 실패한다는 공포 때문에 행동을 과감히 하지 못한다. 그러므로 '나는 할 수 있다'는 믿음을 가지고 올바른 결단력과 행동을 하도록 옆에서 도와주어야 한다.

(2) 의존성 성격장애

의존성 성격장애(dependent personality disorder)는 타인으로부터 보살핌을 받고자 하는 과도한 욕구를 지니고 있어서, 타인에게 지나치게 순종적이고 복종적인 행동을 통해 의존하는 성격특성을 말한다. 이들은 자신의 욕구나 감정을 억누르고 상대방과의 관계를 해칠 가능성이 있는 행동을 자제함으로써 다른 사람들을 붙잡아두려 한다. 또한, 일상적으로 스스로 의사결정을 하거나 책임을 져야 하는 상황에서 다른 사람들의 도움을 절대적으로 필요로 한다. 의존성 성격장애자는 자신에 대해 비판적이고 자기 회의적이고 자신의 능력이나 재산을 과소평가하는 성향이 있다. 또한 자기비하나 열등감을 자주 보이며, 남자보다 여자에게서 더 많이 나타난다.

의존성 성격장애를 가진 사람들은 굳은 의지를 가짐으로써 자신의 의지와 판단력을 가지고 행동하도록 노력해야 한다. 또한, 자신도 모르게 자기주장을 억제하게 되므로 평소에 자신의 기분을 말로 표현하는 습관을 가짐으로써 자신이 무엇을 원하는지 명확하게 파악하도록 한다.

(3) 강박성 성격장애

강박성 성격장애(obsessive-compulsive personality disorder)는 질서, 규칙 및 통제 등을 추구하는 완벽주의의 특징을 보이는 부적응적 성격을 의미한다. 이들은 사소한 것에 지나치게 집착하고 융통성이 부족하며, 대인관계에서 딱딱하고 지나치게 신중하고 진지한 모습을 보인다. 이들은 지나치게 꼼꼼하고 인색하며 완고하고 사소한 것에 집착하며, 융통성, 개방성, 효율성을 희생시키더라도 정돈, 완벽, 정신적 통제 및 대인관계의 통제에 지나치게 집착하는 광범위한 양상을 보인다. 이들은 규칙이나 정립된 절차에 의해 정확한 답이 나오지 않으면 의사결정을 하는 데 시간이 많이 소모되고 때로는 고통스러운 과정이 된다. 또한, 이들의 일상은 지나치게 경직되어 있으며 무엇이든 완벽하게 이야기할 수 있다는 확신이 들지 않으면 매우 신중하게 자신을 자제한다.

강박성 성격장애의 극복 방법은 긴장을 늦추고자 노력하는 것이다. 무엇을 해도 자신의 의무라 생각하고 다음 것은 또 어떻게 해야 하는지에 신경을 쓰느라 쉴 수가 없다. 또한, 책임감이 강하며 모든 결과가 자기 노력에 달려 있다고 믿고 있기 때문에 자책하거나 자신을 몰아세우는 특성이 있으므로 모든 인간은 한정된 능력을 지닌 존재이며 과오를 범한다는 사실을 일깨워 주어야 한다.

6. 이상행동과 사회복지실천

이상행동에 대한 이해는 개인의 역기능적 행동의 변화를 목표로 하는 사회복지실천의 지식 기반이 되므로 무엇보다 중요하다. 보편적인 인간의 행동과 발달에 대한 지식과 더불어 이상행동에 대한 기본적인 지식도 사회복지실천을 위해 갖추어야 할 지식이다. 사회복지현장에서 이상행동과 관련하여 사회복지사는 부적응이나 이상행동을 제일 먼저 접촉하게 되는 전문가로서 이상행동 여부를 판단해야 하므로, 충분한 지식을 바탕으로 적절한 개입이 이루어질 수 있도록 평가를 정확히 할 필요가 있다. 사회복지사는 의뢰의 역할을 한다. 사회복지사가 이상행동에 대한 정확한 평가가 이루어진 후에 그에 따라 적합한 전문가, 자원, 서비스의 연결이 이루어지도록 각각에 대한 정보를 확보하고 연결해 주는 역할을 한다. 또한 이상행동을 하는 클라이언트나 이들의 가족을 대상으로 활동한다. 클라이언트의 문제에 대해 더 잘 이해하기 위해서는 가족과 관련한 정보를 수집하는 것, 가족이 받는 고통 등을 이해하고 이를 극복하기 위해 필요한 지지와 개입을 해야 한다.

우리나라의 경우는 이상행동이나 정신장애와 관련한 다양한 문제를 의학적으로만 접근하는 경향이 있는데, 사회복지실천적 차원에서 접근해야 할 필요가 있다. 이는 보육교사, 아동 및 청소년상담사, 사회복지사 등 아동복지실천분야 및 사회복지실천분야 모두가 개인의 심리사회적 기능을 향상시키고자 하는 목적을 공유하고 있기 때문이다. 따라서 휴먼서비스직에 종사하는 모든 교육실천가들은 기본적으로 이상행동에 대한 기본적인 사항들을 파악할 필요가 있다. 즉 이상행동을 판단하는 방법은 다양한 방법들이 있지만 일반적으로 통계적 빈도에서 얼마나 벗어나는지, 사회가 수용하는 통념에서 얼마나 벗어나고 있는가, 사회에 얼마나 부정적 영향을 미치는가, 개인이 주관적 관점에서 얼마나 고통을 느끼는가 등이 제시될 수 있음을 인지하고, 이상행동을 평가하는 데는 면접법, 관찰법, 심리검사 등 다양한 방법들이 사용되고 있다는 것을 인지할 필요가 있다.

인간의 전 생애 발달과정에서 이상행동의 문제를 예방하는 데 가장 중요한 시기는 영유아기이다. 따라서 사회복지사, 아동상담사 등의 전문적 역할뿐만 아니라 영유아와 많은 시간을 함께 하는 보육교사의 역할도 매우 중요하다. 보육교사는 현장에서 영유아의 일상을 자주 접하기 때문에 다른 누구보다 문제행동의 발생 여부를 먼저 알아차리기 쉬울 뿐만 아니라, 의미 있는 성인으로서 문제행동에 대한 반응을 통해 영유아에게 큰 영향력을 발휘할 수 있다. 따라서 보육교사가 영유아에게 문제행동이 나타나는지를 관찰할 뿐만 아니라, 문제행동을 일으킬 만한 요소가 있는지에 대해서도 관심을 기울임으로써 문제행동의 발생을 예방할 수 있도록 도와야 한다(김현정, 2000). 이에 보육교사에게는 문제행동에 대한 전문적인 지식을 바탕으로 하는 전략적인 접근이 필요하다. 적절한 방식의 문제행동 지도 전략은 영유아의 문제행동을 감소시킬 수 있으며, 조기개입은 영유아 스스로 문제를 해결할 수 있는 능력을 기르는 데 긍정적인 효과를 발휘할 수 있다.

요약정리

1. 정상이냐 이상이냐를 결정할 기준은 통계적 관점, 발달적 관점, 사회화 관점, 임상적 관점, 사회문화적 관점 등으로 구분된다.
2. 이상행동을 설명하는 이론으로 정신분석, 행동주의, 인지 · 생물학적 이론 및 가족체계 이론 등이 있다.
3. 지적장애는 지적기능은 물론 많은 일상적인 사회적 기능 및 실제적 기술을 포함하는 적응행동 모두에서 심각한 제한을 보이는 특징을 보이며, 18세 이전에 나타난다.
4. 자폐스펙트럼장애는 생후 12~24개월 무렵에 나타나는데, 사회적 상호작용과 의사소통 기술에 지속적 결함이 나타나는 장애를 말한다.
5. 반응성 애착장애는 영아가 부모(양육자)와 건강한 애착을 경험하지 못하여 발생한다.
6. 자폐스펙트럼장애가 선천적 요인에서 비롯된 장애라면, 반응성 애착장애는 후천적으로 부정적인 양육환경의 영향에 의해 발생하는 경우로 볼 수 있다.
7. 분리불안장애는 부모나 사랑하는 사람과 분리될 것에 대한 예상되는 불편감에서부터 공포반응까지의 불안증상이다.
8. 주의력결핍 과잉행동장애는 매우 산만하고 부주의한 행동을 보이며, 자신의 행동을 적절히 통제하지 못하여 충동적인 행동을 하는 것이다.
9. 불안장애는 아동 및 청소년기의 가장 일반적인 정신적 문제 중의 하나이다. 불안장애의 종류로는 분리불안장애, 선택적 함구증, 특정공포증, 사회불안장애, 공황장애, 광장공포증 및 범불안장애가 포함된다.
10. 선택적 함구증은 언어적인 문제가 없음에도 불구하고 특정상황에서 말을 하지 않는 것이다.
11. 특정공포증은 위험하지 않은 특정한 대상이나 상황에 대한 극단적인 공포를 지니는 것이다.
12. 사회불안장애는 다른 사람들과 상호작용하는 사회적 상황을 두려워하여 회피하거나 타인 앞에서 어떤 일을 해야 할 때 심한 불안과 공포를 느낀다.
13. 범불안장애는 일반화된 불안장애라고도 하는데, 만성적으로 지나친 걱정과 긴장, 그리고 두통이나 근육긴장, 메스꺼움 등의 신체증상을 경험한다.

14. 품행장애의 핵심 증상은 다른 사람의 기본적 권리를 침해하고 나이에 적합한 사회적 규범 및 규칙을 위반하는 지속적이고 반복적인 행동양상이다.

15. 우울장애는 슬픔, 공허감, 짜증스러운 기분과 수반되는 신체적 · 인지적 증상으로 인해 개인의 기능이 현저하게 저하되는 부적응 증상을 의미한다.

16. 조현병은 망상, 환각, 전반적으로 와해된 언어 및 행동과 같은 특징적 증상의 출현, 단조로운 정서, 혼란의 지속적인 징후 등의 부정적 증상을 나타낸다.

17. 성격장애는 A군 성격장애, B군 성격장애, C군 성격장애로 나눌 수 있다. A군 성격장애에는 편집성 성격장애, 조현성 성격장애, 조현형 성격장애, B군 성격장애에는 반사회성 성격장애, 경계성 성격장애, 연극성 성격장애, 자기애성 성격장애, C군 성격장애에는 회피성 성격장애, 의존성 성격장애, 강박적 성격장애가 속한다.

생각해 보기

1. 이상행동과 정상행동을 판별하는 주요한 기준의 장점과 단점을 생각해 봅시다.

2. DSM-5에는 포함되지 않았지만, 현재 우리 사회에서 나타나고 있는 부적응문제를 찾아보세요. 그리고 사회복지사가 할 수 있는 역할에 대해서 생각해 보세요.

3. 매스컴에서 자주 보도되고 있는 사회적 문제나 범죄를 일으키는 범죄 중에서 정신장애와 관련시켜, 그 원인이 무엇인지 생각해 보세요.

chapter 13

사회환경과 인간행동

Human Behavior and Social Environment

chapter 13

사회환경과 인간행동

1. 사회환경과 인간행동

1) 가족과 인간행동

(1) 가족의 특성

가족은 인간 사회에서 변화와 발전이 가장 오래되었고 모든 체계들과 불가분의 관계를 맺고 있는 사회단위이다. 또한 가족은 인간의 행동과 발달에 영향을 미치는 사회환경 가운데에서 가장 친밀하고 영향력 있는 일차적인 환경이며, 인간의 건강한 신념과 가치 등의 성격 형성에 가장 큰 영향력을 지니고 있다. 따라서 가족은 인간이 사회에서 최초로 접하게 되는 가장 기본적인 단위로서 혼인 관계를 통해서 친밀한 사회적 상호작용을 제공하고 인간의 생리적 · 정서적 욕구를 충족시켜 주는 안식처를 말한다.

가족의 특성을 형태, 체계의 측면에서 설명하면 다음과 같다.

형태적 측면에서 가족의 특성(임은희, 2010: 290)은 현대가족은 확대가족에서 핵가족, 소인수 가족으로 변화되고 있다. 이러한 가족은 친척들과 접촉이 어렵고 상호부조의 정신이 약화되어 불안정하다. 결혼은 배우자를 선택할 때 이성을 만날 수 있는 기회가 많아짐에 따라 연애결혼의 형태로 변화되고 있다. 결혼을 통해 두 사람은 부모로부터 독립생활을 하는 경향이 강하지만, 표면적인 독립으로 인해 갈등이 나타나기도 한다. 가족은 부부생활의 감정조절과 인간적 융합에 의존하여 안정을 취하고 있다. 부부의 강한 감정적 유대는 불만과 실망감을 갖게 되고 인격적인 성장이 이루어지지 못하여 이혼과 같은 불행을 경험하기도 한다.

Ross는 체계적 측면에서 가족의 특성을 다음과 같이 설명하고 있다(이인정 · 최해경, 2003: 393). 첫째, 가족구성원은 가족 내에서 다양한 위치를 가진 상호의존상태에 있다. 위치, 지위, 행동이나 한 구성원의 역할 변화는 가족구성원의 행동을 변화시킨다. 둘째, 가족과 가족 외부체계를 구분하는 경계는 엄격함과 침투성의 수준에 따라 다르다. 셋째, 가족은 시간이 지나면서 반복적인 상호작용 패턴인 적응과 균형을 추구하는 단위이다. 넷째, 가족은 더 큰 사회환경을 대표하는 외부체계의 요구와 가족구성원의 내적 욕구와 요구를 충족시켜야 하는 과업 수행의 단위이다.

(2) 가족의 형태

핵가족은 부부와 그들의 미혼인 직계자녀로 구성된 가족이며, 가장 보편적인 가족형태로서 자녀들이 결혼하면 집에서 분가하는 것이 원칙이다. 핵가족은 우리 사회에서 직장에 따른 지역적 이동, 주택 형태, 독립된 생활형태의 선호 등의 이유로 현대 산업사회에서 사회경제적 구조에 가장 적합한 가족형태가 지배적이다.

확대가족은 결혼한 자녀와 함께 한 집에서 동거하는 가족형태로서 종적 혹은 횡적으로 연결되어 형성된다. 직계가족은 장남이 부모님과 함께 동거하여 가계를 계승하고 차남부터 분가하는 종적으로 확대된 가족형태이다. 방계가족은 결혼한 자녀들이 부모와 다같이 동거하는 횡적으로 확대된 가족형태이다.

수정확대가족은 부모님과 동거하지는 않지만, 가까이 살면서 확대가족의 형태를 이루는 것이다.

노인가족은 노인부부만 사는 가족, 사별이나 이혼 등으로 노인이 혼자 사는 노인단독가족, 노인부부와 미혼의 자녀나 기혼의 자녀와 함께 사는 가족으로 이루어진다. 우리나라는 사회구조와 가치관의 변화로 인해 노인부부가 자녀와의 동거를 원치 않거나 자녀가 부모와의 동거를 원치 않아서 점차 노인만으로 구성된 가족이 증가하고 있는 추세이다.

재혼가족은 가장 복잡한 가족형태로서 배우자 한쪽이나 양쪽 모두가 재혼 이상의 결혼을 하여 구성된 가족이다. 재혼가족은 이전 결혼에서 자녀가 없는 경우에는 일반적인 핵가족과 차이가 없으나 각 배우자에게 자녀가 있고 함께 살기를 원할 경우 그 자녀를 포함하게 된다(송성자, 2003: 83). 재혼한 부부는 미리 계부모로서의 기능, 자녀양육, 재정관리에 대한 계획을 고려하는 노력을 통해 부부와 자녀가 가치의 차이를 좁히는 것이 필요하다. 우리나라의 재혼율은 2009~2019년에 이르기까지 조금씩 증가하는 추세이며(10년 대비 남자는 4.0%, 여자는 4.1% 증가, 2018년 대비 남자는 0.5%, 여자는 0.9% 증가), 최근에는 여성의 재혼이 더 증가하는 추세이다(남녀 모두 초혼과 재혼을 차지하는 전체 혼인 건수에서도 남녀 재혼의 비중이 11.8%를 차지하여 재혼율이 증가하고 있다. 남자의 재혼율 15.6%에 비해 여자의 재혼율이 17.8%를 차지하여 여자의 재혼 비중이 높음). 남녀의 재혼 유형으로는 남녀 모두가 재혼인 남재여재 유형이 증가하고 있다(통계청, 2019; 대한민국 정책브리핑, 2021). 이혼가족이 증가하고 있는 우리나라에서는 이혼자의 90% 이상이 재혼을 원하고 있으나 복잡한 가족관계, 자녀에 대한 전 배우자의 개입, 사회의 이중기준 등으로 적응에 어려움을 줄 수 있는 가족형태로 볼 수 있다.

한부모가족은 혼전임신, 별거, 사별, 이혼, 유기로 인해 한쪽의 부모가 없는 가족이며 부자가정 혹은 모자가정을 의미한다. 이러한 한부모가족은 배우자가 없어서 경제적 문제와 자녀양육에 대한 문제, 대인관계의 문제, 정서적인 문제 등으로 매우 취약한 가족형태가 되고 있다. 한부모가족의 증가는 이혼과 결혼이 주로 영향을 미치고 있다(최경석 외, 2001: 394). 우리나라의 이혼건수는 1991년 45,694건인데 비해 2020년 106,500건으로 지난 30년간 약 2.3배 증가하였으며 결혼건수가 1991년 416,872건인데 비해 2020년 213,502건으로 약 2배 감소하였으며 이혼건수가 혼인건수의 절반이다(통계청, 2021).

다양한 가족형태 중 하나인 동성애가족은 세계적으로 성인의 4% 정도이며 계속적으로 증가되고 있다. 동성결혼은 덴마크가 동성 간의 시민결합을 최초의 인정하였고 네덜란드가 동성결혼을 최초로 법제화 하였으며, 2017년 기준 노르웨이, 스웨덴, 아이슬란드, 네덜란드, 프랑스 등 전 세계 27개 국가에서 시민결합제도를 시행하고 동성결혼을 허용하는 국가를 포함하면 전 세계 35개 국가에서 법적으로 동성커플의 지위를 보장하고 있다(위키백과, 2021). 또한 동성애가족은 대개 2~3년 정도의 동거기간을 갖는 경우가 가장 많으며, 남성동성애 부부와 여성동성애 부부간에 차이가 있다. 여성동성애 부부에 비해 남성동성애 부부는 수입이 배우자의 권력을 결정하며, 수입의 액수에 따라 전반적인 만족도가 영향을 미치는 것으로 나타났다(황철수, 2009: 381-382). 또한 동성애가족은 사회적 거부로 인해 보험이나 상속, 세금제도 등에서 불이익을 받고 있는 경우가 많으므로 이성의 배우자들 경우보다 개인의 욕구를 충족시키기 위해 더 서로에게 의존할 수밖에 없다.

가족의 다양성에 대한 국민여론조사(문화체육관광부 · 여성가족부, 2019)를 살펴보면, 혼인과 혈연관계가 아닌 생계와 주거를 공유할 경우 66.3%가 가족으로 인정하고 반드시 함께 살지 않아도 정서적 유대를 형성한 친밀한 관계일 경우 48.5%가 가족이라고 하였다. 또한 법률 혼인외 혼인차별 폐지에 대해

63.4%가 찬성하였고, 연령이 낮을수록 다양한 가족의 수용도가 높고 다양한 가족의 지원정책의 필요성 인식이 높게 나타났다. 즉 가족의 가치관과 형태가 빠르게 변화하는 사회현상 속에서 다양한 가족의 수용도가 높음을 알 수 있었다. 이와 더불어서 미래 모든 가족이 편견 없이 존중받으며 살아갈 수 있도록 사회인식과 차별적인 제도의 개선, 다양한 가족지원 정책의 확대가 필요하다.

(3) 가족이 인간행동에 미치는 영향

인간은 가족 안에서 부모의 양육태도, 형제와의 관계, 가족의 규칙 등을 통해 인간행동의 기초를 마련하게 되어 미래의 인간행동에 많은 영향을 미치게 된다. 따라서 가족은 건강하고 건전한 분위기를 형성하여 가족구성원 모두가 체계로서 기능하고 외부의 환경이나 변화에 성공적으로 과업을 수행하도록 도와야 할 것이다.

가족의 체계적 관점에서는 마치 가족을 모빌로 비유하여 가족의 한 부분이 움직이면 다른 부분들도 영향을 받아 움직이는 것처럼(Satir, 1972), 가족 내의 구조가 변하면 가족구성원의 위치, 역할, 기능이 변화하게 되어 행동에도 변화를 가져온다는 것이다(Minuchin, 1974). 가족 안에서 관계형성 방식이 반복되는 경향은 관계형성을 강화하여 가족구성원들의 상호작용 패턴으로서 행동 방식을 결정한다고 볼 수 있다.

인간의 성격과 행동은 가족체계 내에서 경계선의 침투 정도가 영향을 미치는 것으로 나타났다. 가족의 경계가 명확하고 적절하게 설정된 경우 부부하위체계가 자신의 원가족으로부터 독립적이며 원가족의 간섭을 통제할 수 있다. 이처럼 가족체계 내의 경계선이 명확하고 적절한 침투가 허용되는 경우에는 자율성을 가지며, 자아정체감을 형성하여 자신의 행동에 책임을 질 수 있다. 그러나 가족의 경계가 경직된 경우에는 자율적이고 독립적이지만, 가족 간의 상호교류가 없어서 정서적 반응을 학습할 수 없으며 소속감이나 충성심도 부족하다. 이와 반대로 가족의 경계가 밀착된 경우에는 지나치게 상호작용하고 관여된 지지와 협동의 관계로 인해 가족에 대한 소속감과 충성심이 강하지만, 자율성이나 독립성이 부족해진다.

2) 집단과 인간행동

(1) 집단의 특성

집단은 둘 이상의 사람이 공동목적이나 관심을 가지고 상호의존과 상호작용을 통해 서로를 인지하고 감정을 공유하며, 집단이 기능하기 위해 규범을 만들고 목표를 수립하여 행동하고 응집력을 발전시키는 사회적 집합체를 말한다. 집단은 일정한 목적을 갖고 움직이는 체계이므로 내적인 면에서 구성원들을 통제하기 위해 독특한 규범과 문화를 발전시키고 외적인 면에서 환경체계의 영향을 받는다. 이러한 사회적 체계관점에서 집단의 특성(Chess & Norlin, 1988: 135-136)은 다음과 같다.

첫째, 집단구성원들이 대면적 상호작용을 할 수 있도록 하기 위한 최소단위는 2인 이상으로 집단의 전체 크기가 작다고 할 수 있다. 그러나 대면적 상호작용이 상실되면 더 이상 집단이 될 수 없다.

둘째, 집단구성원은 최소한의 역할이 분화되어 있다.

셋째, 집단은 집단정체성을 가지며 집단을 하나의 실체로 지각하며, 집단구성원의 개성에 영향을 미친다.

넷째, 집단구성원은 중요한 사회화 및 사회통제 기능을 수행하며, 그 하위문화를 가진다.

다섯째, 집단구성원의 관계와 상호작용은 집단구성원의 내적 혹은 자연적 상태를 토대로 이루어진다.

Wiseman은 집단의 발전과정의 특성을 다음과 같이 설명하였다(장인협 외, 1990: 181).

첫째, 집단은 환경에 적응을 하게 되며, 집단의 외적 체계가 적응대상이 된다.

둘째, 집단은 목표지향적 행동을 위하여 적응에 필요한 행동을 넘어서는 활동, 감정 및 상호작용, 즉 내적 체계를 발전시킨다.

셋째, 집단은 내적 체계를 발전시켜서 유대, 응집력, 규범, 역할 및 지위 등의 발달이 이루어진다.

넷째, 집단의 적응은 환경과 더불어 발달하는 내적 체계로 인해 피드백의 영향을 받는다.

다섯째, 집단은 구성원들의 기능을 수정하게 된다.

(2) 집단의 형태

Cooley(1909)는 개인의 사회화 과정에서 성원 간의 상호작용과 정서적 결속 정도에 따라 1차 집단과 2차 집단으로 분류하여 사회적 관계를 유형화시켰다. 1차 집단은 혈연과 지연을 바탕으로 직접적 상호작용하면서 관계를 맺는 자연발생적으로 형성된 집단이며 정서적 측면이 강조되는 인간관계이다. 반면에 2차 집단은 특별한 목적을 달성하기 위해 인위적인 계약에 의해 만들어진 집단이다. 구체적인 목적을 위해 합리적 차원에서 이루어진 집단이며, 작업이나 노동활동에 근거를 두고 효율성을 위해 관계를 맺어서 능률 위주로 이루어지는 목적 · 합리적 · 수단적 · 비인간적 · 익명적 · 일시적 특징을 가진다.

자연발생적 집단은 자연적으로 발생하는 사건이나 대인관계상의 매력 또는 상호인지된 욕구에 기반을 두고 있으며 공식적인 지원체계가 없어서 1차 집단과 유사하다. 이러한 집단은 오랜 시간을 두고 형성되며, 계획적으로 만들어지는 것이 아니다. 의도적 구성집단은 어떤 목적을 위해 의도적으로 구성된 집단으로 각각의 역할에 의해 구조화되고 지위에 의해 층화되는 치료집단, 위원회, 클럽, 팀 등을 포함하여 2차 집단과 유사하다. 이러한 집단은 공식적 규칙과 일련의 과업을 가지고 구조화되어 외부의 영향이나 개입을 통해 형성된 집단이다.

수단적 집단은 집단의 목표 달성이나 과업 성취를 주목적으로 하는 집단을 의미하여 과업과 권위적인 행동 그리고 집단이 지향하는 목표달성 등이 이에 속한다.

표현적 집단은 구성원들의 상호작용을 통해 정서적 만족을 추구하는 것을 주목적으로 하고 개인의 감정과 집단을 유지시키는 사교적 행동 등이 이에 속한다.

지지집단은 성공적인 치료집단의 기능을 가지며, 구성원들이 스트레스를 주는 생활상의 사건에 잘 대처하고 효과적으로 적응할 수 있도록 원조하여 앞으로 일어날 일들에 더 효과적으로 적응하기 위한 대처기술을 향상시키는 집단이다. 이 집단은 대부분 유사한 문제나 경험을 갖고 있어서 유대감 형성이 빠르며 자기 표출도 높다.

교육집단은 구성원과 사회에 대한 학습이 주목적이며, 정보와 기술, 지식의 제공은 주로 전문가에 의해서 이루어지고 토의를 통해 학습이 이루어진다. 이 집단은 교육욕구가 중시되어 최상의 학습효과를 위해 자기표출의 정도가 비교적 낮은 편이다.

성장집단은 구성원들의 자기인식을 증진시켜서 능력과 자아개념을 넓히고 개인적 변화로 기회를 제공하고 자아 향상을 강조한다. 집단은 사회 · 정서적 건강 증진에 초점을 두고 다양한 특성을 가지고 서로의 잠재력을 발전시키도록 도와주는 가운데 성장의 밑거름을 이루게 된다.

치료집단은 구성원들의 행동변화, 개인적인 문제의 개선, 상실된 기능의 회복을 심도 있게 다룬다. 집단은 전문가에 의해 공통의 문제를 겪고 있는 사람들의 행동을 수정하거나 교정 또는 재활을 통해 개별성원의 목적을 구체적으로 수립하여 달성하도록 도움을 준다.

사회화 집단은 성원들이 사회적으로 수용되는 행동이나 태도를 학습하여 지역사회에서 효과적으로 기능하도록 원조한다. 사회화집단은 프로그램을 통해 개인의 목적을 성취하고 다양한 활동을 통해 사회화를 배울 수 있다.

과업집단은 목표를 달성하고자 하는 성과물 산출, 과업 달성, 명령 수행을 위해 진행과정을 가지며 성과물 산출에 의해 완성도를 판단한다. 이 집단은 역할이 주로 할당되며 특정과제에 대해서 의사소통하는 경향이 있고, 과업성취를 위한 전문성이나 자원 위주로 성원이 구성되며 집단의 결과물을 생산했는지를 중시한다.

(3) 집단이 인간행동에 미치는 영향

집단은 지역사회나 사회 안에서 형성되는 공식 또는 비공식적 구조로서 사회의 기본단위이며, 인간관계를 형성하고 유지할 수 있는 수단이 된다. 인간의 생애주기에서 집단이 인간행동에 미치는 영향을 살펴보면, 유아기에는 연합놀이나 협동놀이를 통해 기초적인 도덕성이 발달하며, 사회적 관계를 알게 되고 타인의 역할을 수용하게 되면서 역할분담을 학습하게 되고 내적인 힘을 키울 수 있게 된다. 아동기에는 학교나 또래와의 관계를 형성하는 집단에서 자신에 대한 평가를 통해 긍정적 혹은 부정적 성격을 형성하게 되어 자신감을 갖거나 열등감을 갖기 때문에 또래들의 의견에 민감하여 자신의 욕구를 통제하고, 단체놀이를 통해 규칙을 준수하고 경쟁과 승리의 중요성을 학습하여 서로 협력하고 노력한다. 청소년기에는 자신의 과거와 현재를 연결하여 느끼는 안정감과 자아정체감을 형성하는 시기로서, 또래집단으로부터 인정받는 것이 중요해지면서 집단의 의견과 또래의 압력이 강한 영향을 미쳐서 현실적인 판단과 사고를 방해하기도 한다. 성인기에는 친밀감을 형성하는 것이 중요한 과업으로서 다른 사람들과 진정한 친밀감을 형성하여 개방적이고 지지적이며 다정한 관계를 맺는 능력을 통해 타인과 안정감을 경험하기도 하지만 사회에 적응하기 위해 시행착오를 경험하기도 한다. 노년기에는 경제적인 어려움을 경험하고, 사회적으로 생존경쟁에서 밀려나게 되어 심각한 어려움을 겪기도 하며 집단경험을 하지 못하는 경우 고독과 소외감 등을 갖기도 한다.

따라서 집단은 인간관계의 장이 되고 있으며, 집단구성원을 지지하고 자극함으로써 성장과 발달을 촉진하게 되어 다양한 심리사회적 욕구를 충족시킬 수 있다. 그러나 집단은 긍정적인 영향만이 아닌 부정적인 영향을 통해 성장과 변화를 방해할 위험성과 부적응을 경험하고 심리사회적 문제를 유발하기도 한다.

3) 조직과 인간행동

(1) 조직의 특성

조직은 특정한 목표를 추구하는 사회적 단위 또는 집합체를 말하며(Parsons, 1960; Etzioni, 1964), 목표나 임무를 성취하기 위해 전문화되고 상호 연계된 활동에 관여하는 사람들의 집합이다(Gortner, 1987).

조직체계의 특성은 다음과 같다. 첫째, 모든 조직은 공동의 목표를 가지고 그 목표에 따라 조직 내의 질서를 유지하며, 조직구성원들을 결집시키고 통제하고 관리하며 목표를 상실하면 조직은 무너지게 된다.

둘째, 조직은 각 부분이 그 체계 내에 포함되는 다른 모든 부분과 상호의존적으로 관련되어 있으므로 전체로서 다루어야 한다는 체계로서의 특성을 가진다. 조직의 협동체계는 부분을 종합한 것 이상이 전체이며, 부분에 고유하지 않은 특성이 체계에서 나타날 수 있다. 따라서 조직은 인간에 의해 창조되어 살아 움직이는 사회적 창조물이라 할 수 있다.

셋째, 인간에 의해 창조된 집단을 말한다. 사회(society)는 인간(socio)이라는 어원에서 유래된 것으로 인간 없이 존재할 수 없다. 즉 건물, 공장, 무인시스템, 사무실, 무인로봇 등은 조직이 아닌 조직을 위한 목표달성의 자원이라 볼 수 있다. 조직은 시간의 흐름에 따라 인간이 영원하지 않고 바뀌지만, 조직은 계속성을 갖고 존속한다.

넷째, 조직은 환경과 다른 조직과 경계를 가지며, 이러한 조직의 경계를 통해 구별할 수 있다.

다섯째, 조직은 조직의 외부에 존재하며, 많은 영향을 미치는 환경으로부터 직접 혹은 간접적인 영향을 받으며 교류가 이루어진다. 이러한 교류는 끊임없이 이루어지며 이를 통해 조직은 생존할 수 있다.

사회복지조직의 특성은 일반적인 조직과 차이가 있다(Hasenfeld, 1983). 첫째, 사회복지조직은 문제나 욕구를 가진 클라이언트와 직접 접촉하는 활동을 한다. 둘째, 사회복지조직은 서비스를 받는 클라이언트의 복지를 증진하도록 사회로부터 위임을 받는다. 셋째, 사회복지조직은 구성원들이 도덕적 가치를 지녔기에 도덕적 정당성이 확보되어야 한다. 넷째, 사회복지조직은 목표가 모호하고 눈에 보이지 않아서 애매한 문제가 있다. 다섯째, 가치관과 이해관계가 갈등을 일으키면 외부 환경으로부터 적절한 투입을 얻기 어려워진다. 여섯째, 조직의 주된 활동이 일선 부서의 사회복지사와 내담자 사이에서 이루어진다. 일곱째, 서비스의 효과를 정확하고 타당하게 측정할 수 있는 도구가 없다는 것이다.

(2) 조직의 형태

조직의 형태는 분류기준에 따라 다양하게 제시될 수 있다. 첫째, 조직은 공식성에 따라 공식조직과 비공식조직으로 구분할 수 있다. 공식조직은 조직목표를 달성하기 위해 위계구조와 권한관계를 바탕으로 하여 인위적으로 만들어진 조직이다. 비공식조직은 구성원 간의 상호작용이나 친근한 관계를 토대로 하여 인간의 욕구에 기반을 둔 자연발생적인 조직이다.

둘째, 사회의 유지와 발전의 기능수행에 따라 생산조직, 정치조직, 통합조직, 형태유지조직으로 구분할 수 있다(Parsons, 1960). 생산조직은 기업조직이 대표적이며, 상품의 제조와 경제적 가치를 창출하여 사회의 적응을 수행하는 조직이다. 정치조직은 행정기관, 정당, 국회 등을 말하며 사회의 목표가치를 창출하여 권력을 가지며 배분하는 조직이다. 통합조직은 사회질서를 유지시키는 군대, 사법기관, 경찰서 등을 말하며, 사회의 갈등을 해결하고 사회의 부분들이 공존하고 협동하도록 규제와 유도를 하는 조직이다. 형태유지조직은 학교나 종교기관을 말하며 문화와 교육을 수행하는 기능을 하는 조직이다.

셋째, 조직의 상급자와 조직성원의 태도 사이의 관계에 따라 강제적 조직, 공리적 조직, 규범적 조직으로 구분할 수 있다. 강제적 조직은 조직성원의 의사와 무관하게 강제적으로 조직의 목적을 위해 행동하도록 하는 조직체이며 감옥과 군대를 예로 들 수 있다. 공리적 조직은 보수나 급여를 통제수단으로 사용하여 조직성원들의 실리적 목적을 위해 소속되어 자신의 이익에 따라 가입하거나 탈퇴할 수 있는 조직으로 회사나 기업체가 이에 속한다. 규범적 조직은 자유롭게 가입과 탈퇴가 가능한 조직으로 규범적 권력을 통제수단으로 활용하며, 조직에 대하여 높은 일체감을 보이는 조직으로 종교, 정치, 대학, 전문직 단체 등을 말한다.

넷째, 조직은 분업화에 따라 결정기관, 집행기관, 평가기관, 중앙기관, 지방기관, 주무기관, 부속기관, 계선기관, 참모기관으로 나눌 수 있다.

다섯째, 복합적 기준에 따라 직능의 부제, 사업부제, 프로젝트 조직, 매트릭스 조직 등으로 나뉠 수 있다.

(3) 조직이 인간행동에 미치는 영향

Presthus(1978)은 관료적 조직의 구성원이 조직에 적응하는 정도에 따라 상승형, 무관심형, 모호형으로 구분하여 인간행동에 미치는 영향을 설명하였다. 상승형은 낙천적이고 조직 내에서 만족하며, 조직에 대한 충성심과 조직의 존재가치의 정당성이나 운영의 합리성을 신봉하기 때문에 조직과의 일체감이 높으며 긍정적이다. 또한 이 유형은 개인의 이익과 조직의 이익이 충돌할 때 개인의 이익을 포기하는 경향이 있으며,조직의 구조상 상위의 중요한 위치를 차지하고 있는 경우가 많기 때문에 다른 성원들에 비해 더 많은 영향력을 행사할 수 있다. 무관심형은 조직이 좌절감을 제공하는 체계로 여기며 조직에 대한 소외감을 느끼고 조직 외부의 일에 더 흥미를 가지며, 조직을 벗어나고자 하여 조직과의 일체감이 약하고 충성심이 약하고 권력과 성공에 대한 의욕을 포기하는 경우가 많으며 주로 하위조직에 속한다. 모호형은 가장 적은 유형으로 조직의 지위와 권위, 조정과 통제의 필요성을 인정하지 않고 내향적인 성격을 가지며, 대인관계의 폭이 좁은 편으로 연구직이나 비서와 같은 전문가 집단에서 흔히 볼 수 있다.

조직은 인간관계가 목표달성에 영향을 미치는 것을 인정하고 언제나 합리성을 추구하며, 조직성원의 감정보다는 명령이나 압력, 강요, 통제를 통하여 인간에게 영향력을 행사하려는 속성을 지니고 있다(김운태, 1984: 237-238). 그러나 조직 안에서 인간은 자신감과 안정감을 가질 수 있는 기회를 추구하고 자신에게 할당된 목적을 달성하여 인정을 받고자 한다. 이러한 조직과 조직성원인 인간이 추구하는 가치와의 불일치로 인해 좌절이나 실패, 갈등을 경험하게 되어 부정적인 성격을 나타내거나 부적응 증상으로 인해 병리적 행동을 나타내게 된다.

4) 지역사회와 인간행동

(1) 지역사회의 특성

지역사회(community)는 공동 소유, 공동체, 공동 운명체를 의미한다(표갑수 외, 2020). 지역사회는 다른 지역과 구별될 수 있는 지리적 공동 지역에 모여 살면서 구성원 간의 상호작용을 통해 서로의 생활에 도움을 주며, 같은 전통, 관습 및 규범, 가치의 문화를 공유하는 공동체이다.

지역사회는 자체의 생존과 발전을 위하여 생산 · 분배 · 소비의 기능, 사회화의 기능, 사회통제의 기능, 사회통합의 기능, 사회부조의 기능을 수행한다(Warren, 1963). 첫째, 생산 · 분배 · 소비의 기능은 지역사회 주민들이 일상생활에 필요한 물자와 서비스를 생산하고 소비하는 과정과 관련된 기능이다. 둘째, 사회화의 기능은 사회화는 사람들이 태어나면서부터 사회의 문화를 배우고 가치를 내면화시키는 과정을 말한다. 셋째, 통제의 기능은 지역사회가 그 구성원들에게 사회규범에 순응하도록 행동을 규제하는 것이다. 넷째, 사회통합의 기능은 사회환경을 구성하는 조직과 관련된 기능을 뜻한다. 다섯째, 상호부조의 기능에서 상호부조는 주요 사회제도에 의해서 사회구성원들이 자신의 욕구를 충족시킬 수 없는 때 필요한 사회적 기능이다.

지역사회의 특성은 다음과 같다(Norlin & Chess, 1997).

첫째, 물리적 혹은 지리적 장소에 기반을 둔 사회적 조직 형태이다.

둘째, 공통의 지역에서 거주하거나 동일시되는 사람들을 중심으로 지역사회가 추구하는 최종 목적은 지역사회구성원들의 삶의 질을 향상시키는 것이다.

셋째, 공동의 욕구, 문제 그리고 성장과 발전을 위해 상호 간에 의존한다.

넷째, 지역사회는 사회와 인간을 연결하는 중간체계로서 지역사회는 전체사회의 하위체계이다.

(2) 지역사회의 형태

지역사회의 형태는 분류기준에 따라 다양하게 나눌 수 있다(Dunham, 1970: 28). 첫째, 인구의 크기에 따라 대도시, 중소도시, 읍지역과 같은 작은 부락 등으로 구분하는 지역사회의 형태가 응답자들의 성장지를 파악하는 사회조사에서 많이 사용되고 있다. 둘째, 경제 기반에 따라 지역사회를 구분하여 광촌, 산촌, 어촌으로 구분하고 경제생활이나 인류학적 조사연구에서 사용되고 있다. 셋째, 정부의 행정구역에 따라 특별시, 광역시, 도, 시, 군, 구, 읍 · 면 · 동 등으로 구획하는 지역사회의 형태가 있다. 넷째, 인구의 사회적 특수성을 기준으로 하여 도시의 저소득층 지역, 이태원 등의 외국인촌, 장애인 밀집 지역, 미국의 할렘가나 차이나타운, 유태인 거주지역 등 경제나 인종의 특성에 따른 지역사회의 형태를 볼 수 있다.

Lindemann은 경제, 사회 또는 문화에 초점을 둔 지역사회의 형태는 다음과 같다고 하였다. 첫째, 산업이나 상업, 문화가 중심이 되어 인구가 50만 명 이상의 대도시를 이루는 지역사회이다. 둘째, 다양한 산업을 중심으로 하거나 광업, 목재, 제철, 자동차 공업 등의 단일산업을 중심으로 한 지역사회의 형태가 있다. 셋째, 상업지역으로서 1차적인 교역이 중심을 이루는 지역사회의 형태가 있다. 넷째, 정부의 행정관서가 집중되는 연방과 주 지방정부의 수도와 같은 정부행정 중심의 지역사회의 형태가 있다. 다섯째, 대학교, 교원양성기관, 학교시설 등이 중심을 이룬 교육 중심 지역사회가 있다. 여섯째, 주민의 생활 중심인 병원, 보건소 등의 기관 및 시설 중심인 지역사회의 형태이다. 일곱째, 교외 지역인 도시 근교에서 거주하는 주민들이 도시로 통근하는 지역사회의 형태이다. 여덟째, 해변이나 산간의 휴양지, 사냥, 낚시, 스키 등의 지역과 국립공원이나 자연 명소에 인접해 있는 레저 지역사회의 형태가 있다. 아홉째, 농산품이 거래되고 농촌 주민의 친교가 이루어지는 농업 중심의 지역사회이다. 열째, 학교, 교회, 백화점, 주유소 등의 시설이 형성되어 열려있는 지역으로 고객을 유치하기 위한 지역이다. 열한째, 종교나 이념, 예술이 같은 부류의 사람들이 의도적이고 협력적으로 형성한 지역사회를 말하며, 우리나라의 예술인 마을 등을 볼 수 있다.

(3) 지역사회가 인간행동에 미치는 영향

인간은 지역사회 안에서 이루어지는 규범에 순응하는 과정을 통해 사회적 가치와 사회적 행동양식 등을 수용하면서 내면화되고 자신의 통제력을 증대시키게 된다. 또한 지역사회 성원들 간의 협력과 결속력, 사회적 지지를 통하여 사회적 소외를 극복하게 되고 성격적 특징 중 이타성을 발달시킬 수 있게 된다. 따라서 지역사회는 인간다운 삶을 영위하고 유지시키고 발전시키는 장이 되며, 인간다운 삶을 영위하지 못할 때에는 서로 도움을 주어야 한다.

Germain(1987: 567-580)은 지역사회의 환경이 적절하게 갖추어지지 않으면 인간이 환경과의 적합성을 이루지 못하게 되어 부적응이나 문제가 발생하게 된다고 하였다. 도시 지역사회에서는 경쟁적이고 이질적이며, 복잡한 환경 속에서 정의적 관계를 형성하기 어려워서 일시적이고 비인격적인 교류가 이루어져서 범죄, 자살, 정신질환 등의 사회병리적인 인간행동에 영향을 미칠 수 있다. 농촌지역사회에서는 시대적 흐름을 따라가지 못하여 사회적 실패자라는 인식을 통해 부정적 자아개념을 형성하거나 낮은 수준의 자아존중감이나 유능성으로 인해 인간행동에 부정적인 영향을 미칠 수 있다.

5) 문화와 인간행동

(1) 문화의 특성

문화는 인간집단의 생활양식의 총체이며 인간이 획득한 지식, 신앙, 예술, 법률, 도덕, 관습과 인간이 습득한 모든 능력이나 습관 등을 포함하는 복합체라고 할 수 있다(권희안 외, 1996: 36). 인간은 태어날 때 문화를 가지고 태어나는 것은 아니며, 문화를 배우고 창조할 수 있는 능력을 가지고 학습에 의해 문화가 이루어지게 된다. 또한 문화를 갖지 않는 사회는 없으며, 문화와 사회가 상호의존하며 상호작용을 이루고 있다. 인간은 그들이 고안해낸 생활설계 속에서 사회성원으로 태어나 사회의 문화를 학습하고 영향을 받으며, 삶을 영위한다. 이와 같은 문화의 특징은 다음과 같다(이장현 외, 1983: 73-75).

첫째, 문화는 인간의 특유한 생각이나 행동 유형이 아닌 사회의 다른 성원들에 의해 공유되는 것이다. 둘째, 문화는 사회성원에 의해 공유되는 특질이 상호작용을 통해 후천적으로 학습되는 것이다. 셋째, 문화는 한 세대에 의해서 학습되고 공유되는 것이 아니고 한 세대에서 다음 세대로 전승되어 축적된 문화가 이어지게 된다. 넷째, 문화는 인간에 의해 창조된 것으로 인간으로부터 독립된 독자성을 가지고 있다. 다섯째, 문화는 복잡하고 미묘한 방식으로 상호관련되어 한 부분의 변화는 다른 부분의 변화를 수반한다. 여섯째, 문화는 보편적 현상이므로 서로 구조적 유사성을 보이지만 내용면에서 다양성을 나타내고 있다.

(2) 문화의 형태

문화는 분석 목적과 의도에 따라 살펴보면 다음과 같다(임은희, 2010: 334-337).

물질적 문화는 인간이 만들어 사용하는 모든 것을 말하며, 사회성원들에게 환경에 적응하게 하는 직접적 수단과 기술을 제공한다. 규범적 문화는 사회유지를 위해 인간이 준수해야 할 행동의 기준이 되는 것이다. 규범을 규정하고 어떠한 행동에 대해 옳고 그름을 판단하는 기준을 설정하는 관례, 관습, 법 등을 말한다. 관례는 일상생활에서 인간이 무의식적으로 따르는 습관이나 전통적인 행동양식을 말한다. 관습은 사회의 안녕과 가치를 수호하기 위해 중요하게 간주되는 규범을 말한다. 법은 규범을 공식화한 것이다.

관념적 문화는 집단이나 사회환경이 존속하기 위해 현실을 이해하거나 합리화를 위한 표상, 인식, 확신, 전망 등의 복합체를 말한다. 이러한 관념적 문화는 가치체계, 신화체계, 교의체계, 사상체계로 구성된다. 가치체계는 사회성원이 무엇이 좋고 올바르고 현명하고 유익한지를 결정하는 것과 관련된다. 신화체계는 종교와 같이 과거, 현재, 미래에 대한 상상적 해석이며, 대중들의 원망과 기대, 신념 등을 통해 어떠한 행동을 유도하는 것을 말한다. 교의체계는 이론적 일관성을 가지며, 현실을 철학이나 과학적으로 분석하고 사회환경의 합리화를 통해 행동의 체계를 부여하는 것이다. 사상체계는 사회환경의 미래를 예견하고 행동의 방법을 주장하는 이데올로기를 말한다.

(3) 문화가 인간행동에 미치는 영향

인간은 사회 안에서 공통된 문화를 공유하는 경우 서로가 비슷한 성격을 가지게 된다. 이는 인간이 사회의 문화를 통해 성격 형성에 영향을 미치는 중요한 환경으로서 국민성이나 민족성 등도 문화적 속성에 포함되어 성격에 반영

된다. 동질적인 문화를 지닌 우리나라는 사회성원 간에 유사한 기본적 성격이 반영될 수 있으며, 다문화적인 복합성을 지닌 미국은 공통된 기본적 성격을 갖기가 어렵다. 우리나라와 같이 동일 문화권에 속하는 사회성원이 갖는 성격구조를 사회적 성격이라고 한다. 우리나라의 사회적 성격은 가족주의, 감투지향의식, 상하서열의식, 가까운 사람만을 우대하는 친소구분의식, 공동체 지향의식을 특징으로 하는 전통적인 한국문화에 근거하여 형성된다(최재석, 1985). 그러나 최근 급격한 변화로 인해 우리나라는 인본주의, 권위주의, 집합주의의 중심에서 물질주의, 평등주의, 개인주의로 변화됨에 따라 사회적 성격이 혼란을 경험하고 있으나 고유의 문화가 보존되고 있다. 우리나라의 고유문화는 정(情), 한(恨), 체면, 눈치와 혈연, 지연, 학연을 중시하는 연고주의, 동질화하려는 동류의식, 핑계, 사실보다 상대방의 입장이나 심정을 배려하는 의례성 등을 가지고 있다. 우리나라의 고유의 문화는 인간의 사고, 감정, 행동, 일상생활, 사회적 성격에 중요한 영향을 미치고 있다.

2. 사회환경과 사회복지실천

1) 가족과 사회복지실천

가족을 대상으로 한 가족복지실천은 가족에게 사회복지실천을 행하는 것으로 가족 전체에 초점을 두고 있다. 가족복지실천에서 가장 중요한 과제는 가족의 욕구사정으로 가족을 이해하기 위한 과정이다. 사정(assessment)은 면접과 관찰, 가계도, 생태도, 생활력 도표, 사회적 관계망 그리드, 가족범주도식, 가족

조각 등을 통해 가족성원의 현재 문화와 욕구, 과거 생활사와 현재 상황에 대해 가장 최선의 개입을 실행하도록 돕는 역할을 한다.

가족기능의 다양한 문제에 직면한 사회복지실천현장은 가족이 가진 능력과 자원을 효과적으로 사용하고 발전시키고 아직 발견하지 못한 잠재력과 자원까지고 찾아내어 최대한 향상시키기 위해 장기적으로 활용하도록 돕는 사례관리를 등장시켰다. 이처럼 사례관리접근은 인간의 존엄성을 강조하고 가족이 행복한 삶을 영위하도록 돕기 위해 필요한 자원과 서비스를 동등하게 제공하는 것을 중요하게 본다.

가족을 위한 사회복지실천은 가족문제를 줄이고 가족성원의 문제해결능력을 기를 수 있는 가족생활교육을 실시하고 다양한 문제를 예방하기 위하여 결혼예비교육, 부부강화교육, 부모교육, 은퇴준비교육을 위한 프로그램을 실시하여 삶의 질을 높여줄 수 있다.

가족복지실천에 가장 큰 영향을 미치는 이론은 1950년대 말에 도입된 일반체계이론이다. 이러한 일반체계에 근거한 가족치료모델은 구조적 가족치료모델, 전략적 가족치료모델, 체계론적 가족치료모델, 상호작용적 단기가족치료모델 등이 있다. 이러한 가족치료모델은 울트라모더니즘의 영향으로 통합적으로 활용하는 가족복지실천을 이루게 되었다.

가족과 사회복지실천은 핵가족화 현상의 가속화로 인하여 가족 내의 노인부양, 자녀양육 기능이 축소됨에 따라 가족의 기능을 대신할 수 있는 복지수요가 늘어나고 있다. 특히 이혼에 따른 결손가정의 발생이 증가함에 따라 새로운 차원의 복지수요가 증가하고 있다. 따라서 가족의 보호는 국민을 보호하는 것으로 인식하고 가족 안에서 발생하는 문제들, 특히 폭력, 이혼율, 빈곤, 자살 등을 저하시키고 안정된 가정을 이루기 위하여 문제의 원인과 생활실태를 정확히 파악하여 예방과 치료적 차원에서 적극적인 대책이 필요하다.

2) 집단과 사회복지실천

사회복지실천은 초기에는 빈곤한 개인을 초점으로 하였으나 이후에는 사회개량운동이나 책임감 있는 시민으로 양성하는 것에 초점을 둔 집단수준의 개입에 관심을 기울였다. 이러한 활동이 계속되면서 개인과 집단사회복지실천이 통합되어 클라이언트를 개별적으로 만나 개입하거나 집단에 개입하면서 양자의 결합이 이루어졌다. 집단사회복지실천은 지식, 가치, 윤리, 기술을 중심으로 집단내의 개별성원, 전체로서의 집단, 집단을 둘러싼 환경의 세 영역에 초점을 두고 변화를 추구하였다.

집단사회복지실천의 과정은 처음에는 친밀감 형성 전 단계로 접근과 회피행동이 일어나고, 다음 과정에서 권력과 통제단계를 통해 변화의 시간이 되며, 다음 과정에서 친밀한 관계로 발전하게 되고, 다음 과정에서 집단정체성과 내적 준거틀이 이루어지며, 다음 과정에서 종결의 시간을 갖게 된다. 이러한 과정 안에서 집단사회복지실천의 접근방법은 집단목표와 성격에 따라 사회적 목표모델, 치료적 모델, 상호작용적 모델이 있다. 이 세 가지 모델을 살펴보면 다음과 같다(황철수, 2007: 391-393).

첫째, 사회적 목표모델은 사회적 의식과 책임감을 바탕으로 민주주의와 지역사회의 정의를 유지하고 발전시키는 데 목적을 둔 목표 성취의 기본적 모델이다. 이 모델은 사회성원으로서의 참여의식과 역할인식, 책임인식 등을 고취시키고 개인의 성숙과 건전한 민주시민으로서의 역량을 개발하기 위하여 토론과 합의, 집단과제의 개발과 실행 등의 활동을 하여 성장과 발전을 이룬다. 사회복지사는 집단성원의 사회참여와 행동을 지향하고 개인치료를 돕는 조력자와 지도자의 역할을 한다. 반면에 모든 구성요소들이 체계화된 중심이론이 부족하고 사회문제가 개인의 문제보다 더 우선시되지 않을 때 원조의 공식을 제시할 수 없는 단점이 있다(구혜영, 2020).

둘째, 치료적 모델은 개인을 치료하기 위한 매개체로서 전문가의 치료계획에 의해 진단을 하여 집단을 구성하여 활용하는 모델이다. 이 모델은 집단성원의 변화를 위해 전문가의 조직적이고 구조화된 개입이 이루어지며, 집단 환경의 변화보다는 개인의 변화를 일으키는데 초점을 두고 있다. 사회복지사는 사회행동이론, 역할이론, 자아심리학, 집단역할 등의 지식을 갖추고 정신교정기관이나 병원, 가족상담기관, 학교 등에서 의도적인 개입전략을 통해 변화를 촉진하는 변화촉진자로서의 역할을 한다.

셋째, 상호작용적 모델은 유사한 문제나 관심사를 지닌 집단성원들이 서로 협력하고 지지하여 도움이 되는 체계를 형성하는 데 목적을 두며, 집단성원 간의 지지체계를 통해 사회화와 사회적 적응을 성취하는 데 초점을 두고 있는 모델이다. 이 모델은 단주집단, 당뇨환자집단 등의 자조집단을 통하여 개인과 집단의 선을 동시에 추구하게 되어 개인의 부적응을 변화시키는데, 여러 명의 클라이언트를 활용하여 경제적이라 할 수 있다. 사회복지사는 전문적인 지식을 갖추어 집단성원 간의 상호작용을 촉진하고 개입하는 과정에서 변화를 유도하는 정보제공자와 매개자로서의 역할을 해야 한다.

집단과 사회복지실천은 집단사회복지실천이 가족이나 개인을 대상으로 하는 실천에 비하여 이론적으로나 실천적으로 낙후되어 있어서 집단사회복지사를 양성할 수 있는 재교육프로그램과 자격증 제도 등의 대책이 마련되어야 한다. 또한 사회복지사는 집단으로 인해 구성원이 대인관계에 갈등이 일어나고 부정적인 영향을 미칠 수 있어서 사회환경인 집단에 대한 폭넓은 이해가 필요하다.

3) 조직과 사회복지실천

사회복지실천의 서비스는 조직의 장을 기본으로 외부의 기관이나 단체가 지닌 조직의 속성으로부터 재정 및 인적 자원을 동원하거나 지원을 통해 클라이언트에게 서비스를 제공하게 된다. 따라서 효과적인 사회복지실천을 위해서는 조직의 속성을 이해하는 것이 중요하며, 사회복지조직을 합리적으로 운영하기 위해서 조직의 사회복지실천과정을 이해하여야 한다. 조직의 사회복지실천과정은 다음과 같다(황철수, 2009: 396-397). 첫째, 조직의 어떤 요소가 부정적인 영향을 미치는지 문제를 규정한다. 둘째, 현재의 문제를 인식하고 변화에 대한 의지와 참가여부를 파악한다. 셋째, 저항에 대하여 다양한 실현가능성을 높이고 적극적으로 대응하도록 문제에 대한 관련성, 기관의 이념과 일치성 등이 경제적이어야 한다. 넷째, 사회복지사는 개별적 혹은 집단적 개입 중 어떤 개입을 할 것인지를 결정하고 전략을 사용함에 있어서도 협력적 · 중재적 혹은 갈등적인 전략 중에서 선택하여 조직의 변화에 대응한다. 다섯째, 기관의 직원이 문제를 인식하고 이러한 현상에 대한 불만을 가지며 해결을 위한 변화를 인식한다. 여섯째, 누구에게 어떤 제안을 할지 결정하고 과업을 분리하여 협상 전략을 세우고 다른 제안에 대한 대비책도 마련하여 변화를 시도한다. 일곱째, 제안이 수용된 계획을 실행하여 상급자를 참여시키고 과업집단의 구성원을 보충하거나 다른 조직과 연결하고 다른 의견에 대해 처리하거나 수정하여 일반화한다.

사회복지조직은 개별 사회사업을 목적으로 하는 고객서비스조직으로서, 조직의 기능을 조직원이나 외부의 전문가에 의뢰하여 평가하고 조직과 조화를 이루어 업무를 성공적으로 수행해야 한다. 그러나 클라이언트에게 사회복지서비스를 제공하는 사회복지사가 소진되거나 조직과 적응하지 못할 경우 사회복지조직의 목적을 달성하기 어렵고 클라이언트와 클라이언트의 가족에게 부정적인 영향을 미칠 수 있다.

조직과 사회복지실천은 비영리 부문인 사회복지 분야가 영리 부문과의 경쟁이 불가피하게 되어 클라이언트의 삶에 대한 문제를 다루기 때문에 인간의 합리적인 면과 비합리적인 면의 연속선상에서 조직의 본질을 이해하고 인력배치를 재정비하여 조직구성원에 대한 역할 재조정과 폭넓은 지식을 갖추어야 한다. 또한 사회복지사는 지역사회환경과 지역복지현안에 대한 의사결정 참여방식이나 과정 등을 심도 있게 포괄적으로 이해할 수 있는 능력을 함양해야 하고 자신이 속한 조직이 어떻게 기능하는가를 스스로 평가하고, 조직의 일부분으로서 조화를 이루어 조직을 떠나거나 조직이 역기능적으로 운영되지 않도록 해야 한다.

4) 지역사회와 사회복지실천

지역사회는 클라이언트의 문제를 해결하기 위해서 지역사회 안에서 다양한 기관과 사람의 참여를 통해 원조활동이 이루어지기 때문에 사회복지실천의 중요한 장이 되고 있다. 지역사회실천은 지역사회를 실천의 단위로 하여 지역에 속한 사람들이 자신의 사회적 기능을 향상시키기 위해 필요한 의식을 개혁하고 환경을 개선한다. 지역사회실천은 지역사회를 조직화하기 위해 자발적이며 주체적이고 협력적으로 해결해 나갈 수 있도록 사회복지사가 역할을 수행하는 것이다. 이러한 활동을 수행하기 위해서는 사회복지사가 클라이언트의 성향과 문화를 파악하고 지역사회문제와 욕구를 파악하고 클라이언트의 욕구충족에 필요한 자원들을 확인하고 발굴하며, 지역사회주민을 조직하고 지역사회자원을 조직하여 필요한 경우 지역사회자원 개발 등의 활동을 한다. 지역사회실천은 지역에서 일어나는 문제나 지역주민의 욕구를 충족시키고 지역사회를 변화시키기 위한 지역사회개발모형, 사회계획모형, 사회행동모형 등의 모형이 있다(김동배 · 권중돈, 2009: 104). 지역사회개발모형은 주민들이 스스로 문제를 해결할 수 있는 능력을 강화시키는 데 역점을 두고 있어서 지역사회개발의 계획과 주민의 참여를 강조하는 모형이다. 이 모형은 문제 파악 및 해결과정에 주민의 참여를 적극적으로 조장하고 교육적인 방법으로 지도자를 양성하고 지도력을 개발하여 지역사회 문제를 주민들이 해결할 수 있도록 분위기를 조성해 나간다. 전문가는 조력자, 조정자, 문제해결기술 훈련자의 역할을 담당하게 된다. 사회계획모형은 지역사회 내의 하위집단들 간의 이해관계와 갈등에 대해 전문적인 지식과 기술을 활용하여 지역사회 내의 문제를 해결하는 전문적인 기술과정을 강조한 모형이다. 이 모형은 범죄, 주택, 정신건강문제와 같은 구체적인 사회문제를 해결하는 기술적인 과정을 중시한다. 사회복지사는 전문가로서 지역사회실천의 과정을 주도하고 지역사회문제를 전문적으로 해결해 나간다. 사회행동모형은 지역사회나 더 넓은 범위의 사회 내에 존재하는 권력 관계와 자원의 변화를 도모하고 기존 사회제도의 근본적인 변화를 추구하여 사회적으로 소외되고 박해받고 있는 특정집단의 권익을 대변하고 이들의 문제를 해결하고자 하는 모형이다. 이 모형은 지역사회에서 권력과 자원의 재분배, 사회적 약자에 대한 의사결정의 접근성을 강화함으로써 지역사회의 변화에 초점을 두고 있다.

지역과 사회복지실천은 복지재정의 지방화 시대에 맞추어 사회복지기관에서는 밀접히 상호작용하는 외부 요소인 지역구성원, 공공부문, 여타 민간의 유관기관을 포함하여 참여기반을 위해 다양한 시민운동의 주체들과도 광범위하고 실질적인 연대를 형성할 필요가 있다. 또한 지방재정이 약하여 행정적 독립이 어려운 지방정부가 지역특성에 맞추어 정책을 펼치고 실천할 수 있도록 재정확보와 책임여부에 대한 제도적 개선이 필요하고, 지역의 건전한 발전과 복지를 위하여 지역사회중심 전략으로 지역주민의 자발적인 계획수립과 서비스가 전달되도록 적극적인 참여와 협동이 이루어져야 할 것이다.

5) 문화와 사회복지실천

사회복지사는 클라이언트의 행동과 삶 속에 내재되어 있는 다차원적인 문화를 이해하지 않고서는 적절한 문제해결을 위한 방안을 제시하기 어려워서 학문적으로나 직업적으로 문화를 이해하기 보다는 민감한 실천을 이루어야 한다. 사회복지사는 사회복지실천의 대상이 되는 개인, 가족, 집단, 지역사회 등의 문화와 자신의 문화가 다를 수 있어서 다양한 문화에 대해 인식하고 다른 문화에 대해 폭넓게 이해하고 고려하는 수용적인 태도를 취할 수 있어야 한다. 예를 들면 여성, 빈곤층, 해외노동자, 동성애자, 노인, 장애인 등에 대한 억압과 불평등, 경제와 사회 등의 이슈를 그들의 문화적 차원에서 이해할 수 있어야 한다.

문화와 사회복지실천의 대상과의 연관성을 살펴보면 다음과 같다(최옥채, 2003: 355-359). 첫째, 개인은 문화를 창조하였으며 문화의 지배를 받고 있다. 즉, 개인의 문화는 그들이 만들어서 영향을 받으며 살아가는 삶의 원동력이나 주요배경이 되는 것이다. 사회복지사는 사회복지실천현장에서 클라이언트를 이해하기 위해서는 자신과 다른 종교관, 가치관, 생활습관, 언어, 신념 등의 문화를 이해하고 수용해야 한다. 이러한 과정을 통하여 사회복지사는 클라이언트와 긍정적이며 신뢰할 수 있는 관계를 형성할 수 있다. 둘째, 가족은 가족구성원간의 독특한 문화를 형성하여 적응하며 살아간다. 가족은 명절, 제사, 주말, 휴가에 따라 보내는 독특한 문화가 있으며, 가족구성원의 역할, 의사소통,

행동, 가훈 등의 문화를 형성하며 삶의 터전을 이루며 살아간다. 사회복지사는 가족을 위한 개입을 할 경우 사회적 맥락 안에서 고유한 가족의 문화를 이해하고 해야 한다. 셋째, 집단은 가족을 기본 단위로 하여 집단성원 간 공통된 문화를 갖는다. 집단의 문화는 집단 안에서 이루어지는 질서나 목표, 토의, 계약, 신분서열의식 등을 통하여 볼 수 있으며, 이에 대해 반응하는 태도나 사고방식도 문화에 포함된다. 사회복지사는 집단의 문화를 고려하여 효과적인 프로그램을 개발하고 적용하는 것이 바람직하다. 넷째, 조직은 조직구성원들의 문화적 욕구에 적합하도록 구조화한다. 따라서 사회복지사는 조직에 개입할 때 조직성원의 문화적 특성과 조직의 문화를 철저히 이해할 필요가 있다. 다섯째, 지역사회는 지역에서 그 주민들 간에 사회적 상호작용을 통해 공통된 문화를 가지게 된다. 그러나 한국인의 지역사회문화는 개인주의로 인해 공동체로부터 미분화되어 생활 전 영역에서 상호 간에 이성과 감정, 정치생활과 사회생활, 공적 생활과 사생활을 혼동하여 지역공동체를 형성하기 어렵게 할 수 있다. 따라서 사회복지사가 지역사회에 도움을 주기 위해서는 지역사회에 영향을 미치는 한국의 문화를 간파하여 다양한 모임활동에 자발적으로 참여할 수 있도록 다양한 프로그램을 개발하고 지역공동체를 유지하며 발전을 이루도록 해야 한다.

문화와 사회복지실천에서 전망해 보면, 우리나라는 다문화 사회를 통해 세계화되어 가는 시점에서 앞으로 중요한 이슈가 될 것이다. 사회복지실천은 문화가 차지하는 비중이 매우 높아져서 다문화적이고 다차원적으로 폭넓게 이해하고 고려해야 한다. 따라서 사회문화적 환경의 변화와 국제개방화에 따른 복지수요가 사회복지적 차원의 뒷받침이 없이는 어려울 것이다.

요약정리

1. 가족은 인간이 접하게 되는 최초의 사회로서 가장 기본적인 단위로서 인간의 행동과 발달에 영향을 미치는 일차적인 환경이다.
2. 인간은 가족 안에서 부모의 양육태도, 형제와의 관계, 가족의 규칙 등을 통해 인간행동의 기초를 마련하게 된다.
3. 가족의 욕구사정은 가족을 중심으로 한 사회복지실천에서 가장 중요한 과제이고 가족을 이해하기 위한 과정이다.
4. 집단은 일정한 목적을 가지며 움직이는 체계로서 상호의존과 상호작용을 통해 규범과 목표를 세워 행동하고 응집력을 발전시킨다.
5. 집단의 형태는 1차 집단, 2차 집단, 자연발생적 집단, 의도적 구성집단, 수단적 집단, 표현적 집단, 치료집단, 과업집단 등이 있다.
6. 집단사회복지실천은 지식, 가치, 윤리, 기술을 중심으로 집단 내의 개별성원, 전체로서의 집단, 집단을 둘러싼, 환경의 세 영역에 초점을 두고 변화를 추구한다.
7. 조직은 공식적인 지위와 역할, 노동배분, 위계구조 등이 더욱 강하여 조직 성원의 목적달성보다 전체로서의 조직목적을 더욱 중시한다.
8. 조직의 구성원이 조직에서 적응하는 정도에 따라 상승형, 무관심형, 모호형이 있다.
9. 사회복지조직은 조직의 기능을 조직원이나 외부의 전문가에 의뢰하여 평가하고 조직과 조화를 이룰 수 있도록 업무를 성공적으로 수행해야 한다.
10. 지역사회는 생산 · 분배 · 소비의 기능, 사회화의 기능, 사회통제의 기능, 사회통합의 기능, 사회부조의 기능을 수행한다.
11. 지역사회의 결속력에 따라 공동사회와 이익사회가 있다.
12. 지역사회실천은 지역사회개발, 사회계획모형, 사회행동모형 등을 통해 지역사회를 변화시키기 위해 노력한다.
13. 문화는 사회성원들이 학습한 행동양식, 전통, 의식, 믿음의 총체이다.
14. 우리나라의 고유한 문화는 인간의 사고, 감정, 행동, 일상생활, 사회적 성격 등에 중요한 영향을 미치고 있다.
15. 사회복지사는 사회복지실천의 대상이 되는 개인, 가족, 집단, 지역사회 등의 문화에 대해 인식하고 다양한 문화를 폭넓게 이해하고 수용하는 태도를 취해야 한다.

생각해 보기

1. 사회환경으로서 가족, 집단, 조직, 문화의 기능은 무엇인지 생각해 봅시다.
2. 가족의 특성, 형태에는 어떠한 것이 있으며, 인간행동에 미치는 영향은 무엇인지 생각해 봅시다.
3. 집단의 특성, 형태에는 어떠한 것이 있으며, 인간행동에 미치는 영향은 무엇인지 생각해 봅시다.
4. 조직의 특성, 형태에는 어떠한 것이 있으며, 인간행동에 미치는 영향은 무엇인지 생각해 봅시다.
5. 문화의 특성, 형태에는 어떠한 것이 있으며, 인간행동에 미치는 영향은 무엇인지 생각해 봅시다.
6. 가족, 집단, 조직, 문화의 사회환경과 사회복지실천과는 어떠한 관계가 있는지 생각해 봅시다.

참고문헌

강상경 (2011). **인간행동과 사회환경**. 서울: 나남출판.

강세현, 서혜전, 오정영, 임원선, 전영록 (2011). **인간행동과 사회환경**. 파주: 양서원.

김미곤, 고제이, 이철희, 홍석철, 전병목 외 (2019). 아동수당 및 출산·양육 지원체계 발전 방안 연구. 2019-37 정책보고서. 보건복지부, 한국보건사회연구원, 서울대학교, 한국조세재정연구원.

고명수, 이승현, 서진숙, 신선희, 허은지 (2018). **인간행동과 사회환경**. 경기: 정민사.

곽노의, 김경철, 김유미, 박대근 (2009). **영유아발달**. 파주: 양서원.

구혜영 (2020). **인간행동과 사회환경**. 서울: 신정.

권석만 (2014). **이상심리학의 기초**. 서울: 학지사.

권세은, 이순형 (2002). 시설보호 아동과 일반 아동의 사회적 기술, 정서조망 능력의 비교. **아동학회지, 23**(2), 107-120.

권육상 (2009). **사회복지개론**. 서울: 유풍출판사.

권중돈 (2021). **인간행동과 사회환경: 이론과 실천**(2판). 서울: 학지사.

권중돈, 김동배 (2014). **인간행동과 사회환경**. 서울: 학지사.

권희안, 이동원, 김현주, 강득희, 김모란, 김미숙, 김종숙, 김혜장, 박옥희, 원영희, 이경아, 함인희 (1996). 현대사회화의 이해. 서울: 이화여자대학교출판부.

김동배, 권중돈 (2009). **인간행동이론과 사회복지실천**. 서울: 학지사.

김미영 (2013). **아동발달**. 파주: 정민사.

김민정, 이은경, 김재희, 이선희, 박선영, 김희영 (2020). **정신건강론**. 고양: 파워북.

김범수, 신원우 (2013). **지역사회복지론**. 고양: 공동체.

김선희, 강혜원, 나기석, 손덕순, 임경선, 정준구 (2012). **인간행동과 사회환경**. 서울: 신정.

김성국 (1999). **조직과 인간행동**. 서울: 명경사.

김운태 (1984). **조직론**. 서울: 박영사.

김은정 (2013). 사회복지(재정)서비스 재정의 지방화와 지역의 대응. 한국사회복지행정학회.

김춘경 (2006). 아들러 아동상담. 서울: 학지사.

김춘경, 이수연, 최웅용 (2011). 청소년상담. 서울: 학지사.

김현용 (2001). 현대사회와 아동(2판). 서울: 소화.

남세진, 조홍식 (1995). 한국사회복지론. 서울: 나남출판.

노안영, 강영신 (2003). 성격심리학. 서울: 학지사.

도미향 (2010). 평택시 육아지원 활성화 방안. 제2차 육아지원네트워크 포럼. 평택시보육정보센터.

도미향 (2011). 대학생들의 결혼과 출산에 대한 인식이 미래결혼과 출산행위에 미치는 영향. 한국가족복지학, 16(4), 167-183.

도미향 (2012). 우리나라의 보육정책 현황과 문제점 -선진외국의 사례를 바탕으로-. 아동보육 정책의 현황과 문제점 개선을 위한 정책 토론회. 네이버카페 천안아기맘클럽, 천안시어린이집연합회, 김호연 국회의원실.

도미향 (2013). 육아지원 전달체계로서의 시군구보육정보센터의 역할과 개선방안. 가족복지학, 18(4).

도미향 (2013). 핀란드의 보육 및 육아지원정책에 관한 탐색적 연구. 코칭연구, 6(1).

도미향 외 (2011). 가족정책론. 서울: 신정.

문화체육관광부, 여성가족부 (2019). 가족 다양성에 대한 국민여론조사.

박경애, 김혜원, 주영아 (2010). 청소년 심리 및 상담. 고양: 공동체.

박미경, 문혁준 (2009). 시설보호 아동과 일반가정 아동의 정서지능, 사회적 능력, 학교생활만족도와의 관계. 대한가정학회지, 47(2), 1-13.

박현진, 김영화 (2010). 가정의 문화자본과 사회자본이 영어학업성취에 미치는 영향에 대한 잠재성장모형 분석. 교육사회학연구, 20(4), 55-82.

보건복지부 (2011). 장애인실태조사.

보건복지부 (2013). 보호유형별 요보호아동현황. 보건복지부(시도별 보고자료).

보건복지부 보육정책과 (2010). 보육통계.

서영숙 (1996). 종합사회복지관과 보육기관에서의 방과 후 아동지도프로그램. 아동연구, 10. 숙명여자 대학교 아동연구소.

성미영 (2006). 시설보호 여부에 따른 아동의 정서성 발달과 내면화 및 외현화 행동문제. 한국생활과학회지, 15(1), 17-29.

성숙자, 백지숙 (2003). **성인기로의 길목에서**. 경기: 교문사.

손강숙 (2014). 학교폭력의 방어자 역할 경험에 대한 질적 연구. 아주대학교 박사학위논문.

손병덕, 강혜란, 백은형, 서화자, 양숙미, 황혜원 (2010). **인간행동과 사회환경**. 서울: 학지사.

손병덕, 성문주, 백은령, 이은미, 최은화, 정정호, 송현아 (2017). 인간행동과 사회환경. 서울: 학지사.

송명자 (2011). **발달심리학**. 서울: 학지사.

송성자 (2003). **가족과 가족치료**. 파주: 법문사.

신성자 외 (2010). **사회복지실천기술론**. 파주: 양서원.

안승문 (2009). 2009 희망모울 해외연사 초청 첫 번째 대화마당: 교육에서 희망찾기. 북유럽 복지국가 핀란드 교육과 한국 교육의 대화. 희망제작소.

엄태완 (2017). 인간행동과 사회환경. 고양: 공동체.

엄태완, 임성혜, 진은영, 강가영 (2012). **인간행동과 사회환경**. 고양: 공동체

여성가족부 (2013). 가정폭력실태조사.

오정수, 류진석 (2012). **지역사회복지론**. 서울: 학지사.

오창순, 신선인, 장수미, 김수정 (2015). **인간행동과 사회환경**. 서울: 학지사.

유미영, 홍혜영 (2010). 아동이 지각한 부모양육태도와 학업성취의 관계에서 정서지능과 학업적 자기효능감의 매개효과. **교육심리학회, 24**(4), 915-937.

윤가현, 권석만, 김경일, 김신우, 남종호, 서수연, 송현주, 신민섭, 유승엽, 이영순, 이현진, 전우영, 천성문, 최준식, 최해연 (2019). **심리학의 이해**. 서울: 학지사.

이근홍 (2006). **인간행동과 사회환경**. 고양: 공동체

이배근 (2003). 사이버복지선교원 (http://www.cyberwelfare.or.kr/)

이소희, 도미향, 김민정, 서우경 (2006). 그것은 아동학대예요. 서울: 동문사.

이소희, 손홍숙, 홍숙자 (2005). **인간행동과 사회환경**. 파주: 현학사

이숙, 문혁준, 강희경, 공인숙, 김정희, 심희옥, 안선희, 안효진, 이미정, 이희경, 천희영, 한미현 (2019). 인간행동과 사회환경. 서울: 창지사.

이애재 (2013). **사회복지실천기술론**. 파주: 양서원.

이영, 이정희, 김온기, 이미란, 조성연, 이정림, 박신진, 유영미, 이재선, 신혜원, 나종혜, 정지나, 문영경 (2018). **영유아발달**. 서울: 학지사.

이영환, 이화숙 (2013). 인터넷중독 아동이 지각하는 '아버지-자녀' 관계. 한국보육지원학회지, 9(1).

이은영, 황혜원 (2019). 아동의 개인 및 환경요인이 또래괴롭힘 방어자 역할에 미치는 영향: 아이젠버그의 친사회성이론을 중심으로. 보건사회연구, 39(4), 204-248.

이인정, 최해경 (2008). 인간행동과 사회환경. 서울: 나남출판.

이장현 외 (1982). 사회학의 이해. 서울: 법문사.

이재연 (1993). 아동발달. 서울: 문음사.

이재연, 김경희 (1990). 부모교육. 파주: 양서원.

이혜란, 김진이, 김소연 (2017). 아동과 교사를 위한 정신건강. 서울: 학지사.

임은희 (2010). 인간행동과 사회환경. 파주: 양서원.

임정하, 문지윤 (2013). 시설 보호 아동의 기질과 사회적 지지가 희망에 미치는 영향. 한국보육지원학회지, 8(2).

장수한, 김현주 임혁, 채인숙 (2017). 인간행동과 사회환경. 고양: 공동체.

장인협, 김융일, 정진영, 이정숙, 조홍식 공역 (1990). 인간행동과 사회환경. 서울: 집문당.

전남련, 김진혜, 권경미, 권순남, 강은숙, 홍은미, 이유선, 심순애, 박순철, 이미순 (2010). 아동발달. 서울: 형설출판사.

전남련, 김치건, 김선미, 정명희, 정채기, 엄영숙, 김철벽, 김연옥 (2012). 인간행동과 사회환경. 서울: 태영출판사.

전남련, 이종복, 김덕일 (2007). 사회복지실천론. 파주: 학현사.

전석균 (2016). 정신건강론. 고양: 공동체.

정소희 (2013). 가족의 사회경제적 배경, 자녀와의 대화시간이 학업성취에 미치는 영향. 사회복지연구, 2013 겨울, 31~55.

정옥분 (2018). 영유아발달의 이해. 서울: 학지사.

정혜정 (2018). 초등학생의 또래괴롭힘 주변인 역할 하위유형 연구. 성신여자대학교 석사학위논문.

조복희, 도현심, 유가효, 박혜원, 김영주(2020). 인간발달. 경기: 교문사.

조복희, 정옥분, 유가효 (2007). 인간발달-발달심리적 접근. 파주: 교문사.

조성연, 이정희, 천희영, 심미경, 황혜정, 나종혜 (2010). 아동발달. 서울: 신정.

조형숙, 김태인, 박수미, 윤선영, 배정호 (2014). 인간행동과 사회환경. 파주: 정민사

조흥식, 김혜래, 신은주, 우국희, 오승환, 성정현, 이지수 (2010). 인간행동과 사회환경. 서울: 학지사.

중앙아동보호전문기관 (2011). 아동학대신고의무자교육.

천덕희, 김향은, 김경은, 이영순, 전천운, 이인순, 배은영, 최미영 (2012). 인간행동과 사회환경. 서울: 창지사.

최경석 (2001). 한국가족복지의 이해. 서울: 인간과 복지.

최순남 (2005). 인간행동과 사회환경. 서울: 법문사.

최옥채 (2010). 사회복지실천기술론. 파주: 양서원.

최옥채, 박미은, 서미경, 전석균 (2011). 인간행동과 사회환경. 파주: 양서원.

최외선, 도미향, 김갑숙, 최선남 (2006). 부모교육. 파주: 양서원.

최재석 (1985). 한국인의 사회적 성격. 서울: 개문사.

통계청 (2010). 인구주택총조사.

통계청 (2011). 인구통계연보.

통계청 (2012). 인구동향조사

통계청 (2013). 아동학대현황.

통계청 (2013). 이혼통계.

통계청 (2013). 인구동향조사.

통계청 (2021). 인구동향조사.

통계청, 여성가족부 (2012). 2012 청소년통계.

표갑수, 김혜정, 유옥현, 박영, 김현진 (2016). 인간행동과 사회환경. 서울: 신정.

표갑수, 박영, 김현진, 유옥현, 박선희 (2020). 인간행동과 사회환경. 서울: 신정.

한국보건사회연구원 (2010). 노인특성의 변화 및 정책제언.

한국보건사회연구원 (2013). 자녀가치관과 출산행태 변화.

한신애, 문수백 (2010). 학령기 아동의 자기효능감 관련변인들 간의 관계 구조분석. 한국열린유아교육학회 학술대회발표논문집, 5, 441-455.

함인희 (1993). 변화하는 가족과 여성의 지위. 21세기와 여성. 서울: 한국여성개발원.

홍봉선, 남미애 (2009). 청소년복지론. 고양: 공동체.

황철수 (2007). 사회복지실천론. 파주: 양서원.

황철수 (2009). 인간행동과 사회환경. 파주: 양서원.

Adler, A. (1931). *What Life Should Mean to You.* Boston: Little, Brown & Co.

Adler, A. (1956). *The Individual Psychology of Alfred Adler: A Systematic Presentation in Selections from His Writing.* H. L. Ansbacher & R. R. Ansbacher (Eds.). New York: Basic Books.

Adler, A. (1964). *Social Interest: A challenge to mankind.* New York: Capricorn.

Ainsworth, M. D. S. (1983). A sketch of a career. In A. N. O' Connoll & N. F. Russo (Eds.), *Models of achievement: Reflections of eminent women in psychology* (pp. 200-219). New York: Columbia University Press.

Ansbacher, L., H. & Ansbacher, R. R. (1964). *The Individual Psychology of Alfred Adler.* New York: Harper & Row.

Ashford, J. B., Lecroy, C. W., & Lortie, K. L. (2006). *Human Behavior in the Social Environment: A Multidimensional Perspective* (3rd ed.). California: Thompson Brooks/Cole.

Bandura, A. (1977). *A Social Learning Theory.* Englewood Cliffs, NJ: Prentice-Hall.

Bandura, A. (1982). Self-Efficacy Mechanism in Human Agency. *American Psychologist, 37*, 122-147.

Barker, R. L. (1999). *The social work dictionary* (4th ed.). Washington, DC: NASW press.

Benjamin, L. T. Jr., Hopkons, J. R. & Nation, J. (1990). *Psychology.* Macmillan publishing Company.

Bernstein. (1999). Problems-solving styles of aggressive and victimzed children, NM.

Capra, F. (1983). The turning point: Science, society, and the rising culture. Toronto: Bantam Books.

Caro, D. H. (2011). Parent-child communication and academic performance: Associations at the within and between-country level. *Journal for Educational Research Online, 3*(2), 15-37.

Carver, C. S., & Scheier, M. F. (2004). *Perspectives on Personality* (5th ed.). Boston: Allyn & Bacon.

Chess, W. A. & Norlin, J. M. (1988). Human Behavior and the Social Enviroment: A Social System Model.

Costello, E. J., Mustillo, S., Erkanli, A., Keeler, G., & Angold, A. (2003). Prevalence and development of psychiatric disorders in childhood and adolescence. *Archives of general psychiatry, 60*(8), 837-844.

Council on Social Work Education(CSWE) (2001). *Handbook of accreditation standards and procedures* (5th ed.). Alexandria, VA: Auther.

Craig, J. C., & Baucum, D. (1999). *Human Development* (8th ed.). Englewood Cliffs. NJ: Prentice-Hall.

Crain. C., W. (1985). *Theories of Development: Concepts and Applications.* Englewood Cliffs, NJ: Prentice-Hall.

Dunham, A. (1970). *The New Community Organization.* N.Y: Thomas Y. Crowell. Co.

Durkheim, E. (1997). *Suicide.* New York: Free Press.

Elder, G. H., Jr. (1995). The life course paradigm: Social change and individual development. In P. Moen, G. H. Elder Jr., & K. Luscher(Eds.), *Examining lives on context:* Perspectives on the ecology of human development,101-139. Washington, DC: American Psychological Association.

Erath, S, A., Flangan, K. S., & Bierman, K. L. (2008). Early adolescent school adjust-ment: Associations with friendship and peer victimization. *Social Development, 17*(4), 853-870.

Erikson, E. H. (1982). *The life cycle completed.* New York: Norton & Company.

Etzioni, A. (1964). *Modern Organizations.* NJ: Prentice-Hall, Inc.

Foster, C. E., Webster, M. C., Weissman, M. M., Pilowsky, D. J., Wickramaratne, P. J., Rush, A. J., ... & Kornstein, S. G. (2008). Course and severity of maternal depression: Associations with family functioning and child adjustment. *Journal of Youth and Adolescence, 37*(8), 906-916.

Freud, S. (1920). Beyond the Pleasure Principle. In P. Gay(ed.), *The Freud Reader.* Londen: Vintage.

Germain, C. B. (1987). Human Development in Contemporary Environments. *Social Service Review.*

Gibbs, P. (1986). HBSE in the undergraduate curriculum: A survey. *Journal of Social Work Education, 22*(2), 46-52.

Gibson, E. J., & Walk, R. D. (1960). *The "visual cliff". Scientific American, 202*(4), 64-71.

Gitterman, A. (1996). Ecological perspective : Response to professor Jerry Wakefield. *Social Servise Review*, 70, 472-476.

Goldstein, H. (1990). The knowledge base of social work practice : Theory, wisdom, analogue or art? *Families on society, 71*, 32-43.

Gortner, H. F., Mahler, J., & Nicholson, J. B. (1987). *Organization Theory: A Public Perspective.* Chicago: The Dorsey Press.

Gottesman, I. I. (1991). Schizophrenia genesis: The origins of madness. WH Freeman/Times Books/Henry Holt & Co.

Hall, C. S. & Lindzey. G. (1975). *Theories of Personality.* New York: John Wiley & Sons Inc.

Hasenfeld, Y. (1983). *Human Service Organization.* NJ: Prentice-Hall, Inc.

Helsinki, Finland (2006). Finland's Family Policy. Brochures of the Ministry of Social Affairs and Health 2006: 12eng.

Holland, J. L. (1985). *Making vocational choices: A theory of vocational personalities and work environments.* Englewood Cliffs, NJ: Prentice-Hall.

Horn, J. L. (1980). Concepts of intellect in relation to learning and adult development. *Intelligence, 4,* 285-317.

Jin, M. K., Jacobvitz, D., Hazen, N., & Jung, S. H., (2012). Maternal sensitivity and infant attachment security in Korea: Cross-cultural validation of the strange situation, *Attachment & Human Development, 14*(1), 33-44.

Johnson, L. C., & Yanca, S. J. (2001). *Social Work Practice: A Generalist Approach.* MA: Allyn & Bacon.

Jung, G., C. (1961). *Memories, Dreams, Reflections.* A. Jaffe (Ed.) New York: Vintage Books.

Lavond, D. G. and Steinmentz, J. E. (2003). *Handbook of Classical Conditioning.* Boston: Kluwer Academic Publishers.

Lee, H., & Lee, S. (2012). The path analysis of emotional support, emotion regulation and self-efficiency affecting school adjust-ment of children. *Journal of the Korean Home Economics Association, 50*(2), 65-74.

Lee, M., & Kim, J. (2005). Manifestation of affect states across daily interpersonal con-texts depending on the levels of adolescent depression. *Journal of the Korean Home Economics Association, 43*(5), 81-91.

Levinson, D. J. (1986). A conception of adult development. *American Psychologist, 41*(1), 3-13.

Levinson, D. J. (2011). *The seasons of a woman's life.* Randon House LLC.

Main, M., & Solomon, J. (1990). Procedures for identifying infants as disorganized/disoriented during the Ainsworth Strange Situation. In M. T. Greenberg, D. Cicchetti, & E. M. Cummings (Eds.), *Attachment in the preschool years: Theory, research, and intervention* (pp. 121-160). The University of Chicago Press.

Merton, R, K. (1949). *Social theory and social structure.* New York: Free Press.

Meyer, C. (1995). The ecosystems perspective : Implications for social work practice. In Carol Meyer and Mark Mattaini, *The Foundation of Social Work Practice.* 16-27. Washington, DC: NASW Press.

MInuchin, S. (1974). *Family and Family therapy.* Combrige, Massachusetts: Havard University Press.

Mischel, W., Shoda, Y., & Smith R. E. (2003). *Introduction to Personality: Toward an Intergration.* New York: John Wiley & Sons.

Mohan, B. (1980). Human behavior, social environment, social reconstruction, and social policy: A system of linkages, goals, and priorities. *Journal of Education for Socal Work, 16*(2). 26-32.

Newman, B. M. & Newman, P. R., (2006). *Development through Life: A Psycho-social Approach* (9th ed.). California: Brooks/Cole Publishing Co.

Nigg, J. T., & Barkley, R. A. (2014). *Child psychopathology.* New York: Guilford Publications.

Norlin, J. M., Chess, W. A., Dale, O., & Smith, R. (1997). *Human Behavior and the Social Environmen: Social Systems Theory* (3rd ed.). MA: Allyn & Bacon.

OECD. (2010). PISA 2009 Results: OvercomingSocial Background: Equity in Learning Oppor tunities and Outcomes(Volume II). http://dx.doi.org/10.1787/9789264091504-en.

Papalia, D., OLds, S., & Feidman, R. (2011). *Human development* (11th ed.). McGraw-Hill, Inc.

Parson, T. (1960). *Struture and Process in Modern Societies.* IL: The Free Press.

Presthus, R. (1978). *The Organizational Socity.* New York: St. Martin's Press.

Reardon, S. F. (2011). The widening academic achievement gap between the rich and the poor: New evidence and possible explanations. Russell Sage Foundation Press.

Robbins, S. P., Chatterjee, P., & Canda. E. R. (2006). *Contemporary Human Behavior Theory: A Critical Perspective for Social Work* (2nd ed.). New York: Pearson Allyn and Bacon.

Rogoff, B. (2003). *The cultural nature of human development.* Oxford University Press.

Rovee-Collier, C. (1997). Dissociations in infant memory: Rethinking the development of implicit and explicit memory. *Psychological Review, 104*(3), 467–498.

Rutherford, A. (2009). Beyond the Box: B, F. Skinner's Technology of Behavior from Laboratory to Life, 1950's - 1970's. Toronto: University of Toronto Press.

Satir, V. (1972). *Peoplemaking.* Palo Alto, CA: Science & Behavior Books.

Schriver Jeo M. (2004). *Human behavior and the social environment.* Boston: Pearson.

Stone, S. I., Berzin, S., Talyor, S., & Austin, M. J. (2008). Human behavior and the social environment: Exploring concepual foundation. In B. A. Thyer, Karen M. Sowers, & Catherine N. Dulmus (Ed.), *Comprehensive handbook of social work and social welfare: Human behavior in the social environment,* 1-38. NJ: John Wiley & Sons, Inc.

Super, D. E. (1990). A life-span, life-space approach to career development. In D. Brown & L. Brooks, *Career choice and development: Applying contemporary theories to practice* (pp. 197–261). Jossey-Bass.

Symonds, P. M. (1939). *The Psychology of Parent-Child Relationships.* New York: Appleton Century Crofts.

Taylor, S., Austin, M., & Mulroy, E. (2004). Evaluating the social environment component of human behavior and the social environment courses through an analysis of course outlines. *Journal of Human Behavior and the Social Environment, 10*(3), 61-84.

Thomas, A., & Chess, S. (1980). *Dynamics of psychological development.* New York: Brunner/Mazel.

Wadsworth, B. J. (1971). *Piaget's Theory of Cognitive Development.* NY: David Mckay.

Wakefield, J. C. (1996). Does social work need the eco-systems perspective? Pt. 2. Does the perspective save social work from incoherence? *Social Service Review, 70,* 183-213.

Warren, R. L. (1963). *The Community in America.* Chicago: Rand Mcnally Co.

Wenar, C., & Kerig, P. (2011). *Developmental psychopathology* (5/e). 이춘재 외 공역. 발달 정신병리학: 영아기부터 청소년기까지(제5판). 서울: 박학사.

Wong, Stephen. E. (2008). Operant learning theory. In B. A. Thyer, Karen M. Sowers, & Catherine N. Dulmus (Ed.). *Comprehensive handbook of social work and social welfare: Human behavior in thesocial environment,* 69-100. NJ: John Wiley & Sons, Inc.

Zanden, J. W. V. (1997). *Human Development* (6th ed.). New York: McGraw-Hill Co., Inc.

Zastrow, C. & Kirst-Ashman, K. K. (2007). *Understanding Human Behavior and the Social Environment.* (7th ed.). California: Thomson Brooks/Cole.

국민일보 (2001.11.16).

서울노인복지센터 (http://www.seoulnoin.or.kr/)

연합뉴스 (2003.4.17).

쿠키뉴스 (2014). 늘어나는 독거노인 척추관협착증 예방법.

http://www.lilsugar.com/

찾아보기

저자소개

도미향

숙명여자대학교 대학원 아동복지학 박사

현) 남서울대학교 아동복지학과 교수, 한국부모교육학회 회장, 한국영유아보육교육학회 회장

전) 미국 펜실베이니아대 사회정책대학원 방문교수, 하버드대 코칭연구소 펠로우,
한국아동가족복지학회 회장, 전국시군구육아종합지원센터협의회장

저서 : 가족정책론(공저, 신정출판), 청소년복지론(공저, 나남출판), 아동복지론(공저, 공동체),
건강가정론(공저, 신정출판), 코칭학개론(공저, 신정출판) 외

남연희

대구대학교 대학원 사회복지학 박사

현) 한일장신대학교 사회복지학과 교수, 한국코칭학회 상임이사, RI-Korea 사회분과위원 등

전) 한국직업재활학회 부회장(편집위원장), 한국복지행정학회 부회장, 한국군사회복지학회
부회장(편집위원장)

저서 : 사회복지실천론(공저, 지식공동체), 아동복지론(공저, 공동체), 자원봉사론(공저,
지식공동체), 장애인복지론(공저, 지식공동체), 사회복지개론(공저, 창지사),
사회복지행정론(공저, 양서원), 사회복지조사방법론(공저, 나눔의 집) 외

박건실

조선대학교 대학원 경영학 박사(조직행동)

현) 조선이공대학교 사회복지학과 교수, 한국사회복지실천학회 이사, 한국코칭학회 상임이사 등

전) 대한경영학회 이사, 한국경영자총협회 논단위원, 한국직업능력개발원 교수학습법 심사위원 등

저서 : 인간행동과 사회환경(정자나무), 신인적자원관리(송정문화사), 가족복지론(정자나무),
중소상공인을 위한 창업과 경영실무(서석출판사), 경영의 이해와 창업(한올출판사) 외

정은미

숙명여자대학교 대학원 아동복지학 박사

현) 대전과학기술대학교 사회복지학과 교수, 한국아동가족복지학회 자격관리위원장,
한국코칭학회 상임이사

전) 충청남도 다문화정책 컨설팅위원, 오산시청소년상담실 전임상담원

저서 : 가족상담 및 치료 (공저, 창지사), 아동발달척도핸드북(공저, 대왕사),
가족문제해결핸드북(공역, 시그마프레스), 성경적 자녀양육(공저, 양서원) 외

김민정

이화여자대학교 대학원 소비자인간발달학과 박사

현) 동명대학교 상담심리학과 교수, 한국아동가족복지학회 편집위원장, 한국아동학회 자격위원,
편집위원, 인지발달중재학회 교육이사

전) 남서울대학교 아동복지학과 교수

저서 : 정신건강론(공저, 파워북), 아동상담(공저, 파워북), 아동관찰 및 행동연구(공저, 파워북),
보육교사론(공저, 파워북) 외

인간행동과 사회환경(2판)

초판발행 2015년 3월 10일 **1판 1쇄 발행** | 2016년 3월 10일 **1판 2쇄 발행** |
2017년 3월 10일 **1판 3쇄 발행** | 2019년 9월 10일 **1판 4쇄 발행** |
2021년 3월 10일 **1판 5쇄 발행**
2판발행 2022년 3월 10일 **2판 1쇄 발행** | 2023년 3월 10일 **2판 2쇄 발행**
2025년 3월 10일 **2판 3쇄 발행** |

지은이 도미향 남연희 박건실 정은미 김민정
펴낸이 최용구 | **펴낸곳** 도서출판 **신정**
주소 (04316) 서울시 용산구 원효로 89길 19(원효로1가)
전화 02)3211-4782, 0266(영업부), 3211-4783(편집부), 3211-4784(팩스)
이메일 sjbook2002@naver.com | **홈페이지** www.sjbook.co.kr
등록 2001년 5월 11일 제13-702호
기획마케팅 최용구 장만동 최충구 송대용 | **책임편집** 석기은 황가연

ISBN 978-89-5912-785-6 93330
정가 23,000원